民事裁判小論集

中野 貞一郎

民事裁判小論集

信山社

はしがき

今年は、昔、私が司法修習生を終了した春に大阪大学法学部へ迎えていただき（一九五三年）、その秋に処女論文「相殺の抗弁」（阪大法学九号掲載）を提出して助教授の職についてから、ちょうど六〇年を経たことになります。その間、どこまで前に進むことができたのか、どれだけ何のお役にたつことができただろうか、と全く心許ない一生でした。本書は、ただ、これまでいつも共に学び、研鑽の日々を励まして下さった方々に、私のあまり世に知られなかったような若干の労作をいくつかご覧いただければと思い、勝手ながら、翻訳なども含めて、私のこれまでの感謝の一端として選び出してみた次第です。もとの執筆当時の国情や法規の変転などには、十分に対応しておらず、現在では修正が必要な点も多いと思いますので、これを機会にご指摘いただけますならば有難く存じます。

二〇一三年六月二四日

中野貞一郎

目次

[初出一覧] 民事裁判小論集

1 フランツ・クライン「訴訟における時代思潮」(邦訳)　信山社古典双書　一九八九年一月

2 ジウゼッペ・キヨヴェンダ「民事訴訟におけるローマ的要素とゲルマン的要素」(邦訳)　信山社古典双書　一九八九年一月

3 司法改革論における裁判官の地位
——ドイツにおける法曹一元論の帰すうをめぐって——　法律時報三八巻四号　一九六六年三月

4 ドイツの弁護士制度　三ケ月章ほか・各国弁護士制度の研究　一九六五年七月

5 弁護士強制制度について　判例タイムズ二〇一号　一九六七年三月

6 ドイツにおける訴訟費用敗訴者負担制度について　法律扶助協会・リーガル・エイドの基本問題　一九九二年一月

7 裁判の合理化　阪大法学一四五・一四六号　一九八八年三月

8 科学裁判と鑑定　日本学士院紀要六三巻三号　二〇〇九年三月

9 民事裁判の動向
——新しい世紀に向けて——　法の支配一一九号　二〇〇〇年一一月

10 マックス・ウエーバーにおける裁判の法社会学的考察　中野貞一郎・訴訟関係と訴訟行為　一九六一年八月

1

フランツ・クライン

「訴訟における時代思潮」

（邦訳）

〈1〉

法律家たちは、これまで、自分たちの学問について素人の方々の注意を呼びおこすことを全く心得ていませんでした。そして、今日では一般教養として要求されるような知識素材のなかに法学的知識がどれだけあるかといえば、それは、ふつう、魔女妄想が跳梁していた当時の民衆の自然科学知識の程度をいくらも出ないのではないでしょうか。法というものは、それじたいで、また、習俗を作るものとして、国家および社会において最も強い力を振るうもののひとつでありますし、それがわれわれの運命にしばしば切り込んでくる、その切実さは、他の社会的ないろいろの力のどれよりも深いのです。それなのに、小説や演劇の作品のなかでは、自然主義の旗印を掲げるところでさえ、法についていかに漠然たる、あるいは奇妙な、あるいは甚だ浅薄な考えをみうけることでしょうか。訴訟法となると、法律家でない人たちにとっては、あらゆる法律学の分肢のなかで、最もわけのわからない、最も縁の薄いものでして、法律家にとってもそう愛着のわかないしろものなのであります。

訴訟というものは、権利保護のメカニズム、形式であります。所有権があれば、それによってわれわれは所有物を使用、収益し、処分する。だれかがその物をもっていって返してくれないとか、そのほか、所有権の権能が制限されたために訴訟をしなければならない場合、それによって何が得られるかといえば、せいぜい、元の状態に復するだけで、それを上まわるなんらの価値が得られるわけでなく、新しい財物を手に入れるわけでもない。わたしたちは、身のまわりにあるあらゆる欲しいものについて、自分のために何を要求することが許されるかとか、われわれの行動の自由、社会内部での自分たちの地位、といったことを規律しているのは、他の規範であります。訴訟は、財貨分配や権力分配じたいには何の影響も与えないのでして、その使命はただひとつ、この分配のげんに存する結果を違法な攻撃に対して保護し維持することなのです。ですから、訴訟は、法秩序の侵害によって出てくるものでありますし、それに対して作用するのであって、あたかも、健康障害が出て医師の治療がなされるのと似ています。どちらも、回復を図るだけで、新たな創造ではない。訴訟のこの特質、訴訟が何の役にも立たないようにみえるということ、からすでに、なぜ訴訟がいつも多かれ少なかれ後の方に控えて陽の当たらぬところに立っているかというわけが分かります。われわれは、ひとつひとつの法をみるとき、たいていは、それがわれわれに現実の世の中で与えてくれる支配にどれだけの増加が生ずるのかという尺度で評価をいたします。得られた成果が、わたしたちの感覚をとらえるのでして、そのための道具などはどうでもよい。美しい彫刻の傍に立つと、ノミや槌などは眼に入らないのです。

訴訟のこういう奉仕的な職分からして、一方では、訴訟の組立てや調度について重要な実際的要求がいろいろ引き出せるのですが、他方では、この法制度の存立に対する根本的な異論も出てくる。人間は、自分の自然の力や才能を超えるような仕事をなし遂げるために道具を創り出す。道具を用いて人間は、少なくとも作用において、自分を超え出て成長しようとするわけです。ところが、訴訟という道具については、反対のことが当てはまるように思われます。わたしの債務者が弁済をしてくれないため、債権額を手に入れるためにいまや債務者を相手どって裁判所に提訴しなければならぬという場合、それは厄介です。債務の期限が到来した後すぐに、当の債権額を受領し、あるいはそれに代えて債務者の財産から別の物を受け取って売却し、売得金を自己のために領収し、裁判所や裁判官をそれ以上に煩わせないで、自ら債務者の弁済を受けるという場合に比べ、明らかにより重苦しい経過になります。ですから、訴訟はここでは権利保護の力を減殺しています。裁判所や訴訟によらない自己保障の方が、より簡単であり、より短く、より迅速であるといえるでしょうし、より強力で、より直接にその成果を収めるようにみえます。じじつ、次のように考えているひとも少なくはありません。それは、自力救済の利点の放棄というのは、前国家的な自由から国家共同体への移行のさいに、国家形成のため捧げられなければならなかった犠牲なのだ。社会契約論なり最近の社会的同化論の立場では任意の放棄ということであり、国家を他のすべての構成分子を圧倒する支配的権力の抬頭により成立したものとする論者の立場では、敗北者からの奪取であり、無理やりの自由減少だ、というのです。しかし、このような考えに対する反論として、原初の諸状態にはどうみても個別の独立の権利の担い手が併存するというようなことはおよそなかったことだ、ということがいえます。人間は、その当時には専ら社会集団のなかで生きている。個人とその支配部分は、文化の花が開いて抹殺されたのではなく、かえって、そこで初めて創られたのです。原始的な諸状態にあっては、個人は、群れや家族、部族あるいは村落共同体のなかに消え、あらゆる権利、すべての占有は、これらの集団にありました。これら社会集団だけが互いに戦うわけで、集団の内部では、権利保護なり権利追行はおそらく各個人の自由に委されてはいませんでした。隣り合って暮らす家族構成員や同胞の相互間における平和維持は、原初の社会形式の主要課題のひとつだったからです。個人のそういう自力救済がもし自由だったと仮定すれば、それは、家長の権力に反し、また、社会的な団体の内部におけるすべての争いを調停し裁判しなければならない村落や種族の長老たちの権威に反することになったでしょう。ですから、自力救済に全く制約のない時代があったというのは、とても考えられません。われわれは、反対に、多くの理由に基づいて次のことを認めなければならない。それは、国家の形が固まり始めると同時にすでに、自力救済の拘束も始まるし、血縁者や同胞たちの間での権利保護の必要を訴訟類似の構成で満足させることも始まる、ということです。自力救済はしばしば裁判上の法的救済に優るという反論は、だから、歴史上の理由によってはあまり排除できず、真実を多く含んでいます。そのことを示す何よりの証拠は、近代ドイツ法の出てくる基になった、その創造の源となった、法制度のどれをとってみても、自力救済をむげに排除しているものはない、という事実であります。ローマ帝国において政治的な自由が国家制度の絶対主義的な特徴の前に譲歩を重ねなければならなくなればなるほど、それだけ一層、立法も自力救済をより厳しい目でみるわけですが、それでも、自力救済を無条件で禁止することは決してなかったのでした。もともと、ドイツ法は、請求権が明白で疑いを容れない場合には、やかましいことをいわないで自力救済の利点を認めていたのですが、ローマ法の継受は、自力救済に好意的でない教会法学者やその他の法学者の理論に支えられて、公権的な権利保護の排他性を過度に拡大しました。これをどん底として、やがて、自力救済が地方特別立法のなかで次第に名誉を回復するのがみられます。そして、この動きの終点をなすのが、今のところ、ドイツの新民法典〔訳注――一九〇〇年一月一日施行。現在もなお西ドイツの現行民法典〕でありまして、この民法典は、一定の切迫した事態における自力救済を適法と宣言することによって、同様に自力救済に対して事情に応じ優位を与えている。自力救済は、適時に官憲の救済を求めることができず、かつ、即時に侵害行為に出ないと請求権の実現が不能または著しく困難となるおそれがあるときは、常に適法だというのです（民法二二九条）。不法な自力救済、あるいは、適法だが行過ぎの自力救済は、損害賠償の義務を生じさせるだけで、これらについて今まで存在していたすべての刑罰を民法典は消滅させました。この考えは、生活上の必要を賢明に評価して、法律家のあらゆる先入見を軽くみています。そして、過去の時代のすべての自救制限の主たる動因となっていた、過剰自救により国家内部の平和が攪乱されるのではないかという危惧が、今日の諸事情のもとではもはや全く当たらないということに、おそらく大いに信頼をおいているのです。民法典のこのような規定の原理的ないし実際的な価値は、自力救済が物の取上げまたは義務者の拿捕を内容とする場合に事後的な裁判所の審査によるコントロールを受けなければならない（民法二三〇条）ということによってなんら減少するものではありません。なぜなら、自救行為によって、効果的な権利行使が不能となる危険は予防され、権利を主張する者はその後のことを、「幸いなるかな占有する者」（beatus possidens）という役まわりで待っておればよいのですから。

自力救済の許される限界の外では、権利保護は、裁判上の手続によってのみ手に入れることができます。この手続の内容としては、まず、法律問題にとって重要な事実と法的考察の陳述があり、次に、そこで争われた事実上の主張の証明があり、さらに、これを基礎として受訴裁判所ないしこれに続く上級裁判所が、原告が正しいのかどうかを裁判する。それから、手続は、給付判決を受けた者が裁判所の認めた請求権を満足させない場合、つまり支払や物の引渡しをしない場合に、これに対する一連の強制処分に進みます。手続のこの第一の部分が本来の意味の訴訟であり、第二の部分が強制執行です。これは、ほんの筋みちを甚だ簡単かつ表面的に申しただけですが、ここでの目的にはこれで十分でしょう。これら二つの手続のもつ非常に大きな国家的・経済的・社会的な意義は、――すでに申しましたように――権利が争われ自力救済が許されないところではどこでも、権利行使や権利享受が完全にこれらの手続に依存しているということでもって、十分に描き出されています。訴訟という試験に合格したその権利だけが、義務者の意思に反した実現を当てにできるのであり、完全に有効なのであり、完全な力をもつ。本当に権利が設定されていても、事情によっては、訴訟のかげに後退しなければならない。つまり、その当時には権利はしっかりと成立していたという場合でも、この権利に争いの火がつくと、裁判で認められなければ、法の世界では全く生まれなかったことになるわけです。その限りでは、訴訟というものは、事実上の権利存在にとって、権利取得と同等の、同じように重要な要件であります。書面による契約締結が法律上要求され、あるいは両当事者によってそれが合意される、ということは非常に多いし、公正証書を作ることも多いのですが、これは、請求権の法律行為的基礎が後々まで立証可能なようにと慮っているわけです。民法典は、この面でも多くの進歩をもたらしました。その結果、設定された権利が裁判所で認められえないという危険は、他のすべてのことを別とすれば、実際上確かにあまり大きなものではなくなりました。しかし、原理的には、争いがある場合には、法律関係は訴訟によってのみ生活関係のなかへ存在と力をもって自らを移しこむことができる。つまり、訴訟はわたしたちに、それじたいとしてすでに法的請求権のなかに含まれていないようなものは何ひとつ与えてくれないのですけれども、何ぴとかがこの権利に反抗したりそれを否定したりすれば、訴訟がその請求権をわたしたちから全部または一部奪うこともあるのです。従って、訴訟は、決して、法制度の、生気のない、付随的な、法取引にとって重要でない、形式的な構成部分というわけではなく、それどころか、私法の最も敏感な神経系が訴訟を貫流しており、一歩間違えば最もよく設定された権利でも無に帰せられてしまうということが、ここで天日のもとに曝されている。法律は、なるほど、そのような損失に対しては裁判官や国家に対する賠償請求権があるといって弁解するでしょうが、そんなことは、よほどひどい場合でないと当てはまらないし、その金額にしたっておそらく、消えてしまった権利に対する完全な賠償とはなりますまい。

訴訟を軽くみる通例の見方に理由があるなどというのはとんでもないことで、このように自分の権利に深刻な影響を与えるかも知れないのですから、だれでも、訴訟の手続がどんな組立てになっているか、その手続は合目的的な良い手続なのかどうかについて、極めて切実な利害をもつのです。

〈2〉

このことは、歴史を展望すれば明らかになるし、確かめられます。それは、たとえば、どういう原則に従って裁判所は訴訟において争いのある事実の真実を判断し、行った証拠調べの結果を判断するのか、という問いを発する場合であります。わたしは、いま、この例を取り上げることにしましょう。この例はだれにも分かりやすく、手なれた領域に属するからで、だけであっても、いろんな主張の真実について日々何回となく自分に説明しなければならないのではないでしょうか。そのうえ、この例は、国家生活や精神生活における訴訟の地位について広く拡がっている間違った見方に対し、他の何にもまして徹底的に反撃を加えてくると、わたしは考えています。なぜなら、わたしたちがこの問題を追っていくことによって、無味乾燥で顧みられることもなかった訴訟というものが諸国民の精神的潮流と生き生きした関係をもち、訴訟のさまざまな造形が文化の最も重要なドキュメントに数えられるに違いないからです。

従来、わたしたちは、認識に向かっての、真実に向かっての精神的な苦闘のいろいろな現象や足跡を、いたるところに探し求めてきました。宗教的な動きのなかに、哲学のなかに、哲学周辺の精神諸科学の領域に、自然科学のなかに、あるいは技術や文芸のなかに。しかし、訴訟のなかに具現しているような不知（Ignoramus）に対する永遠の闘いを、真実へのこの大きくはげしい近迫を、考えることがなんと稀であったことでしょうか。裁判官の使命は、真実を探究し、真実を告知することであります。それは、事実の真の、正しい像が適正な判決の主条件だからです。それゆえ、法領域以外のどこを探しても、真実やそれを認識する手段についてのその時代の思考を、じつに訴訟におけるほど、力強くかつ直接に国民性から発して証するものを見出すことは、とてもできません。歴史のうえで次々に現れるさまざまな訴訟制度は、わたしたちに如実にみせてくれます。真実の観念がいかに揺れ動いているかを、また、なんと、知力の発展や頭脳作用の方法論の発展だけのゆえに真実についての思考が変わったようにみえながら、それは、じつは――最近の歴史観が実証するように――ある時代の政治的・経済的な性格、階級観および国家観、さらには国民精神によって、一言でいえば国民の生活全体によって、かなりの程度まで影響を受けているのであることを。

それで、このような一連の真実像には、わたしたちの今日の考えからすれば、大きな誤謬だというものもなくはありませんし、すべて人間の認識はそのような誤謬によって自らの道を切り拓いていかねばならないのです。ある時期には知的認識の窮極目標であり、それだけが正しい思考方法であり、全く紛れもない最も確実な真実と思われるものが、はや次の時期には時代遅れとなり、ばかなことだった、失錯だったと嘲笑される。最近フィルヒョー（Virchow）〔訳注――細胞病理学の創始者であり、ダーウィンの進化論に反対したことでも有名なドイツの生物学者ルードルフ・フィルヒョーであろう〕もいったように、次のような逆説を唱えることができましょう。歴史の流れのなかでみるならば、真実とは、誤謬のひとつの段階にすぎないのだ、と。

このことは、訴訟の歴史から二、三の段階を取り出してみると、もっと明瞭になるでしょう。ひとは、真実判断というものは暗黒から光明に向かって徐々に進歩を重ねるのだと考えるかもしれませんが、そうではなくて、わたしたちは、訴訟をどこへ位置づけなければならないかが一見して分かるような、ひとつの動きがみられます。

つまり、真実判断は、まさに、西欧文明の進行が一般的に描き出す同じ螺旋のなかを発展しているのであり、訴訟としうることの領域においても、ルネサンスの理念が救済し、解放し、実を結ばせているのをみて、感嘆せざるをえません。ローマでは、共和政の当時や帝政前期の訴訟が、この点においてすでに最も近代的な見方の高みに立っています。訴訟の礼式のなかに祭司や軍人階級の政治的優位がまだ反映していたときでも、手続の諸方式のうえに、氏族や家族たちが整った訴訟手続の代りに権利のための戦いをしていた苛酷・粗暴なフェーデ時代の残照がまだ残っていたときでも、ローマの訴訟は、その内奥の本質上は、すでに、わたしたちが今日理想として思い浮かべるような、束縛のない真実探求でありました。裁判官は、いろんな伝統に支配されて、多くのものをわたしたちが今日みるのとは異なってみていたかもしれないのですが、訴訟が偏りのない善意で求めていたものは、包まない感覚と賢い経験の真実であり、健全で明快な民衆常識の真実でありました。正直な人々の間で証拠として通るものが、裁判所の前でも真実でありました。裁判所は公の市場で開廷され、裁判官は素人でしたし、生き生きした自然さが、ローマ法の盛期における裁判所の真実確定の特徴なのです。

こうした長所は、ギリシャ＝ローマ文化が衰頽し変質するとともに消え失せ、さらに眼を移さねばならないのですが、これよりもはるかに重要なのは、歴史を辿っていくと、この訴訟問題のなかでも、ローマ人とゲルマン人のやり方の対立にぶち当たる、ということであります。ドイツの訴訟では、ここに宗教的な考えが表れ、同じように敬虔な諸観念が訴訟のたいていの細かな点にまで魂を吹きこみます。ドイツの訴訟の礎石をなすものは、つまり、神は常時わたしたちの間にいまし、この世の出来事のなかでたえず人間に語りかけているという考えであり、人間の営みは、だから、良い人や正しい人にだけはうまくゆくが、神様の気に入らないと、物事の結末は、神が悪い人たちを罰し、つねにその不利益になさる、という考えなのです。手続は、これに従って、しばしば天意を認識させる目的しかもたない多数の経過から成っていたわけですが、それらは、この美しい信頼から離れ去って偶然の支配を恣にしたのでした。この宗教的な観念が極に達するのは、訴訟の主たる証拠においてであります。宣誓においてであり、神判においてであり、火審や水審においてであり、また、裁判上の決闘においてでありまして、その結果がどう出るかによって、権利主張の真実およびそれと同時に訴訟の勝敗が決まりました。真実は、ここでは、ですから、ローマにおけるとは異なり、民衆意見の一部ではなくて超地上的なものでありまして、それゆえに、真実は目に見えない至正至高の存在の力によってのみ知るべく、また、それによってのみ知ることができる。人間は、神の判断の前に身を控え、人間の方から手をかして神の判断を変改してはならないのです。人生の霊化や神秘説へのドイツ人の性向は、これらの創ったもののなかに明瞭に現れています。冷静に見ている裁判所の前で、この裁判が偶然や戦運その他の不確実なものに法の裁きをつけさせ、それでいながら真実のみを求めている。このようなほとんど迷信ともいうべき手段をもって真実を求めているのでした。その理由は、その当時には、それらが最も信頼できる真実探知手段と認められていたからこそなのであります！

　この夢みるようなロマンティークに終末をもたらしたのは、古代の精神世界の再生および人文主義運動がひき起こしたものすごい変動でした。この二つは、真実確定をもローマの模範に引き戻しましたが、さしあたりは半途に止まりました。イタリア＝カノンの訴訟は、一二世紀ごろに北部イタリアおよび中部イタリアの諸都市ででき上がりはじめたものですが、そこでは、当時の学問研究がそうであったように、自由と制約、思考の束縛が混在しています。思弁的・弁証的な思考の発達は、この学識に富む時期のおかげでありまして、この時期に基本的な準備作業がなされなかったならば、われわれの精神は、今日ではほとんど当りまえのように思われている優良かつ精細な諸業績を挙げうるようには決してならなかったでしょう。この時代の思考方法、研究方法によって、われわれの世界観の基礎になっている自然認識の個別の諸事実が見出されたのであり、さらに学問的な自然研究がそれ自身の補助手段を用いて仕事を始めたのは、それから後のことでした。この輝かしい成果にもかかわらず、やはり、世界や生命についてのとらわれない新鮮な把握の欠陥、ある種の世間離れ、そしてまた、哲学的思考に対して教会の教説やドグマ的に拘束する世界観が設けた限界、が目につくことも多く、そのことは、学問的な仕事の全体方向の点でも、また、それらの結果の点でも、いえるのです。調和がとれていない。世界の謎に深く立ち入って洞察しながら、妙に偏狭な、突飛な判断や先入見のなかに奇異なお供をつれていたりする。このことは、カノン訴訟のなかにもみられます。どちらの側に権利があるかを認識するために、カノン訴訟は、良心的に、学問上の研究がその最高の課題に迫るときに用いるような、精密な方法を用いるのです。つまり、哲学的な認識の目標と裁判官の認定の目標が同じように設定されています。しかし、これと並んで、喜ばしい春の陶酔に耽っていた人間性に対する不信、スコラ的な規則志向および学問上のペダントリーが、硬直した証拠法規の体系を案出したのでありまして、それらの法規が裁判官に対して、主張の真実を自分の個人的な印象によってではなく、絶対的に確立している信憑性の規準に従って判断することを強いるのです。ある主張については何名の証人が請け合わないと裁判官はそれを信じてはいけないとか、証人がどんな地位、どんな家族関係にあるときは信憑性を少なくみるとか、性別やこれまでの経歴を供述の信憑性につきどのように査定すべきかとか、どのように人為的・算数的なモザイクを用いて、半分の不完全な複数の証拠からひとつの完全な証拠を作り、疑惑とありそうもないことから真実を作ることができるか、ということが規定されているわけです。これらの規則は、目標たる真実からの裁判官の判断の偏差を目のあたりに見せてくれます。それらの規則によって、二重の真実という偽りの命題が、哲学的・神学的な教説から法生活に拡がってきて、そこに、普通の真実と法学的真実との間のひとつの――残念ながら今日でもまだ完全には克服されていない――断絶が創られる。この断絶は、自然な思考にとっては不可解なものであり、ときには権利保護を不確実にし、危険にするのです。せっかく取得された権利でも、たまたま決定的な事実につき二名の信用できる証人を裁判官の前に揃えることができないという理由で、場合によっては、否定されなければならないのでした！

こうした不完全なものが、一五世紀および一六世紀に、ローマ法の継受とともにドイツへ入りこんできます。ザクセン訴訟の諸領邦だけは、国民的法観念を忠実に守ってドイツ訴訟の伝承を維持しましたが、当然のことながら、その前に神判はすでに絶えて久しく、証拠法も徹底的な技術的洗練を経ておりました。フランス啓蒙主義哲学が準備をした一九世紀初頭のフランスの立法に至ってはじめて、普通法訴訟のツンフト的な学者的真実の妥当を動揺させ、訴訟における合理主義を援けて完全な勝利をえさせたのであり、民衆的な認識、素人の真実だけの支配が再び宣明された結果、いまや、訴訟における認定経過、真実判断は、裁判所の外と異ならないものとなったのです。この制度は、非常に明瞭な利点を有していますし、近代的思考に全くピッタリなので、それ以後、大陸の法発展は、僅かの例外を別として、ここに軌を同じうするに至り、多かれ少なかれ修正を加えてはいるものの、フランスの例に倣ったのでした。あたかも、すべての影が消え心配は全くないというわけではなく、ひたすら完全な状態に達したというようなことでもありません。粗略なあるいは不明瞭な、遅鈍な思考、軽信、猜疑、気紛れ、特定の社会階級の見方における偏頗、こういった裁判官の主観性の全体が、裁判官の自由な確信でいこうとすれば、真実の計算に危険な影響を与えるのでありまして、このことは、最も良心的に義務を果たす場合でもそうなのです。その点に、カノン訴訟の証拠法規のそれなりに正当な基本思想があるわけでした。しかし、非常に個人的な判断に反対の重りをつけるいろいろな仕組み——そういうものは十分にあるのです——の間へうまく置いてやれば、やはり自由心証主義が、これまで用いられたすべての規準のなかでまだ常に最良のものでありましょうし、なにか人間の精神力の新たな進化が訴訟における真実認定に新たな刺激を加えるまでは、変わらないでしょう。

以上の歴史スケッチは、まず第一に、現在にとって重要なことが分かります。真実判断に関しては、いままでは、合理性（Vernünftigkeit）が、より控え目な言い方をすれば、合理性ということばのもとに今日理解されているものが、訴訟で通用することになった。真実発見は、宣誓証拠〔訳注——ドイツ民訴旧四四五条以下。一九三三年の民訴法改正で廃止〕を例外として、一般に、通常の生活における、また他の学問分野のすべてにおけると同一の諸原則に従って行われるのです。

第二に、以上の概観は、ほとんど二千年にも及ぶ時の流れの間につき、訴訟の社会的および国家的な価値が高く想定されていたことを証ししています。訴訟が個人にとって、また国家制度にとってもつ意義を感じあるいは認識したからこそ、訴訟のためにその時その時の最良の真実が要求されたのであり、その結果、訴訟における真実判断は事実上どの時代でも国民の精神生活の最高の段階を反映しているのです。

〈3〉

これまで述べてきました歴史的な発展について、ひょっとするとすでに、ある一面性が際立っていました。その発展を思考力や思考技術の大きな転換と結びつけてきましたので、それは主として、どういうか、理念的な発展を述べたのであり、実際的観点により確定されたわけではありません。少なくとも、かなり散在してではありますが、訴訟制度における取引上の必要への適応が認められましょう。訴訟を学問的に育て上げるさい、かねてから、それができるところではどこでも、訴訟の右のような唯心論が強められ、法的紛争や訴訟目的の血の通った現実性に対応するという気はあまりありませんでした。法的紛争は、ある場合には社会的な困窮の一場面と認識されなければならない、ということを考えるべきでしたし、そのさい、社会団体の本質を十分に洞察していたら、それ以上の多くの帰結が自ら明らかになったに違いないのです。この観点がなおざりにされてきたのはどういうわけかということは、簡単にお話することはできません。むしろ、それをなおざりにするのに協力しなかった国家発展のファクターは少ししかないのですが、近代諸国家の憲法に至って初めて、訴訟の社会的機能の完全な理解に対する主たる障害が取り除かれたのです。そして、ごく最近の時代に制限していうならば、一九世紀の中頃に至るまでに、とりわけ、二つのことが注目されます。そのひとつは、次のことです。法律行為による取引は、全く同じようなかたちの、地方的な取引であり、高額に関するものは少数にすぎず、ほとんど大多数の、比較的小さいすべての争訟事件は、領主や都市の裁判権によって、かなり単純な自由なやり方で和解を多用しつつ、裁判に服する人々の満足のために解決されてきました。国家の裁判所や国家の訴訟法に留保されていました小範囲の高額争訟事件では、しかし、訴訟の社会的諸関係は、当然のことながら、少ししか表に現れず、とりわけ、一般人の注意を惹くことは決してなかったのです。

ところが、その後、一九世紀の後半に、西欧大陸の国民経済および文化の壮大な変動が、所有や営利、取引や社会構造に対する強力な反作用を伴いつつ、やってきました。大胆な交易が、その「幾百万の人々よ、抱擁せよ！」（Seid umschlungen Millionen !）〔訳注――ベートーヴェン第九交響曲終楽章で唱われるシラーの詩 „An die Freude“ の一節〕でもって故国の境界を越えて手を伸ばし、鉄道や電報などに助けられて全地球をその市場にしていく。信用の魔力が発見され、その組織が、以前には何ら共通なものをもたなかった幾千人の人たちを相互に結びつけ、いまや、それらの人たちが経済生活の繁栄と攣縮を共感する。個々人の享益需要はますます多用化し、それらの目的と共に手段も多用化してまいりますが、とくに多数の組合や会社などの形成もそれらの手段のひとつです。人口も増加し、人間はますます緊密に寄り添って、信用取引においてそうでありますように、生産においても分業が進み、人々の利害をほとんど切り離せないほどに結び付けていくのです。

このような変革は、あらゆる方面にその反響をもたらし、当然のことながら法生活の全体を巻きこんでまいります。訴訟も、それを免れずにはいません。訴訟のメカニズムやその実績についての新たな諸要求が現れます。これらの影響のもとに、やがてひとは、訴訟における半ば喜劇的な、半ば腹立たしい法律家の手練手管（Juristen-Hokuspokus）の背後に、ついに社会的な要素とそれがだれに対しても有する意義とを認識し始めるのであります。それも、苛酷な試練のなかで。

〈3〉

法的な諸関係は、たえず、ますます複雑となり、広汎な距離に拡がって、法律行為の意図は、その目標に達する道を、その間に存する多くの法律関係のこみ入った紛糾を通って切り拓いていかなければならないことが、ますます多くなり、これと同時に、孤立した法律行為は稀になる。恒常的なギブ・アンド・テイクでありまして、いろいろな価値が循環し、ひとつの法律行為は他の法律行為によって条件づけられ、それじたいがさらに第三の法律行為を条件づける。当事者たちの意思は、個別の法律行為からではなく、より大きな行為群からのみ確実に察知できることが多い。こういうことが、法的紛争を概してより困難なものとし、裁判官が判決にさいして斟酌しなければならない事実資料がふくれ上がってくるわけです。取引が大量化しますと、往々にして各個の取引締結にあまり注意を払うことができず、その注意が減れば減るほど、あるいはまた、各個の取引締結が原則として類型的に行われるようになればなるほど、それだけ、裁判所の法的見解の基準となる事実関係の部分がきわめて精確に論議され証明されるためには、訴訟における事実関係の解明を尽くすことがますます必要となる。一言でいうならば、訴訟は、従前よりもいまや一層多くのことを当事者に要求するのであり、その責任と敗訴の危険が増大しています。それは、裁判所が多岐にわたる取引経過から知らなければならないと考えるものが、必ずしも的確に裁判所に提出されないために、敗訴するわけです。今日では、ほとんどの職業に強い緊張が必要ですが、それがこの敗訴の危険を大きくしがちです。なぜなら、自分の注意をまるまる訴訟追行に向けるような時間的余裕を、いったいだれがいつももっているでしょうか。この危険に気づき、苦い経験を重ねることによって、素人の世界にも、しだいに、訴訟法の一連の規定や規則はどれほど自分たちに利害関係をもっているかということが分かるようになりますが、それらの法規の社会的影響は、法律家でさえも、長い間、見過ごしてきたのでした。

分かりきったことですが、両当事者は、係争事件の事実関係を裁判官に知らせ、証明しなければなりません。提訴があるまでは裁判官はその事件について何ひとつ知ってはいないからです。しかし、これを解して、裁判官は主張や証拠で自分に提出されるものについて全く関与せず、あるいは重要な関与は全くせず、それをかなりの範囲で専ら両当事者に委せきって、自分ではただ、存在する資料からどのように認められるかを判断するだけで、自分の判断が真実の権利状態に適合するかどうかはどうでもよいのだ、というようにみるのであれば、それは、

〈3〉

明らかに、個人にとってだけでなく、法生活および法秩序じたいにとっても、きわめて不幸なことであります。とくに、訴訟上の救助を求めることもできず、法的補佐をしてくれる人をつけることもできない無産者の小事件は、こういう考えのもとでは、あちこちでいたい目にあわされるでしょう。思わず知らず、視線は助けを求めて裁判官に向かいます。裁判官は、裁判にとって重要と思われる事情を当事者に指示し、それによって当事者の提出に指標を与え、提出されたものの欠陥に気づかせ、不明瞭な混乱した提出を整理させ、不完全な陳述を補充させ、必要な証拠の申出をするように促すことによって、要するに、当事者の主張した法的請求権の構成要件の認定に必要と思われる事案解明が当事者の無知や困惑あるいは看過や忘却のゆえになされないという事態を防ぐことにより、さきに申した困難の多くを補うことができる者として、その助けが求められるわけであります。ひとがこの点における裁判所の消極的態度を原則的に斥けるようになるや否や、手続にいくつかの区切りやコンビネーションが出てまいりますが、それらは、法を求める者に対し彼が必要とするところで十分な裁判官の支援を保障する限りにおいて、全く当然といえるものです。しかし、この「なるや否や」(Sobald)というのが難しいところです。

わたしたちは知っています。肉体的、精神的な生命が絶えず変化することを、一六世紀あるいは一七世紀の軍隊組織は、当然のことながら今日ではもはや適せず、公行政は、憲法制定前の国といまとでは違ったものでなければならず、グスタフ・フライタークが『貸借』(Soll und Haben)〔訳注――フライタークが一八五五年に発表した小説〕で描いたようなやり方の商人の経営は、われわれにとっては、いくらか流行遅れの、古くさい、不十分なものと思われましょう。すべてが変わる。しかし、訴訟においては、それは違うのではないか。訴訟では、裁判所と当事者との間の関係のひとつのシェーマが、それは数世紀も前に、すべての社会的なものと同じく、一定の時代観念や時代傾向の影響のもとに生まれ、この起源、当時の特徴を全く否定できないものでありながら、揺るがない永遠の真理のように、そこにみられます。しかし、やはり、訴訟もまた――イギリスにおける司法と行政の特異な結合が証明しているように――広い意味での公行政の一端に他ならず、それゆえに、おそらくは同じように政治的、経済的、社会的な変化に依存するのであり、公行政よりも堅固だとはいえないでしょう。ただし、ここでは、自然法則も、歴史上の法則も、役に立ちません。たしかに、裁判所は何もしないで専ら当事者の活動に委ねるのが、訴訟ではすべての人間の知恵の窮極の結論なのだ、という信仰が存在しています。さきに述べたような意味で訴訟の構造を組み立てようという計画に、さしあたり未だに好戦的な法律家の反対があるのも、そのためでありまして、反対する人たちは、当事者を効果的に支援するためにしばしば必要となるような、訴訟へのより立ち入った関与およびとくに事実関係探知へのより強い影響を、裁判所に対して容認する決心がつかないのです。過ぎ去った前世紀のひとつの特徴とされたのは、その世紀の経済的な成果でさえほとんど専ら政治の見地から観察された、ということでした。ここでもそのとおりだと思うのです。なぜなら、この権利保護を国が独占していることからの当然の帰結と思われるものについての、あるいはざわめくような、あるいは荒れ狂うような論議の究極の動因は、今ではおそらく、個人の自由、政治的自由の量と限界についての見解の対立なのですから。この争いのなかに、国家救済と自力救済という古くからの原理的対立が生き続けています。つまり、争われているのは、もともと、――宗教上の宗派の間におけるように――ひとつの信条なのです。これは、経済的あるいは社会的な諸利益の保護のための措置を考える場合、つまり特殊的な目的処理の場合には、おそらく、全く誤った立場であります。いずれにしても、訴訟という仕事に裁判所がもう少し強力な積極的関与をすることは、個人を深刻に悩ませている権利拒否あるいは権利侵害に対して、裁判所がでくの坊のように生気のない静寂と無関心を守っているよりも、はるかに多く国民の意識、民衆感覚に応えるでありましょう。このことが、まさにそうであらねば、ならないということを、法律家でない人に理解してもらうのは、容易ではないと思います。

しかしながら、ひとが訴訟においてそれが入ってこないように抵抗しているところのものが、私法では、開かれた門から旗を翻して入りこんできているのです！　裁判官がその前におかれた事件に適用しなければならない

〈3〉

法規が、一部ではより狭い概念から、一部ではより広い概念から成り立っている。一方をとるか他方をとるかは、全く立法者の任意に委ねられているわけでなく、立法の目的によって条件づけられていることも多いのです。最近の法律では、広くて一般的な、実質をあまり盛りこまない概念、その輪郭だけが示されている構成要件要素に出合うことが、ますます多くなっています。たとえば、ドイツ民法典が、大きな平均の内側でも外側でも適合し正当であるような法規を創るために、信義誠実、取引上の信義誠実、取引慣行、善良の風俗等の諸概念をどんなによく使っているかは、周知のとおりです。このようにテクニックを使えば、立法の仕事は半分で足り、残りの半分は裁判官に転じて、裁判官が、その概念に含ませることがそれじたいとしては可能な多数の可能性のなかから、法命題が法律の精神において妥当すべきものを選び出さなければならない。こういう構成要件要素のもつ不分明な線が、裁判官のオリジナルな個有の思考の働くかなりの余地を与えるわけで、その限りで裁判はより個人的なものになります。一定の限界事例では、ある裁判官は法律上の概念の下にそれを引き込むが、他の裁判官はそれを外す、しかも、これらの裁判官は、どちらもがまさに自分のやり方で見て考えて推論して判断をしているので、それぞれの義務に違反してはいないからであります。事実関係や証拠の収集、つまり単なる再構成の作用の場での裁判官の協力は、いま述べたような裁判官の法創造に準ずる機能のずっと背後に控えるものであり、これと比較して、どりほど意義が低く、どれほど無害なものであるかは、いうまでもありません。ひとは、訴訟において裁判官が積極的態度に出ることに対してはがなり立てんばかりに非難するのですけれども、新しい法律のほとんどどれもが実体法における裁判官の裁量を新たに容認しており、これに対してはなんの異論も出ていない！　もちろん、裁判官の任務の一方の拡張と他方の拡張のどれかを否定することはできるわけですが、より難しく、より効果の重い方は正当だといい、疑いもなくより容易な、作用の弱い方を非難することは、できない道理です。この両者の関わり合いをひとは忘れがちですが、これこそ、訴訟における裁判官の当事者支援に反対する最も有力な諸論拠に対抗し、その力を失わせるものであります。

経済的な発展は、――ここでわたしたちは作用の第二のグループに移ってまいります――たいていの財貨を資本にしてきましたが、資本は生産と利得においてさらに利用されるべく、所有者はそれができるだけ滞留しないでいてほしい。法的紛争は、そのことの障害でありますので、紛争の存続も国民経済的な意味をもちます。企業精神が眠っているような時代ならば、係争資本は、なければないでいいし、遅延利息が最終的には賠償されるし、一種の投資とみることもできます。しかし、より高度の生産性あるいは収益性がちらつき始めますと、訴訟の長さの問題は火急のものとなるのです。当事者たちは、できるだけ早く裁判を得たいと思い、この志向は別の側面から強まってきます。すなわち、分業と、信用の一般的利用は、相互の依存を創り出し、その相互依存が、同じように引き受けた諸義務の適時の履行を、各個人の経済をはるかに超えた重要な問題とするのであります。訴訟に活力と弾力が欠けますと、ひとは、自分の義務を争うことによって、大した苦労も犠牲もなしに、のんびりした支払猶予を手に入れることができる。そうなると、われわれの経済の、数えきれない交互的な条件関係から成り立っている全く精妙な構造に亀裂が走ります。ひとつひとつの権利拒否が危機に導くというわけではありませんが、このような猶予の可能性は、時が経つにつれて、第三者の先履行と結びつけられているすべての取引において計算に入れられるようになるでしょう。取引は、この不都合な可能性の分だけ、しまりのないものになり、取引条件もそれだけ厳しくなる。従って、訴訟の進行やテンポを定めるいろいろの制度も、訴訟の社会的な実効性につき重要なのです。認識過程としてはそんなふうでも理性的であるといえるかもしれませんが、いつ終わるともしれず引き延ばされている訴訟、実際生活や営業取引にとってほとんど常に余りにも遅くなされる裁判、あるいは、悪意の妨害に対する力強い保護手段をもたない訴訟は、ほとんど無価値であります。これも、各個の収益分野についてだけのことではありません。なぜなら、あらゆる権利侵害は、共同体に害毒を及ぼす状態なのであり、この状態は、偶発的な事件がどこにも継続的な跡を遺さないように、速やかに除去しなければならないからです。法秩序への信頼は、権利保護が例外なしにきわめて迅速な救済を与える場合にのみ、維持されるでありましょう。

訴訟制度のあり方が法に対してまさにその存立にかかわる問題をつきつける第三の点は、訴訟が必要とする金銭支出です。法的紛争による減少をできるだけ少なくして資本を受けとりたいという要求だけからしても、訴訟費用の額が注目されますが、これに加えて、どの営業分野でも予測される競争の増加が費用の切詰め、節約、吝嗇を余儀なくするということや、貧窮な人々、十分な収入をもたない人々にも裁判官の裁判を手に入れることが可能でなければならないところから、訴訟費用の額が問題となるわけです。訴訟物価額のかなりの部分をしばしば食ってしまって、勝訴した者も損害をこうむるような高くつく訴訟、あるいは、訴訟上の救助から締め出されている社会の中間層に対し裁判所におけるかれらの権利追行を遠ざけるような高くつく訴訟は、とうてい、完全な権利保護手段とはいえません。消費者は、裁判所での当事者としてもこの種の経済主体のすべての長所と欠点をもっていますが、消費者たちにとって低廉がどれほどの意義を有するかについては、一言する必要もないでしょう。しかし、訴訟の低廉に関しては、消費者の利害は、生産者の利害や国家の利害と、全く例外的に手をたずさえて進むのでありまして、訴訟を権利保護条件と認める国家としては、この条件を、富める者にも貧しい者にも同じように満たせるようにしなければならないのです。

〈3〉

おわりに、多数のなかからもうひとつを取り上げるなら、訴訟において訴えにつきどのように裁判がなされるか、法律が正しく適用されるかどうか、また、法が依然として法であるように判決がなされているかどうか、ということは、確かに大事なことで、副次的な事柄ではありません。一方では、この点から、資料収集のさいの裁判所・当事者間の関係についての先に述べた諸規定の社会的重要性を新たな光が照らします。なぜなら、訴訟資料を完全にかつ遺漏なく整えるために裁判所と当事者の双方が共同に努力するならば、判決は、はるかにもっとしばしば、係争関係の法内容を正しく確定することができるであろうからであります。他面では、それと共に、訴訟制度の環の中にあるもうひとつの一連の諸規定で、民族性や訴訟の実際的効果について、そしてそれによってだれにでも重要なものが登場します。裁判官の裁判に対して許される上訴の諸規定がそれであります。しかし、ここでは、事柄は別の顔をもっています。論理だけでは、およそ政策というものは作れません。訴訟政策でも、そうです。このことは、上訴の問題でははっきりします。なぜかといえば、これまで申してまいりました諸点とは異なって、ここでは、裁判官の裁判に不服を申し立て、その再審査と是正を達するために、その手段をもっと豊富にするというよりも、むしろ、とくに経済的事情が抑制と制限を要求するのであります。法律家は、もちろん、とっくにその信仰告白を終えています。Fiat justitia, pereat mundus！　つまり、どんな代償を払っても法が実現されるべきだ、たとえそのために世界が滅びようとも、というわけです〔訳注──有名なフレーズであるが、起源ははっきりしない。ここでの mundus を世界と訳すのはマルチン・ルッターに遡る誤解だともいわれるが、クラインは普通の理解に従っている〕。十分に上訴があるということは、決してありえません。なぜなら、誤解というものは──残念ながら認めざるをえないように──いつでも、そしていたるところで、可能だからであります。しかし、商人、工業者その他、法が取引上の救済、営業上の要素であるような人たち、活発な働きによって倦まずたゆまず世界を、あるいは自分の世界を作り上げ、その破壊以外の何ものをも怖れない人たちに問いを発するときは、答えは全く違ってきます。かれらにとって何よりも重要なことは、法的紛争が速やかに終局的に片づくことなのであります。判決が多少精確さを欠いても、小さな誤りがあっても、甘んじて受けるのであって、未解決の葛藤の苦渋に満ちた不確実性が長く続いてそれ以外の取引にも支障を来たすよりはましである、というわけです。これによって、どれほど困難な問題が立法に対して課せられるかということは、ヨーロッパ諸国の上訴制度を比較して得られる、色とりどりの見本を見れば、最もよく分かります。若い方のセギュール〔訳注──Philippe Paul Ségur, 1780–1873. Louis Philippe Ségur の子〕は、その著書『ナポレオンのロシア遠征史』〔訳注──一八二四年刊行の Histoire de Napoléon et de la Grande-Armée en 1812であろう〕のなかで、太陽がどんなに測りしれないほど偉大であろうと、きわめて小さな物体でもそのすべての側面を同時に照らすことはどうしてもできない、と書いている。同じような締め、つまり、法もやはり決して完全な純度で認識されることはないであろうし、それゆえに過度の上訴は無用なのではなかろうか、という締めに基づいて、フランスの上訴制度は作られているのです。これとは反対の気分、つまり、法を発見することは、やはりうまくいくであろうし、そうでなければならない、という力強い、すべてを物ともしない、勝ちほこった信頼が、今日のドイツの訴訟における上訴の制度を支配していますが、ドイツの訴訟は、とくに上訴の厳しさの点では、だいたい、制度の列の他方の極にあるといえます。若干の訴訟法は、上訴問題における法的観点と経済的観点とを方便によって宥和しようとしている。高額の訴訟では、無制限に不服申立てを認め、裁判をできるだけ徹底的に審査するが、少額の事件では、上訴を許さず、あるいは量的および質的に上訴を制限し、上訴手続の費用があまり重くかからないようにするわけです。しかし、このような方便は、ますます時代遅れになっていきます。通常は少額請求でしか裁判所に用のないような民衆層が、正当にもかれらの訴訟につき同じ正当性保障を要求するからです。

このように多くの相互に交錯する動因をもつ混み入った形象の根底を観察するならば、それらに共通する原点をなすものは、国民経済の発展によって惹き起こされた訴訟機能の価値転換であり、間接的には、いわば法機能の価値転換でもあります。訴訟は、われわれの国民経済の「力の平行四辺形」の一辺となったのであり、抽象的な高みから商業と交易の息もつかせぬ緊迫のなかに下りてきて、そのあらゆる側面を資金上の計算の波が洗い立てている。実業人にとっては、訴訟は、その日その日の問題であり、すぐに他の同様の問題に押しのけられる問題であり、それゆえに、それに従事できる短い時間のうちに片づけるべき問題なのです。これを、国家や社会が法と法秩序のために要求しなければならないものと合致させるのは、容易ではありませんが、もしひとが、第一審手続を良くするために行われるすべてのことは上訴の重みの軽減を許すのだということを心に留めておくならば、達成できるでしょう。先に述べた他のいくつかの理由からも同じように望ましいことなのですが、第一審手続において、当事者の見解を完全に主張させ、正当な、優れた、そして事実状態に適合する判決に達するために、その手段を強化するならば、ただちに、おそらく、上訴手続において営業上の取引に最も支障となるものを克服できます。

訴訟制度と法および訴訟の社会的目的との間の多くの密接な関連をもっと印象深くするものは、われわれが目のあたりにみてきたような最近の三〇年間のいろいろな変化が法生活の心理学についても痕跡をとどめずに過ぎ去ったわけではない、という事実です。人間が自己のまわりに観る価値騰貴、自己の仕事と財貨の収益的利用の機会の増大、さらにまた支配的な社会的・倫理的・政治的な諸理念が、自己の権利に対する個人の内面的な心情関係を変え、権利をその人にとってより貴重なものとし、その喪失、その侵害を個人的により感じやすいものとしました。人間は、法的紛争を、これまでとは別の目でみるようになってきました。忍耐は珍しいものになり、労働を省くいろいろな発明、機械、自動装置に慣れっこになっています。帝室裁判所（Reichskammergericht）の当時には、子供の扶養給付のための訴訟が――K・シュナイダーが物語っていますように――その「子供」が六〇歳になってやっと終結する、といった事態も起こることがありました。ひとは、それに堪え、やむをえないことであったかのように受け入れました。今日、そんなことがあったら、法治国の観念に対する、また個人の権利に対する軽侮として、憤激を買うでありましょう。国家および行政に対する新たな理想が人心をとらえ、国家保護の増加への期待と請求とを呼び起こしています。もちろん、余計な手数を要せずに各人に手を貸してその権利を実現させ、格別の苦労や支出をかけないことが、裁判所の義務とも考えられるようになっていますので、なにかの場合に手早い救済や対応を欠くと、すぐに非難、叱責がとんできます。一例だけを挙げましょう。フランス人は、他では、精神的にじっとしていなくて行動性に富み、強度に批判的な才覚をもっていますが、それにもかかわらず、自分の国の伝統的な司法制度および行政制度だけは、これと逆に、注目に値する強靭さをもって堅持しています。しかし、昨今、フランスでも、訴訟の長々しさと費用についてすでに不平不満が出始めているのです。かれらまた、ベルギーの弁護士のなかにも、この点の不満がつのって、きわめて珍しい方策をもたらしました。かれらは、――最近、本に出ているところでは――およそ国家の裁判所を回避し、仲裁裁判所を生かして、かれらの訴訟をそこに持ちこもうとしております。その理由は、通常の裁判所の手続はかれらにとって余りにも長くかかりすぎるという点にあるのです。

こうして、現代生活のいろいろな衝動から次のような確信さえ生い育ってきます。それは、訴訟はひとつの欠くべからざる国家の福祉制度であり、すべての個人も国家社会も、権利の享受、各人の福祉のためのこの条件がいかに効果的に防衛されまた主張されうるかについて利害関係をもつ、という確信であります。良い権利と良い訴訟は一体であり、それは、古くからの諺に「健全な精神は健康な身体に宿る」というのと同じであります。そして、この認識は、当然のことながら、訴訟が事実上も社会的救済の一環として、単に構成されるだけでなく、使用され、処理されるものであってほしい、という願望を伴うことが多いわけです。正義の理念の、広い、祝福されたひとつの展開として、このことは、同時に、若干の慰めをもたらすものでありましょう。つまり、今日、人間の精神と意思を作動させる動因のなかで正義の感覚、正義感が、どんなにたびたび声高に当事者の努力でまさに正義を口にしようとも、最も弱いもののひとつであることは否定しようもない、という事実に対する慰めであります。しかし、立法は、このような願望に対してたやすく自らを閉ざすことはできません。これも最近の数十年にそうなったことですが、法知識は普遍という擬制、および、法の作用は普遍的に同じという擬制、この二つの聖なる、しかも限りなく快適な擬制は、すでに破れ去ってしまったのですから。

〈4〉

ゲーテは、エッカーマンとの対話のなかで次のように語っています。ひとは予想によって世界を自らのうちにもっており、それこそが知識を与えてくれる。自分は、二二歳のときに『ゲッツ・フォン・ベルリヒンゲン』を書いたが、後になって自分の叙述が真実に迫っているのに驚いたものだ、と〔訳注——同書の一八二四年二月二六日の部分。岩波文庫・山下肇訳『ゲーテとの対話』上一二一頁〕。今日、社会全体に及ぶ経済的・文化的な変動によって願望かつ将来計画として表に立てられているものが、すでに一八世紀のプロイセンの立法において部分的に実現されていること、および、プロイセンの立法がそのことでとくにザクセンの訴訟の特徴である諸点に依拠しえたことを知るならば、ゲーテのこの見解の正しさがほぼ納得できるでしょう。これは、余りにも早く花をつけてしまった稲であり、温情の閃きであり、冒険だったのでありまして、その頃の文化状態の体質からの結実ではありませんでした。今日では、そのための時は熟しています。しかし、近代の訴訟法のなかでは、さしあたり、新たなオーストリアの訴訟だけが、訴訟は福祉制度なのであって、権利確認という性質はそれに反するものではない、という考えを貫くことを真面目に取り上げ、この、従来の法律家の見方と異なる見解を基礎として受け容れたのであります。新たなオーストリアの訴訟がこの考えからのすべての帰結を引き出したかどうかは別論でありまして、いずれにせよ、多すぎるというほどではありません。新旧両制度の実際的効果の異同を単純な公式で述べることは難しい。申しましたような基本観念は、万端の個別的な備えの上に移され、ここでは統計的に把握できないことが多い諸効果を生ずるのですから。

もしも、自力救済原理の信奉者が問うて、新しいオーストリア訴訟法の成果は裁判の徹底性あるいは正当性を犠牲にして達せられたものではないのかなどというのであれば、否、と答えることができます。徹底性については、本当に口頭＝直接の弁論によって最上の配慮を施しています。弁論は、たいていの場合、一気に、停滞する中断なしに進行しますが、代理人の支援を受ける当事者が自身で出頭して自由に、強制されずに、係争事件について裁判所と論議することによって、また、裁判官の強い訴訟指揮によって、弁論を、雑然と提出されたものから決定的な事実関係を短い間に洗い出し、すべての関係人の注意がこの数少ない決定的な諸点に集中できるほどにすることの成功する場合が多いのです。さらに、原則として受訴裁判所の面前で行われる証拠調べによって、形式的な宣誓に代えて導入された当事者尋問によって、同様に真に口頭による控訴審弁論などによって、徹底性が大きく促進されます。それにもかかわらず、裁判の正当性に関しては、上訴手続の統計上、一九〇〇年度にオーストリアの第一審裁判所の対席判決のうち四二パーセントが控訴により不服を申し立てられていまして、ドイツでは一八九七年度は四一・五パーセントです。しかし、第一審判決が控訴審で維持されるパーセンテイジは、オーストリアの新手続では、従前の書面手続と比較して落ちるわけでなく、かえって、地方裁判所の事件では、僅かながら上まわっているのです。一九〇〇年度には、地方裁判所の判決の六五パーセント、全裁判所の判決の七〇パーセントが、控訴審で維持されています。これによれば、訴訟の促進は、実際上、裁判の質をわるくすることなしに達成できると思われるのであります。

〈5〉

長らくの間、われわれは、権利のための闘争という勇ましい考えに眩惑されてきました。その考えは、法的紛争を私的な事柄、道徳的な教育手段であると主張し、権利の強さを関係人の人格の性質と強さに、関係人の諸事情と諸手段に依存させ、裁判官には単に中立者の役割だけを割り当てる、というものです。こういう考えを生み出す基になった個人主義は、どこからみても、すでにその頂点を通り過ぎているのでありまして、文化の発展が一定の段階を超えて広まり深まるにつれて、個人の営みを合計するだけでは、個々の連帯的利益や全体の繁栄にとって必要な整序と指導をするエネルギーは得られないことが、明らかになってきました。われわれの知るところでも、産業政策や商業政策において、また、経済政策の他のたいていの分野において、多くの変化がありましたし、契約の自由や所有権の権能はいろいろな制限をこうむり、国家や官僚が全く新しいやり方で経済生活に干渉を加えるようになり、権力的な社会政策も打ち出されてきました。ドイツ法の最近の立法では、この同じ傾向が、私法の領域において大がかりな力試しを見せておりまして、さまざまな階層や部分において、たえず進んで止まない社会がもつのと同じ水準を作り出そうとする努力が、すでに、おそらくこの発展を訴訟の領域にも及ぼそうとしています。司法が、それを民衆の手にふれるようにする改革に対して妨害をする原因は、少しもないでしょう。ひとが司法と接触するのは、ほとんどいつでも、快適でない。悲しい動機があるときだけです。刑事司法についてはいうに及ばず、訴訟とか、死亡とか、禁治産とか、婚姻同意の拒否とか、破産などのいずれかの場合だけです。つまり、生の喜びを増したり人生を高貴にしたりするためには、司法は、非常に間接的な寄与しか果たせません。それだけ多く、司法は、訴訟がそれぞれの人にかなり強くもたらす煩労と危険とのあらゆる軽減のために、双手をさしのべるべきであります。

訴訟が理性的かつ近代の国家観に合するといえるのは、権利保護が、判決を得て初めてではなく、かえって手続の最初の一歩からすでに、事実上国家の援助の付与である場合だけであります。そして、これは、決して理想論ではありません。必要なのは、ただ、裁判官の束縛されてきた力を解放し、それを他の国家機関の力と同様に法と公益と社会平和に奉仕させることであります。これらすべてをわれわれのために守るのが、訴訟の方式であり定式であるからです。訴訟のなかに、こうして、われわれの倫理的な力の限界が現れます。善良な意思があれば、法的紛争を余分なものとすることができるかもしれません。それでも、やはり、訴訟は起こります。どの時代でも、訴訟なしにはやれないもので、それは、歴史を貫いて、いつの時代でも変わらない人間の不完全性と弱さのひとつの証拠のようなものです。それで、われわれは、ここで望まなければならないものは、低落であり、後退であり、訴訟が減少するということでありまして、訴訟が増加することではありません。この、訴訟の減少という目標は、それを達成するために訴訟じたいのいろいろな仕組みが多くの寄与を果たすことができる。しかも、それが多く達成されるならば、ますます喜びをもって歓迎してよく、それは、訴訟の減退がふつう価格の上昇、良好な取引結合および一般的繁栄の随伴現象であるからです。すべて、十分に遂行され正しく裁判された訴訟は、法の勝利であるわけですが、国家や社会にとっては、政治や国民の福利や倫理的文化や人間愛にとっては、なんといっても、強制や摩擦なしに忠実に履行されたひとつの法律行為の方が、凡百のご立派な訴訟よりも、はるかに多くの利得なのであります。

〔後 記〕

フランツ・クライン『訴訟における時代思潮』(Franz Klein, Zeit- und Geistesströmungen im Prozesse) は、近代民事訴訟諸法典のなかで最も多くの影響を与えたといわれるオーストリア民事訴訟法 (一八九五年) を作り上げたクラインが、その施行から三年を経た一九〇一年一一月九日に、ドレスデンの Gehe 財団に招かれて行った講演の記録である。

クラインは、一八五四年ウィーンに生まれ、ウィーン大学に学び、一八七八年に卒業、一八八三年に同大学私講師となったが (教授資格取得論文『瑕疵ある訴訟行為』〔Die schuldhafte Parteihandlung〕が一八八五年に出版されている)、教授の地位がなかなか得られない一方、雑誌に連載したオーストリア民事訴訟法改革意見が注目されて、一八九一年、司法省参事官として迎えられ、新民事訴訟法典編纂の準備をはじめ、僅々二年という信じ難いほどの短期間で、しかもほとんど独力で、改正草案を完成した。一八九三年から国会での闘いを経て、一八九五年にはオーストリア民事訴訟法典が成立し、付属の諸法典・諸法令の成立をまって、一八九八年一月一日からの施行に至る。その後のクラインには、チュービンゲンやライプチヒなど幾多の大学からの招聘が相次いだが、彼は受けず、引き続いて商法・小切手法・有限会社法等の立法作業に当たり、また、二度にわたり司法大臣として、あるいは上院議員として、大いに社会法の立法整備に努めた。とくに、オーストリア民事訴訟法典は、先行したドイツ民事訴訟法典 (一八七七年) のその後の逐次の改正や後発の北欧諸国等の民事訴訟法典の成立にも重要な影響を与え、現在もなお、オーストリアの司法におけるその良好な実績に支えられて範とされることが頗る多い。弁舌の才にも優れ、クラインの死（一九二六年）の翌年には、その演説と講演、論文と書簡を集めた二巻が公刊され、ここに訳出した『訴訟における時代思潮』――原題を直訳すれば『訴訟における時代の諸潮流と精神の諸潮流』というようなことになろうが、省略的に意訳した――も、単行の出版を重ねるほか、右の書物に収められている（Franz Klein, Reden/Vorträge Aufsätze/Briefe, Bd. I, S. 117ff.）。この閲歴が示すとおり、クラインは、「一九世紀以降のオーストリアにおける最も重要な法律家」といわれるにも拘らず、けっして単なる法律家ではなく、いわんや単なる訴訟法学者ではない。民訴法体系書の著述もあるが、初期の論文『瑕疵ある訴訟行為』が、かのアントン・メンガー――『民法と無産者階級』（一九〇三年）の著者、ウィーン大学教授――に捧げられていることは、いみじくも、クラインの社会的訴訟観を象徴しているように思われる。

クラインはいう。法的紛争＝訴訟は、「社会苦（soziale Not）の一場面」であり、「社会現象」であって、「民事司法（Civilrechtspflege）は、現実の経済的・社会的生活の世話（Pflege）であり、学問的な研究ではなく、かえって学識の適用なのであって、言葉をより高次の意味で捉えるならば、所与の社会・経済秩序の維持に奉仕する行政作用のひとつである」。「近代国家は、訴訟をもはや技術的問題とみてはならないだけでなく、かえって、訴訟を国家の社会政策プログラムのなかに組みこまなければならない」。「訴訟はひとつの欠くべからざる国家の福祉制度である」。「訴訟において国家の権利保護は、判決をもって初めて与えられればよいのではなくて、手続の第一歩から与えられなければならない」と。本講演その他の著作からのほんの抜書きにすぎないが、クラインの基本的主張の一端を示す。本講演においてクラインは、まず、自力救済から近代法に亘る訴訟の歴史を簡潔に述べているが、訴訟の歴史はそのまま人間の歴史であり、訴訟における「真実」の観念ひとつをとっても、時代とともに動く人間の文化的・精神的生活全般がそこに反映せざるをえないことを鋭く指摘する一方、近代国家に至って初めて「訴訟の社会的機能」の完全な理解に対する障害が除去されたとする。一

〔後記〕

九世紀後半以後の西欧における国民経済・文化の飛躍的な拡大・発展、所有や取引あるいは社会構造に対するその強大な影響は、当然に、「訴訟の社会的実効性」の確保のためにも、手続構成や訴訟営為の変革を強いずにはいない。そこから、裁判所の積極的作用の強化、訴訟促進の方策、さらには上訴の問題が取り上げられ、今後の展望に向かう。このあたりの熱気溢れるクラインの演述を、訳文から汲みとっていただきたい。「高度の生産性、収益性」が要求されるところでは、「訴訟の長さの問題は火急のもの」であり、取引上の計算に深刻な影響を与え、「法の認識過程としては、緩慢な手続でも理性的といえるかもしれないが、いつ終わるともしれず引き延ばされている訴訟、実際生活や営業取引にとってほとんど常に余りにも遅くなされる裁判、あるいは悪意の妨害に対する力強い保護手段をもたない訴訟は、ほとんど無価値である」と言い切っているのは、そのような悪弊に対し、身をもってその克服に当たった立法者の発言として、感銘深い。クラインによる裁判所の積極的作用の強調は、当時の弁護士層の反撥を招いたところでもあるが、彼の改革が成るまでの（一七八一年の「一般裁判所法」のもとにおける）民事訴訟が、訴訟における当事者の自由を最大限に認めていたことを考え合わせるべきであり、クラインは、訴訟を「裁判所、当事者および訴訟上の脇役たちの協働における、法発見目的により規定され総括された作為・不作為」だと述べてもいる。また、クラインの「良い法と良い訴訟は一体である」とか、訴訟は、「既存秩序の維持に役立つべきもの」だという表現は、しばしば誤解を生んできたし、とくに司法の法形成機能が注目される現在ではいっそうそのおそれが大きい。フリッツ・バウア（後述参照）が指摘しているように、クラインの真意は、訴訟があくまでも「手段」であって自己目的ではなく、法の発見と正当な適用が第一義でなければならず、そうでないと訴訟は社会的是認を欠いて徒らに空転してしまう、と説くにある。むしろ、社会経済の発展に伴う「訴訟機能の価値転換」――それは、「間接的には法機能の価値転換でもある」――に対応した訴訟構成の変革・整備の必要こそ、クラインが力説してやまないところなのである。

本講演は、今日もなお生きている。八〇年の歳月が過ぎ去ったにもかかわらず、この講演は、生命を失っていない。読んでいて、少しも古さを感じさせないのである。これは、そこで取り扱われている問題が、いまわれわれが直面し解決を迫られている問題と共通するところからくるものであろう。現今の西ドイツ民事訴訟法学界のトップといえるフリッツ・バウアがインスブルック大学の開学三〇〇年祝賀（一九七〇年）に招かれたさい、フランツ・クラインに因んで全く同じ「訴訟における時代思潮」という演題を掲げて講演し、クラインの講演内容を紹介したうえ、クラインの考えが現在の問題状況のもとでもなおかつ妥当するかどうかを論じていることじたい、右の事情を如実に物語るといってよい。そして、その検討の結果として、バウアは次のように述べているのである。「民事訴訟の構成についてのフランツ・クラインの考えは、われわれの時代においても彼の時代におけると同様に現実的かつ有意義であり、それらの考えを立法によって実現することは、全体として今日でもなお、近代訴訟法規について設定されるべき諸要請に適合する。このような長い生命力が究極のところ何に基づいているかとひとが問うならば、私は、フランツ・クラインが実体法と訴訟法の不可離の関係を正しく見ぬいていた点にある、と考える」と（Fritz Baur, Zeit- und Geistesströmungen im Prozess. Einige aktuelle Bemerkungen zu dem betitelten Vortrag von Franz Klein, Juristische Blätter 1970, S. 445ff.）。

クラインの「訴訟における時代思潮」の翻訳の底本としては、Erik Wolf編の叢書Deutsches Rechtsdenkenの第13冊として出たFranz Klein, Zeit- und Geistesströmungen im Prozesse, 2. Aufl. 1958を利用した。

2

ジウゼッペ・キヨヴェンダ

「民事訴訟におけるローマ的要素とゲルマン的要素」（邦訳）

〈1〉 ドイツ訴訟法学における歴史的方法の先駆

フリードリヒ大王の訴訟改革は、衰退しつつあったドイツ普通法訴訟に代え、純粋に理性的な基礎の上に立てられた訴訟をもって裁判の規律を改善しようとしたけれども、成果を収め得なかったのであるが、この改革は、すでに一八世紀末に自然法学派の示唆したところであった[補1]。この学派の一分派は、いまやその関心をドイツの訴訟の学問に転じ、この学問の機能を、実質的な理由の点で会得されたのでもなく法源の直接の知識によって明らかにされたのでもない実務上の諸規則の羅列から脱せしめて、原理の探求へと高めた[1]。この学派の代表者たちのなかで、『民事訴訟の形而上学』(Metaphysik des Civilprocesses, 1806) の著者フォン・アルメンディンゲンは、法学研究の指標として、法の哲学と実定法の歴史との結合を推奨している[2]。しかし、これと平行して同時に起こったもうひとつの傾向があり、それが民事訴訟の領域への歴史的方法の将来における適用を効果的に準備し、かつ、上に述べた傾向の修正としても役立った。それは、主として法源に頼って訴訟理論の実定的基礎を確立しようとする傾向である[3]。ドイツ普通法訴訟の主要な法源は、当時においては、個々の点につきカノン法および神聖ローマ帝国の立法によって修正されたものとしてのユスチニアーヌスの法であると考えられていた。しかし、法源に立ち返って眺め、法源を批判的に検討した必然的な結果として、それまでは全く予期されなかったことなのであるが、ローマ訴訟とドイツ普通法訴訟との間に顕著な差異のあることが明らかとなり[4]、かくて、前述の二つの修正的要素をもって満たすに十分でない間隙がここに現前することになったのである。

（1） この学派およびその欠陥と功績については、Wetzell, System des ordentlichen Zivilprozesses, 3. Aufl. 1878, §3, N.24; Wach, Handbuch des deutschen Civilprozessrechts, 1885, S. 175, 176; Planck, Über die historische Methode auf dem Gebiete des deutschen Civilprozessrechts, 1889, S. 9参照。〔冒頭の文献箇所の内容につき、補注3所掲の岡＝栗田訳・関大法学論集三五巻一号一八四頁以下をみよ。〕

（2）　v. Almendingen, Über den materiellen und formellen Concurs der Gläubiger, 1797, S. 88.

（3）　とくに、Martin, Lehrbuch des deutschen gemeinen bürgerlichen Processes, 1800. なお、この書物の諸版とこれに由来する諸労作および同一傾向を追う他の論者については、Wetzell, a. a. O., §3, N.25 参照。

（4）　Planck, Die Mehrheit der Rechtsstreitigkeiten im Prozessrecht, 1844, S. 263.

（補1）　フリードリヒ大王のもとに著しい展開をみた訴訟改革については、鈴木正裕・近代民事訴訟法史・ドイツ三〇三頁以下・三〇六頁以下が精細をきわめる。なお、アルトゥール・エンゲルマン著・民事訴訟法概史（小野木常・中野貞一郎編訳。以下には「エンゲルマン・民訴概史」と略称）四三〇頁以下、自然法思想との関係につきNörr, Naturrecht und Zivilprozess, 1976, S. 24ff.（紹介として、上田徹一郎ほか・法と政治三八巻二号四〇三頁以下、とくに四〇九頁以下）、上山安敏・法社会史一八二頁以下をみよ。

〈2〉　ドイツにおけるフランス民事訴訟法とゲルマン訴訟研究の濫觴

アイヒホルンがその『ドイツの国制史と法史』（Eichhorn, Deutsche Staats- und Rechtsgeschichte）の初版を出して〔訳注――四巻より成るが、初版の第一巻は一八〇八年、第四巻は一八二三年〕、簡略ではあるが初めて古ゲルマン訴訟の歴史を叙述したのは、ちょうど、ナポレオンがフランスの他の諸法典とともにフランス民事訴訟法典をドイツの若干の地方に押しつけた頃であった。このフランス民事訴訟法典はナポレオンの失脚後も生き続け、ライン地方に陣どって動かず、アルミニウスが「ファラモントの城壁に向かってその戦車を駆る」年まで〔訳注――Hermann ともよばれる Arminius は、古ゲルマンの英雄で、紀元九年にトイトブルクの森でローマの大軍を殲滅し、ゲルマンをローマから解放した。ここでは、対ナポレオン戦争のさいクライストがドイツ人の士気を鼓舞するために書いた『ヘルマンの戦い』に因む〕、否、その後までも、ライン地方にとどまることを運命づけられていた。(補2) フランスの訴訟は、ドイツ普通法の複雑で厄介な訴訟に対し著しいコントラストを示すものであった。それは、より簡単なように思われ、より流動的かつ迅速であるようにみえ、実務上の運用において示された口頭主義と公開主義は、改革のための一般的な動きが当惑の果てにその希望をそこに集中したところのものであった。その後、この改革の動きは、一部は、フランス訴訟に跳ねかえったし、それがすでに植えこまれていた地方では、これを維持することが提案されただけでなく、一定の限度内ではあるが、ドイツの他の諸地方にも拡大していった。この提案に対抗して、外国法に敵意をもつ愛国的感情の波も高まってくる。一八一九年は継続する争論も最高潮に達した年であるが、この年に、ミュンヘンの科学アカデミーは、つぎのようなテーマで評論の懸賞募集をした。「古ドイツおよび古バイエルンの司法では民事事件ならびに刑事事件の公共の裁判手続はどのようであったか。この裁判手続は争訟の減少あるいは短縮および法律の正しい適用に対してどういう有利もしくは不利な影響を与えたか。いつ、いかにして、またどのような事情のもとに、このような手続は消え去ったのか」。(5) こうして、訴訟学者たちは、多かれ少なかれ意識的に、普通法訴訟の展開とその現実の重要性の精確な理解にとってローマ的要素では不十分であることを明らかにしていったのであるが、他方においては、歴史学派の最初の開花とその当時の政治的出来事が別の要素、つまり古ゲルマン訴訟の認識のための道を準備した。

ミュンヘンの科学アカデミーは、一八二一年四月に懸賞募集をやり直さなければならなかった。そして、もし受賞者が出ない場合には一八二三年三月二八日まで延期することになったが、そこまでは行かなかった。第一位として受賞したのは、ルートヴィヒ・マウラーの労作であり、(6) 提起された問いの全部に答えを与え、その『古ゲルマンおよびとくに古バイエルンの公開・口頭の裁判手続の歴史』（Geschichte des altgermanischen und namentlich altbairischen öffentlich-mündlichen Gerichtsverfahrens）という標題が表すとおりのものを後世に残すに値する著作であった。この書物は、法源に基づいて詳細にゲルマンの訴訟、その長所と短所を述べ、説き来ってローマ法の継受にまで及んでおり、古い訴訟の衰退の原因を究明するのに、ドイツにおけるそのローマ法およびカノン法との接触の研究に依っている[7]。そして、ゲルマン訴訟と近代フランス訴訟との比較をもって結びとしている[8]。マウラーによれば、フランス訴訟はゲルマン訴訟を基礎とするものである。裁判所の構成、裁判長の権限、裁判所職員の独立の地位、裁判官・書記官・弁護士および傍聴人が法廷において占める位置はゲルマンのものであり、呼出の仕方や八日の出頭期間も[9]、審問の手続、執行文、闕席事件における「異議」（opposition）と同様にゲルマンのもので、とりわけ、手続の口頭主義および公開主義も然りであるという。以上のような理由で、マウラーは、最後に、フランス訴訟の維持およびさらにその採用も外国の制度がドイツにおいて勝利を占めることにはならず、むしろ、ドイツ生れの訴訟への復帰にほかならぬ、と断じている。

　マウラーの書物は、当然のことながら不完全であったし、誤りもあった。訴訟についての伝統的な、表面だけをみる考えから脱却していないし、この書物の成立を導いた前述の質問の解決に直接の影響を与える運命をもつものでもなかった[10]。しかし、ここでその内容にふれたのは、さきに述べた歴史的な年代を挙げたのと同様に、その目的は、われわれがいま取り扱っている諸現象に関する問題についての最初の論述を準備しかつこれに随伴した特殊な環境を描き出すにある。この問題が、一九世紀全体を通じて現れたドイツの思想の大きな動き[11]――その経過は壮大な業績と奇妙な誇張に満ちている――と密接に関連していること、および、他の法分野との関係についてもそれぞれ研究成果が得られたことは、いうまでもないであろう。

（5）　Planck, Historische Methode, S. 3; Maurer, Geschichte des altgermanischen und namentlich altbairischen öffentlich-mündlichen Gerichtsverfahrens, 1824, Vorwort.

（6）　注（5）所掲。ほかに三つの秀作が受賞候補として問題とされた。すなわち、Buchner, Das öffentliche Gerichtsverfahren nach altdeutscher vorzüglich altbairischer Rechtspflege, 1825; v. Freyberg, Über das altdeutsche öffentliche

Gerichtsverfahern, 1824; Steiner, Über das altdeutsche und insbesondere altbairische Gerichtswesen, 1824の三者である。なお、その間に、Rogge, Über das Gerichtswesen der Germanen, 1820が公刊されている。それ以前に出たゲルマン訴訟の歴史に関する諸著作については、Planck, Historische Methode, S. 6ff. 参照。

（7） Maurer, a. a. O., S. 308–320.

（8） Maurer, a. a. O., S. 360.

（9） 一五日間という期間――これはイタリアの訴訟では現在でもしばしば用いられている――も行われた。Cf. Tardif, La procédure civile et criminelle aux XIIIe et XIVe siécles, 1885, p. 48–49. これらの期間については、なお、Brunner, Deutsche Rechtsgeschichte, 1887, 1892, II, S. 217ff., 335参照。

（10） Planck, Historische Methode, S. 4.

（11） この点に関し、イタリアの著作のなかでは、とくにPampaloni の秀作 Il futuro codice civile germanico e il diritto romano, 1888をみよ。なお、ロマニステンとゲルマニステンとの論争に関しては、Moddermann, Die Reception des römischen Rechts, 1875, S. 105ff.; Stobbe, Geschichte der deutschen Rechtsquellen, 1860, 1864, II, S. 439ff.; Gierke, Deutsches Privatrecht, 1895, I, S. 24参照。これらの論議の多くは今日では時代遅れになっているが、それらは、現在の研究が採っているのとは非常に異なる視点から出発していることが多い。

（補2） この間の事情につき、鈴木正裕「上告の歴史」裁判と上訴（小室・小山還暦記念）下六頁以下・五八頁以下が詳しい。

〈3〉 ドイツ普通法訴訟の研究における歴史的方法とローマ的要素・ゲルマン的要素間の関係の問題

歴史的研究と訴訟的研究を科学的に同位的に行ったという栄誉、もっと個別的な問題に即していえば、民事訴訟におけるローマ的要素とゲルマン的要素の研究の栄誉は、歴史学派の巨匠ザヴィニーに帰せられるべきである。

ザヴィニーの大著『中世ローマ法史』(Geschichte des römischen Rechts im Mittelalter)の数冊の初めの方は一八一五年に刊行されはじめたのであるが、それらは、訴訟の領域における研究の非常に貴重な成果を内含しているだけでなく、――それよりもっと重要なことに――法のあらゆる分野における研究の真の方法として、過去におけるローマ法とゲルマン法の関係およびそれらの関係にとって最も重要な時間と地域を探求する必要を含む方法を展示したのであった。

この方法を訴訟の法に適用することは、ザヴィニーの弟子たちの仕事であった。最初に現れたのはベートマン＝ホルヴェークであるが、彼は、一八二一年に、その著『普通民事訴訟およびプロイセン民事訴訟講義要綱』(Grundriss zu Vorlesungen über den gemeinen und preussischen Civilprocess)の初版の注目すべき序文のなかで、右のような適用のプログラムを描いている。この著者は、明確な筆致で、訴訟法におけるローマ的要素を修正するファクターとしてのゲルマン的要素の重要性を主張した。そして、ゲルマン人およびゲルマン法が侵入した諸国において発生した混合は、一部は慣習の作用であり、一部はカノン法の、それじたいゲルマン的観念によって色づけられた影響によるものであって、中世末期にドイツに受け入れられた外国の訴訟は、ドイツにおいて普通法訴訟として近代まで残存したのであるが、それはまさしくこの混合の生んだ産物にほかならないことを指摘する。したがって――とベートマン＝ホルヴェークは結論する――、普通法訴訟の研究はローマおよびカノンの法規の体系および神聖ローマ帝国の立法の範囲に限局されるべきでなく、純粋なローマ訴訟、それも古典期ローマの訴訟とユスチニアーヌスの訴訟の徹底的な検討から出発して、注釈学派や教会法学者の学説に手を拡げるべきで、そこにゲルマン的な要素の浸透を探し求めるべきである、というのである。

このプログラムのなかでは、明らかなように、ゲルマン的要素はまだ第二次的な位置しか割り当てられていない。[12] 一九世紀の最初の三〇年間内に現れた歴史学派の他の訴訟学者たちの著作、つまりヘフターやバイエルのそれのような著作では、[13] ローマ的要素の優位はより一層強調されてさえいる。これは、一部は、ガイウスの写本や[14]

ヴァチカノ断片の発見によって再び燃え上がったロマニステンの研究の共通の目標によるものであった。ガイウスの写本やヴァチカノ断片により古典期ローマの訴訟の理解の手段を与えられて、ローマ法への新たな関心は、一九三〇年までにすでに、他の労作はいうに及ばず、争点決定についてのケラーの古典的論文[15]やツィムメルンによる再構成[16]を生み出したのである。

しかし、上述の三〇年間に、別の傾向がしだいに明瞭となってきた。ニーチェは、ヘフターの書物を参照しつつ筆を進めているのであるが、中世のローマ法学者や教令学者――イタリア学派のそれも――がローマ法の諸原則から離れたことを説いているかぎりでは、その部分はゲルマン法以外のなにものでもないことを主張している。[17]この主張は新しいものではない。なぜなら、それよりもずっと以前にホムメルも同じことをカノン法について述べているからである。[18]しかし、右の主張は、今度は、全く新たな強調と重要性をもって現れたのである。ニーチェは、さらに筆を進める。彼によれば、普通法訴訟はゲルマン的ではないが、ローマ的でないことはそれ以上である。それは、むしろ、ローマ法の影響――それは真実である――のもとに古ゲルマンの慣行や形式が発展したものであるが、ある意味では実質上それ独自のものである。と、かくて、ニーチェは、一八二七年に、普通法訴訟に関して、ベートマン＝ホルヴェークが立てたローマ的要素とゲルマン的要素の関係を逆にしてみせたわけである。[19]これに対して、ベートマン＝ホルヴェークは、一八三四年に、その著『民事訴訟提要』(Handbuch des Civilprozesses)（途中で中断したが、三〇年後に継続された）の第一巻『ローマ帝政後期の裁判所構成と訴訟』(Gerichtsverfassung und Prozess des sinkenden römischen Reichs)の序文のなかで、彼のプログラムの諸原則を再確認した。ゲルマン法の研究は、その間にグリムの労作[20]によって内容豊富なものとなったのであるが、ベートマン＝ホルヴェークは、ゲルマン法の研究が活気を増しつつあることに言及しつつ、純粋なゲルマン法は現行制度の数々の根のひとつにすぎないものと考えなければならないことを主張している。他面において、ニーチェの見解を、いくらか軽い程度ながら確認するものとして、一八三九年に、訴訟の分野への歴史的方法の適用のクラシックなモデルにほかならない書物が出ている。それは、ブリーグレプの『執行訴訟の歴史』(Briegleb, Geschichte des Executiv-Processes, 2. Aufl. 1845) である。この本の導入部の、僅少だが簡潔な諸頁のなかで、グリーグレプは、とくにイタリアにおけるゲルマンの制度とローマ法との相剋についてその理由と結果を描き上げ、ゲルマンの制度のあるものが生き残った状況を述べている。(21) その後、いわゆる保全処分 (instrumenta guarentigiata) の歴史のなかで、ブリーグレプは、ゲルマンの慣習に由来し、イタリアの学説とローマの衣裳を装った制度の実例を示し、彼の所説の論証のために注釈学者、注解学者および実務法曹の理論を引合いに出し、イタリアの論者だけでなくフランスやスペインの論者をも引用した。(22) この点で新しい例を開くことになるのだが、ブリーグレプは、イタリアの条例立法をも引合いに出し、それがゲルマン的要素の紛れもない形跡に満ちていることを見出した。(23) 彼の論述全体が見識の広さと判断の堅実さによって特徴づけられており、そのため彼の書物は、ひとつの制度の歴史というよりも、むしろ中世イタリアの訴訟の歴史の基礎といえるほどである。

それから五年後に、歴史的方法は、プランクの複数争訟論 (Planck, Die Mehrheit der Rechtsstreitigkeiten im Prozessrecht, 1844) のなかにもうひとつの立派な結実をみた。しかし、この労作は、全く異なる重要性を有する。その重要性というのは、一面では、中世の学説によって注入された誤謬を本来のローマの諸原理から巧みに除き去ったという点にあり、他面では、テーマじたいの性質に存する。訴訟の素材は、さまざまの性格を有する。重要性において優るのは、ある場合には、形式の場合がそうであるように史的側面であるが、他の場合には、内面的な論理的関連である。(24) プランクの労作が取り扱った素材は後者の場合に属し、それらの素材についての論述は論理的な観念かつ体系としての民事訴訟に対する重要な寄与をなすものである。プランクは、この複数争訟論にすぐ引きつづいて他の有名な労作をいくつか書いているが、(25) それらのあれこれをここで詳論することはできないし、ここで言及するのを適当とするドイツの学者たちの努力を縷述することもできない。われわれとしては、いまここに掲げた諸労作が訴訟の学問に与えた刺激はドイツにおいては絶えず弾みが加わったものであったことを指摘するだけで満足しなければならない。この学問の素材は、いまや、中世の訴訟学者の多数の書物の再刊およびその増加し続ける部数によって、イタリアでの場合は中世イタリアの条例のそれによって甚だしく増大し、訴訟の歴史そのものも、多数のモノグラフィによって豊富となり、この分野全体については、ヴェッツェルの『通常民事訴訟体系』[補3]（Wetzell, System des ordentlichen Zivilprozesses, 1. Aufl. 1854）によって、――つねにローマ的要素とゲルマン的要素の関係に関して新たな考察をもたらしつつ――豊富とされ、ついに、一八六〇年から一八七〇年に及ぶ一〇年間に満開の花をつけるに至った。この一〇年間には、ローマの訴訟の歴史については、ベートマン＝ホルヴェークの浩翰な著作があり[26]、ゲルマンの訴訟の歴史については、ジーゲル[27]、ゾーム[28]、マイボーム[29]、ベートマン＝ホルヴェーク[30]、ブルンナー[31]、ラーバント[32]その他の人々の基本的な論著や論文が現れているし、また、中世イタリアの訴訟については、ワッハのすばらしいモノグラフィ[33]やフィッカーの研究[34]があり、継受の歴史についても、シュティンツィンク[35]およびシュトッベ[36]の諸労作もやはりこの一〇年間に出ている。この時期の終り頃に、ビューローの名著『訴訟抗弁論と訴訟要件』[補4]（Bülow, Die Lehre von den Processeinreden und die Processvoraussetzungen, 1868）が公刊された。この書物は、歴史的研究の流れに属するものではあるが、純粋のローマ法理論の再構成として、訴訟法の公的側面に特別に光をあてることにより、訴訟の学問に新たな方向を与えたのである。この新たな方向は、多数の試みと広汎かつ有益な論議を重ねたのちに、一八七七年の統一訴訟法の立法という大事業の完成と結びついて、その後現在までの三〇年間に訴訟の歴史の研究もおそらくドイツにおいて従前のような歩調では進展しなかったということの理由となっている。ローマ訴訟――純粋なローマ訴訟および中世のローマ訴訟――について[37]、またゲルマン訴訟について、これまでに現れた多数の著書・論文の重要な価値をいささかも否定するものではないが、さしあたり、訴訟におけるローマ的要素とゲルマン的要素の関係に関してまさしく最も重要な諸局面につき近代科学の必要に応ずる完全な歴史の解明がドイツでもイタリアでも依然として欠けていることは、確かである。したがって、われわれは当面の課題をつぎのようなかたちにまとめることができるが、この課題の満足すべき解決は、現在のところ欠けているし、今後も長い間欠け続けるであろう。「近代訴訟においてローマ的要素とゲルマン的要素は、それらの歴史上の遭遇の究極の結果として、それぞれがどのような重要性をもっているのか?」

(12) Heffetr, Institutionen des römischen und deutschen Civilprocesses, 1825. その第二版は、System des römischen und deutschen Processrechts (1843) という書名に変えて全面的な改訂を施している。

(13) Bayer, Vorträge über den deutschen gemeinen ordentlichen Civilprocess, 1828, 10. Aufl. 1869.

(14) Planck, Historische Methode, S. 11. 〔訳注――ガイウス『法学提要』の写本の発見については、船田享二訳・ガイウス法学提要（新版）五三頁以下に詳しい。〕

(15) Keller, Über Litis contestatio und Urtheil, 1827.

(16) Zimmern, Geschichte des römischen Privatrechts, Bd. 3, 1829.

(17) Planck, Historische Methode, S. 15による。

(18) Müchel, Das Verfahren bis zur Litiscontestation im ordentlichen, canonischen Civilprocess, 1870, S. 3による。

(19) ニーチェ（Nietzsche）は、この見解を完全に表明した本を出してはいない。彼の甚だ学識に富む研究 Commentatio juris germanici de prolocutoribus（1831）の叙述は、継受にまで及んでいるが、彼は、それをさらに押し進めるということを明らかに約束（S. 88）しながら、果たすことができなかった。

(20) Grimm, Deutsche Rechtsalterthümer, 1828.

(21) Briegleb, Geschichte des Executiv-Processes, 2. Aufl., S. 8-32.

(22) なお、ブリーグレプの他の基本的著作である。Einleitung in die Theorie der summarischen Processe, 1859, S. 512ff. 参照。〔訳注――ブリーグレプの所論については、松浦馨「略式訴訟の概念と本質」法学協会雑誌七七巻五号四九八頁以下に詳しい。〕

(23) Briegleb, Geschichte des Executiv-Processes, S. 16; Planck, Mehrheit, S. 264.

(24) Bethmann-Hollweg, Handbuch des Civilprozesses, S. VIII. この第二の点では、同じ著者（Bethmann-Hollweg）の Versuche über einzelne Theile der Theorie des Civilprozesses（1827）を逸しえない。

(25) Planck, Über das Recht zur Beweisführung nach dem älteren deutschen bes. sächsischen Verfahren, in Zeitschrift für

deutsches Recht, 1846; derselbe, Die Lehre von dem Beweisurtheil, 1848.〔訳注――本文所掲の複数争訟論については、岡徹「J・W・プランクの『Mehrheit論』㈠㈡」関大法学論集二六巻一号・二号をみよ。〕

（26）Bethmann-Hollweg, Der Civilprozess des gemeinen Rechts in geschichtlicher Entwicklung の最初の三巻（1864–1866）がそれである。

（27）Siegel, Die Erholung und Wandelung im gerichtlichen Verfahren, 1863; Die Gefahr vor Gericht und im Rechtsgang, 1866;（および、それ以前のものとして）Geschichte des deutschen Gerichtsverfahrens, 1857.

（28）Sohm, Der Prozess der Lex Salica, 1867;（そして、後には）Die altdeutsche Reichs- und Gerichtsverfassung, 1871.

（29）Meibom, Das deutsche Pfandrecth, 1867.

（30）Bethmann-Hollweg, Der Civilprozess des gemeinen Rechts in geschichtlicher Entwicklung, Bd. 4, 1868.

（31）Brunner, Zeugen- und Inquisitionsbeweis im deutschen Gerichtsverfahren karolingischer Zeit, 1866; Wort und Form im altfranzösischen Prozess, 1868;（そして、後には）Die Entstehung der Schwurgerichte, 1871. 前二者は、ウィーンのアカデミーにおける報告であり、Forschungen zur Geschichte des deutschen und französischen Rechts, 1894に再録されている。

（32）Laband, Die vermögensrechtlichen Klagen nach den sächsischen Rechtsquellen des Mittelalters, 1869.

（33）Wach, Der italienische Arrestprozess, 1868. 同時期のものとして、Wach, Der Manifestationseid in Italien, ZRG VII (1868).〔訳注――前者については、未完ながら充実した訳注を付した邦訳として、中務俊昌＝岡徹訳「アードルフ・ヴァッハ仮差押訴訟の歴史的発展」法学論叢一〇三巻五号・六号、一〇四巻一号～五号、一〇五巻二号～六号、一〇六巻一号～五号、一〇七巻四号・六号、一〇八号三号～五号、一〇九巻三号・四号がある。〕

（34）Ficker, Forschungen zur Reichs- und Rechtsgeschichte Italiens, 1868–1874の第一巻がそれである。

（35）Stintzing, Geschichte der populären Literatur des römisch-kanonischen Rechts in Deutschland, 1867. とくにS. 197ff. および同書の序言。

（36）Stobbe, Geschichte der deutschen Rechtsquellen, 1860,1864. とくに、I. S. 609ff.; II. S. 83ff. 同時期のものとして、Franklin, Beiträge zur Geschichte der Reception des römischen Rechts in Deutschland, 1863; Schmidt, Die Rezeption des römischen Rechts in Deutschland, 1868.

（37）それら文献のいくつかは、のちに引用する。豊富な文献目録がWach, Handbuch des deutschen Civilprozessrechts, 1885;

Schmidt, Lehrbuch des deutschen Civilprozessrechts, 1898; Brunner, Rechtsgeschichte のなかにある。なお、一八八八年以降一九〇一年までクラインフェラーが、またそれ以後はメンデルスゾーン＝バルトルディが継続して、Zeitschrift für deutschen Civilprozess に掲載した、細心な年報の歴史の部をみよ。

（補3）　未完ながら貴重な資料として、岡徹＝栗田隆訳「ヴェッツェル『通常民事訴訟体系・第三版』邦訳」が継続中である。関大法学論集三二巻六号、三三巻二号・六号、三四巻一号・二号・六号、三五巻一号・二号・六号、三六巻一号・二号、六号所収。

（補4）　内容およびその周辺の論議につき、坂口裕英「ビューローの訴訟要件論の研究」名城法学一七巻一・二号一六頁以下が詳しい。

〈4〉　近代ドイツの訴訟に対するドイツ普通法訴訟およびフランス訴訟の比較的影響およびこれら両者の構成要素に関する見解の相違

純粋な学問的精神に関係のない要素の存在によって本質的な困難が増している問題のどれもがそうであるように、右の〔前節の末尾にかかげた〕問題についても、学者の所見が鋭く対立している。

われわれがいうのは、イタリアの学者とドイツの学者の間に存在する見解の相違ではない。この見解の相違ならば、その最も極端なかたちにおいては、つぎの二つの引用文にまとめ上げることができよう。すなわち、そのひとつは、イタリア法の歴史についての最近の参考書からの引用であって、そこでは、「近代の訴訟法にはゲルマンの訴訟はほんの少ししか生き残っておらず、むしろ、近代の訴訟法は、ローマの制度とカノンの制度との結合の結果として生み出された産物にほかならない」と述べられている。(38) 他のひとつは、ドイツ民事訴訟の最近の参考書から採ったもので、そこでは、著者は、「現在の訴訟法は基本的には純然たるゲルマン的な所産であり」、ローマ法に由来する要素が若干つけ加わっているにすぎない、と説いている。[39] この不一致がイタリア訴訟とドイツ訴訟の間に存する相違に基づくものではないことを、とり急ぎつけ加えておこう。あらゆることを考慮しても、現在のイタリア訴訟が現在のドイツ訴訟より以上にゲルマン的であるわけでもなければ、より以下にゲルマン的であるわけでもないのである。そして、不一致は、ドイツの論者相互間にもみられる。というのは、すべての論者が上に引用した者ほどナショナリスティックではないからである。プランクは、中世ザクセンの訴訟の極めて広大な歴史を世に示したが、[40] その後でも、彼は、すでにくりかえし引用した彼の論著のなかで、[41] 彼のゲルマン法に関する造詣を隠してはいないにもかかわらず、そのような積極的な断言はしていない。彼は、この問題に答えを出すには未だ時が熟さないことを認識し、現在のドイツ訴訟の歴史的研究についてはローマ法ではなしに古ゲルマンの訴訟を出発点に選ぶことの必要性を唱えるにとどめている。この道こそ、プランクによれば、ニーチェの主張、つまり、近代の訴訟はもはやゲルマン的ではないが、ローマ的というにはさらに遠く、ローマ的なものの影響のもとにゲルマン的なものから発展したものなのだ、という主張の正確さを決定できる唯一の道だというのである。[42]

もちろん、今日では、一八七七年のドイツ民事訴訟法典とこれに先行する普通法訴訟との関係については、多くの見解の相違がある。若干の論者に従えば、民事訴訟法典は普通法訴訟を基礎として採った、というのであるが、[43] 他の論者によると、普通法訴訟は完全に打ち捨てられた、というのである。[44] そして、もっと奇妙なことに、基本に関する不一致があるにもかかわらず、そこから引き出された結論にはこれに対応する不一致がみられない。前者の見解を支持する人々の間にも、一方では、近代のドイツの訴訟は普通法訴訟をその基礎として保有しているため基本的にゲルマン的な性格を保有してきた、という説[45]があるかと思うと、他方ではまた、普通法訴訟をその基礎として保有しているため本質的にローマ＝カノン的性格を保有してきた、とも説かれている。[46] 同様に後者の見解に随う人々のなかでも、ある者は、ドイツの訴訟も普通法の制度から解放されることによってそのローマ=カノン的な基盤を切り離した、と主張する[47]のであるが、他の者は、普通法訴訟の諸原則が捨てられフランス訴訟の諸原則が採用されることによってゲルマンの伝統は放棄され、ローマ=カノン法の諸原則に復帰したのだ、と説く[48]。そして、フランス訴訟に関しては、それがドイツ訴訟の改革に与えた影響は非常に大きいものがあるが、マウラーのように、後説に属する論者の多くが、フランス訴訟はその基本的諸原則においてゲルマン的であると主張している[49]ことに注目すべきである。共通の見地に立つ人々の間に存するこのような結論の相違も、なんら驚くにあたらない。問題状況の分析はあまりなされていないのではあるが、それが今日の訴訟に入りこんでいる本来的なあるいは派生的な要素が存在するだけの数の従属的な問題およびそれらの諸要素の融合を決定した諸要因に帰着しうることは分かる。そして、これらの諸要素および諸要因のそれぞれについての見解の相違が、現在の対立する諸説を生ぜしめているのである。

（38）Salvioli, Manuale di storia del diritto italiano, 3. ed. 1899, p. 577.
（39）Schmidt, Lehrbuch, S. 30.
（40）Planck, Das Gerichtsverfahren im Mittelalter, 1878–1879.
（41）Planck, Historische Methode, S.875, N.2. なお、彼の Lehrbuch（1887–1896）のなかにも、この点についての彼の立場がしばしば表明されている。
（42）Planck, Historische Methode, S. 19. 彼は、以前に、その Lehre von dem Beweisurtheil, S. 1ff. においてしたように、彼の Lehrbuch, I, S. 1ff. でも、この道を辿っている。これに反対するのは、Sohm, Fränkisches Recht und römisches Recht, ZRG Germ. Abt. Bd. 1, S. 81.〔訳注――久保正幡=世良晃志郎訳・ゾーム・フランク法とローマ法一一三頁以下〕
（43）Planck, Lehrbuch, I, S. 499; Schmidt, Lehrbuch, S. 87; Wach, Handbuch, S. 170.
（44）Kohler, Prozess als Rechtsverhältniss, 1885, S. 5; Sohm, Fränkisches Recht und römisches Recth, S. 84.
（45）Schmidt, Lehrbuch, S. 30, 87.

(46) von Bar, Civilprozess, in Holtzendorff's Encyklopädie, 5. Aufl. S. 784ff. なお、ハノーファー統一民事訴訟法草案に関し、Wieding, Der justinianeische Libellprozess, 1865, S. 739ff. 参照。

(47) Schultze, Privatrecht und Prozess, 1883, S. 2ff.; Hinschius, Geschichte und Quellen des Kanonischen Rechts, in Holtzendorff's Encyklopädie, S. 210; Sohm, a. a. O., S. 84.

(48) Kohler, Gesammelte Beiträge zum Civilprocess, 1894, S. 467, 584.(「われわれの訴訟の大改革は、本質的に、ゲルマン法との断絶であり、ローマ＝カノン訴訟がすでにうち立てていた諸原則への回帰である」と述べている。)同時に、コーラーは、改革された訴訟のなかに棄てられたゲルマン的要素が存在することを否定していない。反対に、Holtzendorff's Encyklopädie, II. S. 47-205の改訂版(1903)に入っている、彼のCivilprozess- und Konkursrechtでは、ローマ的なものとゲルマン的なものの関係をひとつの体系的な基準と割り切って、その論文をつぎの三つの部分に分けている。すなわち、(a)近代ローマ＝カノン訴訟、(b)執行および破産の事件におけるゲルマン法の優位、(c)純ゲルマン的な諸制度(執行訴訟、略式訴訟その他)、である。

(49) Wach, Handbuch, S. 135; Schmidt, Lehrbuch, S. 30.

〈5〉 近代民事訴訟の本来的および派生的諸要素ならびにそれらの遭遇と融合の最も重要な諸要因

本来のローマ的およびゲルマン的諸要素に伴って、イタリアの条例法とか、カノン法(これじたいも重要性をもたないわけではないが、その検討は別の機会に譲る)、フランスの王法、ドイツにおける勅法のような派生的諸要素があるが、これらは、多かれ少なかれ、ローマ的要素とゲルマン的要素の遭遇の結果と考えられる。しかし、訴訟一般の歴史および現在の個々の問題点についての歴史は、両要素の遭遇が生じ、かつ、その実り多い関係が消耗するに至った諸要因と、格別に関連しているはずである。

それらの諸要因には、周知のとおり、多様なものがあった。まず、ラテン諸国へのゲルマン族の侵入、つぎに、イタリアにおける、慣習法および教会法に対する反撥としてのローマ法の復興、それから、この同じ慣習法および同じ教会法を基礎とするローマ法学者の学説によって作られた法の発展、スペイン、フランスおよびドイツにおける継受、さらに、ドイツに継受されたこの法のザクセン法との融合、また、ノルマン人に対抗したイギリスにおけるローマ＝カノン法の影響、そして、フランス法のドイツへの継受。ほかにも、これらより重要度が低くあまり注目を惹かないものがいくらでもあるが、それらのなかで特記すべきものとしては、一方において、継受後におけるドイツの訴訟に対するイタリアの学説のたえざる影響があり、それはとくに教皇裁判所（Rota）の裁判[50]を介しての影響であったが、他方において、おそらくは、一五世紀以後のイタリアの実務に対するドイツの学説の影響[51]を挙げうる。というのは、Gaill や Mynsinger のようなカメラリストや、Carpzov のようなデクセンの学者でも、イタリアではよく知られていたからである。さらなまた、イタリアについては、この点で重要なのは、ロンバルディーア＝ヴェネチア諸国におけるオーストリアの勅令の支配、および、ドイツにおけるよりも受動的になされたものではあるがここでもフランス訴訟の継受があったこと、である。以上で全部というわけではない。実際、若干の論者は、過去一〇〇年間に得られた古典期ローマの訴訟についての新たな知識による、近代のドイツ訴訟におけるローマ法の新継受、ということをいっているのであり、この表現も誤りではない[52]。

（50）Weismann, Die Entwicklung der Principalintervention in Italien, ZRG Germ. Abt. Bd. I. S. 210, N. 64.
（51）このことについて、それを裏づける積極的な証拠をもち合せないのであるが、推定はできる。
（52）Schultze, Privatrecht und Prozess, S. 7ff. なお、Pampaloni, Il futuro cod. civ. germanico e il diritto romano, p. 31; Gierke, Deutsches Privatrecht, S. 24をみよ。

〈6〉各説（a）――中世イタリア訴訟の形成
イタリアの条例法の訴訟　および　カノン訴訟における
ゲルマン的要素の重要性についてのドイツの論者の誇張

われわれが前節のように問題をほぐしてみたのは、取扱いの計画のアウトラインを描くためではなく（こういう計画についての議論は別の機会に保留したい）、問題全体のこみ入った困難さと、積極的な記述をする勇気を失わせるほどの問題の多面性とを、簡略な様式で明白にするためであった。そして、事柄のこの角度にもっと光をあてるためには、いったん立ち止まって、上述の歴史的諸要因のあるものについて考えることも有用であろうし、この目的のためには、とびきり重要な要因、イタリアにおけるローマ法復興の時期を取り上げるのが最も有用であろう。ここでとびきり重要といったが、そのわけは、この時期に、かの難解な根の深い現象、つまり、ゲルマン的なものに基礎をもつ慣習法と法の天才たるローマ人の作り出したものとの融合という現象も、他の同様な場合におけるよりももっと深く、かつ、大陸の法制度にとってもっと決定的な態様で生じたからである。[53]

ブリーグレブこのかた、ドイツの訴訟学者は、そのほとんどがここに彼らの国の法の揺籃があると信じて、特別の注意をもってこの時期に彼らの研究を方向づけてきた。現在の訴訟の一定の制度や原則の起源をこの時期のなかに発見しようとするこれらの学者のなかの若干の成功した努力は、おそらくは、あまりにも性急に一般化されてしまった。かつてローマ的要素についてそうであったように、いまや、普通法訴訟におけるゲルマン的要素を誇張することが傾向となっている。たとえば、シュミットによれば、ドイツに継受された訴訟は実質的にはゲルマン的であり、これを未だに「ローマ＝カノン的」ということが行われているが誤りであろう、という。[54] 主要な淵源は、その知識については、ローマ法やカノン法ではなくて、イタリアの条例法や法学者の著作である。さらに、条例に関しては、ドイツ学者による研究はときには不完全で混乱しており[(55)]、条例の立法がゲルマン的方向においてとくに実務的な著作者に与えた影響は、その条例の立法じたいがもっているゲルマン的要素の固有の持分と同様に誇張されている。同じ状態が、カノン訴訟についても生じた。一部では、これをローマ訴訟の卑屈なひき写しと考えたのであるが[(56)]、他の人々は、これを、それ自身の生産的な活動をもってローマ的素材から構成したものだ、と説いた[(57)]。しかし、カノン訴訟をゲルマン化する傾向は、現れてすでに久しい[(58)]。今日では、クレメンティナ・サエペ（Clementina Saepe）の略式訴訟[(補5)]がイタリアの条例法に由来することに関するワッハの研究成果[(59)]を誇張することによって、一部の見解は、カノン訴訟が単に条例法の訴訟のイミテーションにすぎないと考えている[(60)]。他の論者は、また、たといゲルマンの法的観念がカノン法の形成に影響を及ぼしたにしても、ゲルマンの制度がそこに移植されたのは、婚姻訴訟における宣誓補助者の使用におけるごとく、ごく限られた場合にそうであったにすぎない、と主張する[(61)]。また、他の人々は、ゲルマン訴訟の諸制度に敵対するカノン法の戦いを挙げた。それは、「僧会員がそれに対抗している、より少なく合理的な慣行」（minus rationabilis, quae canonicis obviat institutis）といわれた参審員（scabini）[(62)]の制度に対する戦いがそうであったように、政策的に都合が良いところではどこでも生じた。学説に帰せられる機能でさえも、このゲルマニステンの運動によって異なったものとされた。というのは、これによれば、学説というものは、ここかしこでローマの訴訟をゲルマン化したのではなくて、かえって、ゲルマン的なものをローマ化する方向に作用したのであり、カノン的な由来からあるいはその外で現れてきたゲルマンの慣行にローマ的な衣裳をまとわせたのだ、というのである[(63)]。しかし、権威ある史家は、ブルンナー[(64)]やシュレーダー[(65)]のようなドイツの学者でさえ、依然として、普通法訴訟がイタリアの実務において発展したカノン法およびローマ法にその基礎を有していたと考えている。反対説は、ゲルマン的要素とローマ的要素の関係の倒置に基づいているのである。

（53）ローマ以外の諸邦の種々の立法におけるゲルマン訴訟の、多少の差はあれ熱心なローマ化についての研究に関しては、この関係における現在でも最も完全な労作といえるBethmann-Hollweg, Civilprozess, Bd. IVを見よ。もっと新しい文献のなかでは、Hallban, Das römische Recht in den germanischen Volksstaaten, 1899, 1901, I, S. 145, 236, 297ff.; II, S. 171ff. 参照。フランク法についての基本書で、親近な法制度に対する豊富な資料を備えているのは、Brunner, Rechtsgeschichte, II, S. 327–536である。ローマの領土に対するゲルマン族の侵入と同時に生じたローマ法の最初の継受をいうことは、全く適切である。Gierke, Deutsches Privatrecht, S. 8. なお、Röder, Grundgedanken und Bedeutung des römischen und germanischen Rechts, 1855, S. 30参照。

（54）Schmidt, Lehrbuch, S. 30, 60. これに対して、プランクは、ローマ的要素がイタリア訴訟においてつねに優位を占めていたことを認めている。Planck, Beweisurtheil, S. 112.

（55）多くは、Wach, Der italienische Arrestprocess, S. 255ff. の文献目録でストップしてしまい、イタリアの参考文献を無視している。Wetzell, System, S. 15; Senwidt, Lehrbuch, S. 60. 注目されるのは、ベートマン＝ホルヴェークがこの法源（条例）を利用していないことであり、この事実は、彼の死によって中絶した彼の偉大な労作において、彼のゲルマニスト的な傾向を強調するのに役立つ。Bethmann-Hollweg, Civilprozess, Bd. I, S. VIII; Bd. VI, S. 268ff. 他の領域では、多くの条例が資料として用いられてきた。たとえば、Kohler, Das Strafrecht der italienischen Statuten vom 12–16 Jahrhundert, 1897, S. 171, 315, 739参照。

（56）Heffter, System, S. 410.

（57）Müchel, Das Verfahren bis zur Litiscontestation im ordentlichen, canonischen Civilprozess, S. 3.

（58）Hommel, a. a. O., S. 880, N. I をみよ。なお、Rosshirt, Zur Lehre von den Wirkungen des Prozesses auf das materielle Recht, 1848, S. 22および、より一般的には、Gierke, Deutsches Privatrecht, S. 15をみよ。

（59）Wach, Arrestprocess, S. 177ff.

（60）Schmidt, Lehrbuch, S. 60.

（61）Hinschius, Geschichte und Quellen des kanonischen Rechts, in Holtzendorff's Encyklopädie, S. 204. 注(57)に引用したミュヒェルも、宣誓の理論以外では、カノン法に対するゲルマン法の決定的な影響を認めていない。

宣誓の使用に関してゲルマン法の影響に屈するさいに、カノン法は、福音書の教え（マタイ伝五章三三―三七節）を犠牲にした。Cf. Esmein, Histoire de la procédure criminelle en France, 1882, p. 68. 新約聖書の上記章句に基づいて訴訟における宣誓の使用に対する反対がなされたことは、七九七年から八〇二年までの間の皇妃イレーネの改革（Zachariae von Lingenthal, Nov. Constit. Coll. I, Nov. XXVII）から明瞭であり、私がこれに気づいたのは、私の優れた同僚 Brandileon の指摘によってであり、彼によれば、この立法はイタリア南部に住むギリシア人たちの間で効力を有したのである。

婚姻訴訟における宣誓補助者およびそのゲルマン的性格については、Scherer, Handbuch des Kirchenrechts, 1898, II, S. 282, N. 83, S. 558, N. 53; Friedberg, Lehrbuch des Kirchenrechts, 4. Aufl. 1895, S. 433, N. 5 および、とくに、Freisen, Geschichte des kanonischen Eherechts, 2. Aufl. 1893, S. 338ff.; Esmein, Le mariage en droit canonique, 1891, I, p. 251ff.; II, p. 279, 285.

（62）C 3, 10, de consuet. I, 4.

（63）Schmidt, Lehrbuch, S. 59, 60.

（64）Brunner, Quellen und Geschichte des deutschen Rechts, in Holtzendorff's Encyklopädie, S. 301. しかし、のちに単行本に収められたときには（Grundzüge der deutschen Rechtsgeschichte, 1901, S. 267ff.）かなり修正されている。

（65）Schröder, Lehrbuch der deutschen Rechtsgeschichte, 3. Aufl. 1898, S. 772. なお、Hinschius, S. 209をみよ。Engelmann, Der romanisch-kanonische Prozess, S. 42.〔訳注――「エンゲルマン・民訴概史」（二九五頁）は、仮差押訴訟および執行訴訟の萌芽以外のなにかがゲルマン法からイタリアの領域訴訟に移行していったことを否定する。〕

（補5）クレメンティナ・サエペにつき、「エルゲルマン・民訴概史」二三三頁以下（同法の原文と邦訳を含む）参照。

〈7〉ランゴバルド訴訟のローマ化
ローマ法の復興とゲルマン慣習法の抵抗

一一世紀のランゴバルド訴訟(補6)、つまり、それがローマの訴訟と最も直接的かつ一般的に接触するようになった時代の状態におけるランゴバルド訴訟は、形式の点でも、多くの基本的諸原則の点でも、ゲルマン的であったことは確かである。しかし、それまでにすでにランゴバルド訴訟を修正してきたすべてのローマ的要素を論じるまでもなく、ここでは、ローマの影響が主として、訴訟の「中核」とよんでもよいもの、つまり、証拠において示現された。(66)当事者の活動を裁判官の側に確信を生ぜしめることに集中したローマ的原則が、すでにゲルマンの証拠の形式的性格を凌いで優位を占め、証拠は、利益とみられただけでなく、負担ともみられるようになった。そして、これは原告に課せられる負担であるという観念も、すでに浸透している。(67)証拠方法も、これに伴って増加したし、(68)反証も認められるようになった。そして、形式に関しては、決定的な裁判がいまやローマ風に弁論の終りに言い渡されるようになった。(69)このすでにローマ＝ゲルマン的な訴訟こそ、カノンの運用やロマニステンがいくらかの建設的な精神をもたなかったわけではないが、ローマの訴訟立法のばらばらな断片を完全な一体に組立てて達した諸規範の復活と支配に対し、——慣習法の惰力をもって——対抗したものなのであった。(70)そして、この慣習法の惰力は、カノンの立法とローマおよびカノンの学説に同じように働きかけたのであるが、その主要な結果としては、ローマ法の観念がひとの精神に与えていた一般的な支配を前に、ローマおよびカノンの法源に直面した人々がそのなかで自らを鼓舞した知的環境を準備したのであった。

このように、当時の生活にその素地を与えられ、かつ、少数の例外は別として歴史的感覚が欠けていたために、これらの解釈家たちは誤解の複合のなかに置かれていた。誤解が実体法に制限されず根ぶかいものであればあるほど、(71)それは、手続の古い形式の精確な概貌を描き出すという彼らの仕事をとくに困難にした。(72)ゲルマンの慣習法は、このような誤解を通してのほかに普通法訴訟に入りこむ道をもっていたとはいえない。当の解釈家たちに対するこういう誤解の影響は、積極的に、彼らをして現在の制度に親近な制度をローマ法に求めて誤った発見に到達することを容易ならしめたか、(73)それとも、消極的に、彼らの判断を狂わせ本当のローマの制度の明確な評価を妨げたか、のいずれかであった。こうはいっても、われわれは、生じた推移の重要性を軽くみようとか、すべてを偶然に帰しようと考えているわけではない。とりわけ、誤謬はときには切実な必要を満たす道具であった事実、あるいは、ゲルマン的な原則がときにはローマの法源の外被やパスポートを借りることなしに比較的はっきりしたかたちで明らかにされることもあったという事実を、否定するものではない。かくて、各個の例において、法源の適用が強行されていることがどの程度に意識されていたか、また、慣習法に対するかの反動につきどの程度のエネルギーが働いたかを区別することは、容易ではなく、条例や実務的な著作者について立ち入った研究をすることによってのみ可能となる。

(66) この時期については、Bethmann-Hollweg, Civilprozess, V の随所、および Ficker, Forschungen, I, S. 11ff. ならびに Schmidt, Lehrbuch, S. 55–58の簡潔な要約および後掲の文献参照。なお、Zimmermann, Der Glaubenseid, 1863, S. 79ff. をみよ。

(67) Zorn, Das Beweisverfahren nach langobardischen Rechte, 1872, S. 68; Planck, Beweisurtheil, S. 137ff.

(68) Halban, Römisches Recht in den germanischen Volksstaaten, II, S. 174; Zimmermann, Glaubenseid, S. 121ff., 139ff.

(69) このことは、いく人かの論者によって否定されている。たとえば、Bethmann-Hollweg, Civilprozess, V, S. 340. 反対、Brunner, Rechtsgeschichte, II S. 364. Halban, Römisches Recht in den germanischen Volksstaaten, II, S. 175は、裁判の発展を認めているにもかかわらず、それがローマのモデルに従ったことを否定する。

(70) ローマの訴訟立法の体系的構成の跡は、まず、『法学綱要』（Brachylogus）の第四巻に現れる。Wieding, Der justinianeische Libellprocess, S. 712ff. は、この労作を、ローマ訴訟とイタリア訴訟を結ぶ橋とみている。普通法訴訟はこれとその誤謬を基礎としているのであって、むしばまれたローマ訴訟以外のなにものでもない。しかし、ヴィーディンクは、ランゴバルド法がこれらの誤謬において果たした役割を検討することを省略しているが、ランゴバルド法が『法学綱要』の訴訟に関する部分に影響を与えたことは、この労作のイタリア起源を否定する者にも明白である。最近では、Halban, a. a. O., II, S. 346をみよ。

(71) なお、Endemann, Die Beweislehre des Civilprozesses, 1860, S. 19; Bethmann-Hollweg, Grundriss, S. IX をみよ。

(72) Chiovenda, Le forme nella difesa giudiziale del diritto, in RISG, 1901（Saggi di diritto processuale civile, 1904, p. 191ff. に収録）をみよ。

(73) Briegleb, Geschichte des Executiv-Processes, S. 14; Wach, Der Manifestationseid in Italien, in ZRG Bd. VII, S. 442;

Planck, Mehrheit der Rechtsstreitigkeiten, S. 260; Bülow, Prozesseinreden, S. 297; Skedl, Das Mahnverfahren, 1891, S. 15; Zimmermann, Glaubenseid, S. 79; Planck, Beweisurtheil, S. 127, 139.

（補6）　ランゴバルト法の訴訟については、「エンゲルマン・民訴概史」二六六頁以下、林屋礼二「民事訴訟の歴史——ランゴバルド法とフランク法における訴訟手続——」法学四八巻四号四七五頁以下をみよ。

〈8〉

結　果——ローマ=カノン訴訟　あるいは　中世イタリア訴訟に対するゲルマン法の影響の概観

われわれが「ローマ=カノン訴訟[補7]」とよぶのを常とする訴訟を一瞥するならば、そこに、ローマの裁判官の機能をもつローマ流の単独裁判官[74]がみられる。しかし、裁判機能のゲルマン的な配分のうち、法の学識ある者の意見を求める習慣、ときにはその義務——それはまた、ローマの法律顧問の権威を思い出させるものでもあるが——がそこに残存している[75]。また、当事者に対するゲルマンの裁判官の消極的態度も、裁判所の権限の制約の点に依然としてある程度現れており、裁判所の権限は、ローマの帝政時代の訴訟に特徴的であるような広さをもはや有せず、発展してきた当事者追行の原則によって制限されている[76]。

呼出しはローマ的であり、「立入送達」（insinuatio ad domum）はローマ的でもゲルマン的でもあったが[77]、「訴訟開示」（editio actionis）および「法廷招致」（in ius vocatio）に関する曖昧なあるいは誤った観念のため、訴状の交付は呼出状の送達とは切り離され、ゲルマンの訴訟における請求の形式的陳述と同じように、裁判官の面前で厳粛に行われるようになった[78]。しかし、この点では、実務は、まもなくローマの観念に接近し、ときには、右の両行為を単一の行為に結合することもあった[79]。同様にまた、「争点決定」（litis contestatio）というローマ的な衣裳が、ゲルマンの訴訟に特有な、訴訟の厳粛な開始に対して与えられたが、[80]それは、争う意思を表明する陳述の形式においてであり、[81]この形式性を除いた条例は、手続をゲルマン化したというよりは、むしろ無意識のうちにそれをローマ化したことになる。[82]古典的ローマの訴訟におけると同様に訴訟の厳粛な争点決定と結びついていたのは、闕席手続であった。[83]闕席手続は、ユスチニアーヌスの法源に対する関係と同じく、フランクの手続に対する関係をも示している。学説は、懈怠被告の財産の「占有委付」（missio in possessionem）の制度を明らかにするために、「異議を留保しての譲与」（investitura salva querela）の機能を頼りとしたのであるが、この両者の結合から、やがて、イタリアの「闕席の故障申立て」（opposizione contumaciale）の制度も出てくるのである。[84]すでに使用されなくなった担保の形式のうち、あるものは、ローマの学説の影響のもとに生命をとり戻し、ゲルマンの質にとって代わった。[85]

ゲルマンの訴訟に特有の手続分断は、訴訟を非常に多くの異別の厳格な期間ないし段階に分けることを好み、これら期間ないし段階のそれぞれが個々の争点の弁論なり個々の争点の訴訟行為の実行に割り当てられ、その順序は変更することができなかった（いわゆる失権の原則）。そして、ゲルマン法によって規定された当事者の要式的な陳述に由来するものとして〔当事者に各個の事項ごとの主張や答弁を求める〕「訴点による」（per positiones）手続があり、[86]「法廷質問」（interrogationes in iure）によってこれにローマ的な性格づけがなされた。[87]宣誓は、ゲルマンの訴訟では非常に大きな役割を果たしたのであるが、ローマ＝カノン訴訟においても重要性を保有することを期待できた。「不悪意宣誓」（iuramentum calmuniae）はローマのもので、実際、それはランゴバルド訴訟においてすでに一方的行為として認められていたのである。[88]しかし、それ以外の場合には宣誓は、ローマの衣裳をつけたランゴバルドの制度であった。このことは、ランゴバルドの告示に規定され、レオの勅法[89]によって適用範囲を拡大され、新たな生命を与えられた開示宣誓（giuramento di manifestazione）について正しい。この貧困の宣誓は、別のある論者によれば、ローマ起源とゲルマン起源の混合であるという。[90]そして、ここで付言しておかなければならないことは、おそらく、ゲルマン起源は、いくつかの条例法に保有されイタリアのいくつかの裁判所においてその後も用いられてきた実務であり、判決は宣誓がなされるならばという条件で与えられるというやり方にも認められるのであるが、[91]この慣行は、しかし、学者もあまり是認しないところである。[92]また、ゲルマンの証拠制度が影響を与えたのは、宣誓の申立てと理論に対してだけではなかった。この制度の形式主義は、その制度じたいよりもながく生命を保った。そして、この性向に支配されて、解釈家たちは、後期ローマ法において各所に、おそらくは公衆道徳の頽廃と歩を一にして現れた証拠法則をとり上げ、その上に法定証拠の理論を組み立てた。[93]このようにして、例を挙げると、ゲルマンの宣誓補助者も複数であったこと〔宣誓補助者というものの特異な機能にはそれが相応だったのだが〕への回想こそ、コンスタンチヌスの勧告を[94]「ひとりだけの証人は証人なきに等しい」（testis unus, tetis nullus）という絶対的な規則[95]に変容させてしまったところのものであったろう。

他面では、ゲルマン的観念がときにはローマ的観念を拡大することもあった。事件に対する当事者の拘束された関係としての訴訟というローマ的観念、および、その結果として、判決はこれら当事者に対してのみ効力を有するというローマ的観念の実質的な受容はあったけれども、これとは反対に、訴訟および判決を全世界に向けられたもの、すべての人に知られ、現在するすべての人を拘束するものと考えるゲルマン法の考えも、ローマ＝カノン訴訟に影響を与えずにはいなかった。だれでも〔他人間の訴訟によって〕自己の権利を侵害されることを避けたいならば、請求なり判決を攻撃することを通知せよ、と要求する規則は、容易に封建法からローマ＝カノン訴訟に近い、あるいはそれに影響された一団の規則のなかに入っていった。すなわち、「優先権」（beneficia）に関する諸規則がそれである。そして、これこそ、ヴァイスマンの研究成果[96]に従えば、主参加の制度がローマの補助参加から発展するよすがとなった、その萌芽なのである。同じ萌芽がイタリアの学説の作用を通して、ローマの既判力観念が同様の拡張を受けるもうひとつの制度、すなわち「第三者の上訴」（appellatio tertii）をうみ出し、[97]それがやがてフランス法に合流して「第三者故障の申立て」[補8]（tierce opposition）となった。このふたつの制度は、ともに、現在のイタリア訴訟に存在している。さらに、それ以上の攻撃手段も、ゲルマンの観念の結果として発展してくる。ローマの判決は、それが無効であるならば、攻撃を受けない場合でも無効である。判決は無効だとする異議を、なんら期間の制限なしに、抗弁の方法で提出できた。これに対して、ランゴバルド訴訟では、判決は、それで有効であり、判決に対する攻撃は、すべて、その理由が判決の不当にあると無効にあるとを問わず、訴訟という単一の様式によってなされなければならない(98)。判決の形式的有効というこの観念は、イタリアの条例法のなかに保有されたが、ローマ法の研究と、そこに現れる判決の無効と不当の区別が、この単一の救済から新たな救済を導き出した。それが判決無効の申立てである(補9)。この申立ては、当初は期間の制限なしに提起できたが、やがて期間の制限が設けられ(99)、条例のなかで成熟し、後代に至って――一三世紀以前ではないように思われる――やっと、ローマ的淵源をもつ新たな制度との調和を求める傾向にあった学説の中に受け容れられるのである(100)。

なお、他の諸制度に関しても、ゲルマンの原則とロマニステンの学説との結合を明らかにする試みがなされ、多かれ少なかれ成功を収めた。たとえば、第三者の占有する物に対する強制執行の理論では、現に行われている考えがゲルマン的なものか(101)ローマ的なものかが議論され(102)、また、権利の確認を求める訴訟が„Diffamari"や„Si Contendat"(104)に示された手続から生じたものか、それともゲルマンの諸観念の発展に基礎を有するものかが議論されたし(105)、さらにまた、いく人かの学者が主張するように仲裁判断の強制力もゲルマン法に由来するものかどうかが論議の対象となった(106)。そして、この点で最も満足できる、また最も説得力のある成果に達したのは、厳密な意味では、略式訴訟の分野である。ゲルマン法では、原告が訴訟の通常の認定段階を省略しあるいはそれを最小限度まで切りつめる方法によって執行に達することのできる沢山の場合を認めていた。われわれは、すでに、保全処分（instrumenta guarentigiata）に関するブリーグレプの研究について述べた。執行のこういう迅速な方法を継続する必要も、学説を促してローマ法のなかに代用物を探させ、あるいは、ローマ法とゲルマンの慣行とを調整させたのである。同様に、私的執行に由来する、合意により執行に服する種々の形式が、一方では、ローマ法の原則に接近しつつ維持せられた。その原則というのは、「法廷認諾者」(confessus in iure)を「判決債務者」(iudicatus)と同一視するというもので、裁判官、後には公証人の面前における、判決を要しないで債権者に債務名義を与えるという目的に向けられた虚構の手続を正当化するために行われたのである。[107] 他方では、単純な「執行の合意」(pactum executivum)が、勅法類集の「質と抵当について」(de pignor. et hypoth.)の第三勅法を根拠として認められた。[108] 近代ドイツの証書訴訟およびイタリアの流通証券訴訟はここからきたものであり、公正証書が先行の訴訟なしに執行名義となりうるという原則も同様である。同じように、フランクの「注意通告」(indiculus commonitorius)が「執行命令」(praeceptum executivum)に発展し、それも、「新工停止告知」(operis novinuntiatio)[109]に関するローマの断片によって固められ、督促手続の形式で近代訴訟に移行したのであって、そのひとつの残骸がイタリア民事訴訟法三七九条に存する。さらに、同様にして、学説は、原典の不正確な解釈によって、ゲルマンの私的執行という別の由来をもつ「係争物供託」(sequestro)の制度にローマ的な基礎を与えた。[110]

(74) Lattes, Diritto consuetud. delle città lombarde, 1899, p. 84; Pertile, Sotoria della procedura, 2. ed I, p. 215ff.

(75) Pertile, op. cit., II, p. 209 sqq.; Wach, Handbuch, S. 10, N. 11; Wach, Der italienische Arrestprocess, S. 193; Wetzell, System, S. 536. 法科大学への訴訟記録の送付(Atkenversendung)の実務と法学者の解答(responsa prudentium)との関係については、Sartorius, Revision der Lehre von der Aktenversendung, in Zeitschrift für Civilrecht und Prozess, Bd. 14, S. 225ff. 参照〔訳注——上山・法社会史一五三頁以下が参考となる〕。

　この制度を多分に思い出させるものとして、近代イタリア法が非訟事件について認めている法学者の鑑定意見がある。イタリア民訴法八八一条・八九九条。

(76) Schmidt, Lehrbuch, S. 62; Pertile, Storia, II, p. 76; Bulow, Processeinreden, S. 302. なお、Wieding, Justinianeischer Libellprocess, S. 706ff. をみよ。

(77) Maurer, Geschichte des altgermanischen Gerichtsverfahrens, S. 45, 206; Wetzell, System, S. 908; Müchel, Verfahren bis

zur Litiscontestation, S. 51; Brunner, Rechtsgeschichte, II, S. 332. 公告（pubblici proclami）の歴史は、ゲルマンの制度がその時代の状況による影響を受けつつローマ的基礎のうえに発展したことを示している。Wetzell, System, S. 99ff., 909ff.; Gierke, Deutsches Privatrecht, S. 332ff.;（のちには）Kohler, Civilprozessrecht, S. 204. 公に一定の期間を定めて、その期間内に未知のあるいは不確定な人が出頭して自己の権利を主張し、もしくは他人の権利取得に異議を述べるべきものとするやり方は、ゲルマンのものである。教会は、この制度を婚姻上の公告事項に利用した。そのための理論上の根拠は、法源としては、とくに、C. 8, 25, de remissione pignoris, 11. 6, 8に求められた。これを共通の起源として、権利行使のための期間の起算点として公告をし、これに、範囲の広狭の差や厳格性の強弱の差はあれ、失権の不利益を付する、ということがさまざまのかたちで出てくるのであり、それは近代イタリア法上も見うけられる。ほかでも、この種の一般手続の規定が存する。ドイツ民訴法九四六条以下の公示催告（これについては、Wach, Handbuch, S. 63参照）など。とくに、ローマ法における「告示による」召喚（Nov. 112, c. 3）の誤解より発して、ゲルマン的な基礎から告示召喚（citatio edictalis）の制度が発展し、それが普通法訴訟において、裁判所の競売や破産手続のような事件だけにとどまらず、通常の呼出方法によることができないすべての場合につき、それが被告の反抗的態度を理由とするか（Chiovenda, Sulla pubblicazione e notificazione delle sentenze, §14, in Saggi di diritto processuale civile, 1904, p. 246ff. 参照）、それとも被告の所在を知りえないことを理由とするか（イタリア民訴法一四一条参照）にかかわりなく、適用された。バルトルスの章句の誤った解釈として、のちに、告示召喚は多数者の召喚のためにも適用できるという説が生まれ、この見解は一八五九年のサルヂニア民訴法（六六条）およびイタリア民訴法（一四六条）にも入りこんだ。

（78） 法学綱要（Brachylogus）IV, 9, §2（Causam praecedit actionis edicio, in jus vocatio, libelli conventio）においてすでにそうであった。なお、Wieding, Justinianischer Libellprocess, S. 719ff. 参照。ローマの訴状とゲルマンの訴状との相違、およびイタリア訴訟における両形式の併合に関しては、Chiovenda, L'azione nel sistema dei diritti, in Saggi di diritto processuale civile, 1904, p. 43を見よ。

（79） Müchel, a. a. O., S. 48; Pietro De Ferrari, Practica, forma lib. in act. reali, n. 12. フランス法に関しては、Tardif, La procédure civile et criminelle aux XIIIe at XIVe siècles, p. 51参照。

（80） Schmidt, Lehrbuch, S. 61; derselbe, Die Klageanderung, 1888, S. 31; Wach, Handbuch, S. 28.〔訳注――なお、「エンゲルマン・民訴概史」三〇七頁以下をみよ〕。

(81) Muther, Zur Geschichte des römisch-canonischen Prozesses in Deutschland, 1872, S. 37, 71および実務家の著した書物にその例が出ている。

(82) 訴えの原因の変更を禁止した規定がこの厳粛な形式性と結びついており、したがって、ゲルマン的な起源を有するものであったのか、それともローマ法源から発展したものであるかどうかは、問題である。前説をとるものとして、Schmidt, Klageänderung, S. 37 その他があり、これに反対するものとして、Wetzell, System, S. 956; Buchka, Die Lehre vom Einfluss des Prozesses auf das materielle Rechtsverhältniss, 1846, 1847, II, S. 81ff. がある〔訳注——訴え変更の制度の系譜的考察として、中村英郎・民事訴訟におけるローマ法理とゲルマン法理一一八頁以下をみよ〕。

(83) Wach, Vorträge über die Reichscivilprocessordnung, 2. Aufl. 1896, S. 148; Schmidt, Lehrbuch, S. 62.

(84) Chiovenda, La condanna nelle spese giudiziali, 1901, p. 106 sqq.; Wach, Der italienische Arrestprozess, S. 183; Gierke, Deutsches Privatrecht, S. 330. この点の誤解に関して、Planck, Beweisurtheil, S. 143参照〔訳注——闕席の故障申立ては、イタリア旧民訴四六五条・四七四条以下に規定されていたが、一九四二年法により廃止された。なお、イタリア法のopposizioneとわが民法三〇四条の「差押え」との沿革的関連につき、奥田ほか・民法学3一〇八頁以下〔谷口安平〕および吉野衛・金融法務事情九六八号七頁以下参照〕。

(85) Chiovenda, La condanna nelle spese giudiziali, p. 103 sqq.; Wach, Der italienische Arrestprozess, S. 219ff.; Schmidt, Klageänderung, S. 16, 26; Lattes, op.cit., p. 91, 94.

(86) 訴点訴訟の慣習的起源に関しては、Tancred, op. cit., p. 208; Durantis, Speculum, de position. §1; Schmidt, Lehrbuch, S. 62; Bethmann-Hollweg, Civilprozess, VI, S. 45; Planck, Beweisurtheil, S. 139; Zimmermann, Glaubenseid, S. 185ff.; v. Bar, Recht und Beweis im Civilprozesse, 1867, S. 21; Bülow, Civilprozessualische Fiktionen und Wahrheiten, in Acp Bd. 62, S. 28. これらとは異別の傾向を示すものとして、Gross, Die Beweistheorie im canonischen Process, 1867, I, S. 115〔訳注——訴点訴訟につき、「エンゲルマン・民訴概史」三一四頁以下をみよ〕。

(87) Endemann, Beweislehre, S. 133; Pertile, Storia, II, p. 102, 107. 法廷質問と訴点との関係については、Albrecht, Die Exceptionen des gemeinen deutschen Civilprozesses, 1835, S.148ff. をみよ。

(88) Chiovenda, op. cit., p. 98, 120 sqq.; Ficker, Forschungen, I, S. 56ff.; Zimmermann, Glaubenseid, S. 102ff.〔訳注——不悪意宣誓〔不濫訴宣誓〕につき、「エンゲルマン・民訴概史」二五六頁・二七二頁・三一二頁参照〕。

(89)　1. 6, §7 C. de his qui ad eccl. conf. 1, 12. なお Wach, Der Manifestationseid in Italien, S.440–444; Wetzell, System, S. 296, N. 19a.

(90)　Chiovenda, Condanna nelle spese giudiziali, p. 345所掲の諸文献および Schott, Zur Geschichte des Armenrechts, 1899, S.25 参照。

(91)　Pertile, op. cit., p. 647; Lattes, Diritto consuetud. delle città lombarde, p. 106; Cuzzeri, Il codice italiano di procedura civile illustrato, Art. 562, n. 10. ただし、BethmannHollweg, Civilprozess, II, S. 584, 602をみよ。なお、ゲルマンの証拠中間判決の他の遺物については、Planck, Beweisurtheil, S. 130–146 参照〔訳注――ゲルマンの証拠判決につき、「エンゲルマン・民訴概史」三五頁以下・九四頁以下参照〕。

(92)　Kleinfeller, Die geschichtliche Entwicklung des Tatsacheneides, 1891, S. 49ff.; Zimmermann, Glaubenseide, S. 166ff. をみよ。

(93)　v. Bar, Recht und Beweis, S. 19; Hinschius, Geschichte und Quellen des Kanonischen Rechts, S. 209. ゲルマンの証拠法の推定理論への影響、とくに、その占有訴訟における防禦との関係を論じたものとして、Ruffini, Actio spolii, 1889, p. 267–278, 356がある。

(94)　1. 9, C. de test. 4, 20. なお、法学綱要（Brachylogus）IV, 16, §1をみよ。

(95)　v. Bar, Recht und Beweis, S. 20; Endemann, Beweislehre, S. 233. Gross, Beweistheorie im canonischen Process, S. 126は、この原則が新約聖書に基礎をもつことだけを注意している。

Bülow, Civilprozessualische Fiktionen, S. 32では、当時においてゲルマン的な諸観念が懈怠や相手方の陳述に対する沈黙にともなう諸効果、提出された文書の真正および宣誓の申出の規制につき影響を及ぼしていたことを確言するが、完全に明瞭とされたわけではない。ローマ法におけるそのような効果に関する問題は、それじたい、かなりの範囲において未解決にとどまっている。Bülow, a. a. O., S. 39; Engelmann, Der römische Civilprozess, S. 158 参照〔訳注――「エンゲルマン・民訴概史」二四六頁以下〕。

(96)　Weismann, Die Entwicklung der principalintervention in Italien, S.193ff.; derselbe, Hauptintervention und Streitgenossenschaft, 1884, S. 3ff.（のちには）Kohler, Civilprozess- und Konkursrecht, S. 202. 以前には Wach, Der italienische Arrestprozess, S. 211は、イタリアにおける主参加の理論の存在を否定していたのであった。

(97)　Weismann, Hauptintervention, S. 1; Gierke, Deutsches Privatrecht, S. 328; Mendelssohn-Bartholdy, Grenzen der

Rechtskraft, 1900, S. 16, 38, 45, 56; さらに、Kohler, Civilprozess- und Konkursrecht, S. 201. legitimus contradictor に関しては、なお、Wach, Zur Lehre von der Rechtskraft, in Rechtsgutachten von Wach und Laband, 1899, S. 100ff. をみよ。

(98) Skedl, Die Nichtigkeitsbeschwerde, 1886, S. 32. なお、Bülow, Civilprozessualische Fiktionen, S. 76をみよ。

(99) Skedl, a. a. O., S. 55ff.

(100) Skedl, a. a. O., S. 128ff.

(101) Schrutka-Rechtenstamm, Zur Dogmengeschichte und Dogmatik der Freigebung fremder Sachen, 1889, I, S. 61ff.

(102) Frommhold, Die Widerspruchsklage in der Zwangsvollstreckung, 1890, I, S. 44ff.

(103) 1. 5, C. 7, 14.

(104) 1. 28, D. 46, 1.

(105) 種々の見解について、Wetzell, System, S. 100ff.; Weismann, Die Feststellungsklage, 1879; Seuffert, Feststellungsklage, in Holtzendorff's Rechtslexikon; さらに、Hellwig, Lehrbuch des deutschen Civilprozessrechts, I, 1903, S. 11, N. 17参照。証拠保全のゲルマン的起源に関しては、Kohler, Civilprozess- und Konkursrecht, S. 200をみよ。なお、Degenkolb, Einlassungszwang und Urteilsnorm, 1877, S. 202ff.; Tomassoni, Del processo provocatorio, 1854, p. 8 sqq. および、一般的に、Chiovenda, L'azione nel sistema dei diritti, in saggi di diritto processuale civile, とくに、p. 77 sqq. 参照。

(106) Kohler, Prozesshandlungen mit Civilrechtswirkungen, in ZZP Bd. 29, S. 13をふくむ。なお、同論文の所掲文献参照。

(107) Briegleb, Geschichte des Executiv-Prozesses, S. 54ff.; Ficker, Forschungen, I, S. 37ff. なお、Mitteis, Reichsrecht und Volksrecht in den öst. Prov. des römischen Kaiserreichs, 1891は、興味深い検討（S. 400–444）に基づいて、instrumenta guarentigiata ないし instrumenta confessionata がビザンチン起源であるかもしれないことを指摘している。これらの結論は、ミッタイスが検討したユスチニアーヌス法じたいに関してさえも、疑問がないわけではない。そのうえ、それらの結論には、ギリシアの執行証書とイタリアの執行証書との間の関係についての積極的な証拠が欠けている。ミッタイス自身も、それらの結論を疑問形で提出している（S. 444および各注）。いずれにせよ、それらは、とりわけ現時点では、ブリーグレプの結論の重要性を減少させることはできない。類似の論議として、ギリシアの証書と近代の有価証券の比較をふくむ研究に基づいて同様の結果に達しているブルンナーの考察（Brunner, Die fränkisch-romanische Urkunde als Wertpapier, 2. Aufl. in Forschungen zur Geschichte des deutschen und französischen Rechts, S. 604ff.）を参照。なお、異説については、De Palo, Teoria del

titolo esecutivo, 1901, p. 225 sqq. をみよ。

(108) C. 8, 14, 3. Wach, Der italienische Arrestprocess, S. 56, 68.〔訳注――「ヴァッハ・仮差押訴訟」（中務＝岡訳）法学論叢一〇五巻四号八五頁以下・五号九六頁以下参照〕。

(109) l. 5, 10, D. de operis novi nuntiatio, 39, 1; Skedl, Das Mahnverfahren, S. 15ff. しかし、その代りには、indiculus commonitorius は、最後期のローマ法と結びついた。Brunner, Rechtsgeschichte, II, S. 137.

審尋なしの、あるいは制限された審尋だけの、これらの異なった手続の形式は、それぞれの要件や起源につき、相互に独立である。このことは、Skedl, Mahnverfahren, S.34によって見事に明らかにされたのであり、いかにイタリアの学説が原則の相違を明瞭に把握しつつ執行証書と執行命令との区別を保ってきたかを記述している。これに対し、de Palo の前注(107)所掲文献、p. 237-240に批判がある（略）。

(110) Wach, Der italienische Arrestprozess, S. 81-86.〔訳注――「係争物供託」という訳語については、中務＝岡訳・法学論叢一〇三巻五号九六頁注1および一〇五巻六号八九頁注1に従った。〕これらの形式に関しては、さらに、Chiovenda, L'azione nel sistema dei diritti, in Saggi di diritto processuale civile, p. 12 sqq.; Kohler, Civilprozess und Konkursrecht, S. 189ff. をみよ。

他の例では、ゲルマンの制度は、イタリアの学説のなかに、少数の散発的な意見によって与えられたような歓迎だけにしか会わなかったが、しかし、これらの意見によって他の場所にのちに運ばれて、その発展にもっと適した土地を見出した。訴訟担保の訴訟（azione di garantia）がそれである〔後述一四四頁〕。イタリアの普通法、および、したがってドイツ普通法も、「本人指示」（laudatio auctoris）および「訴訟告知」（litis denuntiatio）を認めており、それらをローマの原典から引き出している（Wetzell, System, S. 52ff. なお、Kipp, Die Litisdenuntiation als Prozesseinleitungsform, 1887, S. 149参照）。しかし、訴訟担保の訴訟、つまり、主たる訴訟と担保責任追及の訴訟との併合は、ゲルマン法の特徴であり（Wach, Handbuch, S. 656ff.; Siegel, Geschichte des deutschen Gerichtsverfahrens, S. 257ff.; Brunner, Rechtsgeschichte, II, S. 501ff. 515ff.）、イタリアの通説には受け容れられず、若干の論者に認められただけである（Wetzell, System, S. 54; Wach, Handbuch, S. 656）。ところが、フランスではこの制度は採用され、『パリ最高法院訴訟手続方例集』（Stilus Curiae Parlamenti）のなかに（Schwalbach, Der Civilprocess des Pariser Parlaments, 1881, S. 50ff）、また地方の訴訟において（Glasson, Histoire du droit et des institutions de la France, 1895, VI, p. 510 sqq.）、規定されているのが見られる。これを正当化するためにもち出された法源はl. 49, D.de jud. 5, 1およびl. 39 pr. D. de evict. 21, 2であった。「本人指示」のゲルマン的起源に関しては、Wach, Handbuch, S. 657;

derselbe, Vorträge, S. 108をみよ。

（補7） ローマ＝カノン訴訟の概観として、「エンゲルマン・民訴概史」二九五頁以下・三四三頁以下がある。

（補8） 「第三者故障の申立て」については、江藤价泰・フランス民事訴訟法研究一九頁以下、徳田和幸「フランス法におけるTierce-Opposition の機能と判決効」実体法と手続法の交錯（山木戸還暦）下一九八頁以下に詳しい。

（補9） 判決無効の申立ての制度の沿革については、雉本朗造「裁判ノ無効」民事訴訟法の諸問題二八一頁以下に精細な概観があり、ドイツ普通法上のそれについては、鈴木正裕「上告の歴史」裁判と上訴（小室・小山還暦）下四〇頁以下の研究がある。なお、「エンゲルマン・民訴概史」三四二頁以下をみよ。

〈9〉 ローマ＝カノン訴訟はすぐれてローマ的な基礎の上になされたイタリア的な形成の結果である

これまで述べてきたこと——この分野における現在の研究状況を、ほかにだれかがいかに骨を折って、いかに完全に検討したとしても、結果はなんら異ならないであろう——は、過去の諸見解に比較すればずっと多くの新たな調査結果を提示しつつイタリアの普通法訴訟におけるゲルマン的要素を強調した。しかし、この訴訟も実質においてランゴバルド法の訴訟にほかならぬとする。今日のドイツでひろく採られている前述の所説(11)を正当化するには程遠い。この訴訟の形式に関与したあらゆる要素を、それぞれの割りまえに対する偏見なしに斟酌するために、われわれは、この訴訟を「ランゴバルド訴訟」とも「ローマ＝カノン訴訟」ともよばないで「イタリア訴訟」とよびたいと思う。

ここに「イタリアの」というのは、ドイツの学者がよくいうような「ローマ＝ゲルマン的」という意味ではない。われわれとしては、この用語を用いることによって、融合させる力と新しいものを生み出す力との双方を兼有する新たな異例の要素を指摘したいのであって、この新しい要素のメリットは、その当時に訴訟に関して作り出されたものを特徴づける点にある。この要素は、全体に、イタリア的な独創の刻印をもつ。独創は、解釈の逸脱にほかならない。そして、解釈の逸脱は、ゲルマン的観念の操縦に役立ったか——それらのゲルマン的観念は、なんらか明確な、もとの形においてではなく、混乱した、従前の姿の片鱗をさえほとんど表さないような変形した形で、るつぼから溶けて出てきたように思われたに違いなく、それまでそんなことができようとは思いもかけなかったような適用を可能にした——、それとも完全な誤解であったか、そのいずれかであった。この誤解は、慣行によってではなく、法源の理解の困難によって生じ、それらの同じ誤解のなかに、往々にして新たな制度や新たな理論が形づくられ、それも、たとえ永続的にではなかったにせよ、なお、なんらかの点で学問に寄与したのである。そして、新たな制度は、また、解釈の誤りによってではなく、イタリアの実務の自然の成長によっても生じたのであり、判決の告知に関してそうであったように、ローマの諸原則によって賦活された[112]。その結果、この時期をローマ訴訟法の発展の自然の段階と考えうることがしばしばある。この時期においてローマ的要素とゲルマン的要素とは相互に他方を更新したのであった。そして、たとえ、一方では、たとえば「自己の利益のための財産管理」(procuratio in rem suam)[113]についての叙述がこの制度を全く理解せずになされているのをみることもあり、他方では、ゲルマンの形式がローマの「財産委付」(bonorum cessio)を摩滅させるに至るとしても[114]、そのような混乱は、消え去るべく運命づけられている。訴訟の影響の範囲や証拠の機能と規制に関する諸観念がそうであるように、普通法訴訟の基本的諸観念はローマ的なものであったし、ローマ的なものにとどまった。そして、これらの基本的諸観念をめぐって、ローマ的な考えが制度全般に浸透し、その大きな部分の素材を与え、形式のきわめて微細な分肢にまで現れている[115]。この結果を詳細に叙述することは余りにも多くの時間を必要としよう。

(111)　Schmidt, Lehrbuch, S. 62.

（112） Chiovenda, Sulla pubblicazione delle sentenze, 1901, in Saggi diritto processuale civile, p. 227. この論文（§7）から明らかなように、判決が公開法廷における言渡しによって当事者に了知せしめられるというローマの原則は、その制裁として、言渡しのさいに出頭しなかった当事者に上訴を禁止するという規則をふくんでいたようである。これと同じ原則は、ゲルマン法においても、もっと厳格な形式において存在した。判決に異議をとなえることができないということは、ゲルマン法においては、いっそう確かである。当事者たちは、かれらがただちに控訴を提起することができるために、判決を聞くべく呼び出されるのであった。国王裁判所では、控訴を認めなかったので、この呼出しの余地もなかった（Glasson, Histoire du droit et des institutions de la France, VI, p. 566）。パリの裁判所の訴訟では、判決言渡しのさいに出頭しなかった当事者に対する制裁として事件の敗訴が明文をもって定められていたが（Tardif, op. cit., p. 60, 119）、これはゲルマンの形式主義の明白な表現である。フランスの慣習法に生じた発展は、明らかに、イタリアの学説の影響によるものであり、これは、Chiovenda, op. cit., §18に詳述したとおりである。

（113） Lattes, op. cit., p. 91. 代理の分野におけるローマ法とゲルマン法との比較一般については、Wach, Handbuch, S. 560参照。

（114） Wach, Manifestationseid, S. 451; Glasson, Histoire du droit et des institutions de la France, VI, p. 617.

（115） ドイツ普通法の概説書、とくに、バイエル、リンデあるいはヴェッツェルのそれ、あるいは、ルドルフの簡略なそれ、に眼を通すだけで、このことはすぐに分かるであろう。ここでは、われわれは、イタリア訴訟の形成においてローマ的観念とゲルマン的観念とが競合する若干の局面をまとめようと努めたにすぎない。この目的のために、われわれは、各個の制度に注目し、それらの性質の高度に一般的な比較はさしひかえておくことがより有益だと考えた。というのは、そういう比較は容易に空論に堕し、実定的な基礎が十分でないところから、たやすく見解の相違を生むにいたるためである。訴権のローマ的観念とゲルマン的観念の比較については、Chiovenda, L'azione nel sistema dei diritti, in Saggi di diritto processuale civile, p. 42, n. 14.

〈10〉

各説（b）——ドイツにおけるローマ法の継受と普通法訴訟の発展

むしろわれわれは、ここでしばらく、ローマ的要素とゲルマン的要素の接触についての他のもうひとつの要因、高度の重要性をもつもうひとつの事実をふりかえってみることにしよう。それは、ドイツにおけるイタリア法の継受である。

イタリア法の理論と実務の継受の道を拓いた諸原因について、ここで述べようとは思わない(116)。しかし、この現象に対する判断の点では、すでに指摘したとおり、継受前のドイツ法の状態に関して多くの意見の相違がある。ゾーム(117)は、訴訟の分野におけるドイツ固有法の消滅はすでに完結していたと断じ、ゲルマン的であるようにみえた普通法訴訟の多くはイタリアの法源に由来するものであったと確信するのをためらわない。ところが、ニーチェやプランクは、さきにふれたように、シュミット(118)その他の人々とともに、これに対して、古ゲルマンの訴訟は生命を保ちつづけたのであり、継受された法によって修正されたにとどまる、と考えている(119)。今日では、この生き残ったゲルマン法の追求も熱心に行われており(120)、論議は、とくに、単一のゲルマン法源に発してイタリア法と中世ドイツにおいて併行して発展した諸制度に関する諸問題に向けられている。この各別の発展が著しく異なる結果に導いたところでは、研究は、容易に理解できるであろうように、ドイツ普通法に移行したその制度が果してゲルマンの衣裳を着けていたかイタリアの衣裳を着けていたか、という問題に集中していた。この点でも、典型的な例として手近なのは執行証書の歴史であり、これはその完結が将来に残されているといわれるのは誤り(121)ではない。ブリーグレプの書物が出るまでは、執行手続は古ゲルマン法に直接由来するものであると説かれていたが、この見解は、ブリーグレプの研究成果が提示された後は捨てられた。しかし、後に生気をとり戻し、活潑に弁護されている。[122] 同様に併行的な発展は、法学者への訴訟記録の送付[123]や、訴変更禁止の原則[124]および同時提出主義（principio eventuale）[125]のような諸制度にもみられる。

いずれにせよ、継受に先きだつ裁判および訴訟法の状態がまさに継受という注目すべき現象の重要なファクターであったことは、明らかである。「継受は」、ゾームの言葉を借りるならば、「その当時の裁判所および裁判手続に対してドイツ国民が投じた、ひとつの大規模な不信任投票に他ならなかった」[126]。裁判機構の諸原則やその他のもっと厳格に公的な訴訟法の各部分でさえ――そういう外国の要素によって侵されることがより困難な、またその国本来の要素の隠れた再生[127]がより可能なものでさえ――、浸透してくる影響を免れることはできなかった。裁判所の合議制というゲルマンの原則の保持と並んでローマの影響のもとに、裁判事項の制限、審級序列、「窮民」（miserabiles personae）の特別の裁判所[128]に関する規則などが発展した。訴訟に関しては、ローマの諸形式および諸原則が、漸次、教会裁判手続および仲裁手続から世俗の通常の手続へと拡がっていった。それらの諸形式や諸原則がここで接触したところの法は、もはや同じ純粋なゲルマン法ではなかった。ローマの証拠法は、かつては、フランクの国王裁判所の訴訟のなかに地位を占め――そこでは「証人尋問」（inquisitio per testes）のなかに、ゲルマンの確言的宣誓に対立するものとして、確約的宣誓[129]が現れていた――、おそらくこれを通じて、すでにドイツ法のあちこちにその刻印を押していたのであり、この法をいく人かの学者は実質上フランク的なものとみている。[130] 中世ドイツの訴訟における証拠が必ずしもつねに、ザクセンシュピーゲルにおけるように[131]純粋にゲルマン的なもの[132]ではなくて、ときには、ローマ的なものの外観を有し、しかも、このことは、継受に対するかなり長期の反抗も推測される地方においてさえそうであった。[133] というわけは、われわれの知るとおり、イタリア訴訟のドイツへの継受は、統一的な歴史を有したわけではない。あるところでは、継受は一四世紀の末に開始しているが、他所、とりわけ北部では、ローマ化は一六世紀の中葉に現れている。[134] この歴史は、ドイツじたいでもまだ全く断片的にしか取り扱われておらず[135]、本稿でも割愛する。

　われわれにとっては、ひとつの観察だけで十分である。継受という事実がローマ的要素のなんたる著しい勝利であるかを考えると、現在のドイツにおける、継受の重要性を最小限度に見積もろうとする国民的傾向も、怪しむに足りない。われわれがすでにみたこういう傾向は、イタリアおよびカノンの訴訟のゲルマン的側面ならびにドイツ固有法の反抗を過度に強調する点[136]に現れた。過度の強調は、ここでは、ふたつの方向で生じている。一方では、普通法訴訟が完全にローマ＝カノン的であった範囲、つまり、カメラリストによって作り上げられた範囲では、それの欠陥を細大もらさず取り上げて明らかにすることによって、他方では、中世ゲルマン法に比較的忠実なザクセン法およびザクセン学派に基づく、いわゆる「反動」の訴訟の重要性を力説することによって、である。だが、地方の訴訟は現実には自律的な進化の諸要素を内含していたのだということを冷静に観察した者もないわけではない[137]。学問では、愛国心は誤謬を育てがちである。カメラリストの手中にあってイタリアの訴訟も他の国には見られなかった誇張と変質をこうむったことは、確かである。その結果、たとえば、ドイツにおいて訴訟に関するプロテスタンティズムに対抗してカノンの訴訟を弁護する者が、この訴訟を果てしなく引き延ばすことの責任はローマ教皇の訴訟よりもドイツの帝室裁判所（Reichskammergericht）の負うべきものだとみた[138]。このことは真実である。そして、ふしぎなことである。しかし、もし他の諸点で、継受された訴訟が悪くなったとすれば、それは、はるかにゲルマン的な諸原則を極端に押し進めたからであった。ザクセンの訴訟学者が、項目化された訴状（それは身分訴訟において始まった）のような後期の派生物に対して、また争点決定の正式手続、闕席手続および不悪意宣誓に対して反対する立場をとりつつ、かつ異例の原則の勝利および宣誓への異なった機能を準備しつつ[139]、訴訟をゲルマン化していったのか、それとも、無意識のうちに反ゲルマン化したのかは、われわれには分からない。証拠中間判決に存した同時提出主義の強化を発展させたのはゲルマン化であったことは確かであるが、この特徴的にゲルマン的な制度は、近代の訴訟改革において重要性を失っていく運命にあったのである。

一五世紀以後における、ドイツの普通法訴訟の発展とイタリアにおける訴訟の発展とを比較することによって、以上の諸問題にいくらかの光を投げることができるであろう。しかし、この比較は、現在のところ不可能である。というのは、前者の歴史はまだできあがっていないし、後者の歴史は完全に欠けているからである。つまり、ローマ＝カノン訴訟の形成から一八世紀のイタリアにおける訴訟立法に至るまでの時期については、近代的な批判と方法をもって書かれた歴史——それは種々の局面で甚だ興味ある歴史となろう——が欠けているのである。そのような歴史が書かれたならば、この分野におけるイタリア的思考の自然の展開を示し、われわれがここで取り扱っているローマ的影響とゲルマン的影響との関係の研究について価値高き材料を与えることになるであろう。一八世紀のイタリアの立法について、その一例——一七三八年のナポリ勅法——にふれながら、当時のある訴訟史家は、「それがわれわれの民事訴訟を最高度に簡素化し完全なものに仕上げるのに役立った」と述べている。(140)

（116） Pampaloni, op. cit., p. 9 sqq.; Schröder Rechtsgeschichte, 3. Aufl. S. 767ff.; Stölzel, Die Entwicklung des gelehrten Richtertums in deutschen Territorien, 1872; derselbe, Die Entwicklung der gelehrten Rechtsprechung, untersucht auf Grund der Akten des Brandenburg Schöffenstuhles, I, 1902; Heinemann, Der Richter und die Rechtspflege in der deutschen Vergangenheit, 1900; Stintzing, Geschichte der deutschen Rechtsquellen, I, S. 609ff., II, S. 83ff.; Franklin, Beiträge zur Geschichte der Reception des römischen Rechts in Deutschland, S. 26ff., 118ff.; Modderman, Die Reception des römischen Rechts, S. 30ff.; Ott, Beiträge zur Receptions-Geschichte des römisch-kanonischen Prozesses in den böhmischen Ländern, 1870, S. 15ff., 126ff.; Böhlau, in Kritische Vierteljahrschrift, XXIII, S. 525ff.; Gierke, Deutsches Privatrecht, S. 10ff.

（117） Sohm, Fränkisches Recht und römisches Recht, S. 77, 81. 〔訳注——久保＝世良訳一〇二頁・一〇五頁以下〕同じ見解は、すでにSohm, in Grünhut's Zeitschrift, 1, S. 262に述べられていた。中間的な所説を示すのは、Stein, Die Geschichte des dänischen Civilprozesses, 1841の序章である。Zimmermann, Glaubenseid, S. 276 によれば、ザクセンの訴訟は、ゲルマンの骨格を保有するが血肉においてはゲルマン的なものと異なっている、という。

（118） Schmide, Lehrbuch, S. 30.

（119） Sartorius, in Zeitschrift für Civilrecht und Prozess, Bd. 14, S. 228が然り。Laband, in Kritische Vierteljahrschrift, Bd. 22,

S. 119ff. でさえも、普通法の訴訟学が一面的であると非難し、ヴェッツェルの概説書を、それが継受に先きだって存在する法を研究していないと批判する。

(120) たとえば、Kleinfeller, Deutsche Partikulargesetzgebung über Civilprozess, in Festgabe für Planck, 1887, S. 297; Schwartz, Vierhundert Jahre deutscher Civilprozessgesetzgebung, 1898をみよ。

(121) Kohler, Gesammelte Beiträge, S. 456.〔訳注──執行証書制度の沿革の要約として、中村英郎・訴訟および司法制度の研究九六頁以下をみよ。〕

(122) 論争の状況は、Menger, System des österreichischen Civilprocessrechts, 1876, S. 79, Note に要約されている。これに加えて、Briegleb, Geschichte des Executiv-Process, S. 6; Bayer, Theorie der summarischen Processe, 7. Aufl. 1859, S. 93ff.

(123) Schultze, Privatrecht und Prozess, S. 37ff.

(124) Schmidt, Klageänderung, S. 102.

(125) Wach, Der italienische Arrestprocess, S. 190ff.; Wetzell, System, S. 967.

(126) Sohm, Fränkisches Recht und römisches Recht, S. 76.〔訳注──久保＝世良訳一〇一頁以下〕同旨、Bülow, Dispositives Civilprozessrecht und die verbindliche Kraft der Rechtsordnung, in AcP Bd. 64, S. 20; Modderman, a. a. O., S. 61, 95; Ott, a. a. O., S. 258. ただし、この記述が正しいのは、継受という現象を全体として考えた場合だけである。学識のある裁判官が入ってくることに対する不満や反動がなかったわけではない。Franklin, Geschichte der Reception, S. 18ff. における諸文書をみよ。

(127) Planck, Historische Methode, S. 6; Gierke, Deutsches Privatrecht, S. 16.

(128) Heinemann, Richter und Rechtspflege, S. 58ff.; Breysig, Recht und Gericht im Jahre 1500, in Zeitschrift für Social- und Wirtschaftsgeschichte, 1898, S. 244ff.; Schultze, Privatrecht und Prozess, S. 14, Note 1; Wetzell, System, S. 461ff.; Ott, a. a. O., S. 202.

(129) Brunner, Zeugen- und Inquisitionsbeweis im deutschen Gerichtsverfahren karolingischer Zeit, Berichte der Wien. Akad., 1866, S. 503; Die Entstehung der Schwurgerichte, S. 87ff.; Deutsche Rechtsgeschichte, II, S. 524ff. ここで問題となっている対立に関しては、Zimmermann, Glaubenseid, S. 73ff., 116ff.〔訳注──ゲルマンの確言的宣誓につき、「エンゲルマン・民訴概史」八〇頁以下参照〕。

(130) Sohn, Fränkisches Recht und römisches Recht, S. 24ff.〔訳注──久保＝世良訳一五頁以下〕しかし、Brunner,

Rechtgeschichte, I, S. 22およびSchröder, Rechtsgeschichte, 3. Aufl. S. 638は、この説を行きすぎとみている。

(131) Planck, Gerichtsverfahren, II, S. 12ff.; Siegel, Geschichte des deutschen Gerichtsverfahrens, S. 167ff.; Haenel, Das Beweissystem des Sachsenspiegels, 1858, S. 22ff., 95, 105.

(132) つまり、証拠が裁判官に対してというよりもむしろ相手方に向けられ、法的な結論の陳述に関するものであって事実上の陳述に関するものでなく、一方的であり、かつ、原則として被告の側に属することをさす。

(133) たとえ、Kühtmann, Die Romanisierung des Civilprocesses in der Stadt Bremen, 1891, S. 18をみよ。もっとも、「原告が立証しないときは被告は免訴される」（actore nonprobante absolvitur reus.）との原則の一五世紀の事件における適用が、Franklin, Geschichte der Reception, S. 159, 183に見出される。

(134) Kühtmann, a. a. O., S. 37ff. ローマ法の影響なり、少なくともローマ法の知識なりは、一三世紀や一四世紀の訴訟でもすでに現れている。Franklin, Geschichte der Reception, S. 54, 83, 90参照。中欧における、世俗の事件の普通法訴訟を法典化しようとする最初の企てに関しては、Ott, a. a. O., S. 169ff. をみよ。

(135) 種々の関連においてすでに引用した諸文献のほか、なお、Kohler, Beiträge zur Geschichte des römischen Rechts in Deutschland, 1. Ht. とくにS. 142ff.; 2. Ht. とくにS. 140ff. をみよ。

(136) このドイツ固有法の反抗に「国民的」な性格を与えようとする点にも、誇張がある。この傾向に反対するものとして、Stintzing, Geschichte der populären Literatur, S. XXIII-XXIV; Modderman, a. a. O., S. 64, 99をみよ。

(137) Kühtmann, a. a. O., S. 34.

(138) Müchel, Verfahren bis zur Litiscontestation, S. 8.

(139) Kleinfeller, Die geschichtliche Entwicklung des Tatsacheneides in Deutschland, 1891, S. 104ff.; derselbe, Deutsche Partikulargesetzgebung über Civilprozess, S. 300ff.; Schmidt, Lehrbuch, S. 70ff.; Planck, Beweisurtheil, S. 206ff.

(140) Roberti, Memorie istoriche del processo civile, 1807–1808, II, p. 202.

〈11〉各説（c）――フランス訴訟の形成とその基本的特徴

イタリア法について〔前節の末尾に挙げたある訴訟史家の〕右の意見が述べられた当時のイタリアは、ドイツの一部と同様に、フランス訴訟によって侵蝕されていた。ドイツにおいてフランス訴訟に示された歓迎の態度は、本稿の初めに考察したとおりである。イタリアでは、「イタリアの学問やイタリアの慣習と全く無縁な」[141]、「従来のものとは全く異なった立法」[142]も現れた。両立法を、それら相互の隠れた連結点においてよりもそれらの外観でみる者にとっては、そのように思われたに相違ない[143]。フランス法とドイツ普通法との間の相違はもっと顕著であったが、両者の関係は、これらの相違を完全にゲルマン的な色で染め上げることを正当化するようなものではなかった。そのような染め上げが、全く誤りだったとはいえないまでも確かに誇張してなされたという事実は、ドイツの著作者のナショナリスティックな精神や、フランス訴訟を基盤とする訴訟改革をドイツにおいて普及させるのにおそらくは役立ったことと、無関係なものではなかった。フランス訴訟の基盤は、イタリヤやドイツの訴訟の基盤もそうであったと同様に、ローマ＝カノン訴訟あるいは中世イタリアの訴訟である[補10]。イタリアの学説は、それじたいローマ的観念とゲルマン的観念との混淆の産物なのであるが、フランスにおいてゲルマン訴訟との新たな接触を経験し、徐々にしかし確実にゲルマン訴訟にとって代わった。その過程は、われわれの知る限りでは、北部フランスではより緩慢であり、より多難であった（「慣習法の故郷」patria juris consuetudinarii）。一二世紀には、早くもローマ法およびカノン法の研究によって訴訟を取り扱った著者が現れている[144]。フランス法についての最初の著者――ド・フォンテーヌおよび『聖ルイの勅法』（Établissements de Saint Louis）の著者――は、ローマ法に頼りすぎていた[145]。ボーマノワールは、より控えめであり、もっと識別力をもっていたが、その著作は、結局、カノンの解釈、おそらくはタンクレッドのそれを模したものである。[146] 純粋のローマ＝カノン訴訟についての著作者と訴訟慣習についての著作者の中間に、「実務書」（Practices）の著者たち、および、とりわけ一四世紀初頭には、ペトルス・ヤコビがいる、彼の“Practica”[147]は、両訴訟の顕著な合流点である。イタリアにおける類似の著作がそうであったように、しばしば慣習法の影響を受けており、ローマ法を武器として戦ったことも多い。[148] この世紀──つまり一四世紀──は、フランス訴訟のローマ化について決定的な時期である。ゲルマンの形式主義はいたるところで退き、[149] ローマ＝カノンの諸原則が優位を占めた。[150] 主だった革新のなかには、訴訟における書面の導入がある。[150] そして、漸次、管轄や訴訟代理の諸原則、闕席手続、抗弁や反訴の制度、証拠の理論──その基本的諸観念と若干の証拠方法、とくに証人尋問、身分訴訟に似た手続から発展した審問、宣誓に関して──、判決の形式、訴訟費用の負担、上訴、財産委付、そのほか沢山の制度が発展したが、それらはすべてイタリア訴訟に範をとっている。[152]

ゲルマン法の反抗は、地方によって、また各個の制度によって、さまざまである。最高裁判所の手続としての、パリ最高法院（パルルマン）[補11]の手続では、両制度が鉢合せをし、ときには、制定法の地方からきた上訴と慣習法の地方からきた上訴とで別様に規制して、両者が併行的に適用された。しかし、当事者の代理[153]や上訴の性質・形式・期間制限・提起[154]におけるような、制定法と慣習法との間で示された明瞭なコントラストにかかわらず、また、ゲルマン的要素が呼出しの形式[155]のなかに、宣誓の濫用[156]や訴訟上の罰金の濫用のなかに、形式主義（「訴訟の危険」）のなかに、当事者の陳述の相対的な留保[157]のなかに残っていたにもかかわらず、さらにまた、この訴訟の手続方例についての主要な編纂者であるデュ・ブリューユが、ローマ＝カノンの法源を引用あるいはこれに依存することを忌み嫌い、これらの法源から逸脱したことを自ら進んで唱えている[158]にもかかわらず、この訴訟じたいは、実質において、すでにローマ＝カノン的であった。それは、ゲルマンの特色である証拠中間判決を欠いている。[159] 争点決定、闕席手続、休止満了、証人尋問などに、ローマ的な特徴が見られる。[160] この特徴は、たしかに、公開法廷における申立書の提出や証拠の項目についての宣誓のように、間接的ではあるがゲルマンの淡い影響を示していることも、ときにはある。(161)そして、この訴訟のなかに近代フランスの訴訟制度の形成の中心があるのであるが、この訴訟が、一五世紀に最高法院の諸様式が注解学者たちの手中に収められて、(162)ますますローマ＝カノン訴訟に接近すればするほど、最高法院の法は、ますます学識に富むものとなり、ますますローマ的なものとなっていくのである。(163)

他の国では立法は、学問によって作り出された種々の所説の間でどれを採ろうかと臆病な態度をとり、学問の長い展開作業を尊重したのであるが、ここフランスでは、強力な中央集権から発して、立法は、急速に、誇張された無用な性格の学説の衣裳を脱ぎすてて、もっと国民的な性格の制度を鋳出そうとするようになったのであり、同時に、実をいえば、それを固定しようとしたのである。かくて、国王のオルドナンスは、しだいにパリ最高法院の訴訟に関係し、徐々にその作用領域を一般化しながら、無差別に、一方ではまだ残っていたゲルマンの諸形式を取り除き、他方ではローマ＝カノンの諸形式を廃止して、(164)新たな諸形式を生み出した。このようにして、比較的に自律的なフランス訴訟が作られたのであり、それは、一六世紀には程度の低いものとしてフランスの有力な法学者たちからは軽んじられたが、(165)実務的な理論はこの訴訟のためにローマ＝カノンの法源をもって豊かに権威づけた（Damhouder, Imbert, Rebuffe）のであり、この理論的な仕組みが、一六六七年のルイ一四世民事訴訟王令(補12)にみられるその決定的な影響を作り出している。(166)したがって、近代フランス訴訟は、一七世紀のそれからほとんど変化していないのであるが、それじたいのなかに多くのゲルマン的要素を保有しており、それらのいくかはイタリアの訴訟理論と共通しているが、他はフランスの土壌に育てられたがゆえにより多く当のフランスのものであり、さきに述べた、訴訟担保および〔判決に対する〕「第三者の故障申立て」などは、その例である。(167)そうはいっても、近代フランス訴訟はゲルマン訴訟の基本的な構造を保有している、という主張も最近くりかえされている。(168)しかし、かつてマウラーによって与えられた以上にはなんらの重要かつ明白な証拠を未だ有しない。

ある論者の主張によれば、司法職員の独立の地位はゲルマンの起源に由来するものであり、それをイタリアおよびドイツに、賢明な若干の制限を加えてではあるが受け容れたのであって、それらの制限のなかではドイツの制限の基準がより大きかった、という。[169] しかし、近代フランス訴訟をこの面でゲルマン訴訟と結びつけるのは、中世フランスの訴訟（最高法院の訴訟をふくめて）において裁判官が、イタリアの訴訟において有したのと同じ、司法職員に現在では委ねられている行為に介入する権利を有していたことを考えるならば、困難なように思われる。[170]

なにがフランスにおけるゲルマン的反動なのか。そして、特定の問題についていえば、ルイ一四世民事訴訟王令の第二章第一〇条[171]にそのような反動をみることができるのだろうか。旧時の慣行へのこの復帰は、もしそれがじっさいローマ法源の不完全な理解によるものでないならば[172]、無意識なものであり、オルドナンスに表明された簡素化の傾向によってのみ決定されたものであったという蓋然性の方がより大きい。ゲルマンの痕跡は、裁判所の合議制のなかにそれを探る方がより容易である。フランス訴訟の他の二つの、重要ではあるが決して訴訟全体を構成しているのでない特徴については、そんなにたやすくいうことはできない。すなわち、口頭主義と公開主義は、一九世紀のドイツにおける訴訟改革の狂熱がその点で過大視したほどの原則であるが、この二つの主義は、ローマその他の訴訟に特有なものでなかったのと同じように、古ゲルマン訴訟についても特有のものではなかった。[173] ローマ訴訟は、帝政時代の立法が利害関係のない者を法廷から排除することによって公開を制限しようと企てるまでは、ことばの最も広い意味では、公開であった。しかし、そのような公開の制限は、もっときびしい制限さえも、フランス訴訟、つまり、パリ最高法院の訴訟について指摘することができる。[174] ローマ訴訟は口頭で行われたし、陳述も判決と同じように[175]書面で行われるようになった後でも、そうであった。というのは、ローマ訴訟は、つねに、当事者と裁判官との直接の接触を維持したからである。[176] そして、これと異ならぬ例は、初期のローマ＝カノン訴訟の示すそれである。この訴訟は、裁判所自身の手続の書面化が当事者のそれに拡大され、やがて公開法廷における当事者本人の出頭にとって代わるまでは、口頭で行われ、かつ公開であった。たしかに、フランス訴訟は完全に書面主義を貫いたことはいちどもなかった。その口頭主義の点では、われわれは、近代フランス訴訟とルイ九世の改革[177]以前の中世の訴訟との間の連絡をひとつの確定された事実とみることもできよう。フランス訴訟では、他のところでもそうであったように、書面の使用があらゆる種類の悪用の余地を生じ[178]、究極的には、口頭主義にかたむく時流が改革の機会ごとに勝利を占めた[179]。両主義の相剋の最終的な結果たるフランス民事訴訟法典は、書面弁論による事件の通常の準備[180]のほかに、完全に書面だけによる例外的な手続様式をも認めていたが、後者は、現在では、かなり以前から使用されなくなってしまっている[181]。したがって、ローマ訴訟が用語の真の意味において書面訴訟というには遠かったのと同様に、口頭主義は、ゲルマン訴訟の専属的特性であるというには遠いのであるから、われわれは、これに関して、ローマの原則とゲルマンの原則との相剋や、一方の他方に対する優勢に当面するわけでもない。フランス訴訟との接触によって生じ、あるいは、それによって促進されたものではあるにしても、近代ドイツ訴訟における口頭主義への回帰は、ローマ訴訟への回帰とみるのが適当であろう[182]。今日では、純粋の口頭主義は、なにびとの気をひくこともできない。それの歴史は、極端な書面主義の歴史と同様に、わびしい頁を示しうるにすぎない。今日では、両者の中間の道が正しいのだということに一般の意見が一致しており[183]、論議されて未だ片づいていない問題――折衷的制度の種々のタイプのなかでどれを採るべきかという問題[184]――は、単なる便宜の問題なのである。イタリアも、フランス訴訟に親しむ以前に、これとは非常に異なる、沢山の折衷的制度を示した。すなわち、ヴェニス、ピエモント、ローマおよびナポリは、ときにはdisputaとよばれ、ときにはinformazioniの名でよばれたところの最終弁論につき、種々の度合いにおける口頭主義を認めていたのであった。

ローマの諸原則とゲルマンの諸原則との明確な対立は、採証の手続に関し、ハノーファーの〔ドイツ連邦諸国の統一民事訴訟法制定のための〕委員会において示された。フランス訴訟は、すでにみたように、裁判官を拘束する証拠中間判決を認めておらず、したがって、弁論と証拠とを事件の各別の段階に分けることを知らなかったのであり、その代りに、ユスチニアーヌスの訴訟やイタリア訴訟の特色である、より大きな流動性によって特徴づけられていた。ハノーファーの前記委員会およびその結果としての統一民事訴訟法草案では、レオンハルトの反対[185]にもかかわらず、ローマの諸原則が勝利を占めたのである。

(141) Analisi del Codice di procedura civile, 1808, 序文。

(142) Pastore, Codice della procedura civile con annotazioni, 1808, 序文。

(143) 現実には、フランスの立法は、中世のイタリア訴訟と近代のイタリア訴訟の中間に介入したのであり、前者から後者への発展の自然の成りゆきを中断した。しかし、イタリアの司法制度の比較的多数について、普通法訴訟が依然としてイタリアの訴訟の淵源であることに変りはなく、ただ、間接的な道程を経てそうなのである。したがって、今日のイタリア訴訟の理解にとっては、フランスの法源、とくにパリ最高法院訴訟手続方例集（Stilus Curiae Parlamenti, 1330）の知識と同様に、普通法訴訟の知識が重要である。なお、この方例集の近代的な解説として、Schwalbach, Der Civilprocess des Pariser Parlaments（1881）および Guilhiermoz, Enquêtes et procès, étude sur la procédure et le fonctionnement du Parlement au XIVe siècle（1892）がある〔訳注——前者の邦訳として、塙浩「シュヴァールバッハ『一四世紀パリ最高法院の民事訴訟手続』」神戸法学雑誌三一巻一号〜三号所収がある。なお、「エンゲルマン・民訴概史」四一三頁以下をみよ〕。

(144) Incerti auctoris ordo judiciarius, ed. Gross, 1870 および、若干の論者によれば、他の ordo judiciarius である、Ulpianus de edendo, ed. Haenel, 1838.〔訳注——なお、一一八〇年から一三二八年までのフランスにおける教会裁判所の訴訟手続等を概説したものに、Fournier, Les officialités au moyen âge, 1880 があり、塙浩「フールニエ『フランス中世カノン法訴訟制度要説』」神戸法学雑誌二二巻三・四号、二三巻一〜四号所収の邦訳がある〕。

(145) Daniels, System und Geschichte des französischen und rheinischen Civilprocessrechts, 1849, S. 34ff.; Glasson, Histoire de droit et des institutions de la France, IV, 1891, p. 241 sqq.

(146) Daniels, System und Geschichte, S. 38ff. しかし、この点は争われている。Incerti auctoris ordo judiciarius を刊行した Gross は、これこそボーマノワールがそれに従った本であるという確信に傾いている。サルモンによるボーマノワールの新版（1899, 1900）の序文（p. XVII）に要約された他の諸見解を参照されたい。

(147) Iacobi, Practica perutilis libellandi artem copiosissime decidens, 1539.

(148) ヤコビは、教会法および神の法と同様に、ローマ法をもって、根強く残っていたゲルマンの証拠方法たる決闘とたたかい、挑戦の受諾を免れさせるために工夫された陳述の様式を考案した。

(149) Glasson, Histoire, p. 460.

(150) Stein, Geschichte des französischen Strafrechts und des Processes, 1846, S. 520ff. ; Tardif, op. cit., p. 1 sqq. ; Glasson, Les sources de la procédure civile française, in NRHD, 1881, p. 413 sqq.〔訳注――邦訳として、塙浩「グラソン『フランス民事訴訟法の法源と史的発展』」神戸法学雑誌二九巻一号・二号所収がある〕。

(151) Stein, a. a. O., S. 534ff. ; Glasson, Histoire, p. 463 sqq. ; Tardif, op. cit., p. 72; Tanon, L'ordre du procés civil au XIVe siècle, in NRHD, 1885, p. 307 sqq.〔訳注――一八八六年に刊行された単行書の邦訳として、塙浩「タノン『一四世紀パリ・シャトレ裁判所の民事訴訟手続』」産大法学一四巻三号・四号所収がある〕。

(152) Glasson, Histoire, VI, p. 467, 495ff., 507, 513, 522, 525, 543, 559, 560, 563, 569ff., 582 ff., 594, 613, etc.; id., Sources, p. 437 sqq.; Tardif, op. cit., p. 17, 19, 28, 79, 101, 113, 117, etc.; Tanon, op. cit., p. 320, 321, 405, 409, 414, 419, 656, etc. ただし、フランス訴訟が口頭性を固持したことについて、Guilhiermoz, La persistance du caractère oral dans la procédure civile française, in NRHD, 1891, p. 21 sqq. をみよ。

(153) Schwalbach, Civilprocess des Pariser Parlaments, S. 15.

(154) Schwalbach, a. a. O., S. 149ff. フランスの上訴におけるゲルマン的特徴の固持については、Guilhiermoz, op. cit., p. 51をみよ。

(155) Schwalbach, a. a. O., S. 4, 38.

(156) Schwalbach, a. a. O., S. 18.

(157) Schwalbach, a. a. O., S. 19.

(158) Schwalbach, a. a. O., S. 3, 37.〔訳注――塙訳・神戸法学雑誌三一巻一号一二四頁以下・二号三〇二頁以下。なお、デュ・ブリューユの著作について、「エンゲルマン・民訴概史」四一二頁以下参照。〕

(159) Schwalbach, a. a. O., S. 21.

(160) Schwalbach, a. a. O., S. 23, 24, 39, 65, 102, etc.; Brunner, Die Zulässigkeit der Anwaltschaft im französischen, normannischen und englischen Rechte, in Zeitschrift für vergleichende Rechtswissenschaft, Bd. 1, S. 350.

(161) 前述八参照。

(162) Schwalbach, a. a. O., S. 4 ; Glasson, Histoire, VI, p. 594.

(163) Daniels, a. a. O., S. 58.

(164) とくに、一五三九年の Ordonnance de Villers-Costerest. Daniels. a. a. O., S. 54参照。一五六六年の Ordonnance de Moulins によってもたらされた、証言による証明の制限に関しては、Tanon, op. cit., p. 657 sqq.; Guilhiermoz, Persistance du caractère oral, p. 52 をみよ。

(165) Bethmann-Hollweg, Civilprozess, VI, S. 255.

(166) なお、D'Espinay, De l'influence du droit canonique sur la législation française, 1856, p. 230, 287. 同じ著者による次の論文は、右の抜萃にすぎない。De l'influence du droit canonique sur le développement de la procédure civile et criminelle, in Revue historique de droit français, 1856, p. 503 sqq.

(167) 占有訴訟には、ゲルマン的なものの生き残りが含まれている。Glasson, Précis de procédure civile, 1902, I, p. 159 sqq. および同じ著者の NRHD, 1890, p. 603ff. における詳論をみよ。なお、Zoepfl, Deutsche Rechtsgeschichte, 1871, I, S. 245; Ruffini, Actio spolii, p. 407参照。〔訳注——田中整爾・占有論の研究二九頁以下が参考となる〕。

(168) Schmidt, Lehrbuch, S. 78. 反対、Wieding, Der justinianeische Libellprocess, S. 739.

(169) Schmidt, Lehrbuch, S. 78 ; Wach, Handbuch, S. 317.

(170) Schwalbach, a. a. O., S. 32ff.; Tardif, op. cit., p. 47 ; 一三〇二年三月二三日の Ordonnance の二七条参照。

(171) 「初審事件たると上訴事件たるとをとわず、また裁判官の別をとわず、裁判官の面前への呼出しは、〔原告が呼出しに関するその裁判官の〕許可をも命令をも〔請求することを〕要せずして、なさるることを得。……」〔塙浩訳による。神戸法学雑誌二四巻二号一七四頁〕 これに関し、Jousse, Nouveau commentaire sur l'ordonn. civ., 1767参照。なお、それ以前の法については、Tanon, op. cit., p. 317をみよ。

(172) じじつ、ローマの法源がこの条項の支えとして、Bornier (Conférences des nouvelles ordinances de Louis XIV, II, Art. 6) によって援用されている。

(173) Bethmann-Hollweg, Civilprozess, III, S. 188ff.

(174) Schwalbach, a. a. O., S. 21ff.

(175) Chiovenda, Condanna nelle spese giudiziali, p. 12.

(176) Wieding. a. a. O., S. 25, 701は、「ローマ訴訟は、フランス訴訟じたい、あるいは、これにならった他の訴訟制度よりも、はるかに重要な意味において、口頭によるものであった」とさえ断言している。

(177) これこそ、Guilhiermozがその論文De la persistence du caractère oral dans la procédure civile française, p. 21 sqq. において展示しようとしたところのものである。

(178) Tanon, op. cit., p. 313.

(179) Guilhiermoz, op. cit., p. 56 sqq.

(180) その起源およびカノン訴訟の書面との関係については、Guilhiermoz, op. cit., p. 52 sqq. をみよ。

(181) Glasson, Précis théorique et pratique de procédure civile, 1902, I, p. 309.

(182) 同旨、Wieding, a. a. O., S. 739.

(183) 注(27)・(31)所掲のジーゲルおよびブルンナーの著作、ならびに、Chiovenda, Le forme nella difesa giudiziale del diritto, in Saggi di diritto processuale civile, p. 192 sqq. をみよ。

(184) Wach, Vorträge über die Reichscivilprocessordnung, 2. Aufl. 1896, S. 4; derselbe, Die Mündlichkeit im österreichischen Civilprocessentwurf, 1895, S. 6ff.; Skedl, Das österreichische Civilprozessrecht, 1900, S. 7.

(185) Leonhardt, Zur Reform des Civilprocesses in Deutschland, 1865, S. 18, 38, 49. 実質的には、そこではまさにひとつの意見(Schmidt, Lehrbuch, S. 30)が主張していたことの反対が起こったわけであるが、それは、普通法訴訟とフランス訴訟との接触の結果であった。

(補10) 民事訴訟法典成立までのフランスの民事手続法史に関する近代の研究成果を網羅的に概観したものとして、塙浩「フランス民事訴訟法史研究序説」市民法学の形成と展開(磯村還暦)下三一五頁以下が参考となる。

(補11) パルルマンの成立過程および構成・権限などについては、染野義信「絶対王制の下における裁判権の構造」日本法学二三巻三号三〇八頁以下に詳しい。

(補12) 邦訳として、塙浩「ルイ一四世民事訴訟王令(一六六七年四月)」神戸法学雑誌一四巻二号・三号所収がある。

〈12〉近代民事訴訟におけるローマ的要素とゲルマン的要素

フランス訴訟とドイツ普通法との比較は、それぞれについての著しく異なる評価に導いた。ドイツの訴訟改革は憧憬の念をもってフランスを志向したが、その一方、フランスの民事訴訟を研究したドイツの歴史学者は、フランスの民事訴訟について、改革を待つドイツ訴訟との接触からより良きものが生まれることを予言していたというわけである。(186) しかし、これらの比較や諸見解については、ここでは立ち入ることができない。(187) しかし、われわれが急いで検討してきた過程において当面した見解の対立や相違も、なんら異とするに足りない。非常にたくさんの係数が国家法の形成にあたって競合し、結びついて、それを共通の原則から種々さまざまな結末へとおもむかせるので、総合した全体的な結果についての評価は容易に偏ったものとなる。異別の法体系の間の接触が非常に有益であることは、真実である。フランス訴訟とドイツ訴訟とは、前世紀における出会いがたがいにローマの訴訟とゲルマンの訴訟の融解による二つの非常に異なった産物をもたらし、同じ二要素のひとつの新しい結合を決定したのである。この最終的な産物についての評価は、冷静に、かつ極めて慎重に表明されるべきである。(188) しかし、訴訟に関する研究の現段階では、完全な判定はとても望めないかもしれない。

われわれとしては、いまここでは、歴史の観察から、二つの相反する要素の敵対というよりもむしろ協同を示す若干の局面を書きとめただけで十分である。もしわれわれが、現時点において一般的な断定を控えるのが当をえたものと考えないとするならば、われわれは、近代法において優勢なのはやはりローマの諸原則である、と述べるであろう。たしかに、ゲルマン訴訟およびそれに由来する制度の最も顕著な特徴——裁判の観念、形式的証拠およびそれから法定証拠、宣誓の過大視、手続の休止、失権の原則、同時提出主義（僅少ながらその遺物のようなものは残っているが）その他――は消え去り、その代りに、われわれは、少なくとも訴訟関係[189]や証拠の諸観念に関する限り、ローマ的なものにかかわり合っている。今日のヨーロッパ大陸の訴訟は、二〇年前より以上にローマ的である。というのは、多くの制度について立法と学問がわれわれを純粋のローマ法にひき戻したからである。かくて、訴訟費用の理論は、その中世の誤謬から解放されたし[190]、他の訴訟理論も、すでにふれたとおり、修正された。また、ローマ法の誤解から生じた諸制度、ドイツの立法がそれを認めることを拒否した休止満了（péremption）の制度のようなものは、まさしくそれも誤解から生まれたものであるという理解で斥けられたもの[191]のである。しかし、それにもかかわらず、ゲルマン的要素は重要な位置を占めている。返還請求の対象が動産か不動産かに関してなされた訴えの分類における区別、裁判所の構成、土地管轄の理論[192]、判決に対する不服申立方法、執行手続、これらはすべて、ゲルマン的要素の顕著な痕跡を示しており、イタリア法でも、その影響を受けていない法廷用語はない[193]。イタリア民事訴訟法典に関しては、さきに述べたように、全体としてみれば、ドイツの現在の訴訟以上にローマ的でもなければ、それより少なくゲルマン的であるのでもない。これが真実であることは、両者の共通の起源を考えるならば、直接および間接にうかがい知られるのであり、フランス法の影響も両者に及んでいる。しかし、この影響の度合いの差異、イタリアがドイツ普通法訴訟に対してもった非常に僅かな接触、さらにまた、ドイツの土地におけるいくつかのゲルマン的観念のより大きな影響は、両制度それぞれの一定の特質を説明するに役立つ。イタリアにおけるわれわれは、「訴訟担保」（garantia processuale）[補13]のような、ドイツでは捨てられたゲルマン的要素をとり入れたが、ドイツの民事訴訟法典は、「訴訟告知」（litis denuntiatio）や「本人指示」（laudatio auctoris）を受け入れているにもかかわらず[補14]、右の制度を認めていない。他面において、われわれは、差押債権者の優先権（privilegio dell'esecutante）[194]のような、ドイツで認められたローマの制度を斥けたのである。これらの相違点の詳細かつ理性的な研究は、少なからぬ効用をもたらすであろう。

この広い研究分野を、われわれは、なにも新しい成果を得たいと思わず、駆け足で横切ってきた。その分野をくまなく踏査して果実を収穫するためには、短い時間では足らず、急いで総合して書いては十分でない。ひとつひとつの問題についての長く、辛抱づよく、細密かつ豊富な研究だけがこれを果たしうる。(補15) そして、わたくしはあえて予言したいのだが、こういう研究が、訴訟の学問を、かつてはその精華のひとつとうたわれたイタリアに、もう一度花を咲かせるであろう。(補16)

(186) Stein, Geschichte des französischen Strafrechts und des Processes, S. 632.

(187) ドイツおよびフランスの両訴訟に精通し、しかも、結論が偏っていないゆえに、この点で最も有用なのは、デルンブルクの Abhandlungen aus dem Gebiete des gemeinen und französischen Civil- und Processrechts, 1849, S. 243, 355 の論文である。

(188) 「継受された」法を「外国の」法のようにいうのは、しばしば反学問的である。近代の法学的諸観念の長年の発展からみれば、ローマの諸概念はゲルマンのそれよりも、ドイツにおいて外国の要素がうすい。Stintzing, Geschichte der populären Literatur, p. XVII をみよ。イタリアにおけるゲルマン的諸観念についても、同様のことがいえよう。ローマ法は、ドイツのある論者によってそれほど自国のもののように思われたので、彼は、訴訟改革の最上の方法として、純然たるローマ訴訟に立ち返ることを説くに至った。もっとも、一定のゲルマン的な制度の組入れによって変更された裁判機構だけは例外としてであるが。Wieding, a. a. O., S. 759ff. 参照。

(189) 訴訟関係についてのローマの観念と近代の観念との親近性については、Bülow, Die neue Prozessrechtswissenschaft und das System des Civilprozessrechts, in ZZP Bd. 27, S. 224 ff. をみよ。

(190) このことは、Chiovenda, Condanna nelle spese giudiziali, p. 13–180に述べた。

(191) Begründung zum Entwurf der CPO, S. 180（Hahn, Materialien, 2, 1, S. 253）. 他の、近代訴訟にもっとも強固な根を張ったものは、そのまま維持された。同じことが、一定の訴訟上の用語、たとえば共同訴訟（litis consortium）についてもいえる。Wetzell, System, S. 828 参照。

(192) 生地裁判籍（forum originis）の衰退については、Wach, Handbuch, S. 398 参照。物所在地の裁判籍（forum rei sitae）の専属性については、Wach, Handbuch, S. 435；Wetzell, System, S. 500参照。他面、反訴の管轄（forum reconventionis）の点では、ローマの観念の普及がみられる。

（193）　たとえば、われわれは、事件を「延期する」（aggiornare）というが、歴史は、このことばのひろく行きわたった通常の意味から遡ってわれわれをゲルマンの裁判所への召喚に至らしめる。adiurnare, adournerという用語は、tagen（その基本をなすのはtag. つまり日である）からきているのである。Brunner, Rechtsgeschichte, II, S. 333, N. 4参照。Maurer, Geschichte des altgermanischen Gerichtsverfahren, S. 45, 360は、もっと精確に、ajournerとsolem collocareの関係を明らかにしている。ただし、反対論として、Grimm, Deutsche Rechtsalterthumer, 2. Aufl. 1854, S. 817. なお、arringa（弁論）、bando（公告）、garantia（保証）などの用語のゲルマン的起源につき、Pertile, Storia, I, p. 256 ; Brunner, Rechtsgeschichte, I, S. 147, II, S. 501など参照。

（194）　差押債権者の優先権は、古ゲルマンの訴訟にも知られている。Chiovenda, L'azione nel sistema dei diritti, p. 42 sqq. に指摘したように、ドイツの訴訟理論の近代の革新は、ゲルマン的諸観念とゲルマンの用語を愛好したのに対し、イタリアやフランスの学説はこの点では、依然として、ローマの用語やこれと不可分なローマ的諸観念に支配されている。そのうえ、ドイツの法典は、それ独自のやり方で、ゲルマンの諸制度（督促手続、公示催告手続）を体系のなかに組みこんだが、こういうことは、イタリアではめったにみられない。もっとも、われわれは、近代の執行の構造はほとんど全面的にゲルマン的起源に由来する、というギールケ（Deutsches Privatrecht, S. 328）の記述には誇張があるものと考えざるをえない。このようなローマ的観念とゲルマン的観念の対照にあたっては、古典期のローマ法だけにしか注目していないことが多い。〔訳注――沿革につき、雉本朗造「強制執行ノ優先主義及ヒ平等主義」民事訴訟法の諸問題四一六頁以下をみよ。〕

（補13）　第三者より保証を受けていると主張する当事者は、この者をその訴訟に呼び出すことができ（現行イタリア民訴一〇六条）、保証人が出頭しかつ被保証人に代わって訴訟の引受けをしたときは、他の当事者が異議の申立てをしない限り、被保証人は自らの脱退を求めることができ、裁判官がこれを命ずれば本案の判決は脱退者に対してもその効力を有する（同一〇八条）。この制度の沿革につき、シュヴァールバッハ（前注143）が詳細に述べている（塙訳・神戸法学雑誌三一巻二号三一六頁以下）。

（補14）　訴訟告知ないし本人指示の沿革につき、佐野裕志「訴訟告知制度――史的考察――」民商法雑誌八七巻一号・二号所収をみよ。

（補15）　わが国でも、中村英郎・民事訴訟におけるローマ法理とゲルマン法理一頁以下の同名論文は、結論として、現代の民事訴訟制度はゲルマン型でなくローマ型に属し、ローマ法理を基本とした訴訟理論が現代の法制に即している、と説く。同論文は、民事訴訟についてのローマ法理とゲルマン法理、そしてそれと表裏の関係にあるローマ的訴訟観とゲルマン的訴訟観の相違を追究し、それが現行の民事訴訟法ないし民事訴訟理論にどのように反映しているかを概観する壮大な構成を有する。両法理・両訴訟観の大胆な割切り（とくに同書五一頁以下）に基づく基本的な性格づけにどれだけの意味をもたせるかは別として、数多くの関数的事情の複雑な作用のもとに成立した諸邦の訴訟法なりその各個の制度のそれぞれにつき、なお綿密な沿革的検討が待たれる。

（補16）本文および原注が引用するイタリア民事訴訟法の条文は、いずれも、一八六五年六月二五日公布の旧法（大正一五年刊行の司法省蔵版「和訳欧州各国民事訴訟法」のなかに邦訳がある）のそれである。

〔後　記〕

ジウゼッペ・キヨヴェンダ「民事訴訟法におけるローマ的要素とゲルマン的要素」（Giuseppe Chiovenda, Romanesimo e germanesimo nel processo civile）は、イタリアにおける近代訴訟法学の父祖と仰がれるキヨヴェンダが、一九〇一年一二月五日にイタリアのパルマ大学において行った教授就任公開講義の記録である。キヨヴェンダは、一八七二年、スイス、フランスに接する北イタリアのノヴァーラ近傍に生まれ、ローマ大学に学び、一八九三年に卒業、一九〇〇年には「訴訟費用の裁判」という論文で教授資格を得る。その翌年に彼が発表した論文「権利の裁判上保護の諸形態」は大きな反響を捲き起こし、フランツ・クラインの手に成って一八九八年に発効したばかりのオーストリア民事訴訟法の線に沿った彼の改革提案が注目され、共感を呼んだ。同年秋にはパルマ大学で民事訴訟の講座を担当することとなり、そこでの在任期間は短かったけれども、キヨヴェンダの学説形成の重要な区切りをなし、ここに訳出した就任講義の他にも、後年の理論の核心をすでに示す教科書が出ている。一九〇二年にはボローニャ大学へ、さらにナポリ大学を経て、一九〇七年よりローマ大学の教授として、多数の著作によりイタリアの民訴法学の理論体系を築き上げ、カラマンドレーイに代表される優れた後進訴訟法学者を育成した。当時のイタリアでは、フランス旧民訴法典（一八〇六年）に倣った民事訴訟法典（一八六五年）のもとで訴訟の遅延、機能不全が著しく、キヨヴェンダは、訴訟改革のための多面的な努力を惜しまなかったが、ファッショの抬頭後、忌避されて民訴法改正準備委員会からも追われ、一九三七年、失意のうちに郷里で死亡した。

「近代訴訟においてローマ的要素とゲルマン的要素は、それらの歴史上の遭遇の究極の結果として、それぞれがどのような重要性をもっているのか?」これが、キヨヴェンダの本講義における中心的な問題設定である。周知のように、日本の民事訴訟法典（一八九〇年）は、ドイツ帝国民事訴訟法典（一八七七年）を忠実に継受した。しかし、ドイツに限らず、西ヨーロッパ諸国の近代訴訟法はすべて、二つの異なる源に遡る。ゲルマン訴訟とローマ訴訟。この二つが、それぞれに、時をこえ、所をこえ、国をこえて、多くの細流を絶えず加えながら、あるいは相互に接触し影響を与えながら、併流し、合流し、回流し、分流する。イタリアの条例法、カノン法、フランスの王法、ドイツの勅法等は、多かれ少なかれ、ローマ的要素とゲルマン的要素がぶつかった結果と考えられ、その歴史的諸要因と若干の具体的な局面における展開の経緯が語られ、イタリア的な形成の果たした役割にもふれた概観を経て、近代民事訴訟におけるローマ的要素とゲルマン的要素の協同の態様を分析する。専門の法史学者からの批判はおそらく十分にありうるのであろうが、人間の社会とともに古い訴訟をめぐっていったいひとはこれまでどのような苦心と努力を積み上げてきたのかを一途に知ろうとするわれわれにとって、キヨヴェンダの示すこの壮大なパノラマに匹敵する、より適当なものを知らない。キヨヴェンダ自身も、純然たる史学的な関心をもってこれをまとめ上げたのではないのである。むしろ、それは、訴訟改革への彼の情熱であった。改革は、しばしば復古のかたちをとる。誠実な回顧によって未来への展望が開けるのである。クラインの「訴訟における時代思潮」が、自他ともに満足する訴訟改革を成し遂げた人の豊かな余裕を読者に感じさせるのと全く対照的に、ここでは、これから困難な訴訟改革に当たろうとする者の気負いが漲っているといえるのではないだろうか。

なお、キヨヴェンダの生涯と業績については、イタリアの大人名辞典 Dizionario biografico degli italiani（Istituto della Enciclopedia Italiana, 1981, p. 33–36）に詳しい記述があり、ここに取り上げた講義についても数行を費している。イタリア訴訟法学におけるキヨヴェンダの位置づけに関しては、民事訴訟雑誌一五号一九八頁以下に安井光雄教授がサッタの見解を紹介しておられるほか、カラマンドレーイの『訴訟と民主主義』（小島武司・森征一訳、中央大学出版部、昭和五一年）のなかで、キヨヴェンダの学説およびラテンアメリカ訴訟法学への絶大な影響が言及されていることを、付言しておこう（訳書一六頁、一六二〜一六四頁など）。

キヨヴェンダの「民事訴訟におけるローマ的要素とゲルマン的要素」については、英語訳からの和訳であることをおことわりしておかなければならない。一八九〇年代のドイツで、アルトゥール・エンゲルマンという裁判官が三巻から成る民事訴訟の体系書を書き、その中巻を「民事訴訟の歴史」にあてている（邦訳として、数名の方々と共に翻訳した、小野木常・中野貞一郎編訳、アルトゥール・エンゲルマン著『民事訴訟法概史』〔信山社、平成一九年〕があり、本書の訳注で「エンゲルマン・民訴概史」として引用）。その英訳がアメリカン・ロースクール協会の後援によりロンドンで出版された大陸法史シリーズの第七巻として出ているが（編集の委員長はジョン・ウィグモア）、訳者であるノースウェスタン大学のロバート・W・ミラー教授が巻末にキヨヴェンダのこの講演の英訳を附録として収めている（A. Engelmann, A History of Continental Civil Procedure. translated and edited by R. W. Millar, 1928. appendix p. 873–914 : Chiovenda, Roman and germanic elements in continental civil procedure）。これを多少の修正と共に訳出したのが本稿である。

3

司法改革論における裁判官の地位

――ドイツにおける法曹一元論の帰すうをめぐって――

〈1〉 はじめに

ドイツにおける司法改革の歴史をふりかえってみるとき、われわれは、その最初においてすでに戸惑いと驚きを感ぜずにはおれない。ドイツにおける司法改革論の出現当時の模様が、現在われわれのおかれている状況とあまりにもよく似ているからである。

一九〇六年三月三〇日当時フランクフルト・アム・マインの市長であったフランツ・アディケスは、プロイセン貴族院（Herrenhaus）において、審議中のドイツ帝国予算に関する彼の演説の補足として、ひとつの有名な演説を行なった。ドイツの裁判制度の現状をきびしく批判し、司法改革の基本的方向を論じ尽くしたこの演説は、朝野に大きな衝動を与え、現在に至るまでのドイツ司法改革――とくに、いわゆる司法大改革[1]（Grosse Justizreform）――の流れは、まさに、ここに端を発したものとみることに異論をさしはさむ者はない。この演説の記録[2]を読んでみて驚くことは、この演説が今に至る六〇年の歳月を超えて、われわれに全くアプ・ツー・デートな意味をもって迫ってくるという事実である。というのは、アディケスは、ドイツ裁判制度の一切の病弊は裁判官の官僚キャリア制に根本的原因をもつと断じ、反面、イギリスの裁判制度をひとつの理想像として描き出すとともに、法曹一元の方向における裁判官制度の大幅な修正を要求する点に力点をおいているのであるが、これは、まさに、最近のわが国において日本弁護士連合会や日本法律家協会を通じて強く主張をみているところと軌を一にするものであるし、また、臨時司法制度調査会がその中心的課題として根本的な検討を行なった問題にほかならないからである。当然、われわれの興味をひくのは、アディケスの演説がいかなる反響を当時のドイツにおいて捲き起こしたか、という点であるが、ここにおいて、われわれは、当時ハレ大学の教授であったシュタインというよりは、シュタイン＝ヨーナスの民事訴訟法大註釈書で知られるフリードリヒ・シュタイン（Friedrich Stein）が、アディケスの所説を真向から批判し、全面的な反論を展開しているのを見出す。彼は、一九〇六年一〇月、ケルンの法学・国家学研修会のために三日間の連続講演を行ない、その全部を、当時いたるところで活発な論議の対象となっていたアディケスの司法改革論に対する批判をもって貫いたのである。この講演は、やがて一書にまとめて公刊されているが（Stein, Zur Justizreform, Tübingen, 1907. 109 S.）、キャリア裁判官制度を弁護し、イギリス型の法曹一元を受け入れるための基盤がドイツに欠けていることを説き、全体として現行制度の擁護に傾きつつ漸進的改革を主張するシュタインの所説は、現在のわれわれにとっても参考となるところが多い。

このように、ドイツ司法改革の出発点の事情と現在のわれわれがおかれている状況になにがしかの共通性があるとすれば、ドイツ司法改革のその後の展開過程をもわれわれの眼で追ってみる必要がある。また、戦後の西ドイツにおける司法改革論議のなかに、やはり、弁護士その他の法律職から裁判官を任用すべしという議論がかなりある。しかし、それを法曹一元論とよぶにしても、その実質において、アディケスの法曹一元論との間には、かなりの相違がある。とくに法曹一元の問題が司法改革全体の構想のなかに、いわば歯車のひとつとして、完全に組みこまれてしまっているのを見ることができる。こうした、過去におけるドイツの司法改革の流れを追いつつ、現在の時点におけるドイツの法曹一元論のあり方をみておくことも、いま、臨時司法制度調査会の活動が完結したあと本格的な司法改革へ踏み出すべき時機を迎えたわれわれにとって、必要なことのように思われる。

（1）　ドイツでは、司法大改革と司法小改革を区別するのが一般になっている。いわゆる大改革は裁判官の任用・養成、裁判所の構成や審級序列、そして、とくに、裁判官の減員の点の改革をいい、いわゆる小改革は、裁判官の職務を他の司法職員に委譲することを指す。Vgl. Kern, Gerichtsverfassungsrecht, 4. Aufl. 1965, S. 333, 367.

（2）　最近、Deutsche Richterzeitung は、「読者の要望にこたえて」アディケスのこの講演のほぼ全部をプロイセン貴族院の議事速記録から収載している（Adickes Herrenhausrede 1906, DRIZ 43. Jg.（1965）S. 258ff.）。本稿も、これを参照した。しかし、アディケスとしては、なおこの講演に手を入れて公刊した一書（Grundlinien durchgreifender Justizreform. Betrachtungen und Vorschläge unter Verwertung englisch-schottischer Rechtsgedanken. Berlin, 1906）のほか、Stellung und Tätigkeit des Richters, 1906; Zur Verständigung über die Justizreform, 1907の二書がある。これらは、参照できなかった。

〈2〉司法改革論の出発
――アディケスの法曹一元論――

一　司法制度の現状に対する不満が、まず、司法作用の中心的な担い手である裁判官のあり方に対する非難に集約されて発現した、という点では共通なものがあるにしても、わが臨時司法制度調査会の場合には、裁判官志望者の激減、必要最少限度の裁判官を確保することの困難という実情に関連して法曹一元の制度が検討されたのに対して、アディケスの司法改革演説は、逆に、増える一方の裁判官の増員をくいとめ、むしろ減員をはかるということを直接の狙いとしてなされたもので[3]、これは興味ある対照といってよい[4]。

アディケスは、一九〇六年のライヒ予算に前年度と同様に二〇〇〇余名の判・検事増員費が計上され、一八八二年からの二〇余年間に裁判官が一六〇〇余名も増加して今や九〇〇〇名に及ぼうとする事実を奇異とし、「毎年このようなおびただしい裁判官の増員を要求する現行の制度は、良い、正しい制度なのだろうか」と問う。そして、みずからは「否定」をもってこの問いに答えるのである。彼は、国民の裁判所に対する信頼や誇りが近時はなはだしく失われてきていると認めるべき事情があることを指摘し、裁判官の数の著しい上昇は――裁判というきわめて困難な任務に当たりうるだけの人材が国民のなかにそんなに多く存在するわけがないから――当然に質の低下を意味する、と説き、裁判官の人数が多ければそれだけ法的保障も大きいとする錯覚や、上級の裁判所はより下級の裁判所よりも多数の裁判官によって構成されなければならないとする謬見が合議制への不当な傾斜や裁判所構成の過大を招いていると非難する。そして、こうした状態をイギリスにおける模範的な状況と対比することによってその不当を一層明瞭に印象づけようとする。すなわち、産業や交通の飛躍的発展にかかわらず、イギリスの職業裁判官の数は、一八四六年いらいほとんど増加をみていないうえ、その絶対数たるや、ドイツ同一の人口に換算して、わずか五〇〇名にすぎない。ドイツで一七〇〇名の裁判官が担当する控訴審は、イギリスでは二十数名の判事によって賄われている。しかもイギリスでは、多年の弁護士経験に支えられた練達な、傑出した人たちだけが裁判官に任ぜられて、高度の教育を経た補助者の補助を受けつつ、一切の事務的な仕事から解放されて裁判に専念し、社会的にも最高の権威と信頼をかちえているのである、と。

二　こうした英独の相違、いいかえればドイツ司法制度の不満足な状態の因って来るものは、何であるか。アディケスは、つぎのようにいう。裁判官の官僚キャリア（Beamtenkarriere）こそ、ドイツの裁判制度の核心をなすものであり、これが根本から除かれないかぎり、前進はありえない。試験に合格したばかりの若い裁判官は、いかに優秀な成績で合格したとはいえ、人生については無知・疎遠であり、法規や教科書の知識はあっても、法規を人生に適用するという困難な技術をまだ身につけておらず、これを、裁判官の椅子の上で学ぶことになるわけで、法に精通した訴訟関係人がこんな青二才の前で身をかがめねばならんのかという気になるのは、当然である。もちろん、優秀な人材は、裁判官の席にあっても、やがて速やかに人生の知識を身につけ、すべての人間的な事象に対する洞察力を具えるようになるが、普通なみの人間――これが大部分を占めるのである――には、そうはいかない。しかも、ほんらいからいえば、管内の民衆と密接に接触し、終生かけてこれと同化していくべき区裁判所判事の職が、上級裁判所の判事になるための単なる道程として、昇進ばかりを考えている若い裁判官によって占められることになる。こうして裁判の権威が失われ、控訴が増えると、ますます上級裁判所では手が足りなくなり、地方裁判所の若い裁判官でも有能な者は高等裁判所に移され、アセソールが地方裁判所に配置されるということになって、その結果、また控訴が増えるという悪循環を生ずる。また、最も重要な裁判官が、大きな官僚ヒエラルヒーの上位に位置するため、最も少なくしか仕事をしない、という難点もでてくる。したがって、キャリア裁判官の制度を維持するかぎり、権威のある裁判官をもつことはできない、と。

三　このように、イギリスの法曹一元を称揚し、ドイツのキャリア裁判官制の非を鳴らしつつも、アディケスは、イギリス流の法曹一元をそのままの形でドイツに導入すべし、とまでは主張しない。ただ、イギリスの制度をもっと立ち入って検討すべきことを政府に要望するとともに、つぎのように説く。もともと、ライヒ司法法のなかに盛りこまれたものは、主として、ハノーバー王国という、全く小さな、しかも農業的基盤に立つ国家の法であり、さればこそ、かくも速やかにその欠陥を露呈しているのである。いまこそ、ドイツライヒがその後に達成した膨大な経済的発展に対応して、司法全体を改めて組織し直し、新しい理想とその実現のための方策を打ちたてるべきときである。とくに、区裁判所判事とそれ以上の裁判所の判事につき同じように官僚キャリアを要求する従来の考えは打破すべく、前者についてのみキャリア制をとって、最初から裁判官として任用して部長・所長への昇進を認める反面、地方裁判所以上の裁判所では、あらゆる官僚キャリアを排し、経験の深い弁護士その他の完成した法律家のなかから裁判官を選任するのがよい[5]。そのさい、裁判官の員数は、あらゆる方法を講じて小さく抑えるとともに、高額の給与を与えて厚遇すべきである。なによりも、正しい人材の獲得が重要であり、そのためにも、現在裁判官たちが抱いているような裁判官身分の下落という感じを払拭し、裁判官の地位を引き上げ、煩さな判決書の作成など事務的な仕事から裁判官を解放するため、あらゆる手段をとる必要がある、と。なお、当面の課題である裁判官の増員阻止のための具体策として、アディケスは、地方裁判所民事部の単独制への切り換え、上級裁判所の構成の縮小、裁判官に補助者を付けて能率を上げること、および、これらに関連する多少の手続改正を提案するほか、上訴制度に関連して、「審級の重複は、各個の裁判に対する不信を招く点で、きわめて危険であり、第一審を強化してこれに強い権威を与えるために、あらゆる方策が施されなければならない」と主張しているのは、注目に値する。

(3)　アディケスの演説の本旨は、彼が司法改革演説を決心した理由として、つぎのように述べている点に明瞭に看取しうる。「司法の領域での改正法の場合に普通はそうなってしまうように、法技術的な観点が前面に押し出される危険は、非常に大きいのであり、そうならないまえに、まず、そういう法技術によって後に作り上げられるところのものに対して本来の基礎となるべき、経済的・社会的・一般国家的に重要な観点がはっきりと洗い出されなければならない、と考える」と。

(4)　わが国の法曹一元論が一般に裁判官の員数との関連を十分考慮のうちに入れていないことは、大きな弱点といってよい。我妻・大内対談「日本の裁判制度」一七三頁参照。

(5)　シュタインは、「おそらくアディケスは地方自治体職員やこれに類する者を考えていたのだろう」と述べている。Stein, Zur Justizreform, S. 6.

〈3〉　シュタインの法曹一元反対論

一　ひとは、自国の制度の不備・欠陥を意識すればするほど、他国における同一の制度が美しく立派なもののようにみえ、これに仮託した理想像を目標として改革の方向を決定しようとすることが多いように思われる。アディケスの司法改革論は、明らかに、その例に属するといえよう。シュタインのケルンにおける講演も、その大半をかけて論証しようとしているのは、アディケスが理想像として称揚するイギリスの裁判制度にも明暗があり、イギリス独特の諸事情と深く絡んでいて、決してドイツにとって模範となるものでもなく、これをドイツに移入できるだけの共通の基盤が欠けているという事実である。そのために、シュタインは、まず、ドイツではまだ本格的な研究がほとんどなされていないイギリスの裁判所構成および民事・刑事訴訟手続の構造を詳細に解説したうえ（S. 9ff.――Stein, Zur Justizreform, 1907の頁数を示す。以下も同じ）、イギリスの職業裁判官がドイツの約一〇分の一の人員で済んでいる理由、および、人口の著増にかかわらず裁判官の増員をみない理由を明らかにし、とくに、裁判官補助者の果たしている甚大な機能を指摘する。(6) アディケスがイギリスの裁判官制度を称揚しながら、これを側面から支える弁護士制度に一顧も与えなかったことは、明らかに、不備であるが、シュタインは、これをきびしく非難し、むしろ弁護士こそイギリス司法の主たる担い手であって裁判官の職務は全面的にバリスターの協力に支えられている反面、バリスターとソリシターによる弁護士の二元構成が、当事者と裁判所を疎隔し、訴訟をおそろしく金のかかるものとして国民の権利保護を抑圧する結果となっている事実を指摘する。(7) また、彼はいう。訴訟が判決によらないで終了する率が非常に高く、判決に対する上訴が極端に低いことも、決して、アディケスの考えたように、弁護士としての長い経験を積んで任官した裁判官の老練が訴訟を和解に導くわけでもなければ、裁判官に対する国民の信頼と畏敬とを示すものでもなく、(8) むしろ、決定的なのは、訴訟費用の規制である。(9) イギリスの裁判制度は、必ずしも、イギリス国民の満足を得ているわけでなく、(10) 裁判所侮辱の制裁が、ジャーナリズムに大っぴらな裁判所批判を差しひかえさせているにすぎず、イギリス人の保守的な国民性からは不満のない制度でも、ドイツ人としては随分我慢ならない面が少なくない、と (S. 56ff.)。

二 シュタインの所説中、最もわれわれの関心を惹くものは、イギリス流の法曹一元を受け入れるための制度的社会的基盤がドイツに欠けているという点の論証であろう。彼は、次の三つの事情を挙げる。

(1) イギリスの裁判官の地位は、イギリスのとっている特殊な状態に依存する。法典編纂もなく、多数の制定法の存在にかかわらず法の形成が実務に委ねられている分野はなお広大であり、制定法の規定も、裁判がそれを超えて前進することを阻止するものではない。このような、立法者に準ずる地位をもつイギリスの裁判官身分は、必然的に、一般の官僚機構を超絶した存在たらざるをえないのであるが、ドイツでは、裁判官は、法律に服し、法律の擁護者たる官僚であることを立法者によって要求されている。両者の制度的基盤は、全く異なる。早くから全土の裁判権が国王裁判所に集中されていたイギリスとは違って、ドイツでは、いたるところに国家の裁判権とならぶ独立の裁判権があったのであり、領邦国家の時代には、裁判官の大半は国家権力外にあった。しかし、ドイツが近代大国家としての成立を迎えるさいには、国家機能の全部を手中に収めうるかどうかはまさに死活の問題であったのであり、フリードリヒ大王以後の裁判制度の発展は、当然に、一切の裁判権の国家への吸い上げ、裁判所の官僚制化へと向ったのである(11)。ドイツの裁判官身分が完全に国家の官僚機構のなかに組み込まれているのは、だから、アディケスのいうような小農業国家ハノーバーの制度の不当な持ち越しではなく、むしろ、フランスやオーストリアにおけると同じく、大陸の近代大国家成立のさいの要請に基づくひとつの歴史的必然なのである(12)(S. 59ff.)。

(2)　イギリスにおいて裁判官を弁護士のなかから選ぶことが可能なのは、両者によって構成される法律家身分全体がカスト的に一般の国民から隔絶された、閉鎖的な統一的な存在であるからである。限られた範囲の人々しか弁護士になれず(13)、弁護士の二元主義を基礎として、バリスターと裁判官は緊密な職務上の協力関係に立っており、こういう統一的法律家身分は、しばしば、国民一般の利益に反しても、自分たちの利益を押し通してきた。ところが、ドイツの弁護士は、裁判官や国家の利益に反しても当事者の利益を主張することを自己の任務と考えており、裁判官身分と弁護士身分は、利害の対立によってきびしく対峙しており、司法制度の改革意見を読んでも、それが判事の書いたものか弁護士の書いたものであるかは、筆者の肩書をみなくても分るほどである。こういう両者の間で、弁護士から裁判官を採ろうというのは無理である(S. 69ff.)。

(3)　これからさき、裁判官の欠員を全部または主として弁護士のなかから補充していくことが可能かどうかは、はなはだ疑わしい。まず、弁護士経験を積んだからとて、裁判官の職務のための準備ができたことになるのだろうか。「弁護士身分の廃兵のような人たちを裁判官の地位につけて養ってやろうというつもりでないのなら、つねに最良の弁護士だけを裁判官に任用できるが、最良の弁護士といえども、なお長い間かからないと最良の裁判官にはなれない」(S. 72)。弁護士として必要な資質と裁判官として必要な資質とは別であるから、裁判官志望者が、自分に全く適していない弁護士の職をまず経させられることによって、腐ってしまうこともあろう。その反面、とくに看過してならないのは、弁護士から裁判官になるのは、あまり味の良くない横すべりだ、という点である。最初から裁判官の職を歩む者は、将来の栄進の希望があればこそ、薄給も僻地勤務も辛抱するのであるが、弁護士は、平均的に裁判官よりよい収入を得ており、開業場所や個人的活動についても自由である。だから、弁護士から裁判官になれば、その本人自身にも不服が出ようし、こういう者が自分のかねて望んでいた地位を占めるのを見なければならない古くからの裁判官も面白くないのは当然であって、もし、こういう横すべりが広い範囲で行なわれる場合には、ドイツ裁判制度の価値ある財産ともいうべき裁判官の協同作業には重大なひびが入ることになろう（S. 72ff.）。

三　それではアディケスの憂えたような国民の司法に対する不信やキャリア裁判官の世間知らずは、どうなるか。

(1)　シュタインは、国民の司法不信を否定しない。しかし、彼は、これを国民の間の階級対立に帰する。階級対立こそ、司法不信の声をうむ必然的な理由なのであり、キャリア裁判官制の当否とは無関係だ、というのである。「裁判官は、既存の国家・社会秩序の代表者であり、社会秩序の維持は、この秩序のなかで自分たちが不利な地位におかれていると感じている階級がそれを自分たちに対する圧迫の現われと思うのは、当然である」（S. 106）。しかも、ドイツの裁判官は、その考え方や社会的地位上、市民層に属し、労働者たちとは違った尺度で物事を測ることになるのは、やむをえない。むしろ、司法不信は、司法の対象となる事物がそのなかにあるところの、事物の性質に根ざす対立によるもので、裁判する者としての裁判官に関係なく、裁判官が国家秩序の擁護者たることを任務とするかぎり、非難を避けることはできない、というのが、シュタイン（S. 105ff.）の考え方である。

(2)　キャリア裁判官の「世間知らず」という非難を、シュタインは、断乎として否定する。裁判官はなんでもかんでも知っていて自分で判断しなければならないというわけでなく、こちこちの概念法学者は教授たちの間におけると同様、裁判官のなかでも、ますます消え去りつつあるし、たまに生活事象のひどい無知をさらけ出した判決があったとしても、これを一般化して考えるのは不当である。「たまたまこういう脱線があったからとて、われわれが日常あたりまえのこととして受けとっている沢山の良いことに眼をふさぎ、たまたま一件の良くない判決があったからとて、一〇〇〇件の適切な裁判を看過し、一人が誤ちをおかしたからとて、その者が属する身分全体を非難するというのでは、これ以上の誤りはない」（S. 107）。むしろ「世間知らず」は、どの職種の官吏についてもいえるので、ただ、裁判官は法規の要求するとおりに裁判しなければならず、行政官に比し合目的性の考慮により左右できる範囲が狭いので、法を知らぬ民衆から「世間知らず」の非難を招くことになりやすいだけである。実際上、こういう非難は、裁判官によって正当に適用される法規そのものに対する不満の表現であることが多く、裁判官の責には帰しえない、というのである（S. 107f.）。

四　法曹一元論に関しては、シュタインは、以上のように徹底的に反対しているが、一切の司法改革を否定しようというのでは勿論なく、彼自身の改革提案をも示している。そのさい、最も注目される点は、彼が、「裁判官の地位は、裁判官が行なわなければならない手続に依存し、手続は裁判官の地位に合わせて裁断されたものでなければならない」とし、裁判官の地位と手続の一方だけを他方から切り離して改革を開始することは不可能である、と主張している点（S. 74ff.）であろう。これは、彼がイギリスの訴訟手続を検討したさい、手続における裁判官の終始受動的な役割と、とくに刑事訴訟における手続の簡略さが、少数の裁判官に多数の事件処理を可能ならしめる要素であることを論じたこと（S. 26ff., S. 47）によって、すでに現実の例証を与えられていることでもあるが、いずれにせよ、アディケスの全く看過していた点を鋭くついたものといえる。以下に、シュタインの司法改革案（S. 74ff.）の内容を要約しておこう。

(1)　区裁判所の事物管轄基準の引き上げによる単独制の拡充には賛成だが、事物管轄の決定には、訴額だけでなく、事件の種類や区裁判所の規模の大小による区別を併せ考えるべきである。地方裁判所への単独制導入は不可。「思慮深い年長の裁判官が元気のよい若手裁判官に良い影響を及ぼし、若手の裁判官が年長裁判官の熟練に対してしばしば活発な学問的要素をもちこむ」合議体の長所を過小評価すべきでない。高等裁判所・大審院の構成縮減に賛成。上訴制限には反対。

(2) 裁判官の負担を軽減せよ。第一に、有能な書記官または補助裁判官としての若いアセソールへの権限委譲によって、第二に、判決書の簡易化等、書きもの仕事の除去によって。

(3) 区裁判所の民事訴訟手続に、地方裁判所のそれとは異別の構成を与えよ。弁護士訴訟として構成された後者の手続規定の大部分を前者に適用している現行民訴法は不可。督促手続の改革、地方裁判所では、先行期日(Vortermin)の制度により、争いのない事件の迅速な処理をはかれ。地方裁判所では両当事者の弁論により、区裁判所では「裁判官と当事者との弁論」により、事案の解明に当たるべきである。訴訟遅延の対策として、期日延期の限度を法定せよ。

なお、シュタインの所説に対するアディケスの側からの反駁は出ていないようである。

(6) Stein, Zur Justizreform, S. 31ff. 民・刑事訴訟とも、手続構造上、裁判官は終始受動的地位に立ち、手続じたいも、とくに刑事訴訟では、簡略である。民事訴訟については、High Court of Justice では master が、County Court では registrar が、係属事件の大部分の処理に当たっており、判決の九〇パーセント以上が、欠席・認諾判決としてこれら補助者によってなされる。「イギリスでは裁判官が少ないわけでなく、裁判官という名称・地位・肩書を有する者が少ないだけである」(S. 41)。人口増への対応は、下級裁判所の事物管轄引き上げと裁判官補助者への権限委譲による。

(7) Stein, S. 41ff., S. 70f. この点につき、田中英夫「イギリスの弁護士制度」三ケ月章ほか・各国弁護士制度の研究一九頁以下、とくに七一頁以下参照。

(8) master や registrar の判決に対する不服申立てが上訴として取り扱われず、陪審の関与した判決に対する上訴が許されないことを注意すべきである。Stein, S. 48ff.

(9) 裁判費用や弁護士手数料が必ずしも訴訟物価格にスライドせず、また、予測不可能であり、訴訟費用敗訴者負担の原則が貫かれず、とくに、上級審では、勝訴者も費用を負担することが多い。これは、上訴だけでなく、訴訟じたいの数を抑え、判決によらぬ訴訟終了を多くする主因である。Stein, S. 52ff.

(10) 一九〇六年一〇月九日のロンドン・タイムズは、アディケスの本を紹介して、つぎのように書いているという。「われわれイギリス人は、イギリスの裁判所を批判することに全く馴れており、イギリスの裁判所に関する苦情が非常に多いので、経験あるドイツ人がイギリスの制度を模範としてもち上げてくれるのは、まさに驚きである」と。Stein, a. a. O., S. 58, Fußnote.

(11) このあたりの事情を如実に描き出したものとして、村上淳一「プロイセンにおける Machtspruch」ドイツの近代法学八三頁以下、石部雅亮・啓蒙的絶対主義の法構造一一頁以下、上山安敏・ドイツ官僚制成立論二七五頁以下、鈴木正裕・近代民事訴訟法史・ドイツ三〇〇頁以下・三二四頁以下がある。

(12) なお、シュタインは、ドイツにおける一九〇六年までの裁判官数の恒常的上昇は、自然かつ正常の現象であり、むしろ、一八八二年いらいの人口の三三パーセント増、財産権上の訴訟の八九パーセント増に比べると、裁判官の二五パーセント増は、むしろ低いという (Stein, S. 56ff.)。

(13) 現代でも、富裕な階級の子弟でなければ、経済上の理由で、バリスターにはなり難いという (田中・前掲七一頁参照)。

〈4〉 司法改革論の展開と裁判官像

一 シュタインの反撃がどういう効果をもったかは別として、結局、アディケスの提案したような形での法曹一元化は、立法上、全然とり上げられなかった。しかし、彼らの個別的な司法改革提案の一部はまもなく、実現へと向かう。すなわち、一九〇九年六月一日の民事訴訟法等改正法により、区裁判所の事物管轄の拡大 (財産権上の訴訟につき、事物管轄基準を訴価三〇〇マルクから一挙に六〇〇マルクに改訂) や区裁判所手続の簡易化をみたほか、とくに、訴訟費用の確定が裁判官の職務からはずされて書記課の記録官に移管され、いわゆる司法小改革の開始をみるとともに、翌一九一〇年五月二二日の法律（RGBl. S. 767）により上告制限が強化され（上告額Revisionssumme を二五〇〇マルクから四〇〇〇マルクに引き上げ）、大審院の負担軽減が計られたのが、それである。その後現在に至るまでの五〇数年間におけるドイツの司法改革の進行経過に詳しく立ち入る余裕はない(14)。ただ、これまでにどれだけのことが達成されたか、という結果だけを簡単に述べよう。まず、司法大改革は、実現されていない。裁判官の任用・養成や裁判所の構成も、ライヒ司法法発足当時（一八七九年一〇月一日）に比較して、なんらの大きな変化がない。裁判官も減るどころか、増えている(15)。裁判官補助者の問題も解決していない。せいぜい、上級裁判所の構成の縮小（一九二四年一月四日の命令（RGBl. I S. 15）により、大審院および高等裁判所の各部の構成は、それぞれ、七人から五人、五人から三人と減ぜられた）および一九六一年九月八日のドイツ裁判官法（Deutsches Richtergesetz）による各裁判権を通ずる裁判官制の統一への努力を挙げうる程度である(16)。これに反し、達成されたものは、とくに、司法小改革であり、一九二一年三月一一日のライヒ負担軽減法、一九四三年七月三日のライヒ負担軽減令を経て、一九五七年二月八日の司法補助官法（Rechtspflegergesetz）に至って、裁判官の職務の司法補助官に対する委譲はいちおうの限度にまで達したものとみられている(17)〔補注1〕。そのほかには、上訴制限の強化（上告額・控訴額の引き上げ、非財産権上の訴訟についての許可上告制の導入）、オーストリー法を模範とする訴訟手続の改革、裁判所の機構・事務処理の合理化――いわゆる技術的司法改革(18)（Technische Justizreform）――などに、みるべき成果がある。

もちろん、司法大改革への歩みは、挫折し去ったわけではなく、その地固めは、徐々に進行しつつあるとみてよい。ことに、一九五五年には、西ドイツ連邦司法省に民事裁判制度改正準備委員会が設けられ、民事裁判制度（民事裁判所構成・訴訟手続・非訟手続）の領域における司法大改革の準備を開始したが、一九六一年には、その討議の結果を盛り上げた浩かんな報告書（Bericht der Kommission zur Vorbereitung einer Reform der

Zivilgerichtsbarkeit）が発表された[19]。委員の多数意見と少数意見の間には、必要な改革の範囲・程度につきかなりの開きがあるにしても、改革の必要性が強調せられ、その全面的な青写真を提示した意義は大きい。連邦司法省も、ただちに、この報告書の示した線に沿って改革の実現に乗り出している[20]。これと併行して、ドイツ裁判官連合（Der Deutsche Richterbund）も、司法大改革委員会を設けて、現行司法制度の根本的検討を行ない、一九六一年には、「司法大改革構成要綱」[21]（Leitsätze für die Gestaltung der Großen Justizreform）をまとめ上げたし、ドイツ弁護士協会（Deutscher Anwaltverein）の司法改革委員会やドイツ連邦弁護士会（Bundesrechtsanwaltskammer）なども、消極的ながら改革に対するそれぞれの意見を表明している[22]。法曹の養成に関しては、わが国でも詳しく紹介されているとおり、フッサール教授を中心とする法曹養成問題調査会（Der Arbeitskreis für Fragen der Juristenausbildung）が、一九五四年以来の広汎な調査の結果に基づく改革意見を公表して[23]（Die Ausbildung der deutschen Juristen. Darstellung, Kritik und Reform. 1960）、論議をよんだ。各種の雑誌には、つぎつぎと、司法改革に関する論文が寄せられ、ドイツ法曹大会（Deutscher Juristentag）やドイツ弁護士大会（Deutscher Anwaltstag）などでも、たびたび、司法改革論議が展開せられ[24]、司法改革の気運はますます熟してきているように見受けられる[補注2]。

二　ドイツにおけるこういう司法改革の流れのなかで、法曹一元論は、アディケスとシュタインの論争のあと、全くあとをたったのであろうか。必ずしも、そうではないようである。最近の司法改革論議のなかでも、裁判官を弁護士のなかから任用する制度の可否は、やはり、問題にはなっている。しかし、裁判官を、専らまたは主として、弁護士のなかから任用しようという主張は見られず、かえって、これに対するはっきりした拒否の態度がある[25]。せいぜい、他の法律職とならんで弁護士からも裁判官を任用できるようにしよう、という程度の法曹一元論しか存在しないことを注意すべきである。しかも、それすら、もはや法曹一元論とよぶことは適当でないかもしれない。裁判官の任用の問題が、ここでは、それじたい他と切り離してではなく、全体としての司法大改革の構想の一環として論議されているのだからである。

司法改革が要望される理由としては、現在でも、アディケスにおけると同じく、司法に対する国民の不信が挙げられ、また、戦後加わった大きな理由として、裁判権の極端な分裂、すなわち、憲法裁判所を別としても、なお通常（民事・刑事）、行政、労働、社会、財政、官吏懲戒、軍人懲戒、軍法および特許の各裁判権が分立して、これら相互間における裁判所構成および手続の差異が司法の錯雑・法の不統一を来している事情[26]が挙げられる。しかし、そのほかに、戦前から持ちこされた現在の裁判官制度が、もはや、ボン基本法のもとにおける司法の地位に適合せず、実定法じたいの変化にも対応できなくなっている、という点の指摘があることを注目すべきであろう。ボン基本法のもとにおいて、司法権は、立法権・行政権と完全に同等となったばかりでなく、裁判所による法的救済が国家生活のあらゆる局面にあまねく行きわたることによって、むしろ、他の権力に優越する存在となっている。裁判官は、もはや制定法の侍者ではなく、その管理者となり、立法者に匹敵する規範設定権力をふるうに至った[27]。法規そのものも、従前からの「信義誠実」とか「善良の風俗」というような一般条項のほかに、戦後は、憲法の人権・基本権規定のなかに、あらゆる自然法的な要請をくわえこむに至り、「人間の尊厳」とか「法の下の平等」といったことが実定法上の概念として裁判官に適用をせまるのである[28]。こうした事態のなかに立って、裁判官としての負荷にたえ、国民の信望をつなぐことは、従前のような任用方法による一般の裁判官には期待できないことである。こうした認識から、ここに「新型の裁判官」（Richter neuen Typs）を要望する声が出ている。弁護士から裁判官を任用するということも、他の法律家身分と同じく、弁護士をこういう「新型の裁判官」の給源のひとつとするという趣旨で考えられているにすぎないのである。

「新型の裁判官」の構想については、二つの立て方があるように見受けられる。

(1)　そのひとつは、アディケスと同様に、裁判官を二元化し、最下級裁判所の判事については、従来どおりのキャリア裁判官制をとるが、より上級の裁判所については、豊かな経験と識見をもつ、質の高い「新型の裁判官」をもってこれを構成しようとするものである。連邦司法省の民事裁判制度改革準備委員会における少数意見の裁判官・治安裁判官二元化案（Bericht, S. 65ff.）も、そのひとつであるが、連邦大審院（Bundesgerichtshof）の初代長官として、また、司法改革論のうえでも徹底した司法統一論をもって知られる、ヴァインカウフの所説（Weinkauff, Warum und wie Große Justizreform, Juristen-Jahrbuch, 1. Bd. S. 3ff.）に、典型的な例がみられる。

ヴァインカウフの改革案では、司法の統一は、まず連邦およびラントの全裁判権に共通する統一司法省をおき、ついで全裁判権の裁判所機構全体を統合して統一裁判所をつくる、という二段階を経て実現される。この統一裁判所は、三階級――Gericht, Obergericht, Bundesgericht――とし、その前に、他の諸国で治安裁判所の管轄となっているような事件（非訟事件、強制執行、督促手続、軽少な民事・刑事事件）を取り扱う共通の区裁判所をおく。この区裁判所には、従来の裁判官と同様の地位をもち同様の任用方法によって選任される旧型の裁判官をおくが、一般の裁判所は、すべて新型の裁判官をもって構成し（各部は、Gericht では一人制、Obergericht では三人制、Bundesgericht では五人制）、判事補助官を裁判官に付属させる。この新型裁判官には、完熟した人格と豊富な経験が要求されるから、三五歳ないし四〇歳以下ではなれない。区裁判所判事や判事補助官だけでなく、弁護士・検察官・行政法曹・実業法曹さらには法学教師も、新型裁判官の給源となるが、いずれにせよ、非常に高い要求を満す人物でなければならないとともに、従来の規準をはるかに上まわる高い均一給与を受ける。[29] 事実審は、原則として、一審に限り、上訴は、極度に制限されるべきである。

(2)　他のひとつは、高い地位の新型裁判官をもって構成される裁判所といちおう切り離して法務局（Rechtsamt）をおき、裁判官資格をもつ者を法務官（Rechtsrat）として、これに配置し、簡易な裁判事務を取り扱わせ、これを新型裁判官の主要な給源にしようとするものである。戦前すでにライヒェルト（Reichert, Die deutschen Gerichte der Zukunft. DRiZ 1912, Sp. 613ff.）が、この趣旨の改革案を提示しているが、これと軌を同じくするものが前述の西ドイツ裁判官連合の「司法大改革構成要綱」のなかにみられるのでその内容を簡単にみておこう。

同要綱（Leitsätze, S. 9ff.）では、裁判所構成を下級裁判所・中級裁判所・上級裁判所の三段級とし、民事事件については、原則として、下級裁判所における手続の前に、法務局における予審の段階[30]（Vorstufe）をおく。法務局は、ひとつの行政庁であるが、ここに法務官と司法補助官をおき、従来の司法補助官の職務範囲に属する事項のほか、「現在裁判官の職務範囲に属するが将来はそこから外すべき事項」を処理させる。これは、多面的な狙いをもつ。まず、なによりも、現在四階級となっている通常裁判権の裁判所を他のほとんどの裁判権における と同様の三階級に改めることによって、全裁判権を通ずる統一裁判所のための基礎を造るとともに、他面では、法務官の面前における請求の認諾・放棄や和解で終了する事件を濾過し、法務官の審決に対して当事者が異議を提起するのをまって正規の裁判官が乗り出す、という形で裁判官の負担を軽減し、裁判官の員数を減少するとともに、その地位を高めるのを狙っているのである。しかし、同時に看過してならないことは、同要綱が、法務官を、同要綱によれば各審級の裁判官に付けられる判事補助官とならんで正規の裁判官の主要な給源として重複している点である。すなわち、同要綱は、「職業裁判官に任ぜられうるのは、裁判官資格を取得したのち、多年のあいだ、裁判官の職につく準備のために適当な仕事に従事して、その能力を示した者に限る」、とし（Leitsätze, B3 b)、こういう準備のための仕事としては、裁判官補助者・法務官・検察官・行政官・弁護士・実業法曹としての仕事が挙げられるが、前二者がとくに適当な可能性を与える、と説明している。

（14） ドイツ司法制度の沿革とその改革の動向にすぐれた概観を与えるものとして、三ケ月章「ドイツの司法制度について」民事訴訟法研究四巻三七頁以下がある。
（15） 現在のドイツ裁判所の構成および裁判官の実数につき、小山昇「西ドイツの裁判官制度」ジュリスト三二七号六九頁以下参照。
（16） 裁判官の資格の統一につき、小山・前掲七三頁参照。

(17) Vgl. Kern, a. a. O., S. 176f. なお、司法補助官制度の沿革の内容につき、法務資料第三五六号「ドイツ司法補助官制度」が詳しい。

(18) Vgl. Bericht der Kommission zur Vorbereitung einer Reform der Zivilgerichtsbarkeit, 1961, S. 415ff.

(19) その詳細については、斎藤秀夫「西ドイツの民事司法の改革」法学二七巻二八四頁以下参照。なお、法曹会より翻訳（「ドイツ民事裁判制度改正準備委員会報告」昭和四五年）が出ている。

(20) とくに、一九六四年一一月二七日の「民事裁判権における価額限定と費用規定の変更にかんする法律（価額限定法 Wertgrenzengesetz）（BGBl. 1964 I S. 933）により、財産権上の訴訟についての区裁判所の管轄は一五〇〇ドイツマルクに、控訴額は二〇〇ドイツマルクに、上告額は一五〇〇〇ドイツマルクにそれぞれ引き上げられた。〔その後の改正により、一九七七年七月一日現在における控訴額は五〇〇ドイツマルク、上告額は四〇〇〇〇ドイツマルクとなっている。〕

(21) 中務俊昌「西独裁判官同盟の民事訴訟手続改正意見」民事訴訟の法理（中村先生古稀祝賀論集）六九頁以下参照。

(22) Anw. Bl. 1962 S. 78; NJW 1962 S. 785.

(23) その内容に関し、とくに三ケ月章「ドイツの法学教育改革の理念と具体策」民事訴訟法研究四巻三九一頁以下参照。

(24) 一九五六年の裁判官大会（ハイデルベルグ）、一九五七年の第四二回法曹大会（デュッセルドルフ）、一九六一年の第四四回法曹大会（ハノーバー）、一九六二年の弁護士大会（ゴスラー）など。

(25) Vgl. Bericht der Kommission（前註(18)参照）S. 84 f.; Leitsätze für die Gestaltung der Großen Justizreform, S. 9.

(26) 三ケ月章「戦後の西ドイツ司法制度の直面する諸問題」民事訴訟法研究二巻二六三頁以下に詳しい。

(27) この点に鋭い指摘として、Werner, Bemerkungen zur Funktion der Gerichte in der gewaltenteilenden Demokratie, Juristen-Jahrbuch, 1. Bd. S. 68 ff. がある。

(28) この事情をツヴァイゲルト（Zweigert, Zum richterlichen Charisma in einer ethisierten Rechtsordnung, Festgabe für Carlo Schmid, 1962, S. 299）は、「法の非形式化 Entformalisierung・倫理化 Ethisierung」とよび、新しい裁判官像をこれと結合する。

(29) ヴァインカウフは、「裁判官に破格の高給を与えるというのでなければ、司法大改革は、初めから挫折するにきまっている」と述べ、具体的には、Gericht, Obergericht の全裁判官につき均一に、現在の高等裁判所部長判事の終給または連邦裁判官の給与（どれほどの額になるかについては、小山・前掲・ジュリスト三三一号五三頁以下参照）程度とし、Bundesgericht

の裁判官については、それ以上の均一給を与えるべきだ、と説いている（S. 14）。

（30） 中務・前掲七三頁以下に詳しい。

〔補注1〕 その後も、司法補助官の権限拡大は続いている。本文（一〇七頁）でふれた民事裁判制度改正準備委員会の報告書において、司法補助官制度の順調な運用にふれ、権限拡大の提案がなされたのに基づき、一九六四年に連邦司法省に設けられた民事裁判制度の改正のための三つの立法委員会のひとつにおいても司法補助官法の改正問題を審議し、それが一九六九年一一月五日の新司法補助官法（BGBl. I S. 2065）の成立に結実した。さらに数次の小改正が続き、司法補助官の権限が拡大されている。司法補助官に対する権限委譲については、全面的な委譲を受けた事項のほか、原則的委譲――特定の行為について裁判官の処理を留保――の事項、あるいは原則的には裁判官が処理するが特定の行為を補助官に委ねる補助的委譲と、段階的な区別はあるが、現実には、不動産等の登記、不動産の強制競売・強制管理、破産・和議等の手続や、訴訟費用確定手続・督促手続・公示催告手続等、司法補助官の管轄事項はすこぶる広く、特定事項の裁判官への留保についても弾力的な運用の余地が確保されている。新法の解説および全訳を含めた詳細な報告として、中村英郎「ドイツの司法補助官制度について」訴訟および司法制度の研究一七五頁以下が好文献。

〔補注2〕 一九六四年には、連邦司法省に民事裁判権の領域における必要な改革を具体的提案により準備し促進するための三つの委員会が設けられた。すなわち、裁判所構成法および司法補助官法の委員会、民事訴訟法の委員会、非訟事件法（公証法を含む）の委員会であり、このうちの第一の委員会における審議成果は、まず、新司法補助官法の草案作成（一九六七年）として提示され、一九六九年の新司法補助官法の成立を導いたが、さらに、裁判所構成法の領域につき充実した検討を継続し、最近、詳細な報告書（Bericht der Kommission für Gerichtsverfassungsrecht und Rechtspflegerrecht, 1975）をまとめ上げた。家庭裁判所の創設その他みるべき提案が豊富に盛られているが、本稿でとり上げた司法大改革の動きについていえば、通常裁判所の構成について委員会の審議は、終始、難航を重ねたようであり、あらゆる苦心にもかかわらずついに委員会としての一致した見解をまとめるに至らなかったのである。結局、裁判所の新構成に関しては、当初は多岐に分れた見解を最終的には四つのモデルに整理し、まず、三階級の裁判所構成のモデルと四階級の裁判所構成のモデルとに分け、前者をさらに、治安判事（Friedensrichter）を加えた構成、司法補助官の裁判職務を加えた構成、純然たる裁判官による構成の三モデルに分けたうえ、この四つのモデルのどれをとればどの点はどうなるか、という角度から各個の問題点について精細きわまる検討結果をまとめた。今後の論議の展開のための重要な基盤を提供したものと評価されよう。

〈5〉　む　す　び

裁判官の地位が司法改革上の問題としてとり上げられる場合、それは、必然的にその国の裁判制度の全体を論議の渦中にまきこんでいく。

法曹一元論というのも、けっして、裁判官の給源をもっぱら弁護士の経験がある者に求めることが妥当かどうか、という裁判官の任用制度だけの問題ではない。本稿で紹介したドイツにおける法曹一元論争から新裁判官像をめぐる論議への展開経過は、このことを如実に示しているように思われる。ドイツでも、裁判官を主として弁護士のなかから採用しようという主張が司法改革論の起点となったのではあるが、こういう法曹一元は、実現されなかっただけでなく、これを受け入れるだけの社会的・制度的基盤も現実化の可能性もないことが、今日では、一般に認められている。むしろ、ドイツの司法大改革の構想にあって常に中核をなすものは、「少なく、よりよい裁判官を」(wenig und bessere Richter) という理念である。争いのない事件や法律的な難しさを含まない事件の負担を除かれ、本来の困難な裁判事務に専心する、そして、その故に破格の給与と高い声望を受ける、「少なく、よりよい裁判官」を、どういう給源に求めるかが問題でなければならない。他面において、裁判官の肩から下ろされることになる軽易な事件について裁判する職に専従する者(準裁判官)が当然に必要となるし、弁護士に限らず、法律職一般が裁判官の給源として考慮されることになる。最近のドイツにおける司法改革論が、新型裁判官の給源として弁護士を、排除しないまでも、とくに重視していないことは、当然といわなければならないであろう。いずれにせよ、裁判官の地位の引き上げが当然にその員数の減少を伴うとすれば、裁判所構成の変更は必至であるし、また、シュタインが注意したように、裁判官の地位は、彼が行なわなければならない手続に、手続はまた裁判官の地位に、それぞれ合わせて裁断されているとすれば、裁判官の地位の変更は、同時に、手続法の再検討を要請することになる。結局、裁判官任用の点だけの司法改革というものはありえず、法曹一元論も、つきつめて行けば、現行の裁判制度全体の改革論の一環としてのみ存在しうるものといえよう。

げんに、わが国における臨時司法制度調査会の審議でも、法曹一元制度の採否を検討主題としながら、その調査範囲は、かなり広範囲に及んでゆかざるをえなかった。同調査会意見書では、その調査の結論として、「法曹一元の制度は、これが円滑に実現されるならば、わが国においても一つの望ましい制度である」が、「この制度が実現されるための基盤となる諸条件は、いまだ整備されていない」から、「現段階においては、法曹一元の制度の長所を念頭に置きながら現行制度の改善を図るとともに、右の基盤の培養についても十分の考慮を払うべきである」とする(31)。そして、そのための具体策として、裁判官の任用制度だけでなく、裁判官の定員や補助機構、弁護士制度、司法試験ないし司法修習、法曹の人口や職域、裁判官等の給与、裁判所の配置、さらには裁判手続の合理化等、きわめて多面的な角度からさまざまの提案を試みている(32)。これらの具体的提案のひとつひとつは、どれをとってみても、現下のわが国の裁判制度のおかれている停滞的あるいは危機的な状況の解決のために一歩を進める直接の足がかりとなるものである(33)。それら諸提案の具体的内容につき真剣な討議が交わされ、それがどこまで現実化されていくかが、今後の課題でなければならない。

世上、臨時司法制度調査会意見書について、一般に、それが従来からの法曹一元論議に対し婉曲にピリオドを打ったものであるかのごとく解され、同時に、右のような具体的改革の諸提案も、法曹一元制度不採用（少なくとも現時点における）に決したことのはなはだ鄭重な理由開示にすぎないものとしてしか受けとられていないようにみえることは、まことに遺憾に思われる。

有力な法曹一元論の出現は、まさに本格的な司法改革論の露頭であり、法曹一元議論が消極的な方向に一応の落着をみたとしても、それによって司法改革論の今後の展開に対する確実な基礎の形成が著しく促進された積極的意義は、きわめて大きいといわなければならない。

(31)　臨時司法制度調査会・臨時司法制度調査会意見書（昭和三九年八月）一八五頁。

(32)　前掲意見書一八五頁ないし一九五頁参照。

(33)　鋭い分析のもとに問題点を総括するものとして、とくに、三ケ月章「司法制度の現状とその改革」民事訴訟法研究六巻二六三頁以下、大内兵衛＝我妻栄・日本の裁判制度（岩波新書）の各章参照。

4 ドイツの弁護士制度

4　ドイツの弁護士制度

〈1〉 はじめに——日独の弁護士制度

「西ドイツの弁護士制度は日本のそれと大体において類似している」、といった表現は[1]、両国の司法制度の親近性というわれわれの常識からいって、甚だ受け入れられやすいひびきをもっている。しかし、右のような断定は、はたしてどれだけ客観的な根拠が見出されうるであろうか。多分に疑問なようにおもわれる。

たしかに、ドイツ型の明治憲法の基本的限定のうえに、これと併行して施行された裁判所構成法（旧）民事訴訟法、（旧）刑事訴訟法が、いずれも、ドイツ法の決定的な影響を受けており、これらによって、民・商法等の実体法にさきがけてまずドイツ法的な司法制度がうちたてられたことは事実である[2]。この基調は、現在においても崩れ去ったわけではない。それにもかかわらず、弁護士法だけについては、奇異なことに、最初からドイツ法の影響は一向に明瞭ではない[3]。それどころか、第二次大戦後の占領下に成立したわが弁護士法（昭和二五年法律二〇五号）にいたっては、その制度の基本において、むしろドイツのそれとは対蹠的な位置に立つといえるかもしれない。日本の弁護士法が強度の弁護士自治を根幹とする自由職としての性格を極端に押しすすめた弁護士像を提示しているのにたいし、西ドイツ連邦弁護士法によれば、「弁護士は、独立の司法機関（ein unabhängiges Organ der Rechtspflege）である」（弁一）。この宣言は、単なる抽象的理念の表現にとどまるものでなく、ドイツ弁護士制度という曲目の全楽章を貫いてながれる主旋律であり、実定弁護士法規にその現実性を与えられている。もとより、ドイツの弁護士も、自由職であって公務員ではないが、その公的性格がきわめて濃厚である点で、わが国の弁護士とは公私両面にかけられる比重に顕著な差があることを注目しなければならない。

司法制度の基調を等しくする両者の弁護士制度の間のこういう懸隔は、決して偶然とはいえないのであろう。最大の要因として、両国の訴訟における弁護士強制の採否を挙げうる。ドイツ人の法律家にとっては弁護士強制をとる訴訟制度とこれを採らぬ訴訟制度とでは、どんなに手続が外形上酷似しても、もはや同質な訴訟制度とは受けとられない、ということであるが(4)、他面からいえば、訴訟において弁護士強制がとられる国の弁護士制度とそうでない国の弁護士制度も、ひっきょう、同質たりえないのではあるまいか。ドイツのように、国家がその営為する訴訟制度を利用する国民に弁護士による代理を強制するところでは、弁護士は、必然的に、「国家的に拘束された信任職」(ein staatlich gebundener Vertrauensberuf)(5)としての性格を強化せられ、その自由職としての性格は後景に退かざるをえないからである。わが国の弁護士については、これと逆のことが指摘できる。しかし、まさにこういう基本的性格の対蹠的差異のゆえに、ドイツの弁護士制度は、わが国における弁護士制度のあり方にたいする絶好の反省材料を提供するものとして、われわれの関心をつよく惹きつけずにはいないのである。

従来、わが国では、ドイツ法への傾倒にかかわらず、「法の主体的側面」一般にたいする関心の希薄のゆえに(6)、ドイツの弁護士制度については、司法資料の二、三の翻訳(7)などを別として、ほとんど紹介されていなかった。最近、自由と正義一四巻二号～六号に掲載された古沢(＝伊藤)彦造「西ドイツ弁護士制度とその実態」(＝古沢・「実態」(略称。以下同じ))は、ドイツの弁護士制度をわが国で本格的に取り上げた最初のものであり、現地における一年余の調査に基づき多数の資料と豊富な実例をひきつつ、適確に要点をとらえて、生き生きとその実態を描き上げている。本稿も、これに負うところが少くない。なお、ドイツ弁護士のさきにみた基本的性格から、全体としての司法制度のなかでの考察がとくに必要であり、この視点からの卓越した眺望を与える三ケ月章「ドイツの司法制度について――その歴史的背景と現在の問題ならびに改革の動向。あわせて日本との対比――」(＝三ケ月・ドイツの司法制度、これは同教授が臨時司法制度調査会に提出された報告書である)の公刊が待たれる。本稿では、資料と関心の点から、西ドイツ連邦共和国における弁護士を主たる対象とし(西ベルリンのそれも少くとも制度面では、西ドイツと同一である)、東ドイツの弁護士の異相については、末尾で一言するにとどめた。現行の西ドイツ連邦弁護士法および同草案理由書のテキストとしては、C. H. Beck 版の Bundesrechtsanwaltsordnung mit der amtlichen Begründung. 1959を使用した（以下に、amtl. Betr. (BRAO) S.……として引用するのは、同書の頁数）。そのほか、ドイツの弁護士制度に関する主要文献として、つぎのものが挙げられる。Gneist, Freie Advocatur. Die erste Forderung aller Justizreform in Preussen, 1867; Benedikt, Die Advokatur unserer Zeit, 1912; Levin, Die rechtliche und wirtschaftliche Bedeutung des Anwaltszwangs, 1916; Magnus, Die Rechtsanwaltschaft, 1925, S. 3 ff.（邦訳・司法資料第九五号一頁以下）; Ehlers, Über den Sinn des Anwaltsberufes, 1953; Kalsbach, Standesrecht des Rechtsanwalts, 1956（=Kalsbach, Standesrecht）; ders. Über Fragen des rechtsanwaltlichen Standesrechts, 1956（=Kalsbach, Fragen）; Bülow, Bundesrechtsanwaltsordnung vom 1. August 1959. Erläuterungsbuch für die Praxis, 1959; Kalsbach, Bundesrechtsanwaltsordnung und Richtlinien für die Ausübung des Rechtsanwaltsberufs. Kommentar. 1960（=Kalsbach, BRAO）; Gerold, Bundesgebührenordnung für Rechtsanwälte. Kommentar. 2. Aufl 1961（=Gerold, BRAGebO）; Entscheidungen der Ehrengerichtshöfe der Rechtsanwaltschaft des Bundesgebietes einschl. des Landes Berlin, Bd. I—Bd. V; Kern, Gerichtsverfassungsrecht. Ein Studienbuch. 3. Aufl. S. 234ff. 1959; Ostler, Der deutsche Rechtsanwalt. Das Werden des Standes seit der Reichsgründung, 1963. その他の文献については、各註参照。

なお、以下の叙述では、GG（西ドイツ連邦基本法）、BGB（ドイツ民法）、ZPO（ドイツ民事訴訟法）、BRAO（西ドイツ連邦弁護士法）、BRAGebO（西ドイツ連邦弁護士手数料法）などは、いずれも、基・民・民訴・弁・弁手などと略称した。

（1）たとえば、清水「西ドイツの弁護士」法律時報三二巻五号一二三頁。

（2）三ケ月・ドイツの司法制度二頁以下参照。

（3）わが国の弁護士制度の基礎を定めた旧々弁護士法（明治二六年法律第七号）の原案は、箕作麟祥の作成にかかり、フランス法にならったものといわれる。福原「弁護士制度の推移と展望」自由と正義一二巻九号四頁参照。

（4）三ケ月・民事訴訟法研究二巻三五三頁以下、同・ドイツの司法制度一三頁以下参照。

（5）　Kern, Gerichtsverfassungsrecht, S. 242.
（6）　三ケ月「法の客体的側面と主体的側面」尾高教授追悼論文集・自由の法理二五七頁以下参照。
（7）　司法資料第一三号（大正一一年）・独逸ノ弁護士法制（一八七八年七月一日のライヒ弁護士法および一八九八年五月二〇日のライヒ弁護士手数料法の各翻訳などを収める）、同第九五号（大正一五年）・諸外国における弁護士制度概観（Magnus, Die Rechtsanwaltschaft, 1925の全訳）、同第二二四号（昭和一二年）・ノアック教授著・独逸弁護士の新職務法（翻訳）・附改正独逸弁護士法条文（一九三六年二月二一日のライヒ=弁護士法の翻訳をふくむ）。なお、升本(重)「ローマ及独逸弁護士史」（東京弁護士会編・弁護士史五一頁以下）がある。

〈2〉　ドイツ弁護士制度の形成

一　二元主義の導入とその帰趨

ドイツの弁護士は、Rechtsanwalt 一本であって、英・仏・伊にみられるような二元主義は採られていない。沿革的には[1]ドイツでも一六、七世紀に、ローマ・カノン訴訟の継受にともない、アドボカート（Advokat）とプロクラトール（Prokurator）との両種の弁護士をふくむ二元主義の弁護士制度が導入され、ドイツ国有法上のVorsprecher と Anwalt の対立と交錯・混合しつつ、これらを後退せしめて普及した。アドボカートとプロクラトールの区別は、かならずしも一様でなく、地方によって両者のよび名が逆になっていることもあったが、ふつう、アドボカートは、依頼者から事情を聴いて書類を作成し、また、どういう訴訟行為が依頼者の利益となるかについて当事者やプロクラトールに助言する仕事を担当し、みずからは訴訟行為をなしえなかったのにたいし、プロクラトールは、当事者の名において裁判所の面前で訴訟行為をなす権限を有し、他面、当事者との折衝にはつねにアドボカートを介入したのであった。両者は、その社会的ランクという点でも、明瞭に区別された、プロクラトールの多くは、低い身分から身を起し実務のなかでたたき上げてきた人々であり、その仕事も正規の学問的修習を必要とするものではなかったため、通常、高度の法学的教養をもっているアドボカートよりも、一般に低く評価されたからである。しかし、ドイツでは、この両者の区別は、他の諸国におけるように現代までもちこされることなく、両者は、やがていたるところで、混和融合の過程を辿っていく。

とくに、指導的立場にあった帝室裁判所（Reichskammergericht）じたいにおいて二元主義が当初から不徹底なかたちでしか行われていなかったことは、一元化への方向を決定するひとつの重要な因子であったといえよう。そこでは、プロクラトールも、正規の法学教育を経ていた点でアドボカートと異ならなかったばかりでなく、たいていは、帝室裁判所で認可を受けたアドボカートのなかから選任されたため、やがて、自己の担当する訴訟において同時にアドボカートの仕事を兼ねる権限を与えられ、社会的にも他の裁判所のプロクラトールと異って高い評価をえていた。同じように、帝室裁判所とならぶ帝国の裁判所であった帝国宮廷顧問会議（Reichshofrat）でも、アドボカートとプロクラトールの区別は厳密に貫かれず、とくに、一七世紀にプロクラトールの本来の活動分野であった審問（Audienz）を廃止してからは、そうであった。それにもかかわらず、これらの裁判所でも、二種の弁護士の区別は、そのまま生き残り、現実には同一の人間がやるにしても、なお、アドボカートの仕事とプロクラトールの仕事が分けて観念されたのである。

アドボカートとプロクラトールの融合過程はつぎのようにして進行した。プロクラトールは、いたるところで、手続的な内容の簡単な書類を自分で作成することを許されていたが、ときには、それ以上に出て、ほんらいアドボカートに委ねるべき事件じたいについての書類まで作成しようとし、反面、アドボカートも、ともすればプロクラトールの領域にまぎれこみ、プロクラトールに宛てなければならない委任状を自己自身に宛てさせ、裁判所の面前における代理の仕事を引き受けようとした。かくて、ついには、アドボカートの申請により正式にプロクラトールを兼ねさせ（この場合には、弁護士、"Advokat und Prokurator"とよばれた）、あるいは、プロクラトールにたいしても例外的にアドボカートとしての活動を許可する例がみられるようになった。そのため、両者の区別は、ますます曖昧となり厳密さを失い、一八世紀における各領邦の法典編纂にあたっては、両者の区別を全く考慮しないものが現われるに至った。(2) それに、もともと、地方の多くの下級裁判所では、充分な数の弁護士がないためにアドボカートとプロクラトールの区別を厳格に貫くことができないでいたのであり、小さな裁判所では、充分な手数料収入を見込むことができないために、およそ弁護士の活動をつねに期待できるとはかぎらないところさえ少くはなかったのである。

二元主義の実質が消失したのち表面的にのみ残存していたその名残りも、一八七八年七月一日のライヒ弁護士法が、その他のライヒ司法法とともに一八七九年一〇月一日を期して一斉に施行された後は、ドイツ全土をつうじ、弁護士としては、"Rechtsanwalt"だけがあることになった。

統一的な名称として"Rechtsanwalt"がとられたことじたいは、第二帝国におけるプロイセンの優越的地位を反映するものともいえよう。プロイセンでは、一七八一年、フリードリヒ大王の司法改革の一環として、弁護士を廃し裁判所職員として固定級を受ける公務員たるAssistenzratを設け、裁判所がこれに当事者のための附添を命ずるという制度を作ったのであるが、当事者の信頼を得ることができず、みじめな失敗に終ったので、一七九三年には、再びこれを改めて、自由職たるJustizkommissarを設けて、弁護士の仕事を担当させた。一九世紀に入ると、このJustizkommissarの身分は、しだいに重きを加え、一八四九年の改革のさい、従来の名称は不適当であるとして、"Rechtsanwalt"という名称をもってこれに代えたのである。(3) しかし、プロイセンにおける弁護士制度の実質がライヒ弁護士法における弁護士像を決定したというわけではなく、両者の間には明瞭な断層があることを注意しなければならない。プロイセンのJustizkommissarは司法大臣によって任命され、裁判所と司法大臣の無制限な監督に服し罷免されるという公務員的な地位をもっていたのであり、このような、弁護士を国家の手に結びつけておかなければならないという観念は、とくにプロイセンでは、ライヒ弁護士法の施行にいたるまで捨てられることはなかった。弁護士は、その民衆との密接な接触や弁論術のゆえに、また、フランス革命当時におけるフランス弁護士の活躍の記憶もあって警戒され、国家的統制の対象となったのであった。また、弁護士側としても、プロイセンにかぎらず一般にドイツでは、もともと、弁護士の本来の顧客たるべき市民層が重商主義的な領邦経済のなかで跛行的にしか育たなかったところから、かえって諸侯に依存したのであり、また、中央集権的な国家権力がながく微弱であったため各地の弁護士がいわば縦割りとなって、国家権力をはねかえすだけの実力をもつ統一的社会階層に発展することができず、あるいは絶対制国家の官僚機構のなかに組み入れられてしまっていたのである。(4) こうした沿革的特殊事情が今日のドイツの弁護士の在り方にもなにがしかの影を落していることは、充分に考えられる。

二　ライヒ弁護士法から連邦弁護士法まで

現在みられるようなドイツの弁護士制度は、一八七八年七月一日のライヒ弁護士法(Rechtsanwaltsordnung. RGBl. S. 177.)によってその骨格を形成されたものであるが、その後、時代の推移とともに、具体的形相にかなりの変化をみたことは、いうまでもない。(5)

(1)　すでに、一九世紀前半の経過において、自由主義思潮の高まりとともに、弁護士は、官権の圧力にたいする防塞、民衆の自由の擁護者として重要な政治的使命をもつものとされ、じじつ政治にさかんに関与して優れた指導者を輩出したのであるが、弁護士法の制定にあたっても、自由主義的な弁護士観がしきりに唱導され、弁護士が国家の利害に動かされることなく法が要求するかぎりでは国家にたいしても法のために戦うことができるように、司法行政権からの不羈独立、認可と移転の自由を弁護士に与えるべきことが主張された。その代表的なものとして、グナイストの「自由弁護士論」(Freie Advokatur)(一八六七年)が挙げられる。こうした主張は、時代思潮に支えられて一八七八年のライヒ弁護士法をも支配した。とりわけ、自由弁護士制(Grundsatz der freien Advokatur)と移転自由の原則(Grundsatz der Freizügigkeit)が採られたことが、それである。自由弁護士制とは、一定の資格要件を満すものであれば、法定の拒否事由が存在しないかぎり、当然に弁護士認可を受ける権利をもつとする制度であって、その採用は、それまでプロイセンをはじめバイエルン、オーストリー等で行われていた定員制（numerus clausus）や需要による制限[6]を一般的に否定する画期的意義を有した。また、移転自由の原則は、弁護士が（認可を受けた邦の内部においてではあるが）、その所属裁判所を自由に選択し、自由に変更できるものとする。他面、弁護士がつねに特定の裁判所につき認可を受けなければならないという分属制（Grundsatz der Lokalisierung）が明定され、従ってまた、ライヒ裁判所所属弁護士の特別規制が生じた。さらに、弁護士会および名誉裁判権をつうじての弁護士の自治が制度的に確立したことをも、付け加えておかねばならない。他のライヒ司法法においても、民事訴訟法が弁護士強制（Anwaltszwang）を、刑事訴訟法が必要的弁護を、それぞれ規定するなど、終始、弁護士にたいする多分に好意的な態度がみられるのであって、これは、当時のライヒ議会において、弁護士が、さきに述べたような時代思潮に支えられて、かつてのいわゆる「弁護士議会」（Advokatenparlament）におけるほどではないにしても、なおかなり有力な地歩を占めていたことと無縁ではないであろう[7]。

(2)　しかし、第一次大戦の末期に第二帝国が崩壊（一九一八年）したのち、ワイマール憲法下のドイツ弁護士は、それまでとはちがった、やや冷たい風に見舞われるようになる。一九二六年に創られた労働裁判所の訴訟手続において弁護士による訴訟代理が禁止されたこと（後述一七一頁以下）、弁護士強制の行われない区裁判所（Amtsgericht）の事物管轄の拡大なども、それであるが、とくに、弁護士の過剰という現象が顕著となったことを特筆すべきであり（後述一二九頁以下参照）、しかも、国家は、これにたいし弁護士のためになんらの保護手段を講ずることがなかった。

(3)　さらに、ナチスの時代（一九三三年—一九四五年）に入ると、司法制度一般についてそうであったように、弁護士制度も、激動の渦中に立つ。とくに、一九三五年一二月一三日の弁護士法改正第二法[8]（RGBl. I. S. 1470.）およびこれにつづく一九三六年二月二一日のライヒ＝弁護士法（Reichsrechtsanwaltsordnung, RGBl. I. S. 107）の二法によって、ドイツ弁護士制度は、全面的に、ナチス的理念に基づく再構成に服した。自由弁護士制は、完全に放棄され、いまや、選択制（Grundsatz der Auslese）がこれに代る。すなわち、弁護士認可は、ライヒ司法大臣の自由な裁量にかからしめられ、各裁判所における秩序ある司法に適当な数を超えないかぎりにおいて与えられた。また、弁護士の資格要件としても、大司法試験合格後、なお計四年の見習勤務（一年のProbedienstと弁護士アセソールとしての三年のAnwärterdienst. 大戦中に前者は廃止、後者は一年に短縮）が要求されることになったほか、全ドイツの弁護士は、ナチス的理念に従って創設されたライヒ弁護士会に糾合された。さらに、一九四三年には、区裁判所の事物管轄の拡大、必要的弁護の縮限、上訴制限によって弁護士の活動範囲は狭められ、同年三月一日の命令によって弁護士の名誉裁判権すらも廃されて、一般公務員の懲戒制度に服することになり、かつての自由な弁護士の姿は、全く一変した。

(4) 第二次大戦の結果、ドイツは、連合国の分割占領の下におかれ、司法制度の再建についても、各占領国の政策と各ラントの事情が微妙に交錯して甚しい混乱と分裂が生じた。弁護士制度も、もちろん、その例外ではない。各占領地区および各ラントにおける弁護士制度の諸態(9)についての詳説は避けるが、弁護士制度にかんするかぎりでは、甚しい分裂の基底にひとつの共通なものが与えられていた。それは、再建の基本的方向として、一八七八年のライヒ弁護士法への回帰という線がほぼ共通してとられていた点である。しかし、数十年前の旧態への単純な復帰でことたりるわけではなく、まさに、現在のドイツ司法制度の内部における弁護士の地位に適合すべき規律が求められねばならないことは、いうまでもない。ことに、各邦の混乱した弁護士法の統一をはかるとともに、ボン基本法のもとにおける新たな理念を盛り上げたものとして、やがて、連邦弁護士法の成立をみることになる。

三　連邦弁護士法の基本的特徴

西ドイツ連邦議会が多少の曲折を経て連邦弁護士法（Bundesrechtsanwaltsordnung. BGBl. I. S. 565.）を可決したのは一九五九年八月一日であり、同年一〇月一日より西ドイツ連邦および同時に西ベルリンにつき施行をみた（弁二三六・二三七）。これと同時に、それまで各ラントにおいて行われた各様の弁護士法は、効力を失った（弁二三二）。

連邦弁護士法の規定する新たな弁護士制度の内容については、次節以下に詳説するが、一応、その基本的特徴(10)

を指摘しておくことにしよう。

(1)　弁護士は独立の司法機関である、との認識は、ドイツでは、もはや目新しいものではないが、批判的な見解もでている折柄、これが連邦弁護士法の劈頭において明確に宣言されたこと（弁一参照）は、大きな意義をもつ。弁護士が依頼者の利益を擁護すべきことは、いうまでもないが、その利益も国家の法秩序全体のなかでのみ考えられうるものであり、私人の利益の擁護者としての立場を過度に強調することは、かえって正義に反する結果を招く。むしろ法秩序の維持じたいが弁護士活動の基準でなければならず、この点で裁判官や検察官と異なるところはない。ただ弁護士の使命は、「弁護士が自由な職業を行う」（弁二Ⅰ）ときにのみ達成されうる、という点が違うだけである、とするのである。この本質観は、弁護士にたいする制度的規制の基礎をなし、その綱紀をも決定する。

(2)　自由弁護士制を復活し、完全な意味で移転自由の原則を肯定し（弁五）、見習勤務を廃した。(11)

(3)　法治国思想の徹底ということがボン基本法のもとにおける司法制度の基調をなすが、連邦弁護士法にも、これを明瞭に看取できる。弁護士認可の拒否や取消にたいし裁判所の裁判を求める申立をつねに許していること（弁一一Ⅲ・二一・Ⅱ・三五Ⅱ。なお、弁三七ないし四二参照）は、公権力によって権利を侵害された者にはつねに出訴の途が与えられなければならないとする基本法の規定（基一九Ⅳ）に応ずるものにほかならない。また、名誉裁判権の構成とくに名誉裁判所の組織も基本法上の司法の線に沿って再編された（後述一九二頁以下参照）。

(4)　弁護士の自治は、いちじるしく強化拡大された。とくに、弁護士会の機関の権限が強化され、司法行政機関は弁護士認可その他弁護士層の自立的生存に影響を与えるべき多数の事項の決定につき予め弁護士会理事会の意見をきかなければならず、場合によりこの意見に高い比重がかけられるほか、理事会の業務執行にたいする高等裁判所長官の監督権（一八七八年法五九Ⅰ参照）も廃されて公共団体としての弁護士会にたいする国家監督 Staatsaufsicht だけが残るなど、多くの点で、弁護士会の自主的地位の強化をみた。

四　弁護士人口

以上にみたような制度的表面の下にあって、ドイツの弁護士の現実のあり方を大きく規定したとおもわれる事実的要素として、弁護士の数の問題をとり上げておこう。

西ドイツの弁護士の総数は、一九六二年一月一日現在で一九、〇〇〇人に達しており（別表2参照）、国民人口は約五、〇〇〇万人であるから、国民一〇万人あたり弁護士三八人になる。わが国では、国民一〇万人あたり約七人にすぎない（中田・三ケ月編・ケースブック民事訴訟法二四二頁参照）のだから、その差は、きわめて大きい。もともと、自由弁護士制の採用にともない弁護士の数が著増しやがて過剰におち入るのではないかという危惧が、当初から、自由弁護士制にたいする反論として指摘されていた。しかし、たとい、局地的・一時的に弁護士の過剰を生じてもやがては需給の平均が全国的規模において得られるであろうとする予想[12]がライヒ弁護士法を自由弁護士制の採用に踏み切らせたのである。ところが、弁護士数の急激な上昇は、この予想をはるかに上まわるものであった。大学の教育体制・国民性・経済的発展など諸般の理由は考えられるであろうが、いずれにせよ、ライヒ弁護士法施行（一八七九年）当時には、ドイツ全国で四〇〇〇人にすぎなかった弁護士が、一九三三年には一万七〇〇〇人を突破した。集中の甚しい大都市とくにベルリンを例にとってみると、一八七八年に九八人しかいなかった弁護士が、一〇年後の一八八八年には六三〇人に、そして、一九三三年には、じつに、三〇〇〇人に達した[13]。弁護士の過剰、弁護士の困窮が叫ばれ、弁護士層の内部でその対策が真剣に考えられるようになったのは、当然である。ナチスの時代における自由弁護士制の廃棄、選択制の採用は、ユダヤ人にたいする弁護士認可の取消その他戦争の影響もあって、弁護士の増勢をくいとめる結果となったが[14]、やがて、ナチス国家の瓦壊とともに、ふたたび、自由弁護士制の基調に復し、同時に、弁護士の数もまた、増勢に転じた（別表1・2参照）。仔細にみれば、最近のこの増勢は、経済的発展のいちじるしい工業地帯をふくむ地域（ハム、フランクフルト、ジュッセルドルフ、ケルン、カールスルーエ、シュツットガルト、ミュンヘン各高等裁判所管内）において顕著であり、その他の地域ではやや緩慢あるいは停滞を示し、ところによっては（ベルリン、パムベルク各高等裁判所管内など）減少の傾向をもってさえいる

〔別表1〕

法曹職の変動
（ドイツライヒおよび西ドイツ連邦共和国）

1	2	3	4	5	6	7	8
						人口10万につき	
年度	人口（単位百万）	司法官（裁判官検察官）	弁護士（と公証人）	司法官と弁護士	司法修習生	司法官と弁護士	司法修習生
1882	45,7	7052	4091	11143	—	24,4	—
1885	46,7	7633	4536	12169	—	26,0	—
1890/1	49,2	7831	5317	13148	—	26,0	—
1895	52,0	8215	5795	14010	—	27,0	—
1900/1	56,0	8899	6800	15699	—	28,0	—
1905	60,3	9629	7835	17464	—	28,9	—
1910/1	64,6	10980	10817	21797	—	33,8	—
1915	67,9	11661	13024	24685	—	36,4	—
1920/1	61,8	10031	12300	22331	—	36,1	—
1925	63,2	9476	13603	23079	—	36,5	—
1930/1	65,4	10095	17250	27345	8205	41,8	12,5
1935	66,9	9895	18737	28632	12640	42,8	18,9
1939	79,3	16987	19091	36078	8287	45,5	10,5
1942	80,2	16744	16640	33484	7501	41,7	9,3
1950	49,4	7348	11818	19166	7700	38,8	15,6
1951	49,8	—	13125	—	9183	—	18,4
1952	50,0	—	14028	—	9599	—	19,1
1953	50,4	8899	15217	23876	9431	48,7	18,4
1954	50,9	9152	15746	24259	9886	49,0	18,3
1955	51,4	12646	16123	28291	10119	56,6	18,9
1956	52,0	12914	16474	28233	10354	55,9	19,2
1957	53,7	13241	16779	29715	10272	56,1	19,5
1958	54,3	13615	17190	30805	10592	57,0	19,6

（Die Ausbildung der deutschen Juristen, 1960 S. 86による）

〔別表2〕

弁護士と司法修習生
（西ドイツ連邦共和国）

（各年1月1日現在）		1955	1956	1957	1958	1959	1960	1961	1962
弁護士（総数）		16824	17149	17517	17895	18214	18347	18720	19000
うち	連邦裁判所所属弁護士	17	17	17	16	20	20	19	18
	弁護士アセソール	1078	1026	1043	1116	976	—	—	—
弁護士増加（前年比）		—	1.9%	2.1%	2.1%	1.8%	0.7%	2.0%	1.5%
司法修習生		9886	10119	10354	10272	10592	11116	11951	12513
司法修習生増加（前年比）		—	2.5%	2.3%	0.8%	3.1%	4.9%	7.5%	4.7%

（Anw. Bl. Jg. 12, S. 117による）

〔別表3〕

弁護士〔弁護士アセソールをふくむ〕と司法修習生の増勢

西ドイツ連邦共和国

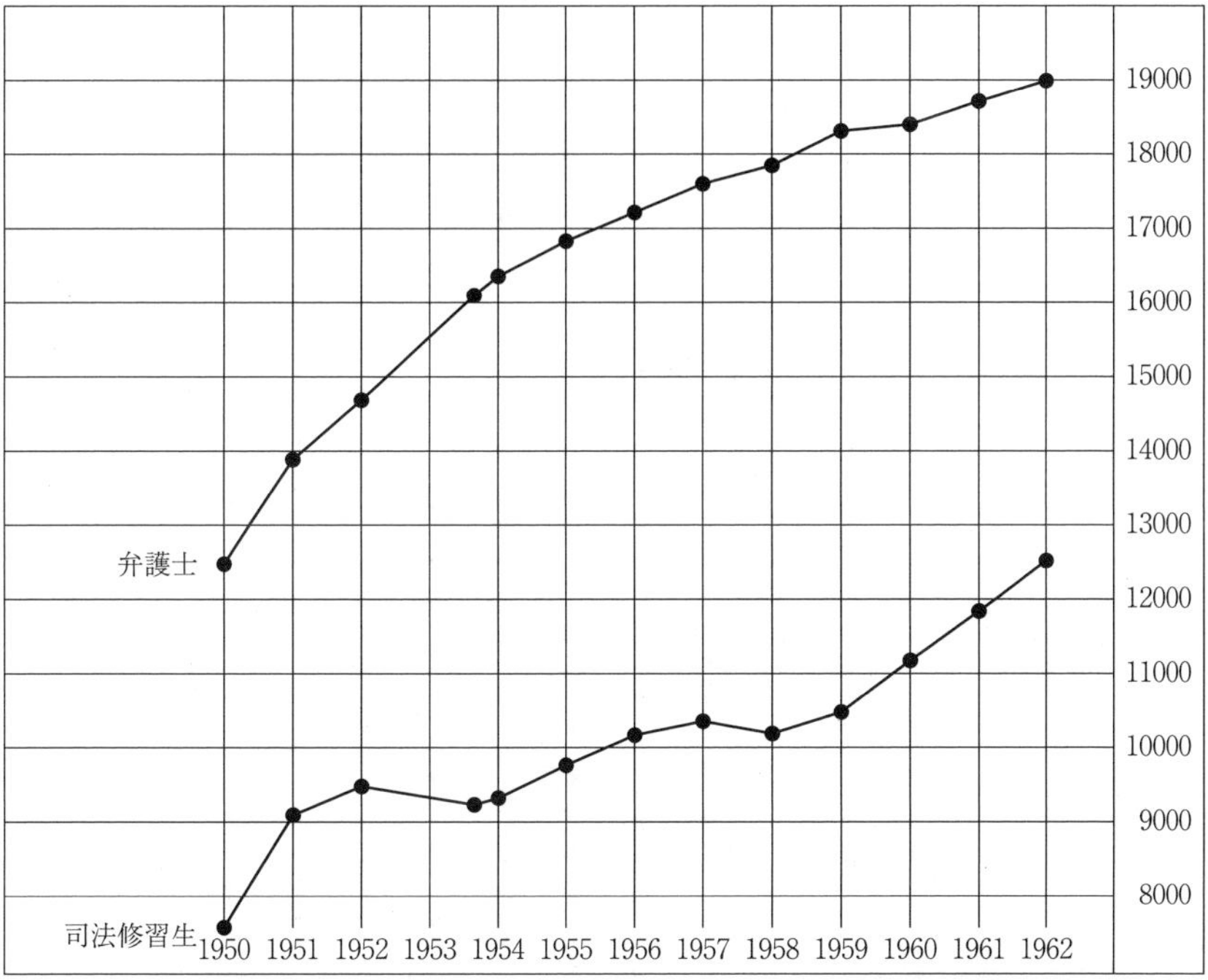

（Anw. Bl. Jg. 12, S. 115による）

が（別表4参照）、弁護士総数および司法修習生総数の増加のカーブ(15)（別表3参照）が現在そのままの上昇を依然として続けてゆくとすれば、今後、弁護士過剰の問題は、ますます、深刻さを加えざるをえないであろう。弁護士の増加とともに、弁護士の経済的条件は悪化の一途をたどり、弁護士間の不当な競争ひいては、弁護士身分全体の信用にかかわる問題となる。最近ではドイツ弁護士協会が中心となって、弁護士の飽和状況を一般に周知させ、これ以上の弁護士志望者の増加を抑え、弁護士の増勢をくいとめようと必死になっている(16)。しかし、自由弁護士制を維持しつつ、どのようにして弁護士数を適当な線に抑えうるか、弁護士間の不当競争を排しつつ、どのようにして経済的条件の好転を導くべきか、ドイツの弁護士の直面している現実は、決して甘いもの

〔別表 4〕

各高等裁判所管内別・弁護士〔弁護士アセソールをふくむ〕の増勢

西ドイツ連邦共和国

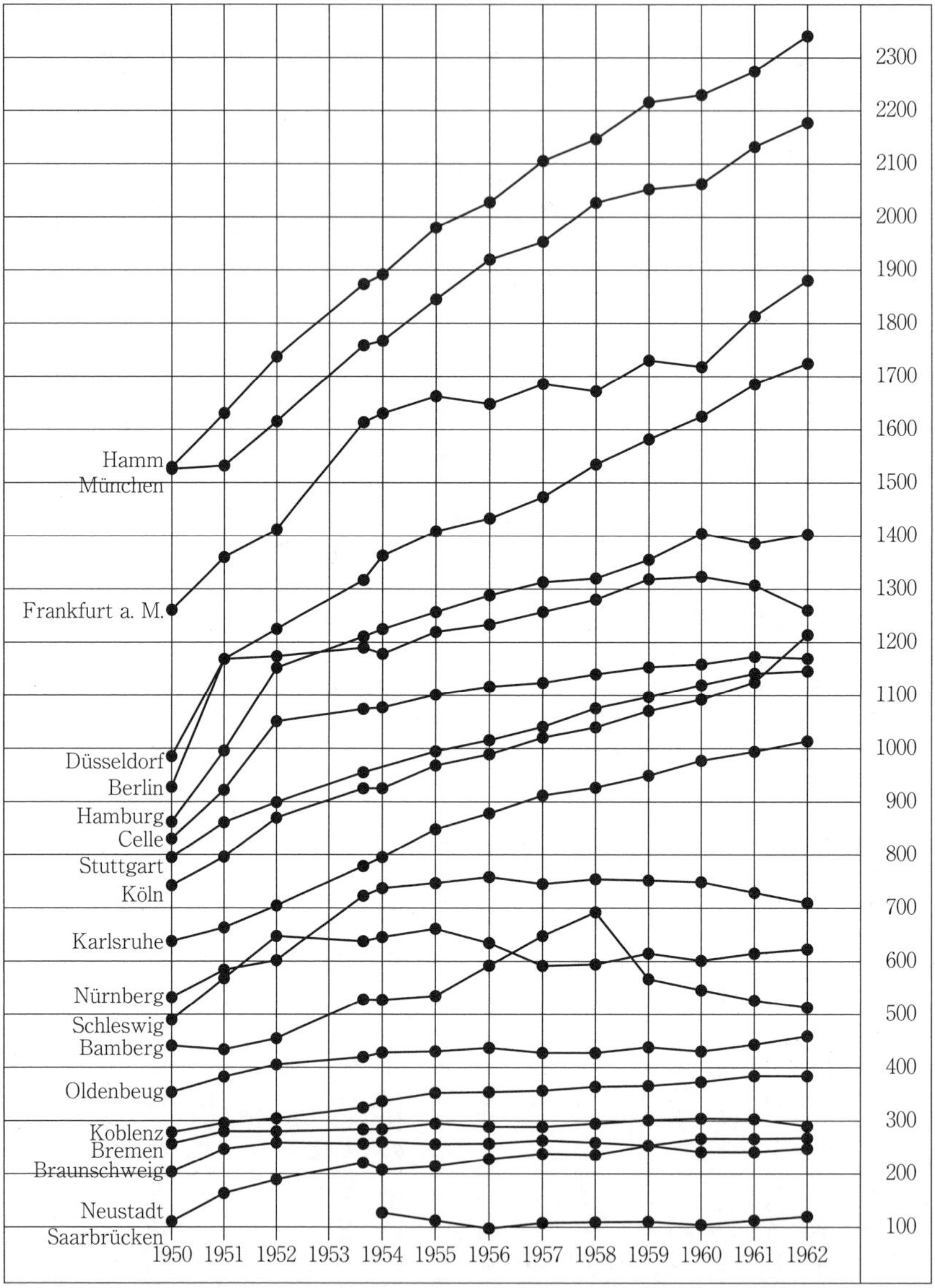

（Anw. Bl. Jg. 12, S. 116による）

ではなさそうである。

（1）　ドイツにおける二元主義の帰趨にかんする以下の記述は、Döhring, Geschichte der deutschen Rechtspflege seit 1500, 1953（= Döhring, Geschichte）, S. 119ff. によった。なお、上山・ドイツにおける法律家層の形成過程、とくに、法学論叢六九巻六号七三頁以下参照。

（2）　たとえば、バイエルンにおけるCodex juris bavarici judiciarii（一七五三年）では、アドボカートとプロクラトールという名称こそ未だ残っているが、従前とは全く異なる意味で使用されている。すなわち、前者は上級裁判所の弁護士、後者は下級裁判所の弁護士をさすにすぎず、担当する仕事の性質は異ならない。プロイセンでは、フリードリヒ大王の司法改革以来、単一の弁護士制度が行われ、ザクセンでも、一七六六年二月二〇日の命令によって、同じ結果が導かれた。Vgl. Döhring, Geschichte, S. 122.

（3）　Rechtsanwaltということばは、一種の新造語であり、プロイセンの一八四九年一月二日の命令第三〇条に使用されたのが初めてであるとされる。Döhring, Geschichte, S. 123. なお、Vgl. Gneist, a. a. O., S. 19. プロイセンにおける弁護士制度の改革経過については、Gneist, Freie Advokatur, S. 1ff. に詳しい。

（4）　上山・前掲、法学論叢六九巻六号七九頁以下によった。

（5）　一八七八年のライヒ弁護士法の制定から連邦弁護士法成立前までの経過については、主として、Kern, Gerichtsverfassungsrecht, S. 235ff. によった。

（6）　Vgl. Döhring, Geschichte, S. 153f. こうした認可制限は、弁護士の収入を保障する意味を有した。

（7）　ライヒ司法法成立当時のライヒ議会は議席三九七のうち三五を弁護士が占めていた。なお、いわゆる「弁護士議会」は、三月革命後フランクフルトで開かれた国民議会としてドイツ統一に大きな役割を果したが、諸邦を代表した議員五六八名のうち、九〇名までが弁護士であった。Vgl. Kern, Gerichtsverfassungsrecht, S. 235; Döhring, Geschichte, S. 118f. ちなみに、現在でも、たとえば、一九五七年の選挙による連邦議会議員五一九名のうち、裁判官資格を有する者七五名、うち弁護士は四七名である。Vgl. Arnd, Der Jurist im Parlament, Juristen-Jahrbuch, Bd. 1, S. 82ff.

（8）　司法資料第二二四号三一頁以下、一三九頁以下に邦訳がある。

（9）　Amtl. Begr.（BRAO）, S. 4ff. に詳細である。

(10) Amtl. Begr. (BRAO), S. 10ff. による。なお、三ケ月・ドイツの司法制度七一頁以下参照。

(11) 三ケ月「戦後の西ドイツ司法制度の直面する諸問題」民事訴訟法研究二巻二六三頁以下（とくに、二六七頁）、同・ドイツの司法制度二三頁以下参照。

(12) Vgl. Gneist, Freie Advokatur, S. 88ff. グナイストは、なお、いずれにせよ、弁護士の過剰という事態によっては、一般公衆は利益を受けることはあっても害を受けないし、国家の官庁も個人が勝手にした職業選択の結果なる困窮のゆえに非難される筋合はなく、能力も熱意もないのに天職でもない生業にむかう者が充分な収入を確保できないのは、当然のことだ、と突放している。

(13) Vgl. Kern, Gerichtsverfassungsrecht, S. 236; Döhring, Geschichte, S. 154.

(14) 具体的な数字については、升本「ローマ及独逸弁護士史」前掲六三頁以下参照。

(15) 別表3・4については、カーブの描く角度に幻惑されないように注意する必要がある。横軸と縦軸のとり方によって角度は変る。また、弁護士の絶対数を示すカーブであるから、弁護士の少い地域での僅かな増加の描く緩い角度は、弁護士の集中している地域でのかなりの数の増加の描く急な角度よりも深刻な意味をもちうる。

(16) その詳細については、古沢「実態」自由と正義一四巻二号二六頁参照。

〈3〉 弁護士の養成と認可

弁護士の養成だけのための特別の制度は、ドイツでは存在しない。弁護士になろうとする者は、前後二回の法曹国家試験を経て裁判官資格をとり、ラント司法行政部の弁護士認可を受け、これに附随する手続をふまねばならない。弁護士認可は、弁護士資格の認可と裁判所所属の認可より成り、最初の認可は、両者につき同時に与えられる。連邦裁判所所属弁護士の認可は、別個に取り扱われるが、実質上は、裁判所所属認可の変更の一場合にほかならない。

一　弁護士の養成

まず、弁護士の養成、その開業にいたるまでの経過を簡単にみておこう。

(1)　弁護士資格の認可（Zulassung zur Rechtsanwaltschaft）を受けることができるのは、ドイツ裁判官法（Deutsches Richtergesetz vom 8. 9. 1961. BGBl. I. S. 1665.）に従い裁判官資格（Befähigung zum Richteramt）を取得した者にかぎられる（弁四）。裁判官資格が法曹職の基準として裁判官・検察官・弁護士・公証人さらには上級行政職を通じての統一的資格要件となっていることは、ドイツの司法制度の特色のひとつといえる。ドイツ裁判官法によれば、裁判官資格は、前後二回の法曹国家試験の合格によって取得される[1][2]（裁五Ⅰ）。すなわち、大学において少くとも三年半（うち少くとも二年は、裁判官法施行地域に存する大学での学習に宛てられねばならない）法律学の学習を経たうえで第一次試験を受け、これに合格すれば、実務修習（Vorbereitungsdienst）にすすむことができる。実務修習は、少くとも三年半なされることを要し、そのうち、少くとも、（イ）二四カ月は通常裁判所、検察庁、公証人および弁護士のもとにおける修習に、（ロ）六カ月は通常裁判所以外の裁判所（原則として、うち二カ月は労働裁判所）における修習に、（ハ）六カ月は行政庁での修習に、それぞれ宛てられなければならない（裁五Ⅱ・Ⅲ）。実務修習を終えた後、第二次試験に合格すれば、裁判官資格が得られる。このように、法曹の養成教育が、主に大学あるいは特別の実務教育機関のいずれか一方に委ねられるのではなく、大学での学習とこれに接続する実務修習という同位的な、時間的にも全く等しい二段階の並列から成る点もドイツの特色である。第一次試験および第二次試験の合格率については、それぞれ、別表5および6を、また、第二次試験後の職業選択については、別表7を参照されたい。第二次試験の合格とともに、裁判官資格従って弁護士認可を受ける権利が生ずるのであって、従来あるいは行われ来った見習勤務（Anwärterdienst od. Probedienst）は、連邦弁護士法においては要求されず、同法の発効と同時に当然に終了した（弁二〇六）。なお（裁判官法施行区域における）、大学の法律学の正教授は、すべて、当然に裁判官資格を認められるという例外（裁七）[3][4][5]がある。

第一次試験に合格した者は、司法修習生（Referendar）として実務修習をするが、この司法修習生は任期の定

〔別表5〕

第一次法曹国家試験
（ドイツライヒおよび西ドイツ連邦共和国）

1	2	3	4	5
年度	受験者総数	合格	不合格	不合格者百分比
1932	3064	2088	976	31,8
1934	3411	2692	719	21,0
1936	2980	2428	552	15,2
1938	1664	1396	268	16,1
1940	544	485	59	10,8
1951	3123	2427	696	22,3
1952	3340	2735	605	18,1
1953	3470	2748	722	20,8
1954	3355	2736	619	18,5
1955	3104	2534	570	18,4
1957	2962	2375	578	19,5

（Die Ausbildung der deutschen Juristen, S. 83による）

〔別表6〕

第二次法曹国家試験

年度	受験者		合格		不合格		不合格者百分比		
	総数	再度の受験者	総数	再度の受験者	総数	再度の受験者	総数	初めての受験者	再度の受験者
1900	716	123	566	112	150	11	25,5	23,4	8,9
1906	1118	157	940	133	178	24	18,9	16,0	15,3
1910	1538	211	1258	164	280	47	22,2	17,5	22,7
1915	711	84	663	74	48	10	7,2	6,0	11,9
1920	1152	50	1028	—	124	—	12,0	—	—
1925	1039	188	808	—	231	—	28,5	—	—
1930	1704	213	1345	—	359	—	26,6	—	—
1932	2000	—	1564	—	436	—	21,8	—	—
1934	3066	—	2699	—	367	—	11,9	—	—
1936	3163	—	2841	—	322	—	10,2	—	—
1938	2881	—	2456	—	425	—	14,7	—	—
1940	1635	—	1493	—	142	—	8,7	—	—
1951	2166	—	1776	—	390	—	18,0	—	—
1952	2849	—	2425	—	424	—	14,8	—	—
1953	2852	—	2481	—	371	—	13,0	—	—
1954	2468	276	2174	—	294	—	11,9	—	—
1955	2306	225	1998	156	308	69	13,4	11,4	30,6
1957	2588	—	2230	—	358	—	13,8	—	—

（Die Ausbildung der deutschen Juristen, S. 83による）

〔別表7〕

第二次試験合格者の職業選択
（バーデンービュルテムベルクおよびバイエルン）

年度	第二次試験合格者総数	上級行政職		上級司法職		弁護士アセソール		その他	
		総数	百分比	総数	百分比	総数	百分比	総数	百分比
バーデンービュルテムベルク									
1950	151	—	—	—	—	—	—	—	—
1951	259	14	5,4	83	32,0	35[1)]	13,5	127	49,1
1952	254	16	6,3	58	22,8	102	41,3	75	29,5
1953	231	31	13,4	58	25,1	138	59,7	4	1,8
1954	304	22	7,2	72	23,7	138	45,4	72	23,7
1955	255	24	9,5	58	22,8	128	50,1	45	17,6
1956	243	26	10,7	51	21,0	108	44,4	58	23,9
1957	274	22	8,0	57	20,8	132	48,1	63	23,1
1958	257	30	11,7	52	20,2	112	43,6	63	24,5
バイエルン									
1950	419	16	3,8	111	26,5	239	57,0	53	12,7
1951	411	34	8,3	110	26,8	173	42,1	94	22,8
1952	750	47	6,3	172	22,9	327	43,6	204	27,2
1953	641	20	3,1	95	14,8	351	54,8	175	27,3
1954	377	29	7,7	76	20,1	263	69,7	9	2,5
1955	408	37	9,1	36	8,8	257	62,9	78	19,2
1956	437	33	7,6	53	12,1	187	42,8	164	37,5
1957	393	38	9,7	38	9,7	235	59,8	82	20,8
1958	362	43	11,9	35	9,7	207	57,2	77	21,2

（Die Ausbildung, der deutschen Juristen, S. 87による）

めのない公務員として任命されるのを原則とし[6]（もっとも、ラント法で別の規制をすることを妨げない）、修習の内容なり手順については、各ラントの司法修習規則（Justizausbildungsordnung）に従うとともに、修習生の修習全体の指導には高等裁判所長官が、また、各個の修習生にたいする身上の監督には修習地を管轄する地方裁判所の所長が当る[7]。しかし、後進の養成に協力することは、司法機関としての弁護士の身分上の義務に属する。弁護士のもとにおける司法修習生の修習への協力については、各弁護士会理事会が責に任ずるが（弁七三I）、各個の弁護士も、自己のもとで修習する修習生に弁護士の任務を教え、これを指導し実務を行う機会を与えることを義務づけられており（弁五九I）、また、相当な理由がないかぎり、司法修習生の修習指導を引き受けることを拒絶することは許されないと解されている。司法修習生は、弁護士のもとでの修習中、いつでも、弁護士訴訟では指導弁護士とともに出廷して弁論その他当事者権の実行に当ることができ、(8) 弁護士による代理を必要としない事件では、指導弁護士の委任を受けて単独で当事者を有効に代理することができるのであって、裁判所は、こうした場合の修習生を非弁護士なるがゆえに弁論より退席させたり弁論能力を欠く者として陳述を禁止すること（民訴一五七Ⅰ・Ⅱ）はできない（弁五九Ⅱ）。

弁護士のもとでの修習期間は、各ラントによって一致しない。従前は、原則として六カ月であったものが、第二次大戦後は、おおむね、短縮される傾向にあり、三カ月から五カ月までの間で定められている。そして、その短かい期間さえ、収入を得るための副業や第二次試験の準備に費消されることが少なくないようである。こうした傾向にたいしては、弁護士のもとでの修習こそ、修習生が広範囲にわたって法律生活のなまの現実に接触することができ多面的な法律家活動を実際に経験できる点で、弁護士志望者はもとより、他の職業を選択する者にとってもきわめて高い価値を有するものであることが力説され、期間の延長と充実の必要が叫ばれている。(9)

(2)　第二次法曹国家試験に合格して裁判官資格を得ても、弁護士開業の届出なり登録によってただちに弁護士としての活動を開始できるわけではなく、ラント司法行政部に申請して弁護士認可――弁護士資格の認可と裁判所所属の認可――を受けることが必要である。認可については、のちに詳しく述べる。弁護士資格の認可とともに、最初の裁判所所属認可も与えられるのであるが（弁一八Ⅱ）、そのさい、ラント司法行政部は、弁護士資格の認可証書を発行して申請書に交付する。この交付と同時に弁護士資格の認可は効力を生じ、申請者は、その後は、「弁護士」という肩書を使用する権利をもつ（弁一二）。しかし、弁護士業務を展開することができるためには、さらに、所属を認可された当の裁判所の公開法定で宣誓を行い（弁二六）、認可のあった高等裁判所の管轄区域内に住所を定め、所属を認可された裁判所の所在地に事務所を設けなければならない（弁二七）。その後において始めて、弁護士は、所属を認可された裁判所に備えられた認可弁護士名簿に登載され、これと同時に、弁護士活動を行う権能を有するにいたる（弁三二）。このうち、とくに注目すべきものは、宣誓であろう。宣誓をなす弁護士は、右手を挙げて、「私は、憲法に従う秩序を守り、弁護士の業務を誠実に履行することを全知全能の神に固く誓います」、という文言で誓い、この文言を記載した調書に弁護士と裁判所の裁判長が署名して、これを弁護士の身上記録に編綴するのであるが（弁二六）、この儀式こそ、弁護士の司法機関としての地位を鮮かに象徴するものといえる[10]。これにたいし、認可弁護士名簿への登載は、もとより分属制を基礎とするものではあるが、主として弁護士強制との関係で、どういう弁護士が受訴裁判所につき所属認可を得ているかを知ろうとする訴訟関係人の便宜に資する趣旨でもある[11]。

(3) さきにみたように、裁判官と弁護士とは、その資格要件において全く同一であり、共通の養成過程を経ているのであるから、当然、両者の交流は、盛んであっていいと考えられるが、事実は、全く逆なようである。キャリア裁判官の制度をとる以上、弁護士から裁判官になる例が殆どないであろうことはいうまでもないが、裁判官・検察官を退職して弁護士になるという例も、正確な資料はつかめないのであるが、きわめて稀なようである[12]。

二　弁護士資格の認可――自由弁護士制――

弁護士資格の認可に関する手続は、つぎのとおりである。

(1) 裁判官資格を得た者から弁護士資格認可の申請があった場合には、ラント司法行政部は、申請者が所属認可を受けようとする裁判所の存する地域の弁護士会の理事会の判定（Gutachten）を求めたうえ、認可を与えるか否かを決定する（弁六Ⅰ、八）。ただし、法定の認可拒否理由にあたる事実があると認める場合でなければ、認可を拒否することができない（弁六Ⅱ）。自由弁護士制である。また、申請者は、ドイツのいずれのラントで裁判官資格を得たかにかかわりなく、任意のラントを選んで認可を申請できる（弁五）。移転自由の原則である[13]。

自由弁護士制といいながら国家機関たるラント司法行政部の弁護士認可を受けるべきことが要求される点は、われわれに多少の奇異の感じを与えずにはいない。ドイツでも、第二次大戦後、フランス軍占領地域では、弁護士認可を弁護士会理事会の権限に委ねることが行われたが、連邦弁護士法は、一八七八年のライヒ弁護士法審議のさいライヒ議会において満場一致で認められたという、このラント司法行政部の認可権限（同法三Ⅰ）をふたたび統一的制度とした。その理由は、主として、弁護士強制に帰せられる。すなわち、国家が法を求める者にたいして一定の場合に裁判所の前で弁護士の代理を受けるべきことを命じている以上、国家は、適法のかつ信頼できる弁護士だけがその職業を行うように配慮することを義務づけられているというべきであり、弁護士認可についての決定権をとうぜん手中に保留しなければならない。弁護士の自治ということも、認可を受けた弁護士について存在するもので、弁護士職への受入は弁護士自治の本来の領域には属しない、と考えられているのである(14)。

法定の認可拒否理由の内容をみても、同様の考慮が働いているのを如実にみることができる。すなわち、申請者につき、つぎのいずれかの事情がある場合には、弁護士資格の認可は、拒否される（弁七）。（イ）連邦憲法裁判所の裁判により基本権を喪失（基一八参照）した場合。（ロ）懲役刑の宣告を受けて公職（刑法の意味では、弁護士をふくむ。刑三一Ⅱ参照）に就く資格を失った場合。（ハ）名誉裁判権の裁判所の確定判決により弁護士職から排斥（Ausschließung aus der Rechtsanwaltschaft）された場合。（ニ）懲戒処分手続きにおいて確定判決により司法官を罷免された場合。（ホ）弁護士の職業を行うのに値しないと認められるような所為を犯した場合。（ヘ）自由で民主的な基本秩序にたいし可罰的な方法で反抗した場合。（ト）身体的欠陥または精神力の虚弱のため弁護士の職業を秩序に従って行う能力を継続的に欠いている場合。（チ）弁護士の職業または弁護士職の名誉と合致しえない活動を行っている場合。（リ）裁判所の命令により自己の財産の処分を制限されている場合。（ヌ）申請者が裁判官または官公吏である場合（ただし、名誉職としてその任務を引き受けている場合を除く）。以上、いずれも、必要的拒否理由であり、ラント司法行政部としては、裁量の余地がない。もともと自由弁護士制のもとでは、一定の資格（裁判官資格）を有する者は弁護士認可を受ける権利を与えられているわけであり、これは憲法上の職業選択の自由の一面を担うものである。しかし、個人は、その自由の享受において他人の権利公共の利益を害することは許されない（基二Ⅰ）。したがって、各個の具体的場合において、弁護士認可の申請者が、たとい法曹としての専門的資格に欠けるところがなくても、個人的ななんらかの事情のために、これに弁護士としての職業を行わせることによって公共を害するおそれがある場合には、むしろ、弁護士代理を強制する国家としては、とうぜん、この危険の防止にあたるべき責務を有する。法定の理由に基づく認可拒否は、この危険防止の措置にほかならない、と解されているのである。[15]

このように、認可についての決定権はラント司法行政部に保留されるにしても、弁護士認可が与えられれば申請者は弁護士の一員としていずれかの弁護士会に属することになるわけで、弁護士層が認可申請の拒否につき密接な利害を有することは、いうまでもない。ラント司法行政部が認可申請についての決定前に弁護士会理事会の判定を求め、これを参考としなければならない（弁八Ⅱ）のは、そのためであり、この判定には認可手続のうえで大きな比重がかけられていることを注意しなければならない。とくに、弁護士会理事会が申請者につき前記（ホ）ないし(チ)の拒否理由に当たる事実があると判定した場合には、ラント司法行政部は、別に(イ)ないし（ニ）もしくは(リ)、(ヌ)の拒否理由に当たる事実がある場合（ただちに認可拒否の決定をすることができる）を除き、認可申請についての決定を中止する（弁九Ⅰ）。弁護士会理事会の右のような判定は、申請者の人格に重大な疑惑を投げてその権利を制限しようとするものであり、もはや行政処分によってではなく、裁判上の手続によって決すべき問題だと考えられるからである。[16] すなわち、申請者は、ラント司法行政部から弁護士会理事会の判定の送達を受けてから一月内に弁護士会を相手どって弁護士名誉法院に裁判を求める申立をすることができ（弁九Ⅱ、三八。この申立をしない場合には、認可申請を取り下げたものとみなされる。弁九Ⅲ）、弁護士名誉法院は、口頭弁論に基づき、理事会が判決した拒否理由にあたる事実の存否を審判するが、その結果、右の事実の不存在が確認された場合には、弁護士会がさらに連邦裁判所（弁護士事件部）に即時抗告をして最後まで争う権能を与えられていること（弁四二Ⅲ・Ⅴ。逆に事実の存在が確認された場合、申請者は、連邦裁判所に即時抗告をすることができる。弁四二Ⅰ）は、注目に値する。ラント司法行政部も、右の手続に関与できるが（弁三八Ⅲ）、結局、問題の事実の不存在を確認する裁判が確定した場合には、裁判所の見解を尊重して認可申請につき決定（したがって、ふつうは資格認可の決定となろう）をしなければならない（逆に、事実の存在を確定すれば、そのときに、認可申請は却下されたものとみなされる。弁九Ⅳ）。なお、弁護士会の判定内容のいかんにかかわらず、ラント司法行政部が認可を拒否する決定をした場合または認可申請にたいし三月以内になんらの決定をしない場合には、つねに、申請者は、弁護士名誉法院に裁判を申し立てることができ、なお、目的を達しなかった場合には、連邦裁判所（弁護士事件部）に即時抗告をすることができるのであって、この手続は、ラント司法行政部を申請者の相手方として展開される（弁一一、一三九、四二）。いずれにしても、連邦弁護士法の基調のひとつをなす法治国思想の徹底は、このあたりにきわめて顕著なものがある。

(2)　弁護士資格の認可は、弁護士が、死亡した場合、懲役刑の宣告を受けて公職に就く資格を喪失した場合（刑三三）、および、確定判決により弁護士職から排斥された場合（弁一三）に消滅するほか、一定の場合にラント司法行政部が弁護士資格の認可を取り消すことがある（弁一四ないし一六）。

すなわち、法定の認可拒否理由の存在が認可当時には分っていなかった場合、資格認可を得た弁護士につき、その後、前記の認可拒否理由のうち、（イ）、（ロ）、（ト）にあたる事実が生じた場合、弁護士が資格認可に基づく権利をラント司法行政部にたいして書面で放棄した場合（つまり、自由意思により廃業する場合である）。終身の任期で裁判官または官公吏となり、なおかつ、資格認可に基づく権利を放棄しない場合、および、宣誓不履行または居住義務違反（弁三五Ⅰ）のため裁判所所属認可を取り消された場合には、ラント司法行政部は、弁護士の資格認可を取り消さなければならない（必要的取消）（弁一四）とともに、弁護士が、裁判所の命令により自己の財産の処分を制限されまたは財産上の破綻に陥り、そのため依頼者の利益を害するおそれがある場合、および、弁護士の職業あるいは弁護士の名誉にふさわしくない活動を行っている場合には、ラント司法行政部は資格認可を取り消すことができる（裁量的取消）（弁一五）。認可の取消にさきだち、その弁護士および弁護士会理事会の意見をきかなければならないとともに、取消の処分にたいしては、弁護士は、その送達後一月以内に弁護士名誉法院に裁判を申し立てることができる（弁一六）。

弁護士資格の認可が消滅または取り消された場合には、裁判所所属認可も消滅し（弁三四）、その弁護士は、認可弁護士名簿から抹消されることになる（弁三六I1）。なお、資格認可の消滅または取消の場合には、「弁護士」という肩書を使用できなくなることはいうまでもないが、おもしろいのは、高齢または身体上の疾病のために弁護士資格認可に基づく権利を放棄した弁護士にたいし、ラント司法行政部は、Rechtsanwalt a. D. を名のる許可を与えることができる点（弁一七）であって、弁護士という肩書にたいするドイツの社会一般の受けとり方をうかがわしめるひとつの資料といえよう。

三　裁判所所属の認可――分属制――

弁護士は、すべて通常裁判権の特定の裁判所につき認可を受けなければならない（弁一八I）。これが、裁判所所属の認可（Zulassung bei einem Gericht）であり、これを要求する建前を分属制[17]（Lokalisierungsprinzip）とよぶ。最初の所属認可は、弁護士資格の認可と同時に与えられる（弁一八II）。弁護士は、所属認可の変更のためにしか所属認可に基づく権利を放棄することができない（弁一八III）。

(1)　分属制は、通常裁判権の裁判所、したがって、いずれかの区裁判所（Amtsgericht）、地方裁判所（Landgericht）、高等裁判所（Oberlandesgericht）または連邦裁判所（Bundesgerichtshof）への分属を強制するものであり（分属強制、Lokalisierungszwang）、他の裁判所（労働裁判所、社会裁判所、財政裁判所、行政裁判所など）については、関係がない（労務一一II、行裁六七I、社裁一六六参照）。なお、分属制に関連して、弁護士は、いわゆる居住義務（Residenzpflicht）を負い、原則として、認可のあった高等裁判所管轄区域内にその住所をもち、また、所属認可を受けた裁判所の所在地に事務所をおかなければならない（弁二七。例外につき、弁二八―三〇参照）。

分属制は、一八七八年のライヒ弁護士法においてはじめて統一的に採用された制度であるが、その後、たびたび可否の議論の対象となりつつも、現在までひきつづき維持されている。分属制のとられた理由として、つぎの三つの点が指摘される[18]。（イ）ライヒ弁護士法に先んじて成立したドイツ民事訴訟法（一八七七年一月三〇日成立）においてすでに弁護士強制が採られ、合議裁判所における訴訟では受訴裁判所所属の認可を受けた弁護士による代理を必要とする旨の規定（現行独民訴七八）がおかれていた。分属制は、民事訴訟法の予定するところである。（ロ）弁護士を特定の裁判所とのつながりからときはなすことは、弁護士がその地域的な結びつきを前提として特定の弁護士会の構成員となり、また、名誉裁判権に服することからみて、適当でない。（ハ）特定の裁判所への分属が強制されないならば、弁護士は、「移動性をもつ」（ambulant）ようになろう。弁護士は、事件を追ってしばしば出張するようになり、弁護士をつかまえにくくなって、事件の期日を入れるにしても、関係人全員がそろうように指定することは困難となるだろう。そうなれば、期日はしきりに延期され、ひどい訴訟遅延をみるにいたることは必定であり、法を求める民衆にとっても、また、司法にとっても、由々しい不利益が生ずる、というのである。

　分属制にたいしては、ライヒ弁護士法発効の直後から、たびたび、とくに弁護士によって非難が投げられ、その撤廃が要求されたし、立法者も、重畳的認可を認めるというかたちで、一面ではこれに応じてきたのである。しかし、弁護士を依頼する方の側からは、分属制を改めよという主張は、これまでついぞ出ていないのであり、この点についての現行の規制は、おそらくは、公衆の要求に充分こたえていると考えてよいであろう。連邦弁護士法も、この判断のうえに立って分属制を維持したのであり、その草案理由書（S. 48）は、つぎのように述べている。「分属制は、裁判所と弁護士とを結びつけ、人間的なふれ合いによって格別の特色をもつ協同作業をさせる。理想像に従えば、弁護士は、裁判所において、裁判所と結んで統一体（Einheit）をなすべきであり、この統一体は、破壊されたり弛められてはならない。分属制の廃止は、弁護士自身にとっては、まさに今日の事情のもとでは、かれらの内部的秩序の深刻な転回を意味し、弁護士の多数に重大な影響をこうむらしめずにはいないほどであろう。とりわけ、事件の委任が少数の弁護士に集中するおそれがある」と。同様に、最近、西ドイツ連邦司法省によって公表された民事裁判制度改革準備委員会の報告書[19]（Bericht der Kommission zur Vorbereitung einer Reform der Zivilgerichtsbarkeit, 1961. (= Bericht der Kommission), S.

227 f.）も分属制を変更する必要は全くないとし、その理由として、ひとつひとつの事件に原則として多数の期日を要する民事訴訟において特定の裁判所に弁護士が結びつけられていないとすれば、弁護士は別の土地における多数の期日を適式に守ることができなくなり、手続の書面化、多数の期日変更の申立および事件の解決に役立たない期日の遵守への好ましくない傾向をうむであろうし、アメリカ流の大事務所ができて弁護士は雇人同様の存在となり、その自己責任的な活動を期待できなくなろうと述べている。分属制の意義は、とくに、連邦裁判所所属弁護士の制度において明らかに看取できるが、この点については後述する（後述一四九頁参照）。

(2) しかし、分属制は、かならずしも厳格に貫かれているわけではない。とくに、いわゆる重畳的認可（Simultanzulassung）が認められることによって、分属強制は、多分に緩和されている。

重畳的認可が認められるのは、つぎのふたつの場合である[20]。その第一は、区裁判所所属と地方裁判所所属の重畳的認可で、区裁判所につき所属認可を受けた弁護士は、その申請により、その区裁判所の所在地を管轄する地方裁判所についても、重畳的に所属認可を受けることができる（弁二三）。この重畳的認可は、実質的には地方裁判所所属弁護士の居住義務を緩和する意味をもつ。地方裁判所所属認可の拒否理由がないかぎり、当然に重畳的認可を受けることができるのだから、実際上、区裁判所所属認可をえないで地方裁判所だけにつき所属認可を受けている弁護士は皆無のようである[21]。第二は、近隣の地方裁判所についての重畳的所属認可であり、地方裁判所につき所属認可をえた弁護士は、その申請により、同一地に所在する他の地方裁判所または隣接の地方裁判所につき重畳的認可を受けることができる。この重畳的認可は、ラント司法行政部が弁護士会理事会の参考意見をきいたうえ重畳的認可が特別の場所的状況のもとに司法にとって適当であることを一般的に確定した場合にかぎられる（弁二四）。

これに反し、高等裁判所につき所属認可を受けた弁護士は、他の裁判所について所属認可を受けることができない（弁二五）。高等裁判所につき所属認可を受けるためには、原則として、すでに五年以上区裁判所または地方裁判所において弁護士活動を行った者であることを要するが（弁二〇I4）、いわゆる裁量的認可拒否理由にすぎないから、例外も認められる。五年間も第一審弁護士として働きその地歩を築き上げてきた者としては、いまさら、高等裁判所所属弁護士として一から出発する気持をもたない傾向があるため、高等裁判所所属弁護士の後継者を得ることが困難な場合があるので、ラント司法行政部の裁量によって例外（たとえば、高等裁判所所属弁護士の事務所で、その共同者として二、三年働いた弁護士に対する高等裁判所所属認可）を認めようとする趣旨である。[22]

高等裁判所所属と地方裁判所所属の重畳的認可を認めるべきかどうかは、連邦弁護士法制定にあたって最も争われた点のひとつであり、かねて、各高等裁判所においてまちまちの取扱が行われてきた。もともと、一八七八年のライヒ弁護士法では、（イ）当の高等裁判所がその弁護士の住所地に所在すること、および、（ロ）高等裁判所が全員の決議により重畳的認可が司法の利益にとって有益であると宣言したこと、を要件として、重畳的認可を認めたのであったが、この（ロ）の要件にかんする実務は、はっきりと三つに分れた。すなわち、若干の高等裁判所（バンベルク・ハンブルク・ミュンヘン・シュツットガルト・ツバイブリュッケンなど）では、つねに一般的にこの要件の充足を認め、また、一部の高等裁判所（ブラウンシュバイク・ニュールンベルク・オルデンブルク）では、一定の地域をかぎってそうしたのにたいし、他方では、この要件の充足をつねに否定する高等裁判所も多数存し、それぞれが、固定的な慣例となってしまっていたのである。[23]連邦弁護士法の制定にあたってこの点につき激しい論争が展開されたのは、当然といえよう。

一派の見解は、高等裁判所所属と地方裁判所所属の重畳的認可を認めることが、[24]区裁判所所属と地方裁判所所属の重畳的認可の制限を緩和した一九二七年三月七日の改正法いらいの発展方向に沿うゆえんであり、重畳的認可を認めないと弁護士間に上下の差別をおくことになるし、紛争の実態と訴訟資料の内容を知悉している第一審弁護士こそ高等裁判所でも完全な機能を果しうる、と主張した。これにたいし、反対論の側では、この問題については弁護士の利益ではなしに法を求める者の側の利益こそ決定的であるべきだとし、とくに、地方裁判所所属弁護士の第一審の訴訟資料にたいする緊密な結びつきは、控訴審の審理をしばしば第一審の無意味なくりかえしに終らせている要素なのであり、控訴審において従来の立場にとらわれずに新たな眼で事件を見直し、第一審資料を批判的に検討し補充を学問的に徹底することこそ高等裁判所所属弁護士の任務たるべきであって高等裁判所の裁判官に拮抗できるだけの研究と修練を積んだ、かぎられた数の弁護士をしてつねに高等裁判所の雰囲気と判例に慣れつつ裁判官との相互的な信頼に支えられてこれと協働させる、という体制が、法を求める者を上級審での不充分な代理から守る唯一の道なのだ、と反駁し、高等裁判所長官会同や連邦裁判所裁判官も一致して、この反対論を支持したのであった。(25) しかし、連邦弁護士法は、結局、妥協的な態度をとった。すなわち、高等裁判所につき所属認可を受けた弁護士は、同時に他の裁判所につき所属認可を受けることができないとの原則（弁二五）をとりつつ、各地の沿革的事情を考慮してかなり大幅な例外を認めている。すなわち、弁護士法発効の一九五九年一〇月一日にすでに重畳的認可をえている者は、今後もこれを保有するほか、ベルリン・ブレーメン・ザールブリュッケンの各地方裁判所につき所属認可を受けた弁護士は、すでに五年間区裁判所または地方裁判所につき所属認可を受けている場合には、申請により、上級の高等裁判所につき重畳的に所属認可を受けることができ、また、バイエルンのラント内では、連邦弁護士法発効当時に上級の高等裁判所またはその支部の所在地に所在する地方裁判所につき所属認可を受けている弁護士がこの地方裁判所の所在地に事務所を保有する場合には、区裁判所または地方裁判所所属弁護士としての五年の前歴を要件として、申請により、上級の高等裁判所につき所属認可を受けることができる（弁一二六）。

(3) 所属認可も、申請に基づいて、付与される。申請があれば、ラント司法行政部が申請者が弁護士認可を受けようとする地域の弁護士会理事会の意見をきいたうえ、決定するが、法定の認可拒否理由が、存在しないかぎり認可を付与しなければならない点は、弁護士資格の認可におけると同様である（弁一九）。とくに申請に表示された裁判所ではこれ以上の弁護士認可を必要としないという理由で所属認可を拒否してはならない点については明文（弁二〇II）がある。自由弁護士制の一面であることは、いうまでもない。

ラント司法行政部が申請に表示された裁判所についての所属認可を拒否できるのはつぎの各場合である（弁二一〇）。（イ）申請者が認可を受けようとする地方裁判所の管轄区域内で最近五年以内に終身の任期で裁判官または官公吏に任命された場合。（ロ）申請者の配偶者または配偶者であった者がこの裁判所に勤務している場合。（ハ）申請者がこの裁判所の裁判官と近親関係（直系の血族・姻族・養親子関係・傍系の三親等内の血族・二親等内の姻族）にある場合。（ニ）高等裁判所につき所属認可を受けようとする申請者にあっては、すでに五年間地方裁判所または区裁判所につき弁護士として活動したのでない場合（前述一四五頁参照）。いずれも、裁量的拒否理由にとどまることを注意しなければならない。（ニ）の事由を除けば、他は、いずれも、当の弁護士が所属裁判所なりその職員との特殊な関係のゆえに、他の所属弁護士との競争において不当に有利な条件に立つ（または、その外観をもつ）ことを避けようとする趣旨であり、ラント司法行政部は個々の具体的場合において現実に右のようなおそれがあるかどうかを裁量的に判断して決定するわけである。

分属制は、移転自由の原則と矛盾するものではなく、かえって、これに対応して、所属認可の変更が認められている。すなわち、弁護士は、申請により、さきに得た特定の裁判所についての所属認可から生ずる権利を放棄して（この点で、前述の重畳的認可と異なる）通常裁判権の別の裁判所につき所属認可を受けることができる（弁三三I）。弁護士資格の認可は、移転自由の原則に従い、認可したラント以外においても効力を有するから、あらためて資格認可を取り直す必要がないだけでなく、その弁護士が他のラントで資格認可を得たという理由で所属認可変更の申請を却下することは許されない（弁三三Ⅲ）。ただ、分属制の建前からいって、所属認可を伴わずに資格認可だけが存続する状態を経過的にも認めることができないから、従前からの所属認可は、それから生ずる権利の放棄にかかわらず存続し、弁護士が新たな所属認可を得た場合に初めて、従前の所属認可を付与したラントの司法行政部がこれを取り消すことになっている（弁三三Ⅳ。なお、弁三六I2参照）。

所属認可は、弁護士資格の認可が消滅（前述一四三頁参照）した場合には、当然に消滅するほか（弁三四）、弁護士が所属認可を得た後三月以内に宣誓義務または居住義務を履行しない場合、あるいは、所属認可拒否理由が認可後に生じた場合には、これを取り消すことができる（弁三五Ⅰ1—6）。所属認可取消の手続に関しては、資格認可取消の手続におけるとほぼ同様である（弁三五Ⅱ）。なお、弁護士が死亡した場合、および、所属認可の消滅または取消の場合には、その弁護士が認可弁護士名簿から抹消されることは、いうまでもないが、抹消があるまでは、その弁護士のした、または、その弁護士にたいしてなされた法的行為は、弁護士がその当時すでに弁護士活動を行いえずあるいはその裁判所に出頭することを許されていなかったという理由では無効とならない点（弁三六）を注意すべきであろう。

四　連邦裁判所所属弁護士

分属制は、連邦裁判所（Bundesgerichtshof）につき完全に貫かれ、かつ、大きな効果を収めている。連邦裁判所所属弁護士の制度（Rechtsanwaltschaft bei dem Bundesgerichtshof）が、それである。

分属制の可否は、さきにもみたように論議の分れるところであるが、上告審裁判所の弁護士にかんするかぎりでは、全く異論がないばかりか、必要不可欠と考えられている。(26) 分属制のねらいが裁判所と弁護士の緊密な協力による司法の充実と促進にあるとすれば、上告審裁判所には、その裁判官と協働して上告審の機能を完全に展開させうるだけの資質・経験・能力のある弁護士を配することが必要であることはいうまでもなく、また、きわめて少数の弁護士を精選してこれに上告審にふさわしい事件を選択させることによって、実際上の上告制限を苦もなく達しうるわけである。一八七八年のライヒ弁護士法のひとつの目標は、まさに、他の弁護士と区別されたライヒ裁判所所属弁護士の制度を設ける点におかれていたのであったし（同法九八—一〇二）、現行連邦弁護士法も、連邦裁判所所属弁護士の制度を設け、その認可要件、活動領域および団体構成等にかんして、一連の特別規制を与えている。

(1)　連邦裁判所所属弁護士の認可は、すでに弁護士の資格の認可を（したがって裁判所所属の認可をも）えている者の所属変更（弁三三）の特別の場合である。

連邦裁判所所属弁護士の認可は、連邦裁判所所属弁護士選考委員会の指名を受けた者の申請に基づき、連邦司法大臣がこれを行う（弁一七〇Ⅰ）。連邦裁判所所属弁護士たるの資格を試験にかからせることは適当でなく、また、ライヒ弁護士法がライヒ裁判所所属弁護士についてそうした（同法九九）ように同裁判所長官の自由裁量による決定に委ねるのも、問題がある。そこで、連邦弁護士法は、連邦裁判所所属弁護士選考委員会を設け、ここに連邦裁判所所属弁護士の選出に正当な利害を有する各方面の代表――連邦裁判所長官（委員長）、連邦裁判所民事部各部長、連邦弁護士会幹部各構成員、連邦裁判所所属弁護士会幹部各構成員――を集めて（弁一六五Ⅰ・Ⅱ）、選考させることにした。この選考は、連邦弁護士会が各弁護士会の推薦に基づき提出した被推薦者名簿および連邦裁判所所属弁護士会が提出した被推薦者名簿に基づいて行われるが、名簿に登載されるためには、満三五年以上に達し少くとも五年以上ひきつづいて弁護士の業務についている者でなければならない（弁一六六）。選考委員会は、被推薦者について連邦裁判所所属弁護士として活動するための物的および人的な前提要件が備わっているかどうかを検討し、非公開の会議において、秘密投票による単純多数決によって、認可を適当と認める数の二倍の弁護士を指名する（弁一六五Ⅳ・一六七・一六八Ⅰ・Ⅱ）。いうところの「物的および人的な前提要件」がなにを意味するかは、必ずしも、一般的に確定できないが、なかでも、見込のない事件の依頼を自己の生計・財産にたいする経済的な考慮なしに拒絶できるだけの経済的余裕をもっていることが重要と考えられている点は[27]、さきにも触れたように、連邦裁判所所属弁護士に上告制限の機能を期待することになるわけで、甚だ興味深い。選考委員会の役目は、連邦裁判所所属認可を受けるべき候補者の指名にあり、この指名を受けた者だけが連邦裁判所所属認可を受ける資格をもつのであるが（弁一六四）、指名を受けたからとて、弁護士は、認可を求める請求権を与えられるわけではない（弁一六八Ⅲ）。選考委員長より指名された弁護士の連邦裁判所所属認可申請を添えて選考結果を連邦司法大臣に通告し（弁一六九）、連邦司法大臣がその覊足裁量に従って認可申請につき決定する運びである[28]（弁一七〇）。連邦裁判所所属弁護士の現在数については、別表2（一三〇頁）参照。

(2)　連邦裁判所所属弁護士は、他の裁判所につき重畳的に所属認可を受けることは許されない（弁一七一）。連邦弁護士法草案理由書（S. 215）がこの点の理由として説くところは、連邦裁判所所属弁護士制度ひいて分属制じたいの意義を適確に指示していると思われるので、ここに、そのまま引用しておこう。

「この重畳的認可禁止の基礎は、とくに、連邦裁判所につき所属認可を受けた弁護士がその活動をこの裁判所だけに捧げる場合にのみ連邦裁判所と弁護士との有益な共同作業が可能であるという点にある。これまでの経験が証明しているように、このようにしてこそ、弁護士が裁判所の法的見解とこれに基づく法の解釈と法の事後的形成に最も充分に精通するということが達成される。この認識に基づいて、弁護士は、訴訟当事者にたいし、上訴の見込について適切な助言を与えることができる。弁護士は、こうして、成功の期待できない事件において上訴が提起されないように助力することができる。見込のない事件が上告審までゆかなければ、第一に、当事者にとっては不必要な面倒と費用が節約されるし、第二に、こういう予防的な助言は、連邦裁判所が見込のない上告で煩わされず、真に重要な任務に専念できるために役立つ。」

(3)　連邦裁判所所属弁護士は、その活動を挙げて連邦裁判所に協力しなければならない以上、他の裁判所での活動は、当然、制限されざるをえない。しかし、反面、通常裁判権の上告審裁判所の弁護士に連邦の他の上級裁判所など限られた分野での活動を認めることは、弊害もなく、かえって、司法の利益にかなうものである。そこで、連邦弁護士法は、つぎのように定めた。連邦裁判所所属弁護士は、他の上級連邦諸裁判所（基九六I参照）および連邦裁判所に出頭することができるが、その他の裁判所には、右の各裁判所のいずれかから嘱託を受けた受託裁判官の面前における手続以外には、出頭することを許されない。もっとも、国際裁判所あるいは国家間の共同裁判所に出頭する権利は、なんら妨げられない（弁一七二）。

なお、連邦裁判所所属弁護士についても、一般の弁護士に関する規定が原則として適用される（弁一六二）。また、連邦裁判所所属弁護士は、独自の弁護士会つまり連邦裁判所所属弁護士会を形成する（弁一七四I。なお、後述二〇四頁以下参照）。

（1） 従来、第一次試験の受験資格としての大学での学習は、三年で足りたが（裁構旧二Ⅱ）、実際は、三年半あるいは四年の履修を経てから第一次試験を受けるのがふつうであった。Vgl. Die Ausbildung der deutschen Juristen, S. 102. 裁判官法は、この実情を考慮して、三年半に延長したのである。

（2） 「裁判官法施行地域」（裁五Ⅱ）とは、西ドイツ連邦共和国および西ベルリンをさす。

（3） 裁判官法施行以前の規制については、杉山「戦後のドイツにおける法曹養成」司法研修所報一六号一三三頁以下参照。

（4） 一九五四年秋、フライブルク大学のゲルハルト・フッサール教授がイニシアチブをとって、大学教授、政府職員、裁判官、弁護士等からなる法曹養成教育問題調査会（Der Arbeitskreis für Fragen der Juristenausbildung）が発足し、内外の法曹養成教育の状況と問題点を徹底的に調査・解明し、論議を重ねて、ドイツ法曹養成教育の現状にたいし精細きわまる批判検討を加え、みずからの改革案をまとめ上げた。最近、公刊されたその報告（Die Ausbildung der deutschen Juristen. Darstellung, Kritik und Reform. 1960. 邦訳「ドイツにおける法曹養成教育の現状、批判および改革案」司法研修所・法曹教育叢書第二号）によって、改革案の骨子をみておこう。

調査会もまた、結局のところ、ドイツの従来の方式——大学での学習と実務修習の二段階による法曹養成教育計七年——を基本的には維持している。しかし、この二段階の平面的な羅列を批判し、むしろ、教育の重点は、大学での法学学習におかれるべきで、実務修習は、大学でいちおう完了する理論的基礎教育を補足するものでなければならないとともに、両段階を教育的により効果的な統一のために結合することが必要であるとし、大学での学習の延長、実務修習の短縮、大学での学習の中間に実務学期を挿入することを提案する。すなわち、提案の内容によれば、法曹養成教育の過程は、つぎのようになる。

〔Ⅰ〕 大学での基礎学習（Grundstudium）。四学期（二年）。法学基礎科目の学習であるが、同時に、教養学習を兼ねる。終りに、予備試験（Vorprüfung）を行う。

〔Ⅱ〕 実務学期（Praktisches Studiensemester）。五カ月。学生たちは、二〇名ないし二五名の班を組み、地方裁判所に配属され、そこで、専任の指導官（一般には裁判官から選任。しかし、検察官・行政官・弁護士・公証人でもよい）の指導のもとに、実務を見学する。事件の正確な法律構成といったことが問題ではなく、具体的な所与の事件で、どういう人が、どういう動機から、どういう理由をもって裁判するか、裁判官・検察官・弁護士はどういう行為をするか、彼らはどの程度まで、判例、裁判慣行、手続の熟練、訓令、模範となる人によって決定されるかといった点を実地にみて、これによって、法律における本来の問題はなにかということについてより深い理解の眼を開かれるべきである。実務学期に参加しなくても上級学習には進むことができるが、修習生にはなれない。

〔Ⅲ〕大学での上級学習（Vertieferungsstudium）。四学期（二年）。理論的学習の深化、基礎学習の補足を目的とし、大学卒業試験（Universitätsabschlussprüfung）によって終結する。この試験に合格した者には、学位（法学士 Lizentiat des Rechts）とともに実務修習に入る権利が与えられる。

〔Ⅳ〕実務修習（Vorbereitungsdienst）。二年半。内訳としては、1第一審裁判所、2刑事事件修習（検察庁・刑事合議裁判所）、3行政庁、4弁護士および公証人、5区裁判所（非訟事件）および労働裁判所、6高等裁判所もしくは高級行政庁、のそれぞれに、各五カ月を宛て、国家試験（Staatsprüfung）によって終結する。

（5）ただし、ドイツのほとんどすべての大学では、ドクトルの学位をもたない者は大学教授資格の授与（Habilitation）を受けることができず、ドクトルの学位授与（Promotion）を受けるには、第一次試験に合格したことが要件とされており、しかも、第一次試験に合格した者が第二次試験まで取っておくのがふつうである以上、裁判官法第七条の例外は、実質上ほとんど例外とよぶに値いしないであろう。Vgl. Schmidt-Räntsch, Deutsches Richtergesetz, Kommentar. 1962.（= Schmidt-Räntsch, DRiG）§7 Anm. 2.

（6）Vgl. Schmidt-Räntsch, DRiG §5 Anm. 13. なお、レール「ドイツの司法修習生の生活について」司法研修所報二一号三四頁以下参照。

（7）Vgl. Die Ausbildung der deutschen Juristen S. 96.

（8）その具体的な状況については、レール・前掲、四二頁以下参照。

（9）詳細については、Vgl. Deesen, Zur Ausbildung in der Anwaltsstation, JZ 1959 S. 524f. なお、Vgl. Ausbildung, S. 218, S. 224f.

（10）Vgl. Kalsbach, BRAO § 26 1.

（11）Amtl. Begr. zu §31 BRAO. ただし、裁判所にとっても、認可弁護士名簿は、救助弁護士・国選弁護人・後見人・輔佐人等の選任のために役立つことは、いうまでもない。Vgl. Kalsbach, BRAO §31 2.

（12）坂本「西独の弁護士」自由と正義一四巻一号二頁以下参照。

（13）一八七八年のライヒ弁護士法では、申請者が裁判官資格試験に合格した邦（Bundesstaat）においてのみ弁護士資格の認可を受けることができるものとし（同法四Ⅰ）、実質上、移転自由の原則を否定した。これは、当時、各邦における資格試験の規定にかなり差異があったため、不公平な結果を生ずることを懸念したためである。この態度は、その後、弁護士層からアナクロニズムとしてきびしく非難され、移転自由の原則の採用がしきりに要望されたが、第二次大戦後、他地区からの弁護士の流入を防ごうとする動きも諸方にみられ、結局連邦弁護士法まで実現をみなかつたのである。Vgl. amtl. Begr.（BRAO）, S. 19f.

(14) Vgl. amtl. Begr.（BRAO）S. 22.

(15) Vgl. amtl. Begr.（BRAO）S. 22f.

(16) Vgl. amtl. Begr.（BRAO）S. 35f.

(17) Lokalisierungsprinzip は、地域制あるいは地域制限の原則と訳するのがふつうであるかもしれないが、弁護士と特定の地域との関連よりも、むしろ特定の裁判所との関係が問題なのであるし、Lokalisierungszwang あるいは lokale Zulassung といったことばの訳し方をも考え合せて、ここでは、分属制とした。三ケ月・ドイツの司法制度（たとえば、一二頁・五八頁）でも、分属制および重畳的分属制という訳語が用いられている。

(18) Amtl. Begr.（BRAO）S. 48.

(19) その全貌については、斉藤「西ドイツの民事司法の改革」法学二七巻二号一六二頁以下参照。

(20) 地方裁判所についての所属認可は、地方裁判所の所在地と別の地に在るその商事部にも及ぶ（弁二二）。これは、重畳的認可ではなく、裁判所構成のうえからいって、むしろ当然なのだが、一八七八年のライヒ弁護士法で反対趣旨の特則においていた（同法八Ⅱ）ところから、明規されている。

(21) ドイツ弁護士協会の出している Anwaltsverzeichnis（1960）では、地方裁判所についてのみ所属認可を受けている弁護士は見当られないようである。なお、後註(24)参照。

(22) Vgl. Kalsbach, BRAO §20 5.

(23) 戦前には、全ライヒの高等裁判所二六のうち、高等裁判所専属認可しか認めないものが一八、一般的に重畳的認可を認めるものが一、部分的に重畳的認可を認めるものが七、というふうに分かれていたが、さらに、混乱し、連邦弁護士法成立前の状態では、西独人口のうち二七〇〇万は高等裁判所専属認可しか認めない領域に、また、六〇〇万は一般的重畳的認可、一四〇〇万は部分的重畳的認可を認める領域に住んでいる、といわれた。Vgl. Erdsiek, Zur Frage der Simultanzulassung, JZ 1955 S. 666ff.

(24) 区裁判所所属と地方裁判所所属の重畳的認可にかんする規定は、興味ある変遷をたどっている。一八七八年のライヒ弁護士法(九Ⅱ)では、各個のケースにつき高等裁判所と弁護士会理事会の一致した意見に従い司法の利益にとって有益と認められた場合にかぎり同時認可を与えなければならないものと規定したが、その運用にあたっては、プロイセンやバイエルンのように重畳的認可の申請がほとんどつねに却下される結果を生じた。そこで、一九二七年三月七日の改正法(一2)で、一般的に重畳的認可を認めうるものとし、ただ、高等裁判所長官が司法の利益を守るために異議の申立をすることができるという制限を附した。ところが、そうなると、こんどは、高等裁判所長官の異議権は実際上全く行使されないことが明らかになったので、一九三六年のナチスの弁護士法では、右の制限をもとり除いた。戦後は、ナチスの改正以前の状態に復したが、多くのラントでは、やはり、高等裁判所長官の異議権は、認めない状態を維持した。連邦弁護士法はこの状態を固定したのである。Amtl. Begr. (BRAO) S. 54f.

(25) 論争の内容については、Erdsiek, a. a. O. によった。

(26) Vgl. Bericht der Kommission, S. 277.

(27) Kern, Gerichtsverfassungsrecht, 3. Aufl. S. 288.

(28) 選考の過程において弁護士層の意向が反映せしめられているので、認可の決定にあたってあらためて弁護士会理事会の参考意見を求める必要はないが、認可を与えるについて疑問がある場合には、連邦裁判所所属弁護士会理事会の意見をきくことができるほか、申請人にたいし名誉裁判権の手続なり犯罪捜査または刑事裁判手続が進行中である場合には、決定を中止することができ、申請人の配偶者が連邦裁判所に勤務しあるいは一定範囲の近親者が連邦裁判所の裁判官である場合、もしくは、申請人が被推薦者名簿に登載されるための形式的要件を欠く場合には、認可を拒否することができる(弁一七〇)。

〈4〉　弁護士活動の実態

一　弁護士活動の態様

いうまでもなく、弁護士の活動範囲は非常に広くかつ多様であって、これを明確に画定することはできない。ドイツ連邦弁護士法も、弁護士は一切の法律事件につき独立の助言者また代理人となることを本分とすると規定して（弁三Ｉ）、消極的な限定を避けるとともに、過去の暗い経験にかんがみてか、弁護士の活動領域の不当な縮減の可能性を封じようとして、つぎの規定をおいている。すなわち、弁護士のあらゆる種類の法律事件において代理人または輔佐人として裁判所、仲裁裁判所または諸官庁に出頭する権利は、連邦の法律によるのでなければ制限できず（弁三Ⅱ。もともと、弁護士制度は、連邦とラントの競合的立法事項に属する。基七四Ｉ・七二参照）、なにびとも、法律の規定の枠内で、あらゆる種類の法律事件において自己の選択する弁護士に助言を求め、裁判所、仲裁裁判所または諸官庁において弁護士による代理を受ける権利を有する（弁三Ⅲ）。

もちろん、各個の事件の依頼を承諾するかどうかは、原則として、その弁護士の自由であり、承諾の義務はない。ただ、承諾の意思を有しない場合には、遅滞なくその旨を表示しないと、遅滞により生ずる損害の賠償をしなければならなくなるだけである（弁四四）。例外として、救助弁護士あるいは緊急弁護士としてまたは禁治産事件における禁治産者の代理人として附添を命ぜられた場合（民訴七八ａ・一一五Ｉ3・一一六Ｉ・一一六ａ・六六八・六七九・六八六・労裁一一ａなど）には、刑事事件の国選弁護人に選任された場合（刑訴一四一・一四二）と同じく代理ないし弁護を引き受ける義務があり、重大な事由が存するのでなければ附添命令なり選任処分の取消を申立てることはできない（弁四八・四九）。逆に、事件の依頼を承諾してはならない場合がある。すなわち、弁護士が、（イ）依頼の趣旨を果せば職務に違反することになる場合、

（ロ）同一事件において他方の当事者のためにすでに反対の利害に立って助言または代理をした場合、（ハ）同一事件においてすでに裁判官、仲裁人、検察官または公職にある者として関与した場合、（ニ）自身または自身と共同の職務実行のため結ばれた弁護士が公証人として作成した証書の法的効力なり解釈が問題である場合、がそれである（弁四五）。

事件の受任によって成立する弁護士と当事者との関係は、私法上の法律関係であり、その性質は、請負ではなくて雇用であるとするのが通説である（ただし、事務の処理を目的とする雇用として委任にかんする規定の多くが準用される。民六七五）。ただ、この契約から生ずる私法上の義務とならんで、弁護士たる身分の法に基づきその職務を誠実に行うべき身分法上の義務（弁四三）がはたらくことを注意しなければならない。弁護士がその（または、その事務所の職員の）責に帰すべき理由により期日や期間を懈怠したり判例を知らなかったりしたために依頼者に損害をかけた場合には、その損害を賠償する責を負うが（弁護士の損害賠償義務は、三年の短期消滅時効（弁五一）に服する）、こういう賠償請求を受ける事例が少くないのか、ドイツでは、弁護士の損害賠償責任保険（Haftpflichtversicherung für Rechtsanwälte. その内容については、Anwaltsverzeichnis. 1960. S 111ff. 参照）が行われ、弁護士たるものはこれに加入するのが普通だといわれる（Vgl. Kern. Gerichtsverfassungsecht. S. 243.）。ドイツ人の強い権利意識をうかがわせる一面といえようか。

ドイツでは、私法上の権利関係も連邦法とラント法の両面から複雑かつ詳細に規定されるし、予想されるあらゆる事態にそなえて準拠すべき規範をあらかじめ設定しておこうとする国民性もあって、弁護士や公証人の利用は高い頻度を示しているようである。弁護士の多くが公証人を兼ねることもあって、両者の職務を通じ、弁護士は国民の日常生活のあらゆる面に不断に接触しつつ活動するばかりでなく、弁護士が私企業と恒常的な関係に結ばれた顧問職弁護士（Syndikusanwalt）として働くことも、ひろく見られる顕著な現象に属する。かくて、ドイツの弁護士が予防司法の面で果す機能は、わが国の弁護士におけるそれとは比較にならない輻員と濃度をもつ[1]。さらに、訴訟活動の面では、とくに弁護士強制の存在を注目しなければならない。弁護士強制の制度を通じて、弁護士は、国家の司法機構の一翼を担当せしめられ、そのことが、ひいては、ドイツの弁護士のあり方を諸般の面で決定してゆく。救助弁護士・緊急弁護士の制度や、わが国に比べていちじるしい差異の認められる弁護士報酬の規制もこの関連でわれわれの眼を惹くものがある。アメリカ流の大きなロー・ファームはみられず、弁護士の個人的な責任が尊重されるようであるが、大都市では、数名の弁護士の合同形態 Sozietät も少なくないようである。[2] なお、裁判権の極端な分裂にあえぐ西ドイツの特殊の現象として、特別裁判権の各裁判所における弁護士活動なり専門弁護士の制度がある。以下には、これらドイツの弁護士活動に特有な諸相を拾い上げてみてゆくことにする。

二　弁護士と公証人

弁護士が副業として公証人を兼ね、また逆に、公証人が弁護士を副業とすることが認められるのは、ドイツ弁護士制度のひとつの特色をなすものであろう。前者は、弁護士公証人（Anwaltsnotar）、後者は、公証人弁護士（Notaranwalt）とよばれる。

ドイツでは、従来、公証人に関して、三種の制度が併存する。その一は、弁護士との兼業を認めない専任公証人制（Nurnotariat）、その二は、弁護士が公証人を兼ねる弁護士公証人制（Anwaltsnotariat）、その三は、純然たる公務員として固定給を受ける官吏公証人制（Beamtennotariat）である。官吏公証人制は全くの例外であり、専任公証人制と弁護士公証人制とは、その行われている地域からみれば、両者ほぼ匹敵しているが、数のうえでは弁護士公証人が断然多い。[3] 一九六一年二月二四日の連邦公証人法（Bundesnotarordnung. BGBl. I. S. 97.）も、この三制度併存の現状をそのまま維持する態度をとった。ひとつには、若干のラントに公証人制度の変更をラント政府の同意にかからしめている基本法の規定（基一三八）が妨げになったし、「現在の事実的・経済的事情」から統合は無理と判断されたためである。現在、専任公証人制をとるのは、バイエルンをはじめ、ノルトライン＝ヴェストファーレン（旧ライン法領域）、ラインラント＝プファルツ、ハンブルクおよびザールラントであり、弁護士公証人制は、もともとプロイセンで発展した制度であるが、現在、西ベルリンのほか、西独では、ブレーメン、ヘッセン、ニーダーザクセン、ノルトライン＝ヴェストファーレン（旧ライン法領域以外）、シュレスウィヒ＝ホルシュタインがこれを採っている。ややこしいのは、バーデン＝ヴュルテムベルクで、そのうち、カールスルーエ高等裁判所管内では、もっぱら官吏公証人制、シュツットガルト高等裁判所管内では三種の公証人制全部が、それぞれ、行われているという有様である。[4]

連邦公証人法は、弁護士公証人制について、つぎのように規定する。「一九六一年四月一日現在において公証人の職務が副業としてのみ行われている裁判所区域においては、今後、もっぱら、弁護士が、その特定の裁判所についての所属認可の存続中、弁護士の職務のかたわら同時に公証人としての職務を行うために公証人に任命される」（公三Ⅱ。なお、公一一六参照）と。ひとつのラント内でも、各裁判所の管轄区域によって公証人制度の内容が異なりうること、任期は、専任公証人におけると異なり終身ではなく、裁判所所属認可の存続中にかぎること、および、弁護士公証人制のとられる区域では、専任公証人の任命はできないこと、などを注意すべきであろう。なお、連邦公証人法によれば、公証人は、整序された司法のために必要である場合には、自己の職務上の住所を管轄する区裁判所所属として弁護士認可を受けることができる（公三Ⅲ）。これが公証人弁護士であり、専任公証人にかんする連邦公証人法の規定のほか、弁護士認可や弁護士としての活動などについて連邦弁護士法の規定の適用を受けるが、一般の弁護士と異なり、地方裁判所についての重畳的認可を受けることは許されず、また、客観的な事情の変更があれば弁護士認可を取り消されることがある。

弁護士公証人制と公証人弁護士制は、ともに、主として、経済的理由に基づいている。弁護士と公証人の職務の内面的な関連といったものが基礎になっているのではない。弁護士公証人にあって、公証人としての手数料が弁護士としての収入を補うべき意味をもつのと同様に、公証人弁護士も、ほんらいならば専任公証人をおく必要があるのに公証人としての収入だけでは生活を維持できないという場合に意味をもつ制度である。[5] それにしても、このように、弁護士と公証人の兼業が可能なのは、弁護士と公証人が共通に裁判官資格をそれぞれの資格要件としている点（弁四、分五）によるものであることを見落してはならない。

三 顧問職弁護士

ドイツの弁護士は、営利を目的とする法人の役員や使用人となることをかならずしも禁じられてはいない（日弁三〇Ⅲ参照）。それどころか、ドイツの弁護士の私企業への進出は、まことに顕著なものがあるようで、とくに第一次大戦後、ドイツでは、銀行、保険会社、生産会社などの大きな企業や各種経済団体では、それぞれ、自己の法律部（Juristische Abteilung, Rechtsabteilung, Juristisches Büro などとよばれる）をもち、これを指導する顧問職（Syndikus）として弁護士を雇用ないしこれに類する契約により恒常的に固定給をもってかかえることが普通になっているようで、(6) こういう弁護士を Syndikusanwalt（顧問職弁護士）とよぶ。従来、この顧問職弁護士は、ふたつの面から問題とされてきた。ひとつは、顧問職にある者に弁護士資格の認可を与えまたは保持せしめてよいか、という問題であり、他は、弁護士としての職業上の義務に違反しないかどうか、という問題である。

当初は、顧問職は弁護士の職業または弁護士職の名誉と合致しえない活動を行うものだとして（一八七八年ライヒ弁護士法五4、弁七8・一四Ⅰ1参照）、その弁護士資格の認可を拒否しまたはこれを取り消すことが行われたが（第二次大戦後の混乱期にも、一九四六年のバイエルン弁護士法や一九四八年のヘッセン弁護士法は同じ態度をとった）、やがて、この厳格さは緩和され、現在では、雇用関係にしばられた顧問職としての仕事とならんで自由な弁護士活動をも展開できる法律上・事実上の可能性と意思をもつ場合に弁護士認可を受けうるものと解されている。(7)

同じように顧問職としての活動がただちに弁護士としての義務違反となるのではなく、顧問職たる弁護士の各個の具体的な活動につき義務違反の有無が問題とされるにすぎない。したがって、個別的な判定を必要とするわけであるが、少くとも、顧問職弁護士の訴訟代理に関しては、一九三四年一二月二〇日の弁護士法改正法(8)（一以後これを禁止する明文がおかれ、連邦弁護士法第四六条も、「弁護士は、自己が恒常的な雇用関係もしくはこれに類する従業関係に基づきその労働時間と労働力を主として供しなければならないところの者の委任を受けて、この者のために、弁護士としての彼の資格において裁判所または仲裁裁判所の面前で行為することは許されない」と規定している。もともと、Syndikus たる弁護士は、雇用契約に基づく義務と独立の司法機関としての職業上の義務というかたちで二重に義務づけられているが、前者の義務が発動させられるかぎりでは後者の義務の履行の万全を期することはできず、後者の義務が前面に立つべき裁判所の手続において弁護士が適正に活動できるためには、前者の義務による拘束があってはならない、という考えが、右の規定の基礎をなす（Kalsbach, BRAO §46 Anm. 3.）。したがって、顧問職たる弁護士が、弁護士強制の行われない手続において当事者である会社の取締役としての資格で登場するといったことは、右規定による禁止にふれないが弁護士としての資格において裁判上の手続に登場することは、手続の種類・段階をとわず許されないのであって、この禁止に違反した場合には、その訴訟行為じたいが無効となるわけではないにしても、当の弁護士は、職業上の義務に違反したものとして懲戒をまぬかれない[8]（Vgl. amtl. Begr. (BRAO) S. 92.）。

四　弁護士強制

ドイツでは、「地方裁判所およびその上級の各裁判所においては、当事者は、受訴裁判所につき所属認可を受けた弁護士を訴訟代理人として、その代理を受けなければならない」（民訴七八Ⅰ）。いわゆる弁護士強制（Anwaltszwang）であり、弁護士強制の行われる手続を弁護士訴訟（Anwaltsprozess）とよぶ（弁護士訴訟にたいし弁護士強制の行われない訴訟を当事者訴訟（Parteiprozess）とよぶが、前者は条文上の正式の呼称であり、後者は民訴法草案理由書に現われた呼称である）。弁護士強制は、ドイツ民事訴訟のひとつの特徴をなすだけでなく、ドイツの弁護士のあり方を根本的に規定した最大の要素でもある。国家がその営為する訴訟制度を国民に利用させるにあたって弁護士による代理を強制する以上、弁護士制度はこれに対応する実質をもつことが要請されるのはとうぜんであるし、国家としても弁護士のあり方に直接の強い関心をもたざるをえないからである。弁護士の認可、分属制、救助弁護士、緊急弁護士、弁護士の義務、弁護士報酬など、いずれの問題をとらえても、弁護士強制との密接な関連をそこにみることができる。

(1)　レービンの研究[9]によると、弁護士強制は、ローマの訴訟制度の発展の全経過を通じ全く無縁のものであり、もともと、訴訟を個人の私権をめぐり紛争としてもっぱら個人主義的に把握するローマ法の基盤のうえには弁護士強制の発想は生い立つべくもなかった。これに反し、ゲルマン法では、当初から、法的紛争は共同体秩序の攪乱と考えられ、訴訟当事者は法的平和の回復のために協力することを要求されるところから、法を知らぬ当事者には公の利益のために代弁人（Vorsprecher）による輔佐を付することが、はやくから行われ、一三世紀以降、代弁人の利用が固定した慣行となり、なにびとも裁判所の面前で自己の権利の実行のために自己の口を用いてはならないという法命題が成立し、代弁人強制による必要的輔佐という形で弁護士強制の素地がまず形成されたのである。ローマ・カノン訴訟の継受に伴う新しい弁護士制度（Prokurator と Advokatur）の導入も、この素地を除却し去ることができず、かえって、一六ないし一八世紀には、いたるところで、プロクラトール強制（Prokuratorzwang）という形での弁護士強制がみられるようになった。これは、とくに、国民的な伝統がながく保持された下級の諸裁判所に顕著である。他面、帝室裁判所においてそうであったように、当事者自身の出頭は禁じないにしても、代理を受けるにはプロクラトールによらなければならないとする、訴訟代理の弁護士独占という傾向がひろく普及し、そこから、さらに、一部では、とくに中級・上級の裁判所において当事者自身の訴訟行為を許さない弁護士強制にすすんだ。しかし、普通民事訴訟ではローマの伝統に忠実に弁護士強制をとらず、指導的な地位にあったプロイセンでも（サビニーらの弁護士強制採用論が容れられず）、訴訟代理の弁護士独占という線にとどまったなど、形勢は混沌となったが、一九世紀中頃からは、急に強まったフランス訴訟法の影響もあって、口頭主義が強調されるとともに、弁護士強制は口頭主義の維持・実現のための必須の手段であるという確信が深まり、諸邦の訴訟法の立案にさいしても、あいついで弁護士強制が採られた。一八七七年一月三〇日のドイツ民事訴訟法典も、こうした時代的背景のなかで、弁護士強制の採用にふみきったのである。

ドイツ民事訴訟法草案理由書は、弁護士強制採用の理由をつぎのように説明する[10]。この制度にたいする当時の受けとり方がよく現われているので、やや整理されないうらみはあるが、原文をそのまま訳出しておこう。

「地方裁判所およびその上級の各裁判所での通常手続において弁護士による代理を要求する一般的かつ内面的な理由は、この手続がどのように構成されているかの態様（„Art und Weise, wie dieses Verfahren konstruirt ist."）に存する。これと同じような手続形式をもつ法域の実際上の経験によると、判決裁判官の面前における弁論の直接性（直接主義）の諸原則と——少くとも本質的な諸部分における——当事者による訴訟追行とに基づく訴訟手続にとっては、弁護士強制は全く不可欠である。軽率にかつ誤って開始される訴訟を抑止することは、国家の福祉・司法・訴訟を追行する当事者のいずれの観点からしても、同様に望ましい。裁判所の活動は、現実の必要がなければ、また、所期の目的が現実にも達せられる可能性と蓋然性がなければ、これを求めるべきではないのである。重要な訴訟は、いずれも、その実行が成果を収めるためには徹底的な準備を必要とするが、こういう準備は、法律知識と法律経験がなければ充分に行うことはできない。訴訟における当事者の処分権の構成をもっと自由にせよという要望がしばしば声を大にしてなされ、また、（裁判所による）後見の原則を排除せよという希望も正当であるが、こういう要望なり希望からすれば訴訟の準備的段階および訴訟の本来の審理を裁判所の手から当事者の手に移すことが必然的なものとなる。そして、こういう理由で、これまで裁判官の果してきた機能が当事者に委ねられることになれば、訴訟追行がその訴訟活動の慎重性と信頼性につき裁判官と同様の保障を与える人々の手中におかれるようにすることが必要である。その学識、その職業、その身分的名誉およびその公職的地位によって受訴裁判所にたいし右のような保障を与える人々が当事者を代理することを前提としてのみ、本草案は、手続のより自由な構成という利益のために煩瑣な形式をできるだけ捨てることができたのである。弁護士の（当事者の死亡などの場合における）、仮定的代理権および弁護士に与えられた権能の大きさ（草案八二・七五）、訴訟書類および証書の相互的通知（草案一七四・一二二）、完全な記録をもつべき弁護士の義務（草案一二八）、訴訟の進行を開始し停止する弁護士の権能（草案一八四・一九五・二二〇）を指摘するだけで充分であろう。これらのことがいいかげんに行われるならば、裁判所や当事者にとってきわめて重大な不都合が生ずるにちがいない。さらにまた、弁論をする者が必要な法的学識のほかに自由な弁論および反対弁論において法的紛争の事実的および法律的な関係の全内容を裁判所に提示する能力をも有するということは、判決裁判所の面前における口頭弁論にとって重要な意義を有する。こういう要件にかなった訴訟追行は裁判所で弁論することを職業として選び実務上の修練によってこれに習熟した法律知識のある人々にのみ期待することができる。そのほか、弁論の直接性の原則に基づく手続においては、法律知識のある人によって輔佐を受けない当事者が登場するとなると、弁論する当事者の興奮と法的不知によって、事件の状態は明確を欠き、法の認識は困難となり、裁判所の弁論の真摯と品位が害されるという危険が生ずるであろう。自身で裁判所に出頭し、そのことによって相手方にたいし不利な立場に立ったような当事者がある場合に、それはその当事者の自業自得だ、訴訟において代理を受ける権利は放棄できないわけがない、といって片づけることはできないであろう。なぜなら、自身の訴訟追行によって不利を招いた当事者がこの不利を受けたのは、訴訟がそのなかで動くところの形式を知らず、また、これを理解できなかったという理由によるものであるが、こういう形式が法律によって立てられたのは、当事者を害する目的のためではなくて真の法の発見を確保する目的のためである。また、自身で出頭する当事者は権利を放棄する意思を有するわけではなく、かれらが法を知らないということの結果として不利をこうむるのである。」

現在では、弁護士強制を直接に口頭主義なり直接主義と相関させて理解することは皮相といわなければなるまいし、ドイツ民事訴訟法成立当初の濃厚な当事者主義的色彩がその後多分に職権主義的な修正をこうむっていることも事実である。しかし、なんとしても、法律にうとく充分な訴訟経験もない当事者が自分で訴訟の見込を充分に判断できず、適切な訴訟追行の要請に応ずることもできないのは、当然である。弁護士がそういう当事者に訴訟の危険と困難を指摘し、和解の道を指示し、不必要、不適法あるいは理由のない訴えを抑えるならば、当事者にとってはもちろん、司法の担い手である国家にとっても利益であり（弁護士強制の訴訟予防的機能（Präventivfunktion））、訴訟となった場合でも、専門法曹たる弁護士が適切な事前調査と無駄のない充実した訴訟活動によって事案の事実的・法的解明をはかり、見込のない上訴を妨げるといった点で決定的に寄与することは、当事者の利益を守り、裁判所の負担を軽減し、司法への信頼を確保するうえに必要である。こういう見地から、現在まで、弁護士強制そのものの価値については、いささかも疑いが向けられてはいない。最近、さきにふれた民事裁判制度改革準備委員会の報告書も、弁護士強制の必要性をあらためて確認するとともに、現行法の認める範囲で弁護士強制の適用を維持することが最も適当である旨の結論を出しているのである[12]。

(2) 弁護士強制は、地方裁判所およびそれ以上の審級のすべての裁判所の手続について行われるのであって、区裁判所の手続には関しない[13]。区裁判所の管轄に属する事件のほとんどは、日常生活の比較的単純な事件で、提出される事実や法律問題もおおむね類型的であるから、弁護士による代理を要求する必要性に乏しいし、訴訟物の価格も小さいから弁護士強制に適せず、むしろ、事案の難易・軽重に応じて弁護士に依頼するかどうかを当事者自身に決定させるのを適当とするからである。

地方裁判所以上の合議制裁判所の手続では、弁護士強制が一般的に行われる[14]。口頭弁論だけでなく受訴裁判所における手続の全体が弁護士強制に服するのであって、合議体の面前における手続であると単独裁判官(Einzelrichter)による手続であるとをとわない。手続内の訴訟行為は、書面によってなされることを要するといなとをとわず、申立て・主張・挙証その他の陳述のすべてにつき弁護士の代理を要するのであって、自白や請求の放棄・認諾もその例外ではない。ただ、いわゆる受動代理に関しては、弁護士強制は、口頭弁論における陳述の受領について問題となるだけで（これも、弁護士に代理されない当事者が自身で出頭しても欠席として取り扱われるからである）、弁論外で相手方の意思表示や送達を受領することは、当事者自身でできる（ただし、訴訟代理人選任後は、送達は訴訟代理人になすことを要する（民訴一七六））。したがって、弁護士訴訟でも、訴状の送達はまだ訴訟代理人を選任しない被告自身にたいして有効になしうるが、被告自身は弁論能力を有しないのであるから、口頭弁論の呼出状には（送達が弁護士になされるのでないかぎり）、受訴裁判所につき所属認可を受けた弁護士を訴訟代理人に選任すべき旨の催告が記載されるし（民訴二一五）、同様に、上訴審の口頭弁論の告知にあたっても、その上訴裁判所につき所属認可を受けた弁護士による代理の必要を指摘することになっている（民訴五二〇Ⅰ）。

例外として、（イ）受命裁判官または受託裁判官の面前における手続、および、（ロ）書記課の証書官(Urkundenbeamte)の面前でなされ、証書官によって調書が作成される訴訟行為（受救権付与の申立、証拠保全の申立、仮差押・仮処分の申請など。それらがげんに書面によってなされた場合にも同じ）が弁護士強制に服しないことについては明文（民訴七八Ⅱ）があり、同様に、（ハ）証書官または司法補助官(Rechtspfleger)自体にたいしてなされる申請（例、記録謄本付与申請、訴訟費用額確定申請など）、および、（ニ）裁判所や相手方にたいしてなされるのでない点で狭義の訴訟行為に属しない行為（例、第三者への訴訟告知、書記官への書面の提出、送達の委託（民訴一六六）など）についても、弁護士強制の適用がないと解されている(15)。

受訴裁判所につき所属認可を受けた弁護士（例外、特許訴訟にかんし、Patentgesetz, §51 III）によって代理されなければならないのは、当事者だけではなく、補助参加人も同様であるが、例外として、職務当事者としての検察官または受訴裁判所につき所属認可を受けた弁護士自身が当事者またはその法定代理人としてみずから訴訟行為をなす場合には、弁護士による訴訟代理を受ける必要がない(16)（民訴七八Ⅲ）。弁護士強制に服する訴訟行為は、当事者（または補助参加人）自身がすることはできず、受訴裁判所につき所属認可を受けた弁護士により代理されない当事者は、弁論期日に出頭しても欠席の取扱を受けるし、こういう当事者自身のした訴訟行為は、適式に代理された当事者の援用ないし追認によって瑕疵が治癒されないかぎり、相手方にたいし効力を生ぜず、裁判所は、これを無効として却下しなければならない。ただし、当事者の発言一切を封ずるわけではないから、適式に代理されているかぎり、口頭弁論期日に一緒に出頭した当事者は、裁判長に申し立てて自身で発言することが許されるし（民訴一三七Ⅳ）、こういう当事者がいわゆる更正権によって弁護士のした自白その他の事実上の陳述をただちに撤回しあるいは訂正することも、もちろん、可能である（民訴八五）。

五　救助弁護士

ドイツでは、訴訟救助がかなり多く利用されているようであり、[17] 受救権（Armenrecht）（民訴一一四条以下）の付与を受けた当事者のため附添を命ぜられたいわゆる救助弁護士（Armenanwalt）としてこれを代理することも、弁護士活動の注目すべき一面ということができよう。

(1)　救助弁護士には、つぎの三態がある。[18]

（イ）　弁護士訴訟における救助弁護士　　訴訟救助の目的が貧困な者にも裁判所の裁判による法的保護を受けることを得しめるにある以上、弁護士強制主義を採った一八七七年のドイツ民事訴訟法が同時に弁護士訴訟につき救助弁護士附添命令の制度を設けたのは、全く当然といってよい。自己とその家族の必須の生計を害することなしには訴訟の費用を支弁できない当事者は、所期の法的追行または法的防禦に充分の成算がありかつ軽率でないと認められる場合には、受訴裁判所への申立てにより受救権の付与を受けることができるが（民訴一一四I）、その受救権の内容は、裁判費用の仮免除、訴訟費用の担保供与の免除、送達および強制執行のための執行吏の附添のほか、弁護士訴訟につきさしあたり無償でその権利の保護にあたるべき弁護士を附き添わせる命令を求める権利をふくむ（民訴一一五I）。この権利を除いて受救権を付与することはできない反面、受救当事者としても弁護士附添命令を格別に申し立てる必要はなく、受訴裁判所は、受救権付与の決定において同時に弁護士を受救当事者に附き添わせる旨の決定をし、さらに、これに基づいて、受訴裁判所の裁判長が受訴裁判所につき所属認可を受けている弁護士のなかから救助弁護士を選任する処分（民訴一一六bI）がなされる。実務では、ふつう、この三者が外形上一個の裁判に結合してなされているようである。

（ロ）　当事者訴訟における救助弁護士　　弁護士強制の行われないいわゆる当事者訴訟では、受救当事者自身の訴訟追行が法律上は可能なわけであるが、事実の内容しだいでは、実際上無理であり、弁護士による代理を受けなければ救助を受けた意味がない場合がありうる。そこで、当事者訴訟においても、とくに、弁護士による代理が必要と認められる場合には、受訴裁判所は、受救当事者の弁護士附添命令の申立に基づき、救助弁護士の附添を命ずることができる[19]（民訴一一六Ｉ）。要件がしぼられている点と格別の申立を要する点で、（イ）の場合と異なる。

（ハ）なお、弁護士訴訟におけると当事者訴訟におけるとを問わず、すでに救助弁護士の附添を受けている受救当事者のために、さらに特別の弁護士の附添を命じうる場合がある。その一は、受訴裁判所の嘱託に基づき受託裁判官によって行われる証拠調期日の遵守のために特別の弁護士の附添を命ずる場合であり、その二は、受救当事者が受訴裁判所の所在地から遠く隔ったところに住んでいる場合に、受救当事者と訴訟代理人たる救助弁護士（原則として、受訴裁判所の所在地に事務所をもつ。弁二七Ⅱ）の間の連絡に当らせるために受救当事者の身近に在る弁護士（連絡弁護士。Verkehrsanwalt）の附添を別に命ずる場合である（民訴一一六ａＩ）。さきにみた（ロ）の場合には、受訴裁判所たる区裁判所が、また、（ハ）の各場合には、受訴裁判所の嘱託に基づき、証拠調がなされるべき地または当事者の住所を管轄する区裁判所が、可能なかぎりその区裁判所につき所属認可を受けている弁護士のなかから救助弁護士を選任するが（民訴一一六ｂⅡ）、それが困難な場合には隣接の区裁判所または地方裁判所につき所属認可を受けている弁護士のなかから選任してもよい。

救助弁護士は、さしあたり無償で受救当事者を代理して訴訟行為を展開しなければならない。ただ、一般に弁護士報酬が訴訟費用に組み入れられることに照応して、受救当事者の相手方が判決で訴訟費用の負担を命ぜられた場合には、救助弁護士は、自己の手数料および経費を直接にこの相手方から取り立てることができるが（民訴一二四）、受救当事者にたいしてその支払を求めるには、受救当事者（であった者）の資産状態がよくなって裁判所がさきに受救権の付与によってさしあたり免除された費用の追払をなすべきことを命ずるまで待たなければならない（民訴一一五Ｉ３・一二五Ｉ・一二七）。そのため、訴訟費用を負担せしめられた相手方なり受救当事者が支払の能力を欠くかぎり、救助弁護士は、いつまでも報酬を受けることができず、附添命令は弁護士にとって耐えがたい負担と苦痛に感ぜられ、ひいては、受救当事者にたいする救助の実を挙げえないうらみがあった。一九一九年以後、弁護士の要望が逐次の立法に実って、まず経費につき、ついで手数料につき、また、当初は他の方法で取り立てることができない場合に補充的に、のちには他の方法に関係なく、国庫より救助弁護士にたいし「償還する」（erstatten）ことになった[20]。現行の連邦弁護士手数料法も、救助弁護士は、連邦の裁判所の手続においては連邦の国庫より、ラントの裁判所の手続においてはラントの国庫より、法定の報酬を受けるものとし（弁手一二一）、その内訳をなす手数料の額と経費の範囲を規定している（弁手一二三以下。後述一八二頁以下参照）救助弁護士が国庫から報酬を受けた場合には、救助弁護士が受救当事者（であった者）にたいして有する報酬請求権も消滅するが、国庫は、救助弁護士にたいする支払により、その支払額を、訴訟費用の負担を命ぜられた相手方から直接に取り立て、また、資産状態の回復した受救当事者に支払を請求する権利を取得し（条文（弁手一三〇Ⅰ）が「弁護士の有した請求権が国庫に移転する」と規定しているのは、不正確な表現である）、裁判所の手続の費用の取立てに関する規定（通常裁判権の領域では、Justiz-beitreibungsordnung の規定）に従い、債務名義を要せずしてその権利を実行できる（弁手一三〇Ⅱ）。一種の求償権を国庫はもつわけである。

救助弁護士の法的地位については、とくに国家にたいする関係をめぐって、見解の対立がある[21]。

これを私法説と公法説に分つ。私法説は、救助弁護士附添命令により国家と救助弁護士の間に受救当事者のための訴訟追行を目的とする第三者のためにする契約が成立し、国庫よりの報酬支払は、救助弁護士にたいする契約上の義務の履行にすぎないとする見解であるが、附添を命ぜられた弁護士側の意思表示が問題となりえない点で、不当と非難される。公法説のなかにも、（イ）救助弁護士は、執行吏や公証人と同様に一種の公務を行う者であり、これにたいする国庫補償は公務の履行にたいする給与ないし損失補償であるとする見解（公務説）、（ロ）救助弁護士の附添義務は証人義務や鑑定義務とならぶ一種の特別公用負担であり、国庫補償は、この負担にたいする公法上の損失補償であるとみる見解（公用負担説）、および、（ハ）救助弁護士附添命令とこれに基づく救助弁護士選任処分は受救当事者との間に訴訟委任（性質上は雇用とみるのが通説）の契約を締結すべき旨を救助弁護士に命ずる強制処分であり、救助弁護士の訴訟代理は受救当事者との間に締結される私法上の訴訟委任契約に基づく義務の履行にほかならないとする見解（締約強制説）がある。最後の説が有力であるが、救助弁護士・受救当事者間の契約なり国庫補償の性格をめぐって問題を残している[22]。

(2)　ちなみに、弁護士附添命令の必要は、無資産の当事者だけにかぎるものではない。弁護士強制が行われるかぎりでは、当事者は、たとい資産があっても、たまたま自己の事件を引き受けてくれる弁護士を見つけることができない場合には、それだけで法的保護を受けることができない。こういう事態を防ぐために認められているのが、緊急弁護士附添命令（Beiordnung des Notanwalts）の制度である。すなわち、弁護士による代理が必要な場合において、当事者がその代理を引き受けてくれる弁護士を求めたが果さず、かつ、その所期の法的追行または法的防禦が軽率ないし成算のないものではないと認められる場合には、受訴裁判所は、申立てに基づき、弁護士の附添を命ずることができ、附き添うべき弁護士は受訴裁判所の裁判長が受訴裁判所につき所属認可を受けている弁護士のなかから選任する（民訴一一六ｂⅠ）。当事者に資産がないわけではないので、附添を命ぜられた弁護士は、訴訟代理を引き受けるに当って、当事者が弁護士の手数料や経費につき相当の前払（弁手一七参照）をすることを条件とすることができるが、他面、国庫にたいし報酬の支払を請求する権利は与えられていない。

六　特別裁判権の各裁判所における弁護士

西ドイツにおける司法権の複合的構造＝裁判権の分立は、手続法上随所に著しい不統一を惹起しているが[23]、特別裁判権の各裁判所における弁護士活動の規制についても、かなりの混乱がある。ただ、共通していえることは、特別裁判権の各裁判所の手続においては、弁護士が通常裁判権の裁判所の手続におけるような訴訟活動の独占を認められていない、という点である。

(1)　下級審においては、弁護士の活動を抑えようとする傾向がある。これが最も露骨に出ているのは、労働裁判所法である。一九二六年の労働裁判所法では、第一審たる労働裁判所（Arbeitsgericht）の手続に弁護士が訴訟代理人または輔佐人として関与することを全面的に禁じたのであり、一九三四年の同法改正では若干この禁止は緩和されたものの、戦後は再び旧態に復し、一九五三年の現行労働裁判所法（Arbeitsgerichtsgesetz vom 3.9. 1953, BGBl. I, S. 1267）の立法にあたっても、この点が論議のひとつの焦点となった。現行法は、一種の妥協を示している。すなわち、原則としては、第一審の労働裁判所において弁護士を訴訟代理人または輔佐人とすることは許されないが、それが当事者の権利を守るうえに必要と認められる場合には、裁判長がこれを許可することができるし、また、訴訟物価額が三〇〇ドイツマルク以上の場合には、弁護士の訴訟代理を妨げない（労裁一一Ⅰ。なお、一一a参照）。このように、弁護士による代理・輔佐を原則的に排除する理由としては、これによって手続の低廉化と促進をはかり、使用者と被用者の間の武器平等を保障しなければならない、という点が挙げられる[24]のであるが、実際問題として、範囲がかなり大きいことを注意しなければならないであろう。行政裁判所法（Verwaltungsgerichtsordnung vom 21. 1. 1960, BGBl. I S. 17.）および社会裁判所法（Sozialgerichtsgesetz vom 3. 9. 1953, BGBl. I. S. 1239）でも、それぞれ、行政裁判権および社会裁判権の第一、二審の手続をつうじて本人訴訟を認めている（行裁六七Ⅱ、社裁七三Ⅰ）。[25]

(2) 弁護士以外の者による代理をひろく認めようとする傾向がある。労働裁判所法では労働組合・使用者団体あるいはそれらの連合団体の各代表者等による代理を、第一審たる労働裁判所の手続のみならず第二審たる高等労働裁判所（Landesarbeitsgericht）の手続についても、許している[26]（労裁一一Ⅰ・Ⅱ）。同じように、行政裁判所法でも、第一、二審の手続を通じて、関係人は、適切な申述をなしうる者ならだれでも（„jede Person, die zum sachgemässen Vortrag fähig ist."）、これを代理人または輔佐人として出頭させることができるものとし（行裁六七Ⅱ）、社会裁判所法に至っては、やはり第一、二審の手続を通じて、代理人の資格としては訴訟能力者であることを要件とするにとどめている[27]（社裁七三Ⅰ）。

(3) しかし、上告審においては、やはり弁護士強制、少くとも代理人強制が行われている。すなわち、連邦労働裁判所（Bundesarbeitsgericht）の手続では、当事者は、弁護士（いずれの裁判所につき所属認可をえているかをとわない）による代理を受けることを要し（労裁一一Ⅱ）、連邦行政裁判所（Bundesverwaltungsgericht）の手続では、各関係人は、弁護士またはドイツの高級学校の法律学教師（総合大学および単科大学の正教授・名誉教授・私講師など）を代理人として、その代理を受けなければならない（行裁六七Ⅰ）。

連邦社会裁判所（Bundessozialgericht）の手続でも、関係人（官庁・公共団体・公共施設である場合を除く）は、訴訟代理人による代理を受けなければならないが、ここでは、弁護士（いずれの裁判所につき所属認可をえているかをとわない）のほか、労働組合、社会政策的・職業政策的な目的を有する使用者の独立団体、労働者の団体、戦争犠牲者団体の構成員や職員で定款や委任により訴訟代理権を与えられた者が代理人となりうる[27]（社裁一六六）。

七　専門弁護士

特別裁判権の裁判所における弁護士の活動に関連して、専門弁護士（Fachanwaltschaft）の問題をとり上げておこう。

現在、ドイツでは、正確な数を知ることができないが、「税法専門弁護士」（Fachanwalt für Steuerrecht）を標榜する弁護士が存在し、また、旧イギリス占領地区では、「行政法専門弁護士」（Fachanwalt für Verwaltungsrecht）という表示が使用されてきた[28]。このように、特定の分野を限って自己の専門を表示するのが専門弁護士であるが、これを無制限に認めると、依頼者に誤解を与えたり、弁護士間に不当な競争を惹起するおそれもあるので、連邦弁護士会の「弁護士身分法準則」は弁護士の宣伝や肩書使用の制限とも関連して、専門弁護士の表示を制限した。すなわち、弁護士が弁護士という職業表示のほかに特別の分野を示して「……専門弁護士」という表示を使用することができるのは、管轄の弁護士会がそれを許可した場合にかぎられ、また、その特別の分野も連邦弁護士会が指定したものにかぎる（準六八）。現在、認められているのは、「税法専門弁護士」と「行政法専門弁護士」であるが、後者の許可は、地域的に限られているので、その一般化と、さらに、「社会法専門弁護士」を認めよということが最近さかんに主張されている[29]。

もちろん、専門弁護士の表示の使用につき許可を受けるためには、その分野についての特別の学識なり経験が要求されるわけであるが、専門弁護士であるからとて、専門分野における弁護士活動を独占できるわけでなく、また、専門分野以外における弁護士活動を制限されるわけでもない。ただ、とくに、特別裁判権の裁判所の存在する分野について、専門的な知識を充分に具えた弁護士を養成し、専門弁護士の表示を許すことによって外部的に明瞭に識別できるようにすることは、より適切な代理を受けうる関係人の利益と特別法の運用・発展に資するゆえんでもあるだけでなく、弁護士層の切実な必要に基づくものである。すなわち、弁護士による代理を必ずしも必要とせず、げんに、弁護士以外の者による助言や代理・補佐もさかんに行われているこれらの特別法に関する手続を弁護士の活動領域として確保しておくために専門弁護士の表示が必要だと考えられているのである。(30)(31)その意味で、ドイツにおける専門弁護士の問題は、これを標榜する各個の弁護士の利益の問題ではなく、むしろ、対外的な意味で弁護士身分全体の利益とからむ問題だといわなければならない。

ちなみに、旧「弁護士職務実行基準」では、専門弁護士の表示を許可されていない一般の弁護士でも、自分が特別の法領域ないし外国語に通暁していることを弁護士会理事会に届け出ておき、そういう弁護士がいないかという照会があった場合に理事会がただちに回答を与えうるようにすることを許していたが、新「弁護士身分法準則」では、これを削ってしまった。

八　弁護士報酬

連邦弁護士法は、「弁護士の活動は営業ではない」（弁二Ⅱ）と規定しているが、これは、弁護士が司法機関かつ自由職たる性質上、依頼者に従属せず、収益を得ようとする努力によって自己の態度行動を決定してはならないとの趣旨を宣言するにとどまり、弁護士が依頼を受けた事務の処理につき報酬を受ける権利をもつことは、いうまでもない。ただ、ドイツにおける弁護士報酬に関し、わが法との対比において、とくに注意をひくものは、弁護士報酬の敗訴者負担の原則と弁護士報酬の公定の二点である。(32)

(1)　弁護士にたいし報酬を支払うべき義務を負うものは、つねに、依頼人である。しかし、弁護士が依頼を受けた訴訟が依頼人たる当事者の勝訴となった場合には、その勝訴当事者は，自己が弁護士に支払った決定の報酬——手数料（Gebühren）と立替金（Auslagen）——の償還を敗訴の当事者にたいして請求することができる（民訴九一Ⅱ）。

もともと、訴訟に関する当事者の出資のなかでふつう最も大きな部分を占めるのは、弁護士報酬であるし、現代の特殊専門的に技術化された訴訟においては、実際問題として、弁護士による代理を受けずに満足な訴訟追行をすることは、ほとんど不可能でさえある。したがって、訴訟追行にともなう当事者の出費を結果的にみて理由なしに主張・抗争したことになる敗訴当事者に負担させるという建前が訴訟費用規制の基本とされる以上は勝訴当事者の弁護士費用を敗訴当事者に負担させることは、むしろ、当然の成行といってよく、もし逆に現在のわが法におけるように勝訴しても弁護士費用の償還を求めえないというのでは、国民を訴訟による法的救済から遠ざける結果とならざるをえない。その意味で、弁護士費用の敗訴者負担の原則は、弁護士強制をとるか否とは直接の関係がない[33]。弁護士強制の行われる範囲では、より一層つよい理由をもって肯定されるというだけのはなしである。ドイツにおいても、弁護士報酬の敗訴者負担は、合議裁判所における弁護士訴訟だけでなく、弁護士強制の行われない区裁判所の当事者訴訟や督促手続についても、げんに当事者が弁護士による代理または輔佐を受けたかぎりでは、同じように認められるのであり、また、弁護士の報酬請求権を生ぜしめる各個の行為を当事者自身ではなしえなかった場合であるかどうか、あるいは、弁護士に依頼することが弁護士強制にたいする例外（民訴七八Ⅱ）との関係で必要でない場合であったかどうかも、まったく問題とならない。もっとも、特別裁判所のうち、労働裁判所の手続では、一般に、訴訟代理人または輔佐人の費用の償還を敗訴当事者に請求できないという例外があるが（労裁六一Ⅰ）、行政裁判所や社会裁判所の手続では、やはり、通常の民事訴訟におけると同様に、弁護士報酬敗訴者負担の原則が貫かれているのである（社裁一九三Ⅲ、行裁一六二Ⅱ）。弁護士は、自己の依頼人にたいして報酬を請求できるにとどまり、依頼人の勝訴となった場合でも、直接に敗訴の相手方当事者にたいして報酬の支払を請求することができない。ただし、前述の救助弁護士の場合（民訴一二四）は例外である。

弁護士報酬は公定されているのであるから、一般に、勝訴当事者が弁護士に支払うべき報酬額と敗訴当事者に償還を請求できる額は、当然、一致するはずでなければならないが、かならずしも、そうとは限らない。訴訟費用の全部または一部が勝訴当事者に負担せしめられる場合（民訴九三—九八）や法定基準を上まわる報酬の合意がある場合は別として、なお、つぎのような場合がある（民訴九一Ⅱ）。すなわち、（イ）一個の事件の同一審級に二人以上の弁護士を訴訟代理人とした場合には、各弁護士は依頼人にたいしそれぞれ全額の報酬を請求できるが（弁手五）、依頼人たる勝訴当事者の敗訴当事者にたいする償還請求は、一人分の報酬を超えることができない。しかし、（ロ）訴訟の途中で弁護士が交替したような場合には、その交替がやむをえないものであった——勝訴当事者はこれを立証しなければならない——ときに限って、一人分の報酬を超えて償還を請求できる。また、（ハ）受訴裁判所で所属認可を受けていない、しかも、受訴裁判所の所在地に住所を有しない弁護士に依頼した場合には、その弁護士に支払う旅費については、こうした他地の弁護士に依頼することが合目的的な権利追行または権利防禦に必要であった場合（たとえば、事件の性質上弁護士に依頼しなければならないのに、受訴裁判所の所在地に弁護士がいないとか、いてもその弁護士が受任できない事情があるような場合）にかぎって、敗訴当事者にその償還を求めることができる。なお、（ニ）受訴裁判所で所属認可を受けた弁護士が受訴裁判所あるいはその支部の所在地に住所なり事務所を有しないことから生じた旅費については、依頼人たる勝訴当事者は、敗訴当事者にたいしてその償還を請求することができない。

(2)　弁護士報酬を訴訟費用に組み入れ、その弁護士となんらの契約関係に立たない敗訴の相手方当事者にこれを償還させる以上は、報酬額の決定を弁護士と依頼人の自由な契約を放任することができないのは、いうまでもない。弁護士費用を訴訟費用に組み入れたドイツ民事訴訟法の施行（一八七九年一〇月一日）と同時に弁護士報酬を公定しようとするライヒ弁護士手数料法（Gebührenordung für Rechtsanwälte v. 7. 7. 1879.）の施行をみたゆえんである。当初は、民事訴訟法・刑事訴訟法および破産法（のちには、和議法も追加）の適用される通常裁判所の手続における弁護士の職務活動にたいする報酬だけが規制されたのであったが、やがて、その適用範囲は、弁護士手数料法の改正と一連の個別法規によって、しだいに拡大されていった。しかし、ライヒ弁護士手数料法じたいの体系構成にもともとかなり難があったうえ、とくに戦後は、連邦および各ラントの特別規定が多数併存して、はなはだ錯雑した状態にあった。この事態の収拾に当ったのが一九五七年七月二六日の連邦弁護士手数料法（Bundesgebührenordnung für Rechtsanwälte. BGBl. I S. 907.）である。[34] この法律は、あらゆる手続（通常裁判権の裁判所の手続だけでなく、憲法裁判所その他の特別裁判権の裁判所あるいは名誉裁判権の裁判所における手続や行政刑罰手続などをふくむ）における弁護士の多様な職務活動にたいする報酬につき合計一三〇条におよぶ統一的規定をおくだけでなく、同法に規定のない種類の職務活動についても、同法の規定の準用によって弁護士の報酬を割り出すべきものと定めている（弁手二）。ただし、連邦弁護士手数料法は、弁護士報酬に関するすべてを規定しているというわけではない。同法の本来の使命は、弁護士の職務活動にたいする報酬の「算定」、つまり額の決定の点にしぼられている。救助弁護士や国選弁護人の報酬請求権は別として、一般に、弁護士の報酬請求権の成立なり効力に関しては、もちろん、民法の規定が原則的に適用をみるのであって、連邦弁護士手数料法は、報酬額の算定だけについて民法を補充する性質をもつものであることを注意しなければならない。[35]

連邦弁護士手数料法は、弁護士報酬を手数料（Gebühren）と立替金（Auslagen）に分けて規定する。立替金には、事務費・郵便料・謄写料・旅費・出張費がふくまれる。算定がとくに問題となるのは、いうまでもなく、手数料についてである。

手数料については、いわゆる一括手数料（Pauschgebühr）の制度が採られている。この一括手数料というのは、こうである。まず、(a)弁護士は、ひとつひとつの書類の作成とか一回一回の口頭弁論といった各個の行為ごとにそれぞれについての手数料を受けるのではなく、同種の行為がひとつにまとめられ、この各行為グループごとにひとつの手数料を受ける。依頼された事務（訴訟）の遂行一般につき訴訟手数料（Prozessgebühr）（弁手三一1）、口頭弁論における活動につき弁論手数料（Verhandlungsgebühr）（弁手三一2）、証拠調における代理につき証拠手数料（Beweisgebühr）（弁手三一3）、というように、各種の行為グループが明文によって規定されているが、別段の規定がなければ、事件の受任から完結までの弁護士のあらゆる活動がひとつのグループとして扱われる（弁手一三I）。そして、(b)弁護士がある行為グループに属するひとつの行為を行った場合には、それだけで、その行為グループにつ

〔別表8〕

弁護士手数料表（抄）

訴訟物価格	満額手数料	救助弁護士手数料	訴訟物価格	満額手数料	救助弁護士手数料
DM 以下	DM	DM	DM 以下		
20	3	3	2800	127	82
50	5	5	2900	131	
100	7	7	3000	135	85
150	10	10	3200	140	88
200	13	13	3400	145	91
300	19	19	3600	150	94
400	25	25	3800	155	97
500	30	30	4000	160	100
600	35	34	4200	165	
700	40	38	4400	170	105
800	45	42	4600	175	
900	50	46	4800	180	110
1000	55	50	5000	185	
1100	59	52	5200	190	115
1200	63	54	5400	195	
1300	76	56	5600	200	120
1400	71	58	5800	205	
1500	75	60	6000	210	125
1600	79	62	⋮ (1)	⋮	130(4)
1700	83	64	10000	260	
1800	87	66	⋮ (2)	⋮	
1900	91	68	⋮	⋮	
2000	95	70	98000	810	
2100	99		99000	816	
2200	103	73	100000	822	
2300	107		⋮ (3)	⋮	
2400	111	76	⋮	⋮	
2500	115		⋮	⋮	
2600	119	79	⋮	⋮	
2700	123				

〔備考〕（1965年6月30日法により改訂）

(1) 訴訟物価格が6,000DMを超え10,000DMまでは、400DMごとに、満額手数料は、5DMずつ増加する。

(2) 訴訟物価格が10,000DMを超え98,000DMまでは、800DMごとに、満額手数料は、5DMずつ増加する。

(3)

訴訟物価格	満額手数料の増加
100,000DMを超え 500,000DM以下	5,000DMごとに16DM
500,000DMを超え1,000,000DM以下	10,000DMごとに32DM
1,000,000DMを超え5,000,000DM以下	10,000DMごとに25DM
5,000,000DMを超える場合	20,000DMごとに25DM

端数は、訴訟物価格が100,000DMを超える場合には、5,000DM単位で切上、500,000DMを超える場合には、10,000DM単位で切上、5,000,000DMを超える場合には、20,000DM単位で切上。

(4) 訴訟物価格が6,000DMを超える場合には、救助弁護士手数料は一律に130DM。

いて定められた手数料を受ける。したがって、各手数料は、それぞれ、同一事件（同一の審級）につき一回かぎりである（弁手一三Ⅱ）。同一グループに属する行為を数回行わなければならなかった場合（同一事件につき口頭弁論期日が数回開かれたような場合）でも、そのために手数料が増えるわけではなく、反面、一回で済んだからといって減額されるものでもないのである。(36)

各個の手数料額の定め方には、ふたつの形がある。

第一は、訴訟物価格を基準として一律に（連邦弁護士手数料法別表において）確定金額をもって定められる満額手数料（volle Gebühr）によるもので、民事事件の弁護士手数料は、一般に、この方式で定められている。すなわち、各種の手数料は、それぞれ、満額・半額あるいは十分の五・十分の四・十分の三・十分の二などと定められ、弁護士は、各個の事件において自己の展開した活動に応ずる各手数料の合計額を受けるわけである。訴訟物価格一〇、〇〇〇ドイツマルク（一ドイツマルクは邦貨約九〇円）の金銭支払請求事件につき訴訟委任を受けた弁護士が訴を提起し、口頭弁論・証拠調を経て判決を得た場合を例にとってみると、この事件の満額手数料は、弁護士手数料法別表（本稿別表8参照）によれば二六〇ドイツマルクであり、弁護士の受ける報酬のうち手数料の総額は訴訟手数料・弁論手数料・証拠手数料いずれも満額と定められているから、合計七八〇ドイツマルクとなる。訴訟の勝敗は、手数料の額には影響しないことを注意しなければならない。なお、証拠調ののちに裁判上の和解が成立したのであれば、和解手数料＝満額として、さらに二六〇ドイツマルクが加算されることになる（弁手二三）。しかし、第一審における第一回の口頭弁論で被告がただちに請求を認諾したので、認諾判決を得て被告所有の有体動産に強制執行をしたとすれば、訴訟手数料＝満額と争のない弁論の手数料＝弁論手数料（＝満額）の半額（弁手三三Ⅰ）のほかに強制執行につき訴訟手数料の十分の三（弁手五七Ⅰ。なお、弁手三七7・五八Ⅰ・Ⅱ1参照）を受けるから、弁護士の手数料総額は、四六八ドイツマルクとなる。なお、訴訟委任は受けなかったが相談を受けて助言したという場合には、弁護士は、満額手数料の十分の一ないし十分の五を受ける（弁手二〇Ⅰ）。控訴審・上告審では、満額手数料は、一般のそれの十分の十三つまり三割増である（弁手一一Ⅰ）。

第二は、枠ぎめ手数料（Rahmengebühr）である。これは、訴訟物価格によらず、弁護士手数料法じたいは手数料額の最高限と最低限だけを定め、その範囲内で各個の事件の手数料を決定するものである。刑事事件なりこれに類する事件の弁護士手数料につき、この方式がとられているが、社会裁判所の手続における手数料なども同様である。たとえば、刑事事件第一審の弁護人の手数料は、その第一審が参審裁判所または区裁判所の手続ならば五〇ないし五〇〇ドイツマルク、地方裁判所大刑事部の手続ならば六〇ないし六〇〇ドイツマルク、高等裁判所または連邦裁判所の手続ならば一〇〇ないし一〇〇〇ドイツマルクである（なお、公判が一日以上にわたる場合には、それぞれ加算が認められる）。また、社会裁判権の裁判所での職務活動につき、弁護士は、社会裁判所の手続では四〇ないし一二〇ドイツマルク、ラント社会裁判所の手続では六〇ないし一八〇ドイツマルク、連邦社会裁判所の手続では、一〇〇ないし三〇〇ドイツマルクの手数料を受ける（弁手一一六）。このように、枠ぎめ手数料にあっては、決定額の最高限と最低限にかなりの開きがあるわけだが、各個の事件における手数料額は、この枠内において、あらゆる事情、とくに事件の重要性、弁護士の活動の範囲と難易、ならびに、依頼人の財産状態・収入状態を斟酌して、公正な裁量により決定されるべきである（弁手一二I）。といっても、枠内の手数料額の決定を当の弁護士に最終的に一任する趣旨ではなく、順序としては、いちおう弁護士自身が決定して依頼人に通知するが、依頼人が手数料額を争って訴訟になる場合には、裁判所が決定することになるわけで、弁護士の手数料請求を過多と認めるときは、超過部分の請求を棄却することになる。また、依頼人が文句をいわずに弁護士の決めた額を支払った場合でも、訴訟費用額確定手続で証書官が正当な手数料額を決定することになるから、依頼人のすでに支払った手数料額が証書官の決定額を超えているときは、差額は依頼人の自弁に帰し、敗訴の相手方当事者に償還を求めることができない。なお、手数料額が訴訟において決定される場合には、裁判所は、弁護士会理事会の参考意見を徴しなければならない（弁手一二II）。なお、国選弁護人の場合には、私選弁護人の場合の最低手数料の一倍半を原則とするが、事件が特別に大きいとか困難であるという場合には、申立により、増額が認められる（弁手九七I・九九）。

(3)　弁護士報酬に関する合意が許されるかどうかについては、場合を分けてみなければならない。(イ)法定報酬を下まわる報酬の合意は許されない。もともと、連邦弁護士手数料法の定める報酬額は最低報酬額であり、これ以下の報酬を約することは仕事の安売りであり弁護士身分の名誉をそこなうものとして、身分法的に許されないだけでなく、良俗違反として無効と解されている。「弁護士職務実行基準」は、法定報酬を下まわる報酬合意の禁止を明言すると同時に、例外として、依頼人の困窮というような特別の事情がある場合には、手数料の引き下げや放棄もできるとし、ただ、この場合でも、宣伝ではないのかという疑惑を受けないように、きびしく注意しなければならない、と定めている（基準三九）。(ロ)法定報酬を上まわる報酬の合意は、一定の制限のもとに許される（弁手三Ⅰ）。すなわち、その合意における依頼人の意思表示が書面によってなされ、しかも、それが委任状や他の意思表示をふくむ印刷書の内容となっているのでないことを必要とする。もっとも、依頼人が任意にしかも留保を附せずに約定額を支払った場合には、その者は、右の要件が欠けているという理由では返還を請求できない。報酬の確定を第三者に委ねる合意は、その第三者が弁護士会理事会である場合にしか許されず、また、報酬の確定が契約当事者の一方だけに委ねられている場合には、法定報酬の合意があったものとみなされる（弁手三Ⅱ）。なお、「弁護士職務実行基準」は、法定報酬を上まわる報酬の合意にあたっては、弁護士は、依頼人にたいし、合意された額が法定報酬と相違することを明確に指摘しなければならない、と定めており（基準三九Ⅱ）、しかも、この指摘は、たんに法定報酬との間に相違がある旨の説明では足らず、依頼人がどれだけの多額を余分に承諾するのかが分るように、法定報酬を明示してその相違がいかほどであるかを説明しなければならないと解されている（Kalsbach, BRAO, S. 324）。(ハ)法定の要件を具えた有効な報酬契約があっても、弁護士は、つねに合意どおりの報酬を受けうるとはかぎらない。すなわち、合意された報酬あるいは弁護士会理事会の確定した報酬があらゆる事情を考慮して不当に高いと認められる場合には、裁判所は、弁護士または依頼人の提起した報酬支払義務にかんする訴訟において、法定報酬額にいたるまでこれを減額することができる。ただし、この報酬が弁護士会理事会により確定された場合を除き、裁判所は、減額にさきだって弁護士会理事会の意見を徴しなければならない（弁手三Ⅲ）。

法定報酬額については、ドイツの弁護士のあいだにかなり不満があるようであるが、[37] だからといって、報酬の合意が行われているわけではなく、実際問題としては、法定報酬を上まわる報酬合意の可能性は、ごく稀に、しかも、嫌がられながら、利用されているにすぎないという。[38] その理由としては、さきにみたように、「弁護士職務実行基準」が法定報酬額との差異につき明確な説明を要求していることや、ふつう勝訴を確信している当事者としては弁護士費用は自己の負担に帰せしめられるべきものとは考えていないから相手方から償還を受けえない額までの合意はしないのだ、ということが挙げられるが、弁護士が払底しているわけでもない――むしろ、その逆である――ドイツにおいて報酬が法定されている以上は当然だといえるであろう。むしろ、報酬合意に関し、実際上、しばしば問題となっているのは、いわゆる成功報酬（Erfolgshonorar）の合意である。

成功報酬の合意に関しては、連邦弁護士手数料法は、なんらの明文の規定をおかなかった。もともと、一八七九年のライヒ弁護士手数料法も明文を設けていなかったのだが、ライヒ裁判所は、くりかえし、成功報酬の合意を良俗違反のゆえに無効と判決したのであり、やがて、一九四四年四月二一日の命令（BGBl. I S. 104）をもって、弁護士手数料法に、成功報酬契約を例外なしに禁止する旨の規定が附加された（同法九三Ⅱ）のである。しかし、これでは厳格すぎるとの非難があり、一九五七年の「弁護士職務実行基準」では、原則的には、報酬の額を事件の結末またはその他弁護士活動の成果にかからしめる合意は不適法である、としながらも、「例外の場合」（なにが例外の場合にあたるかは、明示されていない）には、身分法上適法たりうる、とし、この種の合意にあたっては、弁護士がそれによってその「独立の地位」（unabhängige Stellung）を喪失する危険をおかすことはないかどうかを、とくに慎重かつ誠実に検討しなければならない、と規定している（基準四一）。そして、連邦弁護士手数料法の制定にさいしても、連邦弁護士会は、成功報酬の問題について明文の規定をおくことなく判例による限界づけに委ねるべきことを提案した。報酬合意について詳しく規定した連邦弁護士手数料法第三条がことさらに成功報酬に触れていないのは、連邦弁護士会の右の提案を容れたものといわれ、実際上は、従来の判例の態度から推して、今後も、成功報酬の合意は若干の例外的な場合にのみ許されるにすぎず、とくに刑事事件に関するものは、ほとんど例外なしに身分法違反とみられることになろうと予想されている（Vgl. Gerold, BRA-GebO, §3 Anm. 13）。いずれにしても、明文の規定の存廃に関係なく、成功報酬について、やはり、きびしい態度が維持されていることは、間違いないようで、その根本の理由は、さきに挙げた「弁護士職務実行基準」第四一条の規定からうかがわれるとおり、「弁護士の独立」にあることを注目すべきであろう。弁護士は、独立の司法機関として、あくまでも、当事者にたいし必要な自由を確保すべく、自己の労務の適正な報酬についての利益を当事者自身の利益と結びつけてはならないと考えられているのである。(39)

(4) 弁護士がなんらかの裁判上の手続につき訴訟代理人・副代理人・輔佐人あるいは連絡弁護士として活動した場合には、枠ぎめ手数料の場合を除き、その法定報酬額の確定について特別の簡易な手続を利用することができる。すなわち、弁護士または依頼人の申立て（手数料の納付を要しない）により、第一審裁判所の証書官が、関係人を審尋したうえ、弁護士の法定報酬額を確定する（弁手一九）。証書官の確定決定は、訴訟費用額確定決定に準じて、強制執行の債務名義になる。また、この法定報酬額確定手続には、訴訟費用額確定手続に関する民事訴訟法の規定が準用されるが、おなじく弁護士報酬が確定されるにしても、訴訟費用額確定手続では敗訴の相手方当事者から償還を求めうる報酬額が確定されるのにたいし、この法定報酬額確定手続では弁護士が当事者にたいして有する報酬請求権そのままの額が確定されなければならない点で、両者は異なる内容をもちうることを注意すべきであろう。ただし、法定報酬額確定手続において申立人の相手方が弁護士手数料法に基づくのでない異議や抗弁を提出する場合には、確定申立ては却下されるから（弁手一九Ⅳ）、弁護士としては、報酬の支払を請求するために通常の訴えによらなければならないことになる。

なお、救助弁護士が連邦の国庫またはラントの国庫にたいし法定の手数料および必要であった範囲の経費の支払を請求する権利を有することは、さきに述べたとおりである（一六八頁以下）。連邦弁護士手数料法は、救助弁護士につき、一般の場合の満額手数料に代る金額を別に訴訟物価格に応じて定めているが（弁一二三Ⅱ）、この金額は、別表8から分るように、一般の場合の満額手数料に比べると、訴訟物価格の上昇に伴う加算率が非常に低く、とくに、訴訟物価格が六、〇〇〇ドイツマルクを超える場合には、どこまでいっても、一律に一三〇ドイツマルクにおさえられていることが特徴的である。これは、身分上の義務のひとつとして無資力者を救助しなければならない弁護士側の立場と、必然的に限りのある担税能力からいってあまり多数の受救権付与があれば救助弁護士に充分な補障を与えるわけにゆかない国家側の事情との調整と考えられている。(40)(41)

（1）具体的な状況の一斑を示すものとして、たとえば、近藤・西ドイツハンブルク地方裁判所における民事実務について（最高裁事務総局・在外研究報告九号）八二頁以下、武藤・米国、英国及び西独の法曹教育（司法研修所・法曹教育叢書一号）一二九頁以下参照。

（2）武藤・前掲、一三〇頁、坂本・西独の弁護士、自由と正義一四巻一号三頁参照。なお、「弁護士職務実行基準」（連邦弁護士会制定）二一・二二参照。

（3）ドイツでは、もともと、公証人制度は各ラント法の規制に委ねられていたため、各ラントで各様の発展がみられたのであり、一九三七年二月一三日に成立したライヒ公証人法が、はじめて統合に乗り出し、専任公証人制を基本と定め、経過規定によって多年の猶予をおきつつ弁護士公証人制や官吏公証人制の漸次廃止を導こうとしたが、目的を達せずに了った。Vgl. Seybold-Hornig, Bundesnotarordnung, 4. Aufl. 1962, §3 I.

（4）Seybold-Hornig, BNotO, §3 II-IV による。

（5）一七八〇年一二月一八日の勅令で当時の Justizkommissare に公証事務を委ねる道を開いたプロイセンの沿革そのものが、やはり、経済的救済の意味をもっていた。Vgl. Seybold-Hornig, BNotO, §3 I2a.

（6）Vgl. Kalsbach, Fragen, S. 16. なお、顧問職弁護士にかんしては、中野「顧問弁護士の訴訟代理」企業法研究九五輯二頁以下参照。

（7）Vgl. Amtl. Begr.（BRAO）S. 27f.; Kalsbach, BRAO, §7 Anm. 10; Kern, Gerichtsverfassungsrecht, S. 242.

（8）連邦弁護士法第四六条が、手続の種類・段階を限定せずに（したがって弁護士強制に服しない手続・強制執行・破産・

和議の手続・特別裁判所の面前における手続などについても）顧問職弁護士の代理行為を禁止しようとしたことにたいしては、弁護士側から反対があった。Vgl. Wecks, Der Syndikusanwalt, Der Betriebs-Berater, Jg. 10. S. 424f. これと逆に、ハープシャイトは、顧問職弁護士の従業契約とこれに基づく使用者の指示により弁護士の独立が害される危険の大きさを強調し、むしろ連邦弁護士法第四六条は最少限度の要求を示したにすぎず、労働時間や労働力提供の程度をとわず、およそ顧問職弁護士が裁判所の面前で使用者を代理することは、独立の司法機関としての義務に違反する（弁一・二・四五Ⅰを援用）ゆえに許されない、と主張する。Habscheid. NJW Jg. 15. S. 1989.（なお、連邦弁護士会の「弁護士職務実行基準」二九条三号は、弁護士が従業関係に入る場合には弁護士としての活動の自由を確保しなければならないとし、使用者のための訴訟追行、裁判所もしくは仲裁裁判所における訴訟代理人としての登場を禁止している）。

（9） Levin, Die rechtliche und wirtschaftliche Bedeutung des Anwaltszwangs, 1916, S. 9ff.

（10） Hahn, Gesamte Materialien, 1879, Bd. 2, S. 184ff. なお、本文に訳出した部分にひきつづき、理由書は、弁護士強制を採るにつき重要な事情として、当時、弁護士強制の明文をもたない法域でも、事実上、かつ、裁判所が自身で弁護士の役割を果さない場合には、当事者は訴訟において弁護士なしに行動しない、ということを挙げている。

（11） Vgl. Levin, a. a. O. S. 72ff. ただし、レービン（S. 33, 85ff.）は、弁護士強制が是認されるより深い理由を裁判官と弁護士の訴訟協働関係（Arbeitsgemeinschaft）という考えに求めている。

（12） Bericht der Kommission, S. 274ff.

（13） 特別裁判権の各裁判所では、弁護士強制なり代理人強制の存否・態様が通常裁判権の裁判所におけるとはかなり異なる。一七四頁以下参照。

（14） 弁護士強制の適用範囲にかんする以下の叙述は、Rosenberg, Lehrbuch des deutschen Zivilprozessrechts, 9. Aufl. S. 216ff.; Stein-Jonas-Schönke, ZPO, 18. Aufl. I, §78 I-III によった。

（15） ドイツ民事訴訟法一九三一年草案では、被告が第一回の期日に和解を締結しあるいは請求を認諾する場合を弁護士強制からはずしているが（草案七九Ⅱ）、最近、民事裁判制度改革準備委員会報告書は、こういう例外による手続の比較的軽少な簡易化のために当事者を無思慮な和解・認諾の危険にさらすべきではない、として反対している。Bericht der Kommission, S. 277.

（16） 第二次大戦中、弁護士の払底にたいする戦時特例として、個別事件につき裁判による弁護士強制からの解放を認めたが、これを現在採用すべしとする意見にたいしては、前記の民事裁判制度改革準備委員会は、要件の認定にかんし新たな争いを生じ裁判所の負担と訴訟遅延を生ずるとして反対し、裁判官資格を有する当事者を弁護士強制適用の例外とすべしという意見にたいしても、法律家とても自己の事件では決定的な視点を失いやすいし、資格取得後の生活も問題だとして反対する。Bericht. S. 275f. これらの反論は、そのまま、弁護士強制の制度そのものにたいする絶対の確信を物語るものともいえよう。

(17) 近藤。西ドイツハンブルク地方裁判所における民事実務について、七一頁以下参照。

(18) なお、労働裁判所の手続における救助弁護士附添命令については、労働裁判所法一一条aに規定がある。その内容につき石川・花見・西ドイツの労働裁判、四八頁参照。

(19) 当事者訴訟における救助弁護士附添命令は、はじめ一八七八年のライヒ弁護士法第三四条により認められたものを、現在では、連邦弁護士法が、内容的に修正のうえ民事訴訟法第一一六条に送り込んだのである(弁一三〇)。なお、この附添命令が認められない場合においても、受訴裁判所に、受救当事者の申立により、その権利の保護にあたらせるため司法修習生その他の司法官の附添を命ずることができる(民訴一一六Ⅱ)。

(20) 立法の詳細についてはVgl. Pott, Die Rechtsnatur der staatlichen Gebührenerstattung an den Armenanwalt unter Berücksichtigung des Quotenarmenrechts. Prozessrechtliche Abhandlungen, Bd. VII, 1933, S. 2f.

(21) 対立する学説の詳細については、Vgl. Pott, a. a. O.

(22) 救助弁護士と受救当事者の関係を純然たる私法上の契約関係としてとらえるにしても、救助弁護士が解約告知をなしえないこと、救助弁護士が受救当事者に訴訟委任契約の締結を促す義務を負うこと、契約締結前においても急を要する訴訟行為をなすべきことを、どう説明するかが問題であり、国庫補償の性質についても明確な見解が打ち出されていない。締約強制説の立場を詳細に展開したポットは、救助弁護士と受救当事者間の訴訟委任契約の特色は、救助弁護士の労務給付がさしあたり無償でなされるという一点に尽きるとし、国庫補償は、救助弁護士の報酬請求権の法定猶予によって救助弁護士が蒙った損害にたいする公法上の損失補償にほかならない、と説いている。Vgl. Pott, a. a. O. S. 30ff.

(23) 三ケ月「戦後の西ドイツ司法制度の直面する諸問題」民事訴訟法研究二巻二六三頁以下参照。

(24) Vgl. Nikisch, Arbeitsgerichtsgesetz, 1954, §11 I 1. なお、石川・花見・西ドイツの労働裁判、四四頁以下参照。

(25) 立法論としては、有力な学者の反対もある。たとえば、バッホフは、行政裁判所の手続とくに抗告訴訟では、事実がすでに行政庁内部の手続で洗い上げられている点で、第一審から法律問題に比重がかかっているものが多く、弁護士強制を採らないのは不当だ、と主張する。Bachof, Über die Notwendigkeit des Anwaltszwanges im Verwaltungsprozess, NJW Jg. 7. S. 256f.

(26) ただし、第二審たる高等労働裁判所の手続は、弁護士強制ではないが、代理人強制であり、本人訴訟を認めない。もっとも、弁護士を代理人とする場合には、ドイツのいずれの裁判所につき所属認可を受けたかをとわない（労裁一一Ⅱ）。

(27) 社会裁判所の全体につき、どの程度、弁護士による代理が行われているかは疑問であり、「社会裁判所では、そのすべての審級において、ほとんど弁護士の協力なしに仕事をしている」という報告（Holste, Rechtsanwälte, Sozialgerichtsbarkeit und Fachanwaltschaften, Anw. Bl. Jg. 12, S. 109）もある。

(28) Vgl. Kalsbach, BRAO, S. 413ff.

(29) Anw. Bl. Jg. 6, S. 130; Jg. 10, S. 45; S. 105; S. 215f.; Jg. 12, S. 109ff.; S. 113. など。

(30) Vgl. Holste, a. a. O. S. 109ff. ただし、消極的な意見もある。たとえば、Heimerich, Die neue Bundesrechtsanwaltsordnung und die soziale Stellung der Rechtsanwälte. Der Betriebs-Berater, Jg. 14. (1959) S. 785ff. insbes. S. 788.（今日の法律実務の多様性と複雑性には、共同体を形成する弁護士のチームワークによって対処することを考えるべきで、専門弁護士制度では、弁護士は、容易に法律生活についての概観を失い、依頼人の一般的な顧問の役割がつとまらなくなろう、と主張する）。

(31) 「税法専門弁護士」は、かつてはWirtschaftsprüfer, Steuerberater, Helfer in Steuersachen などの支配に委ねられていた税法の分野に弁護士をくいこませるのに役立った。なお、「労働法専門弁護士」を認めよという声もなかったわけではないが、一九五三年の労働裁判所法では、弁護士による訴訟代理の禁止が大幅に緩和された結果、多数の弁護士が労働裁判所で活動するようになり、この分野で専門弁護士を認める必要がなくなった。Vgl. Holste, a. a. O. S. 111.

(32) ドイツにおける弁護士報酬については、なお、古沢・前掲、自由と正義一四巻五号五一頁以下参照。連邦弁護士手数料法については、椎木緑司氏の飜訳（自由と正義一三巻七号一二頁以下）がある。

(33) このことは、たびたび、指摘されている。三ケ月・民事訴訟法（法律学全集）三五八頁以下、菊井「弁護士費用問題」ジュリスト二一一号六頁以下、染野「弁護士費用と弁護士強制」加藤一雄博士在職三五年記念論文集八五三頁以下など。

(34) ドイツにおける弁護士報酬規制の沿革および連邦弁護士手数料法制定の意義にかんしては、Vgl. Gerold, BRAGebO, S. 51ff.

(35) ただし、連邦弁護士手数料法に若干の例外規定がある。たとえば、報酬請求権の弁済期は、委任完結または事件終了のときであり（弁手一六）、一定の範囲で前払の請求も認められ（弁手一七）、依頼人が弁護士報酬の支払のさい、計算書の交付を請求できる（弁手一八）、など。

(36) Vgl. Gerold, BRAGebO, §13 Anm. 2.

(37) ドイツの現行弁護士手数料制の欠陥と運用上の不合理を詳しく論じたものとして、Brangsch, Das Dilemma unseres Gebührenrechts. Anw. Bl. 1961, S. 78ff.（その内容につき、古沢・前掲、自由と正義一四巻五号五四頁以下参照）。

(38) Brangsch, a. a. O. S. 79.

(39) Gerold, BRAGebO, §3 Anm. 13.

(40) 救助事件がかなり多いのに救助弁護士の報酬が非常に低かったため、従来から、弁護士の間に不満が強く、しばしば、その増額が要求されていたが、一九六一年六月一九日の連邦弁護士手数料法の改正（BGBl. I. S. 769）により、多少の増額をみた。別表8に示したのは、この改正による金額である。

(41) 救助弁護士との間で法定報酬額を上まわる報酬の合意をしても、支払義務は生じない。のみならず、その弁護士は身分上の義務違反をおかすことになる（基準四七頁参照）。もっとも、依頼人が任意に支払った場合には、返還を請求できない（弁手三Ⅳ。なお、基準四八参照）。なお、救助弁護士は、手数料の前払を請求することはできないが、経費については、金額が大きくて弁護士自身の立替を期待できない場合には、国庫に経費の前払を請求することができる（弁手一二七）。国庫の支弁する報酬額は、弁護士の申立てにより受訴裁判所の書記課の証書官が確定する（弁手一二八Ⅰ）。

〈5〉　弁護士の綱紀と懲戒

一　弁護士の綱紀

弁護士は、独立の司法機関であり（弁一）、自由な職業を行うものであって、その活動は営業ではなく（弁二）、一切の法律事件において独立の助言者かつ代理人となることを本分とする（弁三Ⅰ）。ドイツ弁護士の綱紀の全体を根本的に決定づけているものは、連邦弁護士法の劈頭にかかげられた、弁護士の地位についてこの本質観にほかならない。

弁護士活動のすべてにわたって倫理的要求を規定することは、活動の多面性と予想される現実の無限の多様性からしてほとんど不可能でもあり、自由職としての弁護士の地位にも適合しない。連邦弁護士法も弁護士の綱紀にかんしては、わずか一カ条の一般命題をもって大綱を示すにとどめる。いわく、「弁護士は、良心に従ってgewissenschaft その職業を行わなければならない。弁護士は、職業の内外において弁護士の地位が要求する尊敬と信頼に値いすることを身をもって示さなければならない」（弁四三）。したがって、弁護士の綱紀は、むしろ、弁護士身分に内在する共通の意識＝法的確信を直接の法源とするものと解せられている(1)。これを認識する手段を与えるものが二つある。ひとつは、連邦弁護士会によって制定された「弁護士職務実行基準」(2)（Richtlinien für die Ausübung des Rechtsanwaltsberufs. 本稿では、「基準」と略称）であり、他は、一八七九年一〇月以来の名誉裁判権の各裁判所の判例である(3)。

弁護士の身分上の義務の全体を「基準」のかたちで編纂しようとする企ては、一九二七年以来、当初はドイツ弁護士協会によって始められたもので、現行の「基準」は、統一的なものとしては、四回目のファッスングであり、連邦弁護士会の前身たる「連邦領域弁護士会連合」（後述二一六頁参照）によって一九五七年五月一一日に採択された。「基準」は、本来の意味の法規ではないが、「法源たる、弁護士の一般的な身分意識（Standesbewusstsein）と一般的な身分的見解（Standesanschauung）の映像（Spiegelbild）」(4)として、各個の弁護士に職務実行の各般の問題につき現在なにが身分仲間の見解であるかを告知し、彼がその責任において妥当な態度を決定できる手がかりを与える意味をもつ。広範囲にわたって周到な規定（現行「規準」は、七九カ条と二附則におよぶ）をおいていること、および、懲戒の厳しさとも関連して現実に重要な意義を認められている点において、日本弁護士連合会の「弁護士倫理」などとは格段の相違がある。

弁護士綱紀の内容を詳細にみてゆく余裕はないが、その根幹をなすものと考えられている若干の基本的義務――それらは相互に交錯する――を簡単にとり上げておくことにしよう(5)。どういう義務が重視されているかということじたいが、その国の弁護士綱紀の特徴を示すといえるだろうからである。

(1) 身分の品位と名誉と尊敬を守る義務 (Pflicht zur Wahrung der Würde, der Ehre und des Ansehens des Standes) 弁護士という職業は託された利益を法のもとに果敢に擁護することによって正義の実現をはかることを本分とし、そのゆえに世の人々から注目され、名誉と尊敬を受けている。したがって、この身分に属する各個の弁護士としても、自分ひとりの不当な態度なり行動によって弁護士身分全体にたいする芳しからぬ批判を招き、その使命と結びついた高い評価を傷つけることのないようにする義務がある、とするのである。そのために弁護士がその職業活動において慎重細心かつ熱心に事を運び、愛と知性に導かれた努力を尽すべく、他人を不必要に害したり、俗悪な行動なり表現を避けるべきものとされるのは、とうぜんであるが、この義務が職業外のいわば私生活をも規律する点、および、「よくない外観を避ける義務」(Pflicht zur Vermeidung des bösen Scheins)をもふくむものと考えられている点をとくに注目すべきであろう。しばしば挙げられる例であるが、弁護士が月賦で購入した自動車の残代金の支払期限がきているのに払えないというので自己が弁護を引き受けている重大な前科のある依頼者から借金をした場合は、明らかな義務違反であり、私生活における不貞行為も、つねに名誉法上の非行として加重された情状がある場合(事務所の使用人との間で長期にわたり不貞を継続するとか、不貞が弁護士としての職業活動と直接に関連してなされた場合など)には、最高の懲戒処分たる弁護士職よりの除斥にもおよびうる。同性愛や性的倒錯のごときも、事情によっては、弁護士の品位を害するものとしてとり上げられる。義務違反が現実にはなかったとしても、弁護士がその責に帰すべき事由によりそういう行為の疑惑のなかに自らをおいた場合、あるいは、義務違反の証拠が充分でないとしても、だれが調べてもその疑惑が湧き、この疑惑にたいしてその弁護士がただちに防禦できない事情がある場合にも、よくない外観を避けるべきであったという点で義務違反があるとするのが固定した判例となっている。[6]

(2) 弁護士の独立性を維持する義務 (Pflicht zur Wahrung der Unabhängigkeit des Rechtsanwalts) 弁護士は、独立の司法機関であり、独立の助言者かつ代理人たることを本分とするものであって(弁一三I)、取り扱う法律事件そのものに即し法のみに従って適切な判断をし態度を決定する自由を、なんらかの依存従属、外部からの不当な影響・干渉によって妨げられてはならない。それが身分の品位と名誉と尊敬を守るゆえんでもある。弁護士は、この意味で、国家から独立であり、身分または社会から独立であり、また、依頼者から独立でなければならない。とくに問題となるのは、依頼者との関係である。弁護士は、一面では、依頼者のための誠実な職務実行を妨げるような不当な影響のもとに立ってはならないとともに、他面では、依頼者に対する経済的な依存束縛あるいはなんらかの非行を通じて依頼者の掌中に落ち、事件の取扱にあたっても、なにを権利として主張できるかに従ってではなく、依頼者が彼からなにを要求しているかに従って態度を決定しなければならなくなる場合には、義務違反があるとされる。この見地から、しばしば疑問とされ、当否を争われてきたものは、顧問職弁護士(Syndikusanwalt)としての活動であるが、この点については、すでに述べた(前述一六〇頁以下参照)。

(3) 業務宣伝の禁止(Verbot des Werbens um Praxis) 弁護士間の自由な競争は、各弁護士の仕事のいかんによって決せられるべきで、仕事において劣る者が宣伝をもって依頼者の注意を自己にひきつけることによって、身分仲間の優位を削りとることは許されない。それは、身分の品位を害することであり、依頼者からの独立を失うことにもなる。もちろん、弁護士間の競争の条件を均等にするために、弁護士は、認可・開業・住所変更・出先事務所の開設・合同事務所への加入・脱退、公証人や経済検査人になったことなど一身上の変動の通知なり広告をすることはできるが、宣伝にならぬよう、ゆきすぎたあるいは派手な形式をとってはならず[7]、標札や用箋その他の印刷物スタンプなどについても同一の考慮が要求され、私製の住所録その他の名簿への自己の氏名の掲載に協力することを禁止されるとともに、かつ、この禁止を自己の事務所の事務員にも徹底させておかなければならない、と解されている(基準六一—六七)。弁護士が被拘禁者のために密かに拘置所に物をもちこむといったことも、違法な業務宣伝となる。肩書の使用については争いがあるが、現行の「基準」は、弁護士たる職業においてえられた肩書のほかは、教授・博士その他の学位・公証人・経済検査人の表示だけを許している(基準七〇)。

(4)　法的助言の権能を有しない者と結びつかない義務（Verbot der Verbindung zum Rechtsberatungsmissbrauch）　かつてのドイツでは、職業選択の自由の名のもとに、弁護士でないのに他人の法律事件に関与することを業とする、いわゆる無免許弁護士（Rechtsagent, Rechtskonsulent, Volksanwalt などいろいろの名称をもち、一般には Winkeladvokaten とよばれる）の跳梁が甚しかったが、この事態を収拾したのが、一九三五年一二月一三日の法的助言濫用防止法（Gesetz zur Verhütung von Missbräuchen auf dem Gebiete der Rechtsberatung）[8]であり、現在も効力を有すると解されている。これによれば、法的助言や他人の債権の取立てをふくめて他人の法律事件の取扱を業として（本業たると副業たるとをとわず、有償・無償を区別しない）行うことができるのは弁護士・公証人・弁理士・代訟人（Prozessagent）（民訴一五七Ⅲ参照）などのほかは（同法一§3）、管轄官庁により法律事件取扱の許可を与えられた者（狭義の法律輔佐人）（Rechtsbeistand i. e. S.）に限られる。[9][10]これら以外の、法的助言の権能を有しない者と結託することは、それがどんなに小さな結びつきであっても、弁護士には許されない、と解されている。そういう行為は、一面からいえば、弁護士の品位をそこない、独立を害するものであるとともに、相手方を間接に自己の宣伝者として利用することにもなるからである。

問題は、法的助言濫用防止法の適用を受けない一群の職業に属する者と弁護士との結びつきの可否をめぐって生ずる。とくに、法律輔佐人ないし代訟人、弁理士、税務事件補助者（Helfer in Steuersachen）ないし税理士[11]（Steuerberater）との関係、あるいはさらに、隣接領域で活動する経済検査人（Wirtschaftsprüfer）ないし経済顧問（Wirtschaftsberater）・経済受託者（Wirtschaftstreuhänder）との関係につき、種々の議論が交されているが、ここでは、「弁護士職務実行基準」の示すところを紹介するにとどめたい。「基準」は、継続的な協同と個別的な協同を区別する。(イ)継続的な協同に関しては、弁護士は、他の弁護士とならばともかく、他の職業に属する者と結合して組合を作りまたは共同事務所を設けることはできない。弁護士は独立の司法機関として独自の身分法に服するからである。ただ、経済検査人（したがってまた、経済顧問・経済受託者についても同じ）との共同事務所を設けることだけは、例外的に認められている[12]（基準一二Ⅰ）。(ロ)これに反し個別的事件についてだけの協同は、一般的には、否定されない。ただ、法律輔佐人または代訟人との関係にかんしては、弁護士は代訟人を副代理人とすることはできるが、逆に代訟人の副代理人となることはできず、代訟人から委任の移転を受ける場合でも、当事者から直接の代理権授与を受けることが要求されるほか、他の、弁護士でなしに法的助言の権能を認められる者については、それらの者にたいする認可なり許可が他人の法律事件の取扱を許す限度においてのみ、弁護士は、これと職業上の交通をもつことを認められている（基準七八）。

弁護士の綱紀に関しては、以上の四つの義務がまっさきに挙げられるほか、裁判官・他の弁護士・検察官などにたいする関係における弁護士のあり方、慎重細心な利益管理の義務、真実義務、黙秘義務、双方代理の禁止などが問題とされるが、ここでは省略する。

二　懲戒と名誉裁判権

弁護士にたいする懲戒は、ふるくは、弁護士がそこで活動するところの裁判所によって厳格に行われたが、一九世紀に入ると、この体制は不当と感ぜられるようになり、裁判所の懲戒権の範囲と内容は、しだいに減縮・緩和され、同世紀の後半に入ると、その大部分は、新たにできつつあった弁護士会に移譲されていった。(13) 一八七八年のライヒ弁護士法および現行の連邦弁護士法においても、この基調は維持されているが、ともに、弁護士に対する懲戒は、弁護士が構成員として関与する名誉裁判権の裁判所によって行われるものとし、とくに、連邦弁護士法では、この名誉裁判権の裁判所を弁護士会から分離独立させていることを注意しなければならない。現在の西ドイツでは、弁護士にたいする懲戒の現実の運用は、なかなかに厳格なようである（註一〇、二二参照）。

連邦弁護士法（弁九二―一一二）によれば、名誉裁判権の裁判所は、弁護士会の区域単位で各弁護士会の所在地に設けられる名誉裁判所（Ehrengericht）、各高等裁判所に附置される弁護士名誉法院（Ehrengerichtshof für Rechtsanwälte）および連邦裁判所弁護士事件部(14)（Bundesgerichtshof in Anwaltssachen）である。懲戒事件については、この三者が順次に三審級をなすが、後二者は、ほかに、弁護士認可に関する事件などをも担当する(15)（前述、一四一頁以下参照）。

(1)　名誉裁判権の各裁判所の構成をみると、審級の上昇とともに、弁護士たる名誉職裁判官の独占から職業裁判官の関与の程度の増加へと向う点が注目される。すなわち、名誉裁判所の各部（部の数は、ラント司法行政部が定める）は、裁判長をふくめて三名のメンバーによる構成で裁判するが、各構成員は、いずれも、弁護士会理事会の提出した名簿に基づいてラント司法行政部が弁護士のなかから任命（任期は四年）した名誉職の裁判官である。これにたいし、弁護士名誉法院の各部（部の数は、ラント司法行政部が定める）は、裁判長をふくめて五名のメンバーによる構成で裁判し、そのうち、裁判長および他の二名の陪席裁判官は、名誉裁判所の裁判官と同じように、弁護士会理事会の提出した名簿に基づいてラント司法行政部が弁護士のなかから任命（任期は四年）した名誉職の裁判官であるが、残りの二名の陪席裁判官は、高等裁判所判事のなかから任命（任期は四年）された職業裁判官である。さらに、連邦裁判所弁護士事件部となると、連邦裁判所長官（またはその代理をつとめる部長判事）が裁判長となり、連邦弁護士会幹部が各弁護士会の推薦に基づき作成提出した名簿に基づいて連邦司法大臣が弁護士のなかから任命（任期は四年）した三名の名誉職裁判官のほかに、同数の連邦裁判所判事を加え七名のメンバーで裁判することになっている。このように、審級の上昇に伴って、弁護士の自律が薄まり職業裁判官の関与が強くなるわけではあるが、上級審においても、あくまでも、弁護士を関与させつつ審判が行われることを注意しなければならない（日弁六二参照）。

(2)　名誉裁判権の裁判所とくに名誉裁判所の性格については、一八七八年のライヒ弁護士法において名誉裁判所が弁護士会理事会の一部局として構成されていたこと（同法六七）もあって、従来、争いがあったが、連邦弁護士法では執行権と裁判権とが、各別の機関によって行使されなければならないとする基本法（基二〇Ⅱ）の趣旨に従い、名誉裁判所の構成員はラント司法行政部により名誉職ながら裁判官として任命される──したがって、任期中は職業裁判官のすべての権利と義務を有する（弁九五Ⅰ）──ものとし、かつ、弁護士会の理事等との兼務を禁じた（弁九四）。弁護士名誉法院および連邦裁判所弁護士事件部の構成員たる弁護士についても、同様である（弁一〇三Ⅱ・一〇八Ⅱ・一一〇Ⅰ）。これにより、名誉裁判権の裁判所も国家の裁判所であり、その審判は国家の裁判権の行使にほかならないことが、いっそう明瞭になったわけである。[16] また、名誉裁判所および弁護士名誉法院は、ラント司法行政部の監督に服し（弁九二Ⅲ・一〇〇Ⅰ）、懲戒事件における訴追は、弁護士ではなしに、検察官が担当する（弁一一九・一四四・一四七）。こうしたことも、国家の裁判所としての性格から当然にでてくるもので、司法行政機関による監督が名誉裁判権の裁判所における裁判官の独立を制限したり裁判への容喙の余地を与える趣旨でないことは、通常裁判権の裁判所におけるとなんら異なるところはない。[17] 要するに、懲戒事件における弁護士の自律ということも、ドイツにおいては、ことばの形式的な意味では存在しないのであり、むしろ、国家の裁判権の内側において実質的に保障されているというべきであろう。

三　懲戒裁判手続

義務違反の責ある弁護士は、名誉裁判権による処罰を受ける（弁一一三Ⅰ）。

(1)　実際上、弁護士の義務違反が問題となるのは、ふつう、弁護士会理事会に対する会員または第三者からの紛争調停の申立て（弁七三Ⅱ2・3参照）を通じてであるといわれる。[18] 弁護士会理事会としては、弁護士の職業上の義務の履行につき監督の責任があり（弁七三Ⅱ4）、弁護士の義務違反を知った場合には、検察官にたいし、懲戒裁判手続を開始すべき旨を申し立てることができるが（弁一二二Ⅰ参照）、事案が軽微で懲戒裁判手続の開始を申し立てる必要がないと考える場合には、弁護士会理事会は、ひとつの監督処分として、その弁護士の行いを「非難」Rüge することができる[19]（弁七四）。したがって、結局、弁護士会理事会としては、弁護士の義務違反につき、(イ)不問に付するか、(ロ)非難権を行使するか、(ハ)検察官に懲戒裁判手続の開始を申し立てるか、の三つの途があるわけで、そのいずれを選ぶかは、理事会自身の義務的裁量によって決せられる。[20][21] なお、弁護士会理事会の申立てがなくても検察官は懲戒裁判手続を開始できること、および、弁護士の非行が通常の刑事責任を生ずる場合に一般の刑事裁判手続が開始されることはいうまでもない。この非難権の行使・懲戒裁判手続・刑事裁判手続が同一の非行にかんしともに問題になる場合には、これら三者相互間では、順次後者が、前者に優先する。すなわち、同一の非行につき、懲戒裁判手続が開始された場合には、理事会の非難権は消滅するが（弁七四Ⅱ）、非難権がさきに行使された場合、のちに懲戒裁判手続を開始することを妨げないとともに（そのため、理事会の非難決定の謄本は高等裁判所の検察官に送付される。弁七四Ⅳ）、懲戒裁判手続は、その開始の前後にかかわらず、同一の非行につき刑事裁判手続の公訴提起があった場合には、原則として、刑事裁判手続が終了するまで中止されるだけではなく、刑事裁判所の判決の理由となった事実認定は、懲戒裁判手続における裁判を拘束する（弁一一八）。

(2)　懲戒裁判手続に関しては、連邦弁護士法の規定（弁一一六―一六一・一九五―一九九・二〇四・二〇五）のほか、裁判所構成法および刑事訴訟法の規定が準用される（弁一一六）。

懲戒裁判手続は、原則として、第一審たる名誉裁判所所属の検察官すなわち名誉裁判所の所在地を管轄する高等裁判所の検察官（その代表としての検事長）が（弁一二〇）、名誉裁判所に予審開始の請求をすることによって、また、事案が単純ですでに充分明瞭になっていると認められる場合にはただちに起訴状（Anschuldigungsschrift）を提出することによって、開始される（弁一二一Ⅰ・Ⅱ）。名誉裁判所の土地管轄は、被告人が手続開始当時に所属する弁護士会の所在地によって定まる（弁一一九Ⅱ）。弁護士会理事会は、懲戒裁判手続の開始を検察官に申し立てることができるにとどまり、みずから手続を開始する権限を有しないが、検察官が弁護士会理事会の手続開始申立を容れずあるいは手続中止の措置をとった場合には、検察官は、その決定に理由を附して弁護士会理事会に通知することを要し、理事会は、これを知ってから一月内に、弁護士名誉法院に裁判を申し立て、起訴強制（独刑訴一七三―一七五）にもちこむことができる（弁一二二）。さらにまた、懲戒裁判手続は義務違反の嫌疑を受けた弁護士（とくに、理事会の非難決定をうけ、これにたいする異議を却下されたというような場合の弁護士）が雪冤のためにみずから積極的に自己にたいする名誉裁判所の予審の開始を申し立てることによっても開始され、この場合にも、検察官は自身で予審開始を請求した場合と全く同様にその後の手続に関与することになっている（弁七四Ⅴ・一二三Ⅲ）のは、はなはだ興味ふかい。

予審は、各事件ごとに、あらかじめ各年度につき（名誉裁判所の所在地を管轄する高等裁判所の管轄区域内に配置されている裁判官のなかから）指定された必要な数の裁判官のひとりに委託して行われる（弁一二四）。公判は、原則として非公開であるが、検察官の申立があれば公開することができ、また、被告人の申立てがあれば公開しなければならないとともに、公開しない場合でも、ラント司法行政部の代表者、高等裁判所長官またはその代理者、高等裁判所検事局の職員、弁護士会の区域内の弁護士の立会は認められるし、名誉裁判所は、関係人の意見をきいて、他の者の傍聴を許可することもできる（弁一三五）。判決は、有罪・無罪・手続中止（手続障害が存する場合（独刑訴二六〇Ⅲ）、および、弁護士資格認可の失効または取消（弁一三―一六）の場合）のいずれかであるが（弁一三九）、有罪の場合の懲戒は、(イ)戒告、(ロ)譴責、(ハ)一万ドイツマルク以下の罰金、(ニ)弁護士職よりの除斥、のいずれかであり、譴責と罰金とは併科できる(22)（弁一一四）。

第一審たる名誉裁判所の判決にたいしては、弁護士名誉法院への控訴が許されるし弁護士名誉法院の判決にたいしては、連邦裁判所（弁護士事件部）への上告が許される（弁一四三Ⅰ・一四五Ⅰ）。控訴には、格別の理由を必要としないが、上告が法律上当然に認められるのは、弁護士職よりの除斥が問題となる場合、すなわち、弁護士名誉法院が判決で弁護士職からの除斥を言い渡した場合、弁護士名誉法院が検察官の申立てに反して除斥の判決をしなかった場合、および、弁護士名誉法院が第一審の除斥判決を維持する判決をした場合にかぎられ、許可（弁護士名誉法院の）による上告についても、基本的な意義を有する法律問題または基本的な意義を有する弁護士の職業上の義務につき判断した場合に限って上告の許可を与えうることを注意しなければならない（弁一四三・一四五）。なお、控訴審では、その弁護士名誉法院が附置されている裁判所所属の検察官が、また、上告審では、連邦検事総長が、それぞれ、関与する（弁一四四・一四七）。

四　業務禁止命令・代理禁止命令

なお、懲戒裁判手続にかんし、われわれの注目をひくものに、業務禁止命令（Berufsverbot）および代理禁止命令（Vertretungsverbot）の制度がある。

懲戒裁判手続では、被告人たる弁護士の身柄を拘束することはできないのだが（弁一一七）、懲戒裁判手続がすでに開始され、しかも、問題となっている非行が重大で被告人にたいし弁護士職からの除斥の判決がなされるであろうことが見込まれる場合に、被告人に手続係属中ひきつづき弁護士としての活動を継続させることは妥当を欠き、公衆にさらに害をおよぼす危険がある。そこで、連邦裁判所は、ナチス時代の弁護士法の範をとり入れて、右のような場合に、裁判所（検察官の懲戒裁判開始の申立を受けた裁判所または懲戒裁判手続係属中の裁判所）は、決定をもって、当の弁護士に対し業務の禁止または代理の禁止を命ずることができるものとした（弁一五〇）。業務禁止命令があった場合には、その弁護士は、弁護士としての資格はなお保有するが、弁護士としての業務を行うことを全面的に禁止される。また、代理禁止命令の場合は、そこまではゆかないが、その弁護士は、裁判所・官庁または仲裁裁判所の面前にみずから出頭し、代理権または副代理権を与え、あるいは、裁判所・官庁・仲裁裁判所・弁護士その他の法律事件における代理人と書面でやりとりすることができない（弁一五五）。いずれの場合でも、故意に命令に違反して行為した弁護士に対しては、特段の理由がないかぎり、弁護士職からの除斥をもって処罰する（弁一五六）。このように、業務禁止命令および代理禁止命令は、影響するところが大きいので、慎重な手続と関係人の利益保護のために若干の規定が設けられている（弁一五一―一六一）。

（1） Vgl. Kalsbach, BRAO. S. 162; ders. Fragen, S. 7f.; Hummel, Richtlinien—Dämmerung? Anw. Bl. Jg. 12, S. 105.

（2） 現行の「基準」は、連邦領域弁護士会連合によって採択されたもので、連邦弁護士法（一九五九年一〇月一日施行）による連邦弁護士会としての公認および基準設定の授権（弁一七七2）にさき立つものである点で、その効力が争われているが、連邦弁護士会は、一九六二年一月の総会で現行の「基準」を維持する態度を表明したし、少くとも制定当時（一九五七年五月一一日）における弁護士身分の法的確信を示すことは間違いない。効力をめぐる論議の詳細については、Vgl. Hummel, a. a. O. S. 105ff.

（3） 最近の判例を集録したものとして、Entscheidungen der Ehrengerichtshöfe der Rechtsanwaltschaft des Bundesgebietes und des Landes Berlin, Bd. I—Bd. V（連邦弁護士会幹部発行）がある。

（4） Kalsbach, BRAO. S. 162; ders. Fragen, S. 8.

（5）　おもに、Kalsbach, Fragen, S. 9ff.; Schwinge, Der Jurist und sein Beruf. Eine Einführung in die Rechtswissenschaft, 1960, S. 144ff. によった。なお、弁護士綱紀については、Kalsbach, Standesrecht des Rechtsanwalts, 1956の大著がある。

（6）　なお、古沢・実態、自由と正義一四巻四号九頁以下に、懲戒判例集からの多数の具体例の報告がある。

（7）　弁護士開業にあたって、「一二年間、ベルリンにおいて、とくに工業的権利保護の分野で弁護士活動をいとなんできたが、このたび、……で弁護士認可を受けた」旨の通知を、未知の一七人をふくむ多数の弁護士に宛て発送したのを違法な業務宣伝とした例がある、という。Kalsbach, Fragen, S. 19.

（8）　司法資料二二四号六三頁以下に邦訳がある。なお、同一一四頁以下参照。

（9）　法的助言濫用防止法によれば、法律輔佐人の許可は、申請者がこの職業に必要な信頼性と人物上の適性ならびに十分な専門的知識を具え、かつ、需要がすでに充分な数の法的助言者によって充たされていない場合にかぎり、与えられるが（同法一 §1, II）、後段の要件については、連邦行政裁判所は、一九五五年五月一〇日、職業選択の自由（基一二Ⅰ）に反し違憲、と判決した。なお、同法施行後は、民訴一五七条による代訟人の許可も、法律輔佐人としての許可を受けている者であることを前提とする。これら法律輔佐人ないし代訟人が、弁護士過剰の現在どのていど利用されているのかという点には興味がもたれるが、実状を知りえない。

（10）　なお、従来、とくに旧プロイセンの各ラントでは、行政裁判所における代理を業とする行政法顧問（Verwaltungsrechtsrat）なる者があったが、連邦弁護士法（二〇九）はこれを廃止し、同法施行当時に行政法顧問であった者は六月以内に申請をして、弁護士認可を受けうるものとした。

（11）　税務事件補助者および税理士については、Vgl. Kern, Gerichtsverfassungsrecht, S. 249.

（12）　この例外の範囲については、弁護士が税理士を兼ねうるのに、なぜ両者の協同が認められないのか、など若干疑問がもたれている。Vgl. Kalsbach, BRAO, S. 243ff.

（13）　弁護士にたいする懲戒制度の沿革につき、Vgl. Döohring, Geschichte, S. 166ff.

（14）　独立の最上級名誉裁判所を構成しないのは、連邦の裁判所が基本法によって制限的に確定されているからであり（基九二・九六）、連邦の諸裁判所のうちからとくに連邦裁判所を選んで弁護士事件部をおいたのは、弁護士の活動と通常の民刑事裁判との密接な結びつきを考慮したものである。Vgl. Amtl. Begr.（BRAO）, S. 148.

（15）　名誉裁判権の各裁判所の所管事項を整理・列挙したものとして、Vgl. Kalsbach, BRAO, S. 558ff.

(16) Vgl. Amtl. Begr.（BRAO), S. 146f.; Kalsbach, BRAO, S. 563.

(17) Vgl. Kalsbach, BRAO, S. 563f.

(18) 古沢「実態」自由と正義一四巻四号七頁。

(19) 「非難」の程度と表現形式は、多様でありうる。Vgl. amtl. Begr.（BRAO), S. 127. ただし、一般の監督処分としての、理事会による教示、警告、勧奨、諫言とは区別されなければならない。Vgl. Kalsbach, BRAO, S. 517.

(20) 非難権の行使ですむ事件と懲戒裁判にかける事件との限界が問題であるが、古沢氏のハンブルクにおける見聞によれば非難権行使の主な対象になるのは、弁護士が交通違反を犯した場合や依頼を受けた事件を放置している場合だということである。古沢「実態」自由と正義一四巻四号七頁。なお、古沢氏は、ハンブルク弁護士会における一九六〇年度・一九六一年度における紛争調停申立件数とその処理結果を調査して発表された（自由と正義、同号八頁）。甚だ参考となるので、同氏の許諾をえて転載する。とくに、申立件数の夥多と申立人の内訳に注目すべきであろう。

	年度	申立人 一般人	申立人 弁護士	申立人 裁判所・官庁	合計
申立件数	1960 1961	268件 304	77件 87	92 111	437 502
検察庁送致	1960 1961	14 9	6 3	2 8	22 20
非難権行使	1960 1961	22 17	10 11	5 20	37 48
調停成立	1960 1961	2 0	4 3	0 0	6 3
調停不成立	1960 1961	0 0	31 34	30 34	61 68
理由のないもの	1960 1961	139 176	0 0	0 0	139 176
公証人会等への廻附	1960 1961	2 1	0 0	0 0	2 1
退会等による自然解消	1960 1961	9 13	2 12	2 9	13 34
取下	1960 1961	2 1	0 0	0 0	2 1
未済	1960 1961	78 87	24 24	53 40	155 151

(21) なお、監督事件あるいは不服申立事件において弁護士が弁護士会理事会にたいして負う報告義務（弁五六）を履行しない場合には、理事会は、弁護士にたいして、五〇〇ドイツマルク以下の秩序罰を科することができる（弁五七）。

(22) 懲戒判決のなかでは、譴責と罰金の併科される例が多いようである。古沢「実態」自由と正義一四巻四号八頁別表㈡（ハンブルクにおける懲戒判決）参照。現実の運用として、懲戒は、なかなか厳格であり、ささいな形式違反も追求されるので、弁護士は、懲戒判例集を座右において執務の指針としなければならない、といわれる。近藤・西ドイツハンブルク地方裁判所における民事実務について、八八頁参照。

〈6〉　弁護士団体の構造と機能

一　弁護士団体の複合

ドイツの弁護士は、伝統的に、ふたつの並立する身分団体をもっている。ひとつは、弁護士会（Rechtsanwaltskammer）であり、他は、弁護士協会（Anwaltverein）である。この両者は、そのそれぞれが、連邦全体と各地域別に重ねて構成される複合的構造をもつ。西ドイツ連邦というひとつの国の弁護士がこういうふたつの異った身分団体に同時に属するということの意味は、どこにあるのであろうか。きわめて大ざっぱな表現であらかじめ概括しておくことが許されるならば、弁護士会は、強制加入の公共団体として弁護士活動の公的側面に対応する機能をもつべきものであるのにたいし、弁護士協会のほうは、任意加入の私的団体として、直接的には、むしろ、弁護士の私的利益の擁護と促進をめざしている。(1)

二　弁護士会

弁護士は、裁判官・検察官とならぶ独立の司法機関（弁一）であり、司法権の担い手である国家としては、司法機関としての弁護士のあり方につき深甚な関心を有するのは当然であるが、国家の直接的な干渉は、かえって不適当であり、むしろ、弁護士がその国家的・公的な使命を自身の自律によって果していくのを期待することが最も適当と考えられる。弁護士会は、まさに、このような弁護士の公的使命の実現のために、いわば間接的国家行政の一環として認められる公共団体（弁六二Ⅰ・一七六Ⅰ）である。弁護士会としては、各高等裁判所管轄区域を単位として弁護士を結集する各弁護士会のほか、連邦裁判所所属弁護士だけを構成員とする連邦裁判所所属弁護士会（Rechtsanwaltskammer bei dem Bundesgerichtshof）があり、これらの弁護士会全部を統合するものとして、連邦弁護士会（Bundesrechtsanwaltskammer）がある。

(1) 各弁護士会　高等裁判所・地方裁判所・区裁判所のいずれに所属認可をえているかをとわず、各高等裁判所の管轄区域内で認可を受けた弁護士は、その高等裁判所の所在地において、ひとつの弁護士会を構成する（弁六〇Ⅰ・Ⅱ。日弁三二と対比せよ）。例外的に、ひとつの高等裁判所の管轄区域内で認可を受けた弁護士が五〇〇名を超える場合には、ラント司法行政部は、あらかじめ弁護士会理事会の意見をきいたうえ、第二の弁護士会を設立することができる（弁六一）。弁護士会の構成員があまりにも多くなりすぎることによって、弁護士会内部における共同作業がやりにくくなることを防ぐ趣旨であって、この場合には、具体的に、どの弁護士がどちらの弁護士会に属することになるか、その高等裁判所管轄区域内に存する多数の地方裁判所の管轄区域を両弁護士会にどのように配分するか、さらに、第二の弁護士会の所在地をどこに定めるか、といった点も、ラント司法行政部が決定する。いずれの場合にあっても、弁護士会への加入は、強制加入であり、弁護士認可の発効とともに、その弁護士は、法律上とうぜんに、弁護士会の会員となるのであって、加入の意思表示を要しない。弁護士会は、公共団体として、とうぜん法人格を有し、高等裁判所長官ではなしに直接にラント司法行政部の国家監督を受けるが、その監督は、法律・定款の遵守、とくに、弁護士会に委ねられた任務の履行の点にかぎって行われる（弁六二Ⅱ）。なお、弁護士会の経理については、公共団体の経理監査に関する一般規定の適用による監査が行われることになっている（弁一一四）。

弁護士会の機関としては、三つのものがある。まず、理事会（Vorstand）があり、総会（Versammlung der Kammer）で選出された七人（または総会で定めるそれ以上の数）の理事から成る（弁六三・六四）。この理事会は、そのなかから、幹部（Präsidium）を選出する（弁七八Ⅰ）。幹部は、会長・副会長・書記・会計より成るのが原則である（弁七八Ⅱ）。総会は、弁護士会の最高機関であり、総会において弁護士会員の全体がその意思を決議と選挙によって表明する。このうち、弁護士会の機能を支える中心的な機関は、理事会である。弁護士会のなすべき本来の仕事は、理事会においてなされるのであり、弁護士会そのものの任務について連邦弁護士法はなんらの規定をおいていないけれども、これも、理事会の職務から明らかになるわけである。

(イ) 理事会の職務は、広汎にわたる。「理事会は、法律によって課せられた職務を履行しなければならない。理事会は、弁護士会の利益を守りかつ促進しなければならない」(弁七三Ⅰ)。この一般的な義務は、総会が理事会に与えた、弁護士会およびその会員の地位の確保と向上のために尽力する権利と義務を包含する一般的な授権に対応するものであるが、その個別的な表現として連邦弁護士法上とくに挙げられている諸義務を整理してみると、つぎのようになる。(i)内部規律の維持。職業上の義務の問題につき、会員に助言・教示を与え、中立により会員相互間あるいは会員と依頼人の間の紛争を調停するほか、つねに、会員の負う義務の履行を監督し、懲戒裁判手続開始申立の必要がないと認められる程度の義務違反にたいし非難権(Rügerecht)(弁七四)を行使することなど(弁七三Ⅱ1—4)。ちなみに、この会員にたいする監督は、弁護士会およびその機関としての理事会にたいし国家から委ねられた公的な職務であるから、これに関連して、連邦弁護士法は、弁護士の、理事会にたいする報告義務(Auskunftspflicht)を認めている。すなわち、弁護士は(黙秘義務に反対しないかぎり)、監督事件および抗告事件において理事会(またはその委託を受けた理事)に報告し、求めに応じてその手控記録を提出しなければならず(弁五六)、弁護士がこれを履行しない場合には、理事会は総額五〇〇ドイツマルクまでの秩序罰を当の弁護士に課し、これを、弁護士会の会計が発した、執行力証明のついた確定決定の認証謄本を債務名義として判決の強制執行の規定に従って取り立て、弁護士会に収納することができるまでの権限を与えられていること(弁五七)に注目を要する。(ii)対外的に会員の全体を代表すること。たとえば理事会は、ラント司法行政部・裁判所あるいはラントの行政官庁の要求するその参考意見を具申すべきことが、連邦弁護士法の随所(弁八Ⅱ・一六Ⅱ・一七Ⅱ・一九Ⅱ・二四Ⅰ・二八Ⅰ・二九Ⅰ・Ⅱ・三五Ⅱ・四七Ⅲ・五五Ⅰ・六一Ⅰ・七三Ⅱ8・九二Ⅱ・九三Ⅱ・九五Ⅱ・一〇三Ⅱ)に規定されているほか、弁護士から選任される公職(連邦裁判所弁護士事件部陪席裁判官・名誉裁判所および名誉高等裁判所構成員・司法試験委員)や連邦裁判所所属弁護士の選考のための被推薦者名簿を作成提出しなければならない(弁七三Ⅱ5・6・10・九四Ⅱ・九五Ⅱ・一〇三Ⅱ・一〇七・一六六)。(iii)懲戒裁判権の行使は、理事会とは切り離された名誉裁判権の裁判所に移管されたが、実質上は、依然として理事会がイニシアチブをとっており、名誉裁判権の裁判所理事会の推薦した弁護士を構成員とするほか（弁七三Ⅱ5・6・九四Ⅱ・一〇三Ⅱ・一〇七Ⅱ）、懲戒裁判手続は、ふつう、理事会の懲戒裁判手続開始の申立に基づいて開始され、理事会の申立を検察官が容れない場合には一種の準起訴手続をとりうることも（弁一二二）、さきに述べたとおりである。(iv)後進の養成への協力。司法修習生の教育への協力も理事会の重要な任務のひとつである（弁七三Ⅱ9）。

(ロ) 理事会の内部で幹部が設けられるのであり、幹部は「より小さい理事会」（Amtl. Begr. (BRAO) S. 132）といわれる。幹部は、一般に、弁護士法または理事会の決定によって幹部に委ねられた理事会の事務の処理にあたるのであるが、そのうちで、会長（Präsident）は、裁判上または裁判外で弁護士会を代表するほか、弁護士会と理事会の事務上の連絡をはかり、理事会および弁護士会の決議を実行し、弁護士会の活動や理事・幹部の選出の結果につき、ラント司法行政部や連邦弁護士会に報告ないし通知することを任務とする（弁八〇・八一）。会長に支障があるときは、副会長（Vizepräsident）が、これに代る。書記の主たる任務は、いうまでもなく、理事会および総会についての記録の作成であり（弁八二）、会計の職務は弁護士会の財産の管理と会費納入の監督であるが（弁八三）、滞納会費について、会計の発した、執行力証明つきの会費支払請求書を債務名義として判決の強制執行にかんする規定に従い簡易に取り立てうること（弁八四）を注目すべきであろう。

(ハ) 総会は、会長が招集する（弁八五。会員の十分の一が議事を明示して書面で申し立てる場合には招集しなければならない）。総会は弁護士会の最高機関として、他の機関の職務とされていない弁護士会のあらゆる事項について権限を有するが、とくに、連邦弁護士法上明定された総会の専管事項として、つぎのものがある（弁八九Ⅱ1—7）。(i)理事の選任。(ii)会費の額と納期の決定。(iii)弁護士およびその遺族のための福祉施設の設置。(iv)共通事項のための費用を支弁するために必要な承認。(v)理事会および名誉裁判所の構成員の支出補償および旅費補償のための基準の定立。(vi)弁護士会の収支・財産管理についての理事会の決算の検討とその責任免除についての決議。(vii)弁護士事務所における見習（Lehrling）の教育と試験についての規制。ここにいう見習とは、事務員のそれであり、弁護士事務所の作業能力と機能の確保のためには事務所要員の養成がきわめて重要であるとの認識に立ちつつも、弁護士の後進養成の場合におけるごとく立法者が直接にこれを規制するのではなしに、統一的教育の規制を弁護士会総会に委ねたもので、これについては連邦弁護士会の方で各弁護士会総会における規制のための規準がすでに定められてある（Berufsbild des Rechtsanwaltsgehilfen. MittBl. RAK Düsseldorf 1959, S. 88. その正文については、Kalsbach, BRAO. S. 549. f. 参照。なお弁一七七8参照）。ドイツ弁護士法制のきめの細かさを示すものといえようし、弁護士の公的性格の認識をつよく反映する一齣でもある。なお、総会には、弁護士会の会規を定める権限が与えられている（弁八九Ⅲ）。

(2)　連邦裁判所所属弁護士会　連邦裁判所所属弁護士は、かつてのライヒ裁判所所属弁護士がそうであったように、かれらだけで構成する連邦裁判所所属弁護士会をもつ（弁一七四Ⅰ）。やはり強制加入の公共団体であり、連邦司法大臣の国家監督を受ける一般の弁護士会にかんする規定が全面的に準用されるが（弁一六二）、ただ、会員たる連邦裁判所所属弁護士は少数（別表2参照）なので、理事の数を法定するのは適当でないとして、会規の定めるところに譲っている点だけが異なる（弁一七四Ⅱ）。

(3)　連邦弁護士会　以上にみた各弁護士会（西ベルリン弁護士会をふくむ）、および連邦裁判所所属弁護士会を統合するものが連邦弁護士会である（弁一七五Ⅰ）。各弁護士会および連邦裁判所所属弁護士会は、法律上とうぜんに連邦弁護士会の会員となるのであって、加入の意思表示を要せず、また（日本弁護士連合会におけると異なり）、各個の弁護士は、会員とはなりえない。連邦弁護士会の所在地は、その定款で決められることになっているが[3]（弁一七五Ⅱ）、同会定款第一条によれば、連邦共和国の首都——したがって現在ではボン——を所在地とする連邦弁護士会もまた、弁護士会とおなじく、公共団体であり、法律・定款の遵守とくに連邦弁護士会に委ねられた任務の履行にかぎってではあるが、連邦司法大臣の国家監督を受ける。

弁護士会が連邦弁護士会の会員になるといっても、このことは弁護士会それぞれの独立性をいささかも害するものではなく、連邦弁護士会は、会員たる弁護士会にたいして、なんら指示・命令を与える権限をもっていない。

むしろ、連邦弁護士会の機能は、とくに、会員たる弁護士会の理事会をむすぶ共通の紐帯となる点にある（Amtl. Begr. (BRAO), S. 220）。理事会の横の連絡をつうじて、弁護士会相互間の見解が調整されて統一的意思形成が可能となり、また、対外的に連邦弁護士会が弁護士全体を公式に代表することが可能となるわけである。しかし、もともと、一八七八年のライヒ弁護士法は、ライヒの全域にわたる弁護士会を認めていなかったのであり、ドイツの弁護士全体が多年の努力の結果としてえた一九三三年三月一八日の大統領緊急命令による最初のライヒ弁護士会さえ、政治的な激動のうちに二年の寿命しかもちえなかった沿革[4]を考えると、連邦弁護士法によって作られた連邦弁護士会の画期的意義を認めることができると同時に、反面、その結束がまだ必ずしも強固な基盤に支えられているとはいえないのではないかと疑うこともでき、げんに、その活動も、私的団体ながら古い光輝ある歴史をもち全国的な規模で活潑な活動を展開している後述のドイツ弁護士協会のかげにかくれて、われわれの目にはあまり大きくうつらないのである。

連邦弁護士法によれば、連邦弁護士会は、法律によって課せられた任務を履行しなければならない（弁一七七I）。このことは、連邦弁護士会にあらたな任務を加えるにしても、法律によらなければならず、定款によることはできない、とする点に意味がある（Amtl. Begr. (BRAO), S. 222）。この「法律によって課せられた任務」としては、次のものが挙げられる（弁一六六II1・一七七II）。(i)弁護士会の全体に関係する問題において各個の弁護士会の見解を調査し、共同討議の方法で多数の見解を確定すること。(ii)弁護士業務の実施の問題についての一般的見解を基準のかたちで確定すること。(iii)弁護士会の福祉施設にたいする基準を立てること。(iv)弁護士会の全体に関係するあらゆる事柄において連邦弁護士会の見解を所管の裁判所・官庁に進達すること。(v)弁護士会の全体を諸官庁・諸機構にたいして代表すること。(vi)立法に関与する連邦の諸官庁・諸団体もしくは連邦の裁判所が要求する参考意見を具申すること。(vii)連邦裁判所所属弁護士の候補者名簿を提出すること。(viii)弁護士の職業上の研修を促進すること。(ix)弁護士事務所における見習の教育のための基準（前述、二〇七頁参照）を立てること。

(二)連邦弁護士会の機関は、幹部（Präsidium）と総会（Hauptversammlung）である。各弁護士会におけると異なり、連邦弁護士会では、幹部を内含する理事会がおかれていないから、ここでは、幹部じたいが各弁護士会における理事会に匹敵する地位をもつことになる。しかし、各弁護士におけると異なり、連邦弁護士会にあっては、前段に列挙した同会の任務の内容からもうかがえるように、その重心が総会にかかっていることを注意しなければならない。

幹部は、会長・副会長（三名）および会計の計五名であり、総会においてそのなかから選出される（弁一七九・一八〇）。会長・副会長・会計のそれぞれの職務については、弁護士会におけるそれらと大差がない。総会は、会長によって招集されるが少くとも三つの弁護士会が議題を明示して書面で申し立てた場合には、会長は、総会を招集しなければならない（弁一八九）。総会では、各弁護士会は、その会長またはその代理としての他の理事によって代表され、それぞれの弁護士会各一票の多数決で議事を決するが、各個の弁護士会に経済的負担をかける決議については、総会における満場一致を必要とするのが原則である（弁一八八―一九〇）。

三　弁護士協会

弁護士会とならんでドイツの弁護士会を代表するものに、弁護士協会がある。その全国的な組織がドイツ弁護士協会（Deutscher Anwaltverein e.V.）であり、戦前は、各個の弁護士を会員とする単一的な組織であったが、戦後は、各地に地方的な弁護士協会が多数設立され、これらの地方的弁護士協会の存在するところでは、これら協会自身が、その他では、各個の弁護士がドイツ弁護士協会の通常会員になるという複合的な構造がみられる。弁護士会が公共団体として間接的国家行政の一翼をになうのにたいし、弁護士協会は、国家からいちおう離れた立場に立つ私的な任意加入の団体である。それだけに、弁護士協会は、弁護士の自由な意思をそのまま反映しうるはずであり、その意味で、ドイツの弁護士の「正統かつ自由に決定された代表」は、弁護士会ではなくて、むしろ、ドイツ弁護士協会なのだ、といわれるのである。(5)

ドイツ弁護士協会の歴史は、弁護士会よりもはるかに古く、一八四〇年代にすでに地方的な弁護士協会が姿をみせているが、今日のドイツ弁護士協会の前身をなすものは、一八七一年八月二五日に、バイエルン弁護士協会およびプロイセン弁護士協会（ともに一八六一年創立）が母体となって生れたドイツ弁護士協会である。当初は、一六九人の弁護士が加入していたにすぎないが、その後、めざましい発展をとげ、大きく活躍した。とくに、ライヒ成立直後の諸立法の成立過程において果した役割は、たかく評価されているが、他の司法職・他の自由業との連携や国際的な交流の面での活動もいちじるしく、当初は協会の機関誌であった Juristische Wochenschrift 誌（一八七二年創刊）や純粋に弁護士的な問題に関し一九一四年以後これより分離独立した Anwaltsblatt 誌の及ぼした影響力も看過してはならないであろう。その成果にとむ活動がなによりの吸引力となって、ナチスの手によって解体されるまでには、ドイツの全弁護士の八割までがドイツ弁護士協会に加入していた。戦後も、占領行政による障害とたたかいながら、いちはやく再建への動きが進められる。現在のドイツ弁護士協会は、一九四七年五月六日にハンブルク弁護士協会が中心となって作られた北西ドイツ弁護士協会（Deutscher Anwaltsverein Nord-West）に、西独各地で続々とできた弁護士協会がつぎつぎに加入して発展したものであり、現在も、ハンブルクに本拠をもっている。

ドイツ弁護士協会の目的は、一八七一年の創立当初におけるものが、そのまま、維持されている。すなわち、「その目的（Zweck）は、弁護士職の職業的および経済的なあらゆる利益を、とくに司法および立法の向上ならびに弁護士職の共同意識と学問的精神の涵養によって、保護し育成し促進することであり、その目標（Ziel）は、ドイツのすべての弁護士の統合である」（定款一Ⅱ）。協会がこの目的の範囲内において会員個人の権利を（その会員が異議を述べない場合には）自己の名で行使しうること（定款一Ⅲ）を注目すべきであろう。協会自身は、もちろん、経済的な営業活動は行わない（定款一Ⅳ）。ドイツ弁護士協会の行う事業のうち法律試案の作成や検討による立法への寄与は、この協会の光輝ある歴史をになうものであるが、現在でも、この協会における専門的に細分された多くの立法委員会の活潑な活動がAnwaltsblatt誌の各号にしきりに報ぜられている。また、協会が原則として二年ごとに開催する弁護士大会（Anwaltstag）は、「ドイツの弁護士職の精神的な自己決定と自己表現の行為であると同時に、その身分的結合を意識化する行為[7]」として重要な意味をもつ。そのほか、協会は、弁護士の研修という面にも力を入れており[8]、また、いわゆる法的助言濫用や他の職種からする弁護士の活動分野の侵蝕にたいする防衛[9]や弁護士過剰の対策あるいは共済組織の形成なども、現下の重要な課題としてとらえられている。

ドイツ弁護士協会の機構を簡単にみておこう[10]。会員には、通常会員、特別会員、名誉会員の区別があるが（定款二）、通常会員には二種あり、ひとつは、各地に存する地方的弁護士協会[11]、他は、各個の弁護士であって、各個の弁護士が会員となるのは、その居住する地域に、ドイツ弁護士協会加入の弁護士協会が存しない場合にかぎる（定款三Ｉ）。連邦制のもとでは、弁護士職の利害も各ラントの特殊事情によって異なるのは、当然であり、この点を考慮してか、ドイツ弁護士協会では、その内部で、これに加入している弁護士協会の各ラント別のグループ（Landesgruppen）の形成を認め[12]、これに属する会員の特別の利益およびそのラントの立法を促進させ、また、一般的な弁護士の利害についても各グループ別で論議させている（定款六）。ドイツ弁護士協会の機関は、理事会（Vorstand）と会員総会（Mitgliederversammlung）であるが、総会で選出した二一名の理事から成る理事会は、さらに、そのなかから、幹部（会長一・副会長二・会計・他一）を選出する。なお、理事会の決議の準備や法律案の作成・検討のために各種の委員会（Ausschüsse）がおかれている[13]（定款七一一）。会務の処理は、原則として理事会が行うが、年度末決算・理事の責任免除および会費などは総会の専決事項である（定款九Ｉ・一四Ⅱ）。会員総会は、少くとも年一回、理事会の決定に従って招集され、ふつう、単純な多数決によって議事を決するが、各個の弁護士たる会員が各一票を有するのに対応して会員たる弁護士協会も、原則として所属弁護士の数だけの議決権を有すること（定款一八Ⅱ・Ⅲ・Ｖ）を注意すべきであろう。

四　弁護士の共済制度

弁護士団体の活動に関連して、弁護士の共済制度をみておこう。

いうまでもなく、弁護士の収入は、主としてその全く個人的な働きに依存しており、自身が働けなくなった場合には、ただちに生計の基礎を失う危険がある点で、他の自由業とは事情を異にしている。弁護士が老齢に達した場合の生活保障および遺族保障の問題が早くからとり上げられてきたのも、当然であって、一八七一年、ドイツ弁護士協会創立のさいの弁護士大会ですでにこの問題が論ぜられたのを皮切りに、同協会では、一八八五年に「ドイツ弁護士扶助金庫」(Hülfskasse für deutsche Rechtsanwälte)をつくり、また、一九〇七年には、一九〇五年の弁護士大会（ハノーバー）の決議に基づき「ハレ・ドイツ弁護士および公証人のための退職金・寡婦・孤児金庫」(Ruhegehalts- Witwen- und Waisenkasse für Deutsche Rechtsanwälte und Notare zu Halle)(Saale)が設立され、一九一二年には、「ドイツ弁護士保養所協会」(Erholungsstättenverein deutscher Rechtsanwälte)ができた[14]。このうち、「ハレ・退職金・寡婦・孤児金庫」は、年々、その加入者と事業範囲を拡大した結果、一九三四年には、保険監督法VAGにいう小保険団体から大保険団体に組織を変更し、「ドイツ弁護士・公証人保険」(Deutsche Anwalt- und Notar-Versicherung = DANV)と改称、ドイツ全体の弁護士共済制度として、順調に伸びていった。一九四五年、東西ドイツ分裂によって従来の同保険管理部門が東独（ハルレ）に所在していた関係上、再建のめどが立たず、裁判所の選任した監査人より理事にたいし同保険の財産を西独に本拠を有する保険企業に移管すべきことを委託した。現在、「ドイツ弁護士・公証人保険」が純然たる私企業であるハンブルク＝マンハイム保険株式会社の特別部となっているのは、一九四六年に同会社の前身であるハンザ生命保険株式会社との間に締結された財産移管契約の結果である。しかし、この財産移管のために、「ドイツ弁護士・公証人保険」が共済制度としての性格を失って完全に営利事業化したとみるのは、おそらくは正当でないだろう。右の財産移管契約にあたっては、「ドイツ弁護士・公証人保険」が受移管会社の内部で依然として同一の名称を保持しつつ、独自の料率・約款・

事業計画によって事業を弁護士の職業身分的結合においてひきつづき継続し、将来も経済的に独立の計算・管理単位として経営されることを条件としたのであるし、弁護士等を代表する顧問（Beirat）が「ドイツ弁護士・公証人保険」の管理・機構に関するすべての基本的な問題についてひろく共同決定権を与えられている。[15] したがって、「ドイツ弁護士・公証人保険」は、現在もなお、弁護士（現在では弁護士にかぎらない。公証人・司法官・司法修習生・弁理士なども加入できる）の共済機構の重要な一翼をになうものということができるであろう。[16] なお、弁護士およびその遺族のための福祉施設を設けることは、弁護士会の任務のひとつであるが（弁八九Ⅱ3・一七七Ⅱ3）、現実にどれほど現実化しているかについてはなんらの資料をえなかった。

しかし、いまや、事態は、一段の飛躍をとげようとしている。「ドイツ弁護士・公証人保険」は、もとより、自由意思による加入を前提とするものであるが、最近、西独連邦政府は、いわゆる中間層政策の一環として、弁護士の強制保険を積極的に推進助成しようとし、一九六一年二月一六日の閣議で弁護士保険法（Gesetz über die Alters- und Hinterbliebenenversorgung der Rechtsanwälte.—Rechtsanwaltsversicherungsgesetz—RAVG）の草案を正式に決定した。この草案は、連邦参議院 Bundesrat の基本的賛成を経て、連邦議会に送られた。惜しくも、時間ぎれのため審議未了に終ったようであるが、その後も、弁護士層のつよい要望があり、いずれ、再提出による成立をみるものと予想される。[17]

弁護士保険法草案の内容をみておこう。まず、弁護士保険法の発効とともに、保険の実施にあたるべき連邦直属の公共団体たる弁護士保険事業（Versicherungswerk der Rechtsanwälte）が成立したものとみなされ、弁護士認可を受けた者は、当然に、その構成員となる（強制保険である）。弁護士保険事業の機関としては、弁護士五〇〇人に一人の割合で選出される代議員による代議員会、五名の理事からなる理事会、および、理事会で選出し連邦政府の提案に基づき連邦大統領が任命する二名以下の業務執行理事がある。保険方法の選択は、弁護士自身に委ねられている。すなわち、代議員会の特別決議によるのであるが、選択されるべき保険方法として、草案は、ふたつを挙げている。そのひとつは、理事会が私的保険企業との間に団体保険契約（代議員会と監督官庁たる連邦保険局の承認を要する）を締結する方法であり、他は、勤労者の年金保険に準じた年金社会保険による方法である。第一の方法による場合には、保険企業と弁護士の間に私法上の保険関係が成立し、弁護士は、これに基づいて直接に権利を取得するのであって、公法上の締約強制は、この点をなんら変更しない。しかし、どちらの方法による場合にも、保険料の徴収は弁護士保険事業が担当するのであって、定款（代議員会で定める）のうえで保険料を直接に私的保険企業に払いこむべきものとする場合にも、保険料をめぐるこの関係は、公法的性質を失わない。弁護士保険事業と弁護士会との緊密な協同が弁護士保険事業の実施のために必要であることは、いうまでもなく、弁護士会は、当然、弁護士保険事業にたいし会員名簿の閲覧を許し、弁護士認可その取消、消滅などを通知すべきであるが、連邦労働社会秩序大臣は、連邦参議院の同意をえて、その法規命令により弁護士会のなすべき通知の種類と範囲を決定する。また、弁護士会が弁護士保険事業との合意に従いその委託を受けて保険料を弁護士会費の一部として徴収することも可能である。いずれにせよ、強制保険といっても、法律によって直接に弁護士に保険義務が課せられるのではなく、弁護士保険事業の代議員会の決議によってはじめて保険義務が生ずるのであり、弁護士保険法じたいはそのための授権と機構的な基礎づけを与えるにすぎない。一般に、弁護士保険法は、弁護士が自分の手で全面的に弁護士の保険を実施することを側面から強制しようとするもので、あくまでも、弁護士の意思決定の自由を尊重し、弁護士なりその遺族の生活保障にたいする責任を弁護士自身に委ねていることを特記すべきであろう。

（1） 弁護士会と弁護士協会の本質的差異を指摘するものとして、Reuss, Die Organisation der deutschen Anwaltschaft. JR 1953, S. 253f. がある。
（2） Amtl. Begr.（BRAO）, S. 110, 113f.; Reuss, a. a. O. S. 253f.
（3） 連邦弁護士会定款の内容については、Kalsbach, BRAO, S. 665参照。
（4） 一八七八年のライヒ弁護士法は、高等裁判所の管轄区域およびライヒ裁判所所属による各個の弁護士会を認めたにとどまったので、その施行後、各弁護士会およびその理事会を連結する全国的組織をもとうとする動きが表面化し、一九〇九年には、民法上の組合のかたちにおいてではあるが、「ドイツ弁護士会理事会連合」がつくられ、ながい準備と論議ののち、ようやく、一九三二年に「ライヒ弁護士会にかんする法律草案」ができた。この草案は廃案となったが、その内容は、一九三三年三月一八日の大統領緊急命令（RGBl. I. S. 109）に、そのまま取り上げられ、ここに、ライヒ弁護士会（Reichsrechtsanwaltskammer）が誕生した。しかし、わずか二年後、一九三五年一二月一三日の弁護士法改正法（RGBl. I. S. 1470）により、じゅうらいの弁護士会・ライヒ弁護士会は、ともに解体され、ドイツの各裁判所につき所属認可を受けた全弁護士によって構成されるライヒ・弁護士会（Reichs-rechtsanwaltskammer）一本となり、ナチスの政治理念によるつよい統制をうけた。戦後は、西独連邦成立後、ふたたび、民法上の組合のかたちで、「連邦領域弁護士会理事会共同研究会」（のちに「連邦領域弁護士会連合」と改称）ができ、一九五〇年の統一回復法（BGBl. S. 455）により公認されたが、公的な職業代表の頂点をなす組織としての使命を果すには民法上の組合の形式では不充分であるとして、共同研究会およびドイツ弁護士協会が連邦弁護士会の設立をつよく要望し、連邦弁護士法において、ようやく実現のはこびとなったのである。この沿革については、Amtl. Begr.（BRAO）, S. 217ff.

（5）　Reuss, a. a. O., S. 254. ドイツ弁護士協会の会員たる弁護士および会員たる地方的弁護士協会所属の弁護士の総数については、正確な数字を知ることができなかったが、坂本氏（自由と正義一四巻一号二頁）は、約一二、〇〇〇人と報告しておられる。もし、それが正しいとすれば、全弁護士数の約六五パーセントにあたる。

（6）　ドイツ弁護士協会の歴史については、Bartmann, Aufgaben und Arbeiten des Deutschen Anwaltvereins und Anwaltstags, JR 1953, S. 157f. に詳しい。

（7）　Reuss, a. a. O., S. 254. 弁護士大会は、一九三三年まではドイツ弁護士協会の機関であったが、現在ではそうでなく、定款じたいにも、「弁護士大会は身分・経済および立法の問題をとりあつかうが、その決議はドイツ弁護士協会の決議ではない」、と明規している（定款一三Ⅱ）。したがって、弁護士大会のテーマは、一般的なかたちで取り上げられる。たとえば、「弁護士、民族および国家」（一九二九年・ハンブルク）、「弁護士と経済」（一九五三年・リューベック）、「法と司法の合理化」（一九五五年・マンハイム）、「刑事訴訟における弁護士」（一九五九年・シュツットガルト）、というごときである。

（8）　毎年、大がかりな弁護士研修（Lehrgänge）を実施するほかに、最近では、大学との共催で「弁護士のための大学週間」（Universitätswoche für Rechtsanwälte）が原則として二年ごとに行われ、多数の参加者をみている。

（9） 法的助言濫用の排除のためにケルン弁護士協会が二五年にわたって行ってきた努力を描いたものとして、Kampmann, Die Bekampfung des Rechtsberatungsmissbrauchs durch den Kölner Anwaltverein, Anw. Bl. Jg. 10, S. 41ff. がある。ブラックリストの作成から、中止勧告、関係官庁との協議、告訴、民事の仮処分、不作為請求の訴提起まで、徹底した手段がこの弁護士協会によってとられていることは、驚くべきである。

（10） ドイツ弁護士協会の機構については、同協会作成の Anwaltsverzeichnis, 1960によった。

（11） 一九六〇年一月一日現在で、合計一六六の地方的弁護士協会がドイツ弁護士協会に加入している。名称は、一様でなく、おおくは、なんらかのかたちで、地名と Anwaltverein という表示を結びつけた名称をつけているが、Rechtsanwaltverein, Verein der Rechtsanwälte, Anwalt- und Notar-Verein, Anwaltsvereinigung, Vereinigung der Rechtsanwälte などの表示も使用されている。

（12） このラント別グループの名称も多様である。たとえば、Arbeitsgemeinschaft badisch-württembergischer Anwaltverein, Bayerischer Anwaltsbund, Landesgruppe Hessen など。なお、ブレーメン、ハンブルク、ザールおよびベルリンでは、弁護士協会は、それぞれ単一であり、どこのラントグループにも属しない。

（13） 委員会には、立法委員会と他の専門委員会の二種がある。前者には、労働法、原子力法、土地法、手数料法、商法、支払不能法、賃貸借・住居法、公証人法、社会法、税法、刑法、防衛刑法、憲法、取引法、保険法、行政法、再建整備法、民事訴訟・裁判所構成法、民法の各委員会があるのにたいし、後者は、合理化、法律助言濫用、権利保護保険の三委員会があるにすぎない。

（14） Bartmann, Aufgaben und Arbeiten des Deutschen Anwaltvereins und Anwaltstags, JR. 1953, S. 157.

（15） 「ドイツ弁護士・公証人保険」の沿革なり性格については、Anwaltsverzeichnis. 1960. S. 37ff. に収録の資料によった。

（16） なお、私的なものながら、一九一一年にライヒ裁判所所属弁護士ハンス・ゾルダンが弁護士の共済施設として創ったハンス・ゾルダン財団（Hans-Soldan-Stiftung）があり、物品の調達、保養施設の提供、各法領域についての照会にたいする調査や鑑定に当っているが（同財団については、Anwaltsverzeichnis, 1960, S. 31ff に資料がある。）、財団設立の趣旨はともかくとして、現在では、事務所用品の専門店になりおわっているとの批判（Heimerich, Der Betriebes = Berater, Jg. 14, S. 788）も出ている。

（17） 弁護士保険法草案については、Mellwitz, Der Entwurf eines Rechtsanwaltsversicherungsgesetzes, NJW Jg. 15, S. 2089ff.

によった。なお、Vgl. Anw. Bl. Jg. 11, S. 112f.; Jg. 12, S. 33f.

〈7〉〔旧〕東ドイツの弁護士制度

以上では、主として〔戦後の、一九九〇年の「ドイツ統一条約」の成立に至る以前の〕西ドイツの弁護士制度について、その素描を試みたのであるが、最後に東ドイツ（いわゆるソビエト地区＝ドイツ人民共和国 Sowjetzone = DDR）および東ベルリンに存した弁護士のありようを一瞥しておこう。[1] ここでは、とくに、弁護士の数の異常な減少と社会主義政治体制のもとにおけるその体質的変化が注目される。

(1)　現在の東ドイツは東ベルリンを合せると、一九三七年には三、一六三名も弁護士のいたものが、一九四八年九月には一、二五八名、一九五一年末には九一五名、一九五七年には八一五名、一九六〇年には約七二〇名というように、その減少の速度は、きわめて急速である。東独の人口は、約一、八〇〇万であるから、人口約五、〇〇〇万にたいし一九、〇〇〇名の——しかしなお増勢やまぬ——弁護士のいる西ドイツと比較して、あまりにも、その違いの著しさに驚かずにはいられない。現在、東ドイツの弁護士には、二種の異質的なものがふくまれている。そのひとつは、戦前と同様の、独立かつ自由な弁護士であり、他は、弁護士団（Anwaltskollegium）に属する、いわば統制された弁護士である。前者は、衰滅の一途をたどりつつあり、やがて後者だけの一色となることは、時間の問題といってよい。

右の事態をとくに決定づけたものは、一九五三年五月一五日の「弁護士団の形成に関する命令」（Verordnung über die Bildung von Kollegien der Rechtsanwälte. GBl. S. 725.）である。これによれば、すでに右命令発効以前に弁護士の認可を得た者は、その後もひきつづき自由な弁護士として活動を続けることができるが、あらたに弁護士の認可を受けようとする者は、かならず弁護士団に加入しなければならない。のみならず、自由な弁護士をできるだけ早く排除し、弁護士団一本にまとめるために、つぎのような措置が同時にとられている。すなわち、(イ)自由な弁護士と弁護士団所属の弁護士とは、課税の面で異別に扱われる。右命令の第二条では、「弁護士団内部における職業的活動に基づいてえられた弁護士の収入は、賃金・俸給の受領者に適用される諸規定に従って課税される」と規定している。この規定は、実質的にも弁護士団所属弁護士に経済的な特恵を与える結果となっているようであるが、なによりも、こういう明文の規定をみたときに自由な弁護士であることの不利益が非常にはっきりと印象づけられることはたしかであり、現に、自由な弁護士の衰滅を促進するうえに大きな役割を果してきたようである。(ロ)自由な弁護士は、民事事件の救助弁護士や刑事事件の国選弁護人になることができない。(ハ)すべての官庁とすべての国有企業(volkseigener Betrieb)は、それらの職域・営業から生じた事件を依頼するについては、つねに、弁護士団所属の弁護士にしなければならない。(ニ)自由な弁護士にはなんら固有の身分団体が認められていない。したがって、かれらは名誉裁判権をもつこともなく、直接に司法省の監督に服し、司法大臣の懲戒罰を受ける。

(2) 弁護士団は、さきに挙げた一九五三年の命令によって各地区裁判所(Bezirksgericht)単位でつくられた法人である。したがって、計一四の各地区および東ベルリンのそれぞれに各一の弁護士団があるわけであるが、各弁護士団は、右命令に附してこれと同時に告示された弁護士団模範定款(Musterstatut)に則って創立されている。

弁護士団の任務は、(イ)構成員の政治教育と資格審査ならびに後進の養成、(ロ)労働不能および老齢の構成員の保護、および、(ハ)公の無料法律相談所の設置、である(模範定款二)。弁護士団への加入を認めるかどうかは、構成員総会の決議によるが、加入申請者が弁護士としてのその活動を民主的な合法性の要請、社会主義的な建設の利益および弁護士団の目標と一致せしめつつ展開するであろうことが、その人格なり従来の職業の実行によって保証されない場合には、加入を認められない。したがって、逆の面からいえば、かならずしも完成した法学教育を経ていることは必要でなく、完成した法学教育を受けていない者でも、法律家(人民裁判官・検察官・輔佐人など)としての実務経験に基づき加入を認められることがあると同時に、むしろ、弁護士団の指導者には、弁護士としての実務にあまり煩わされずに弁護士団内部の任務に専念すべきことが要請されている。弁護士団所属弁護士は、副業を禁ぜられ、理事会の広汎な懲戒権に服する。

なお、一九五七年には、東ドイツ人民共和国司法省に、弁護士問題顧問がおかれ、同時に、弁護士団全体の一種の上級機関として、中央監査委員会（zentrale Revisionskommission）が設けられた。各弁護士団の理事会は、中央監査委員会のあらゆる質問にたいし回答を与え、あらゆる資料を提出し、委員会の活動をあらゆる方法で支援すべき義務を負う。しかも、理事会がここに提出を義務づけられている資料のなかには、弁護士団に保存されている弁護士の事件記録も入るわけで、そのかぎりでは、弁護士の職業上の秘密も害されることになる。さらにまた、一九五八年三月以後、弁護士団の理事会および構成員総会のすべての決議は各地区の司法行政当局を経て司法大臣に提出されることになった。各弁護士団をとおして、弁護士の全体を社会主義的建設の方向に積極的・意図的に統制・指導してゆこうとする動きは、きわめて顕著であったといわなければならない。

（1）つぎの文献によった。Ostler, Zur Lage der Anwaltschaft in der Sowjetzone, Anw. Bl. Jg. 8, S. 161ff; Ein Anwaltsbrief aus der Sowjetzone, Anw. Bl. Jg. 11, S. 251; Die Lage der Anwaltschaft in der Sowjetzone, Anw. Bl. Jg. 11, S. 277. 最後のものは、西ドイツ連邦全ドイツ問題担当相のもとにおかれたドイツ再統一問題調査顧問（Forschungsbeirat für Fragen der Wiedervereinigung Deutschlands）の第三次活動報告（一九五七年—一九六一年）からの抜萃である。また、以下の本文に引用した東独の法令については、Gerichtsverfassungsgesetz und andere Gesetze gerichtsverfassungsrechtlichen Inhalts (VEB Deutscher Zentralverlag), 1960 によった。なお、東ドイツにおける法曹養成教育については、Die Ausbildung der deutschen Juristen, S. 131ff. に詳しい。

［後記］

本稿は、三ケ月章（序説・イタリア）・田中英夫（アメリカ）・中野貞一郎（ドイツ）・中務俊昌（オーストリー）・小山昇（フランス）・染野義信（ソ連）の共著「各国弁護士制度の研究」（昭和四〇年七月・有信堂）の一部である。研究は、三ケ月章を先頭に日本における「裁判法学＝司法制度論」の樹立を目標としていた。

ドイツの弁護士制度については、一九五九年八月一日制定の連邦弁護士法（Bundesrechtsanwaltsordnung）を基本資料としたが、同年一〇月一日の施行から長い年月を経たにもかかわらず、それ自体で重要な改正を行うことが意外に少なかった。しかし、後にみる連邦憲法裁判所の一九八七年七月一四日判決が連邦弁護士会の職務規制〔指針〕による弁護士の義務に法的根拠はなく無効としたのを契機として、連邦弁護士法に種々の改正が加えられるようになった。また、弁護士の活動がヨーロッパの諸国に及ぶようになったため、ドイツの裁判所における法規制が新たに必要となっている。

最近の変動につき仔細を追うことは、将来に委ねなければならない。ここでは、ドイツの弁護士制度につき顕著な変動が生じた部分につき、若干の補充を加えさせていただく。

（新たな参考文献として、福岡博之「ドイツ弁護士制度の歴史的展開」第二東京弁護士会編・諸外国の弁護士制度〔一九七六年三月刊〕二〇七頁以下、ハンス・プリュッティング「ドイツ弁護士法における最近の展開動向」（出口雅久・本間学共訳）立命館法学三四二号四六九頁以下などがある。）

① 弁護士人口の増大　　戦後の西ドイツで弁護士の急激な増加が進んでいたのに対し、東ドイツでは逆に弁護士が急速に減少しつつあった（本文二三一頁以下・二二五頁）。しかし、一九九〇年一〇月のドイツ統一後には、ドイツの全土にわたって弁護士人口はますます増加し、一九九〇年には五六、〇〇〇人であった弁護士が、二〇一一年一月一日現在の人口八、一七五万余に対し弁護士の数は一五五、〇〇〇人を超えている（ドイツ連邦調査局の調査。最高裁判所事務総局編・裁判所データブック二〇一二の二八頁による）。その中で、推計では約一五、〇〇〇人の企業内弁護士が存在しているほか、約三五、〇〇〇人の弁護士が全くまたはほとんど活動しておらず、現在のドイツにおいて自由業として本来の活動を行っている弁護士は約一〇〇、〇〇〇人といわれて

いる（プリュッティング・前掲・展開動向四七五頁）。日本の弁護士も増加を続けているが、人口一億二、七八〇万に対し弁護士の数は未だ三二、〇〇〇人余にすぎない（裁判所データブック二〇一二、二八頁。日本弁護士連合会の調査による平成二四年四月一日現在の数）。

② 弁護士の分属制（本文一四五頁以下）の廃止　ドイツにおける弁護士がすべて通常裁判権の特定の裁判所につき認可を受けなければならないとする分属制（Lokalisierungsprinzip）は、かねて可否の議論の対象とされ、部分的には緩和されてきたところであった。しかし、時代が進むとともに弁護士の活動範囲が拡大していく要請は強まるばかりで、やがて分属制の廃止に到る。二〇〇七年三月二六日の法律によって分属制に関する連邦弁護士法の一八条から二六条までの規定は削除され、分属制は、ほぼ完全に廃止された。同時に、同法三一条によって、各弁護士会はその地域で認可された弁護士の電子化された弁護士名簿を作成し、それが、連邦弁護士会の管理する全体弁護士名簿に組み込まれることとされている。また、同法によって、ドイツ民事訴訟法が改正され（同法七八条）、すべての弁護士は、連邦裁判所での代理は別として、すべての地方裁判所および高等裁判所において当事者を代理することができるようになった。

③ 弁護士報酬の敗訴者負担（本文一七四頁以下）　わが国との対比において、とくに注目をひくものは、弁護士報酬の敗訴者負担の原則および弁護士報酬の公定である。

ドイツにおける弁護士報酬の敗訴者負担の原則（ド民訴九一条二項）は、近時に弁護士の旅費に関して些少の改正をみただけで、そのまま維持されている。弁護士強制（ド民訴七八条一項）が基本となっており（本文一六二頁以下）、現在もそれが維持されているかぎり、弁護士報酬の敗訴者負担は当然といえる（本文一七五頁）。弁護士による代理が強制され、勝訴しても弁護士報酬は戻らないというのでは、国民を訴訟による法的救済から遠ざける結果となるからである。

国家による弁護士報酬の公定は、ＥＵ委員会からの非難もあるというが、現在のドイツでは、弁護士報酬の固定によって権利保護保険の普及が著しく拡大し、一般の消費者が訴訟リスクに対し有利な金額で保障される結果となっており、弁護士報酬の固定が国民の法へのアクセスを保障するものとなっているとみてよい。プリュッティング・前掲・展開動向四八一頁参照。

④ 弁護士の綱紀（本文一九一頁以下） ドイツの連邦弁護士法は、当初、弁護士の綱紀に関し、「弁護士は、良心に従ってその職業を行わなければならない。弁護士は、職業の内外において弁護士の地位が要求する尊敬と信頼に値することを身をもって示さなければならない」（弁四三条）という、僅か一か条（弁四三条）の一般命題（弁四三条）を掲げるにとどまり、連邦弁護士会によって制定された「弁護士職務実行基準」が直接の法源となっていた（本文一九一頁以下）。この状態に対して強烈な反対を加え、新たな法形成を導くに至ったのは、連邦憲法裁判所の一九八七年七月一四日の判決である。その判決では、連邦基本法一二条一項が、すべてのドイツ人は職業・職場および養成場所を自由に選択することができるとし、「職業の実施は法律により、または法律に基づいて規制することができる」と定めているのに、法律の根拠なしに弁護士会の会長らの関与により制定した［指針］をもって懲戒処分の根拠に用いているのは違法、とした。これを受けて、一九九四年九月二日の「弁護士および弁理士の職務法の改定に関する法律」（Gesetz zur Neuordnung des Berufsrechts der Rechtsanwälte und der Patentanwälte）が成立・施行され、この法律により、弁護士の権利・義務を規則として制定する権限をドイツ連邦弁護士会に明示的に委ねる規定が、連邦弁護士法に設けられた（同法五九条b、一九一条a）。これに基づいて、連邦弁護士会が［弁護士職務規則］を設けている。一九九六年一一月二九日に連邦弁護士会が決定した「弁護士職務規則」については、浦川道太郎「ドイツにおける弁護士職務規則（紹介と翻訳）（自由と正義一九九九年七月号二二頁以下）がある。

⑤ 弁護士活動の拡大 経済活動がヨーロッパで広汎に広がるに伴って、弁護士の活動も一つの国内に止まらず、当初の範囲を越えて拡大していくことが必要となる。

すでに、一九八九年一二月一三日の「弁護士および弁理士の職務法の変更に関する法律」（Gesetz zur Änderung des Berufsrechts der Rechtsanwälte）によって、ドイツで弁護士の許可を得ている者がこれを保持したまま外国で弁護士事務所を開くこと、ヨーロッパ連合の他の構成国の弁護士がドイツの弁護士会に所属して外国法についての業務を営むことが可能になった。その後、ヨーロッパ連合域内での構成国弁護士の活動は、徐々に自由化され、二〇〇〇年三月九日の「ドイツ国内におけるヨーロッパ弁護士の活動に関する法律」（Gesetz über die Tätigkeit europäischer Rechtsanwälte in Deutschland：EuRAG）は、ドイツ以外のヨーロッパ連合構成国で弁護士資格を得た者＝「ヨーロッパ弁護士」（Europäischer Rechtsanwalt）にも、ドイツ国内で「ヨーロッパ弁護士」として登録し、三年を超えて継続的で実質的な活動を行った場合には、ドイツにおける弁護士資格を認めている。

従来、弁護士は、個人弁護士として自己の事務所を運営するか、事件に応じて他の弁護士との共同で業務を行うのが通常であるが、最近では、多数の弁護士が共同して業務を行うことが必要な案件も多くなった。ドイツ弁護士法は、一九九八年八月三一日の法律によって、弁護士が有限会社として共同で事業を行うことができる（五九条c第一項）と定めている。この規定が株式会社として共同して業務を行うことにも適用されるとするのが通説であるが、合資会社への適用には争いがある。プリュッテイング・前掲・展開動向四七八頁以下を参照。日本の弁護士法は、平成一三年の改正により、弁護士の業務を行う弁護士法人の設立を規定したが、ドイツ法との比較を考えてみたい。

「ドイツの弁護士なるものは、過ぎていった六〇年の間に著しい増加を経験した。彼らは、その法的基盤の全体と、とくに職業法とに従って、この六〇年の間に度々基本的な変更を受けなければならなかった。これらの変更は、疑いもなく、弁護士市場の極端な自由主義化と規制緩和という観点のもとに理解されよう。今日もドイツの弁護士法においてなおも存在している種々の弁護士活動の制限は、今後も批判に値することになる。

しかし、発展の全体は、これらの制限が非常に節度のある程度を示していること、また、それらが弁護士職務を公益方向に義務づけていることが明らかとなる」（プリュッティング・前掲・展開方向四八二）。

5

弁護士強制制度について

〈1〉 課題としての弁護士強制

現代の民事訴訟は、実体法と手続の両面にわたって高度に技術化された構成と内容をもつ。したがって、法に精通していない素人たる当事者本人自身による訴訟追行は、おおくの場合、現実の問題として、きわめて困難であるばかりでなく、訴訟追行上の不手際から、その本人自身が不測の損害をこうむる結果となり、また、裁判所に負担をかけ、司法の円滑な運営の妨げになることが多い。多くの立法例――ドイツ・オーストリー・フランスなど――が弁護士強制主義をとり、一定範囲の（たとえば、最下級の裁判所を除く）裁判所につき、民事訴訟の当事者はかならず弁護士を訴訟代理人としてその代理を受けなければならない旨を規定しているのは[1]、そのためである。わが民事訴訟法は、本人訴訟主義をとり、最上級裁判所をふくむ全裁判所における手続につき、当事者本人自身による訴訟追行が可能であり、じじつ、統計上も、弁護士訴訟にたいし本人訴訟の占める比率は、かなり大きい[2]のではあるが、この現状は、そのまま今後も放置されてよいものであろうか。

弁護士強制の採用の可否という問題は、わが国においても、けっして新しいものではない。大正一五年の民事訴訟法改正の出発点となった法典調査会の民事訴訟法案（明治三六年）において、すでに、上告審かぎりでの弁護士強制の導入が提案され、法律取調委員会における改正作業の経過において当否の論議が交されている[3]。結論としては、弁護士強制が理論的には望ましいものであることを認めつつも、当時の弁護士制度の実情なり予想される世論の反対など、いわば現実的な考慮から、その採用に踏み切るには至らなかった。しかし、それ以来、すでに五十年の歳月が流れている。その間の司法制度全般の発展を考えるならば、弁護士強制の採否という問題も、当然、改めて検討されるべき時期に立っているといわなければならない。

抽象的な制度論として、弁護士強制主義が本人訴訟主義に優れるものであることは、多くいうまでもないであろう。弁護士強制の機能は、とくに、軽率な訴訟の抑制および弁論の充実の二面に顕著であり、そのいずれもが、国家（裁判所）と当事者の双方にとって利益である。法律にうとく訴訟の見込を充分に判断できない当事者にたいし、弁護士が適切な助言を与えて訴訟の困難と危険を指摘し、和解の道を示し、不必要・不適法あるいは理由のない訴えを抑えるならば、当事者にとってはもちろん司法にとっても利益であり、ここに、弁護士強制の訴訟抑制機能を期待できる。また、訴訟になった場合でも、専門法曹たる弁護士が適切な事前調査と無駄のない充実した訴訟活動によって事案の事実的・法的解明をはかり、見込のない上訴を妨げるといった点で決定的な寄与を果すことは、当事者の利益を守り、裁判所の負担を軽減し、司法への信頼を確保するうえに、絶対に必要だといわなければならない。とりわけ、一国の司法を指導すべき立場にある上告審裁判所の手続において本人訴訟が行われることは、それじたい、重大な欠陥を意味する。本来ならば、多年の修練を経た第一級の裁判官を選りすぐって最上級裁判所を構成する以上、これと協働して上告審の機能を完全に展開させうるだけの資質・経験・能力を具えた弁護士を精選してこれに配すべきが当然であるのに、わが現行制度上は、最高裁判所においてさえ弁護士ならだれでも訴訟代理が可能であるばかりか、本人自身の弁論でさえも可能で、およそ弁護士による代理を受けることを必要としない。これでは、当事者の濫上告を防ぎえず、上告審判決の充実を期待できないのは、当然である。

問題は、やはり、現実的な平面に存するといわなければならないであろう。弁護士強制を現在のわが国に導入することができるための現実的な基盤は整っているか、また、弁護士強制の機能を現実化するためにどれだけの制度的準備が必要か、といった諸点について周到な検討が必要であるとともに、そうした現実的前提の整備のための努力が同時に開始されなければならない[(4)]。

（1）　ドイツ・オーストリー・フランスにおける弁護士強制については、それぞれ、三ケ月章ほか・各国弁護士制度の研究一

六五頁以下（中野）、一二三四頁以下（中務）、三五八頁以下（小山）参照。
（2）中田＝三ケ月編・ケースブック民事訴訟法二四三頁、資料（一六）参照。
（3）この事情については、染野「弁護士費用と弁護士強制」経済と法政の諸問題（加藤一雄博士記念）八五三頁以下に詳しい。
（4）臨時司法制度調査会も、これを提言した。同意見書七五頁・八八頁参照。

〈2〉弁護士強制に附帯するもの

弁護士強制を採用するということは、たんに、民事訴訟法を改正して、たとえばドイツ民事訴訟法第七八条のような条文を挿入すれば足りるものではない。弁護士強制に附帯して生じてくる若干の問題の解決が同時に必要となる。とくに、つぎの四点を挙げることができよう。

（1）弁護士強制をとれば、弁護士にたいする報酬は、訴訟費用に算入されなければならない。弁護士強制を採らなくとも、弁護士報酬の訴訟費用化は可能である。しかし、およそ弁護士強制が採用される場合には、そのかぎりにおいて弁護士の代理を受けずには訴訟追行ができないのだから、弁護士にたいする報酬は、とうぜん、訴訟の必要費として法定の訴訟費用に組み入れ、これを敗訴当事者に負担させることが必要となる[5]。現実の立法も、そうなっている（ドイツ民訴九一Ⅱなど）。

（2）弁護士強制は、弁護士報酬の公定につらなる。弁護士強制をとる結果、弁護士報酬が訴訟費用に組み入れられ、その弁護士となんの契約関係にも立たない敗訴の相手方当事者がこれを勝訴当事者に償還せしめられることになると、弁護士にたいする報酬額の決定を弁護士と依頼人との自由な契約に放任することができないのは、いうまでもない。ドイツでも、弁護士強制および弁護士報酬の訴訟費用組み入れを規定した民訴法典の施行と同時（一八七九年一〇月一日）に、弁護士報酬の公定についての弁護士手数料法が施行されている[6]。弁護士報酬にかんするすべてを法定する必要はないが、訴訟費用の償還との関連上、とくに、報酬の額が法定されなければならない。法定額を上廻る報酬の合意が許されぬとする必要はないが、[7]そういう合意がなされた場合でも、敗訴当事者に償還を求めうるのは、法定額を限度とすることになろう。

(3)　弁護士強制は、資力のない者にたいする訴訟上の救助を拡大せしめる。弁護士報酬の訴訟費用化にともない、「訴訟費用ヲ支払フ資力ナキ者」（民訴一八一）の範囲は、本人訴訟主義のもとにおける場合に比し、飛躍的に増大する。また、救助の内容についても、裁判所費用の支払の猶予や担保供与の免除（民訴一二〇）だけではなしに、受救当事者を代理して訴訟追行にあたるべき弁護士の附添を救助決定において同時に命ずることが必要となる（ドイツ民訴一一五Ⅰ参照）。この弁護士附添命令では、弁論能力を欠く者にたいする弁護士附添命令の場合（民訴一三五Ⅱ）と異なり、裁判所において、刑事事件の国選弁護人の場合（刑訴三六以下）と同様に、特定の弁護士を選任しなければならない。また、附添命令を受けた弁護士としても、正当の事由なしに、受任を拒絶することはできず、その受任は、弁護士としての身分上の義務のひとつと観念されなければならないし、他面において、救助弁護士がその報酬を確実に受けることができるように、受救当事者に代って国庫が救助弁護士にたいする報酬の支払をする制度（ドイツ弁護士手数料法一二一参照）を設ける必要がある。さもないと、附添命令は、弁護士にとって耐えがたい負担となり、救助の実も挙がらないであろう。

(4)　弁護士選任の可能性が、つねに、現実に保障されなければならない。資力があるのにたまたま自己の事件を引き受けてくれる弁護士を見出しえぬ当事者のためにも、裁判所の弁護士附添命令（ドイツ民訴一一六bⅠ参照）を認める必要がある。また、必要数の弁護士が存在しない地域につき、裁判所書記官や司法修習生などに弁護士の職務を行わせる便法を設けておくことも、いろいろと問題はあろうが、やはり已むをえないであろう。

(5)　念のためにいうと、弁護士強制を採る場合でも、弁護士は、自己の依頼人に報酬を請求できるにとどまり、訴訟費用の負担を命ぜられた相手方当事者に直接請求することはできないのが原則である。ドイツ民訴一二四条は、救助弁護士についての例外規定である。

（6）ドイツ弁護士手数料法の運用の実態については、古沢（＝伊藤）彦造・自由と正義一四巻五号五一頁以下に詳しい。

（7）ドイツ弁護士手数料法三条参照。これに反し、法定額を下まわる報酬の合意は、ドイツでは、弁護士業務のダンピングとして身分法的に許されないだけでなく、良俗違反として無効と解されている。三ケ月ほか・前掲、一八四頁以下（中野）参照。

〈3〉希望と危惧

現在のわが国における民事司法の窮状打開の希望を弁護士強制の導入につなぐことは、正しい。しかし、現実問題として、弁護士強制の採用は、かなりの大仕事だといわなければならない。弁護士報酬の公定には、弁護士層の激しい反撥が予想されるし、(8) 救助弁護士報酬を国庫から仮支弁するとなると、大きな予算措置が必要である、というように。また、これらの障害を乗り越えて弁護士強制の導入に成功しても、その現実の運用には危惧が残る。弁護士強制の訴訟抑制機能は弁護士の良識と誠実を前提とし、また、それを担保するものとしての弁護士会の懲戒制度が健全に機能する場合にのみ現実に確保されうる。また、各地域の事件数に見合う充分な数の弁護士が存在しなければ、訴訟弁論の充実も期待できず、弁護士強制が、かえって国民の法的保護を制限する結果となりかねない。「一つの裁判制度というものは、そこで働く法曹の平均的資質と絶対量の相乗積以上によいものではありえぬ」、という冷厳な認識は、(9) 弁護士強制の制度についても、そのまま妥当する。弁護士の機能充実と絶対量の増加なしには、弁護士強制もありえない、というべきであろう。

（8）兼子・裁判法二五〇頁註（一）参照。

（9）三ケ月・民事訴訟法研究四巻二一五頁。

6

ドイツにおける訴訟費用敗訴者負担制度について

〈1〉訴訟費用敗訴者負担原則の形成

一　訴訟費用を敗訴当事者が負担することは、いわば当然の事理として、ローマ法・カノン法・ゲルマン法を通じ認められてきた。もともと、「費用という捧げ物をすることによってのみ得られるのなら、勝訴当事者の勝利は完全でなく、権利の完全な実現が訴訟の使命であるなら、費用の償還義務を確定して権利を実現しなければならない、という訴訟的観念が基礎となっているのである[1]」。しかし、敗訴者に訴訟費用を負担させる法的な構成については、変遷がみられる。また、ドイツ民事訴訟法（一八七七年）における訴訟費用敗訴者負担の原則の形成についても、曲折があった[2]。

看取される大きな流れは、行為責任主義（主観主義）から結果責任主義（客観主義）への移行である。ローマ法の訴訟でも、当初は、不当な訴訟追行に対する調整措置とみて、敗訴者の軽率を費用負担の要件としたが、後には主観的要素を排除し、敗訴の結果として終局判決において訴訟費用を負担させるに至ったとされる[3]。しかし、ドイツ普通法当時の学説としては、法源の解釈が分かれ、①訴訟費用の敗訴者負担を軽率な訴訟追行に対し裁判所が職権で科する刑罰とみる説（刑罰説）、②故意または過失によってなされた違法な訴訟追行により生じた損害の賠償とみる説（損害賠償説）、③敗訴の結果により費用を負担すべきものとする説（結果説）などがあり、論議が展開された。結局、訴訟追行自体には違法性は認められず、刑罰説や損害賠償説の理論構成には無理があるうえ、軽率あるいは故意・過失という主観的要素の証明は非常に困難であり、実際上も、勝訴者の勝訴利益がその費用負担によって経済的に減滅される不都合が痛感されて、結果説が優位に立つ。ドイツ民事訴訟法の制定に先立つ諸草案や各邦の立法においても、ほとんどが基本的に結果責任主義をとり、敗訴の結果として敗訴者に費

用を負担させるものとしたうえで敗訴者の受ける不利益との調整をはかる方途を撰んだのである。(4)

二　ドイツ民訴法の基礎となったハノーファー草案（一八六三年）では、訴訟費用敗訴者負担の原則につき、次のような規定を置いていた。

「第七四条　争訟において敗訴した当事者は、その争訟に因って相手方当事者に生じた、権利の目的に適った追行または防御に必要な費用を、賠償しなければならない。

どの費用を必要とみるかは、裁判所が、証拠調べを許すことなく、その裁量に従って決定する。

訴訟代理人および補佐人をつけたことによって生じた費用の賠償については、諸手数料法の関連諸規定が保留される。」

立法委員会の審議では、この規定に次のような条文を付加すべしとの提案の可否をめぐって論議が交わされている。(5)

「第七四条ａ　係争の請求権が弁論の経過中に期限の到来を迎えた場合、または、原告の請求が訴状の交付後に生じた抗弁を理由ありとして棄却された場合には、それ以前に生じた費用の賠償を勝訴者に課することができる。」

提案者はその理由として、訴訟費用敗訴者負担の原則には個別の例外を認める明文規定を置くべきであり、敗訴者は相手方当事者に必要であった費用を賠償しなければならない旨の規定だけでは、勝訴者に敗訴者への費用賠償を命ずる根拠にはならない、とし、また、フランス民訴法が訴訟費用敗訴者負担の原則を宣言しながら実務と学説で例外を認めているのは法律の不備の例証に他ならない、と主張した。(6)これに対し、反論として、提案はひとつのカズイスティークにすぎず、安易に拡張される危険を含む反面、例外の例外を認めなければならない必要も出てくるし、第七四条は権利の追行・防御に「必要な費用」だけを敗訴者に負担させるのであるから提案の趣旨はすでに達せられている、等々の批判が加えられ、票決によって提案は斥けられた。

この提案をめぐる論議のなかに、われわれは、普通法上おおいに争われた、訴訟中に初めて理由を具備するに至った訴えは棄却か認容かという問題についての（争点決定時を基準とする）棄却説から（判決時または弁論終結時を基準とする）認容説への移行を通じて、伝統的な争点決定（Litiscontestation）の観念からの完全な脱却をみることができると同時に、訴訟費用敗訴者負担の原則の基本的把握として、行為責任主義が捨てられ結果責任主義が貫かれていくのを如実にみることができる。

三　ドイツ民事訴訟法（第三次）草案（一八七四年）第八五条は、制定当時のドイツ民事訴訟法第八七条と同旨であり、現行法第九一条に至る前身であるが、訴訟費用敗訴者負担の原則を次のように規定している。

「第八五条　敗訴当事者は、争訟の費用を負担しなければならず、とくに、相手方に生じた費用を、それが裁判所の自由な裁量に従い目的に適った権利追行または権利防御に必要であったと認められる限りでは、償還しなければならない。

勝訴当事者の弁護士の手数料および立替金は、すべての訴訟において、これを償還すべく、他管内の弁護士の旅費は、その関与を求めることが裁判所の裁量に従い目的に適った権利追行または権利防御に必要であったと認められるかぎりにおいてのみ、償還しなければならない。複数弁護士の費用は、一人の弁護士の費用を超えないかぎりにおいて、または、弁護士の交替がやむをえなかったかぎりにおいてのみ、償還を要する。」

この規定につき、草案理由書は、草案が諸邦の立法やフランス民事訴訟法第一三〇条と一致して、本案の敗訴は法効果として訴訟費用に対する責任を導くという原則から出発するものであり、刑罰原理は一般に廃棄され損害賠償義務としての理由付けも新立法ではほとんど採られていないことを挙げ、敗訴当事者を勝訴当事者の負担でいたわる結果となるを避けた、と明言したうえ、なお、次のように説明を加えている(7)。

「償還義務の対象は、訴訟によって生じた費用であり、裁判所に支払われたか、他の支払受領者に支払われたかをとわない。

訴訟費用賠償の外に諸損害賠償請求権が存し、それらの基礎は、単に争訟における勝訴の事実によってではなく、その他の事情によって理由付けられる。そのような損害賠償請求権は、別の訴訟で追行されるべきである。ビュルテンベルク民訴法第一五〇条は、紛れのない文章でこのことを別に宣明している。これに反し、バイエルン民訴法第一一九条は、受訴裁判所ないし執行裁判所にこのような損害賠償請求権について直ちに裁判することを義務付け、事後清算に備えて特別の関連裁判籍を設けている。

裁判所は、請求された費用につき、自由な裁量に従って裁判する。裁判所は、被告のした訴訟告知の費用の賠償につき（プロイセン草案一三五二条参照）、あるいは、共同訴訟人のために複数の弁護士を選任する充分な理由があったかどうか（プロイセン草案一一二条参照）、当事者が期日に訴訟代理人とならんで自身出頭する理由があったかどうか（バイエルン民訴一〇六条、ビュルテンベルク民訴一四九条）、補佐人の費用について、あるいは、証拠調べ、たとえば証人証拠の費用の全部が必要だったのかどうか（プロイセン一般裁判所法第一部二三章二三条三号、プロイセン草案四八一条）、強制執行の行為に対する費用は合目的的に使用されたかどうか（たとえば、差押債権者の取立権放棄のような場合）について、裁量のかたちで自由に評価しなければならない。

裁判所の自由裁量は、勝訴当事者の弁護士の手数料および立替金に関して、第八五条第二項により制限されている。これらの費用は、第八五条第一項の意味では、償還義務の通常の対象をなす。〔弁護士強制のない〕当事者訴訟においても弁護士費用が、法律上、目的に適った権利追行・権利防御費用とみなされるという確認は、ビュルテンベルク民訴法第一四七条やバイエルン民訴法第一〇六条によれば既存の法である。一八五一年五月一二日のプロイセン弁護士費用法は、当事者自身による訴訟追行をすれば同じ程度の裁判外の費用を惹起したであろう場合、あるいは、当事者が病気、不在あるいは職務により自身の期日遵守に支障があった場合には、少額訴訟でも弁護士費用を請求する権利がある、としている（プロイセン一八七〇年三月二日法二条・三条参照）。これに対し、弁護士費用に関してであっても、他管内の弁護士の旅費の償還については裁判所の裁量が入る。当事者がどうしても必要というわけもないのに複数の弁護士を交替させて利用した場合には、相手方は、費用を一人の弁護士による代理の額を限度として償還すれば足りる」。

四　草案第八五条および制定当時のドイツ民事訴訟法第八七条と現行第九一条（後掲二三八頁以下）を比較すると、累次の改正による若干の相違がある。なかでも、前二者に存した、「裁判所の自由な裁量により」あるいは「裁判所の裁量により」との文言が消えているのが目につく。これは、一九〇九年の民事訴訟法改正により削られたものであるが、訴訟費用額確定の申立てに対する裁判の権限が受訴裁判所から書記課の証書官（現在では司法補助官）に移されたことによるもので、実質的には、なんらの変更を含まない。(8) 証書官であれ司法補助官であれ、法定の例外は別として、特定の規則に拘束されることなく、証拠調べを要することなく、自由な心証によって、権利追行・権利防御上の必要性を裁判することができ、それは、その地位に付託された権限によるのである。

（1）　Kohler, Der Prozeß als Rechtsverhältnis, 1888, S. 81. 訴訟費用償還義務は、訴訟自体から生ずる唯一の義務であり、訴訟という事実から生ずる義務であって、訴訟法律関係から生ずるのではない、と説く（S. 80ff.）。

（2）　坂原正夫「西ドイツ民事訴訟法における訴訟終了宣言の制度の生成について」法学研究四九巻二号・三号（昭和五一年）所収、特に三号四三四頁以下に精細な言及があり、本稿の記述も、これに負う。

（3）　Kaser, Das römische Zivilprozessrecht, 1966, S. 519f.

（4）　ほとんど唯一の例外は、バーデン司法法（一八六四年）で、そこでは、「訴訟費用を他方の当事者に償還すべき一方の当事者の債務については、違法に加えられた損害を賠償すべき義務についての諸原則に従って給付を命じる」（一六九条）とすると共に、「通常は、敗訴者が惹起されたすべての必要な費用を賠償する債務を負う」（一七〇条）と規定していた。

（5）　坂原・前掲・法学研究四九巻三号四四〇頁以下参照。

（6）　ドイツ民事訴訟法の立法のさいに有力な参考資料となった一八〇六年のフランス民事訴訟法は、端的に、「敗訴した原告または被告は、訴訟費用を負担す」との明文（一六〇条）をおいていた。しかし、一九五八年の改正（旧一三〇条）により、

「裁判官が、理由を付した裁判によって、その全部または一部を相手方当事者の負担とする場合は、このかぎりでない」との但書が付加され、一九七五年制定の現行民訴法（六九六条）に受け継がれている。

（7） Motive zum Entwurf CPO S. 111f. (Hahn, Die gesammten Materialien zur Civilprozeßordnung, I, 1881, S. 197ff.

（8） Stein-Jonas-Leipold, Kommentar zur zivilprozeßordnung, 20. Aufl. 1984, § 91 Rdnr. 44.

〈2〉 訴訟上の訴訟費用償還義務

一　ドイツでは、訴訟費用の償還義務につき、訴訟上の訴訟費用償還義務と実体法上の訴訟費用償還義務とを明瞭に区別して論ずるのが普通である。前者は、償還義務が訴訟の経過自体から生じ、主として訴訟法（手続法）において規定されるだけでなく、訴訟上の基準により算定されるもので、訴訟法はその範囲では償還義務という実体権を生じさせる実体法たる性質を有するのではあるが、「訴訟上の費用償還義務」と呼ばれるのが普通であり、後者が一般の実体私法によって成立や範囲等を規定されるものであるのと区別される[9]。ここでは、まず、前者を取り上げ、後者は次節に譲る。

　訴訟上の訴訟費用償還義務についての、現行法上の基本規定は、ドイツ民事訴訟法第九一条であり、訴訟費用敗訴者負担の原則を宣明している。

「第九一条〔費用義務の原則と範囲〕(1) [1] 敗訴当事者は、争訟の費用を負担しなければならず、とくに、相手方に生じた費用を、それが目的に適った権利追行または権利防御に必要であったかぎりでは、償還しなければならない。[2] 費用償還は、相手方の必要な旅行または期日遵守によって生じた時間逸失に対する補償をも含むものとし、これについては証人の補償に関する規定を準用する。

(2) [1] 勝訴当事者の弁護士の法定の手数料および立替金は、すべての訴訟において、これを償還すべく、また、受訴裁判所の所属認可を受けておらず受訴裁判所の所在地にも住んでいない弁護士の旅費は、その関与を求めることが目的に適った権利追行または権利防御のために必要であったかぎりにおいてのみ、償還しなければならない。[2] 勝訴当事者は、受訴裁判所の所属認可を受けた弁護士がその住所または事務所を受訴裁判所またはその支部の所在地におかないことによって生じた増加費用の償還を受けえない。[3] 複数弁護士の費用は、一人の弁護士の費用を超えないかぎりにおいて、または、弁護士の立替がやむをえなかったかぎりにおいてのみ、償還を要する。[4] 自分自身の事件において、弁護士は、自分が訴訟代理人なら手数料および立替金として償還を要求できたであろう手数料および立替金の償還を受けうる。

(3) 第一項・第二項の意味における争訟の費用には、ラント司法行政部が設置または認可した和解所における和解手続によって生じた手数料も、これに属する。和解手続の終了と訴えの提起との間に一年以上が過ぎたときは、この限りでない。」

訴訟費用償還義務は、ここでは、原則として、訴訟における敗訴という単純かつ客観的な要件に結び付けられている。これは、訴訟において事実上生じた必要な支出の賠償を目的とする「特別の法定の義務」であり、「その内面的な是認根拠は、一面では、自力救済の禁止にあり、原告はそのために裁判所に救済を求めそれに必要な費用を支出せざるをえないのだという点に求められるが、他面では、無条件の起訴可能性、および、その結果として被告は実際上原告の勝ち目はないと確信している場合でさえ応訴の負担を引き受けることを余儀なくされる点にある。しかし、この規制が、費用償還請求権が実効的かつ迅速に実現されるための単純化をねらっていることは、明らかである。費用義務の裁判は、おそらくその理由から、敗訴という容易に確定できる事実に結び付けられているのであり、原則としてすでに本案の判決のなかで裁判できる。費用償還義務は原則として争訟の全費用を含むのであり、いわゆる費用分担は特別の諸場合に限られることも、単純化に役立つ、また、費用償還義務の範囲を定めている多くの規定も、事件の個別的内容に立ち入らないために適用上の取扱も容易である。訴訟費用額についての裁判は、特別の確定手続でなされる。このような単純化は、支持できる。類型的な問題が繰り返し出てくるだけだし、本案に対しては全くの付随問題にすぎない費用問題に、本案同様の労力、時間および費用をかけて審理するのは不適当だからである」。(10)

二　敗訴当事者は、訴訟費用を負担する。そこにいう「敗訴」とは何か。(11)

(1)　当事者が「敗訴」したといえるのは、その本案の申立てが通らなかった場合である。原告が敗訴当事者になるのは、請求棄却の場合だけでなく、訴えが不適法として却下され、あるいは差当り理由がないとして棄却される場合も同じである。原則として、訴訟の結果を全体としてみての敗訴をいう。従って、請求が予備的相殺の抗弁を容れて棄却される場合でも、原告が総費用を負担すべく、下級審では勝訴し上級審に至って訴え却下あるいは請求棄却となった場合でも、同様である。また、被告が、訴えの変更後に給付判決を受けた場合でも、訴えの変更が当事者変更あるいは大きな訴額減少を伴わないかぎり、費用義務を負う。敗訴の理由や、敗訴を導く事実の発生した時点は、問題でなく、上告審に至って法律改正があったために敗訴した者も、訴訟費用を負担しなければならない。

本案の裁判がなされない場合は、「敗訴」もない。しかし、訴えの取下げの場合には、原告は勝訴をあきらめたのであり、民事訴訟法も、訴訟費用に関しては敗訴者と同様に原告に負担させている（ド民訴二六九条三項）。訴訟上の和解の場合には、当事者の合意に従って決まるが、合意がないときは、相互に消去されたものとみなされる（ド民訴九八条）。

(2)　訴訟費用敗訴者負担の原則は、一部敗訴の場合にも貫かれている。ド民訴第九二条の規定（日旧民訴七三条とほぼ同旨）が、それである。

「第九二条〔一部勝訴の場合の費用配分〕(1)[1]　各当事者が一部勝訴し、一部敗訴したときは、その費用は、相互に消去し、もしくは割合的に分かつ。[2]　費用が相互に消去されるときは、裁判所費用は、折半して各当事者の負担とする。

(3) 裁判所は、相手方当事者の過剰請求部分が割合的に僅少であって余分の費用を生じたわけでもない場合、または、相手方当事者の債権額が裁判官の裁量による確定、鑑定人の査定もしくは相互の計算にかかる場合には、一方の当事者に全訴訟費用を負担させることができる。」

「敗訴」の観念は、ド民訴第九一条について先に述べたのと同様であるが、ここでは、数量的に可分な訴訟物の場合、および、訴えの客観的併合あるいは本訴・反訴の併合審判の場合に関する。さらに、原告の訴申立ての内容の一部が通らなかった場合（原告の申し立てたよりも後の時期の給付を命じた場合、単純給付の申立てに対し引換給付判決をした場合など）にも、第九二条の適用がある。これに対し、攻撃防御方法の一部だけが通らなかった場合、起訴後に生じた事実に基づいて勝訴した場合等を含まず、法律関係の性格付けのためだけにされた申立て（ド民訴三条参照）について不適法に判示がされた場合のごときも、考慮されない。裁判所は、第二項の例外を除き、費用の相互消去か分担かのいずれかを決しなければならず、分担の場合は、額を決めての分担と割合を示しての分担とがあるが、後者が望ましいとされている[12]。

右の第二項の規定は、一部敗訴の当事者が全く訴訟費用を負担しない例外となるのであるが、敗訴部分が些少で費用に関係しない場合、債権額が裁判官の裁量にかかる場合（主として、慰謝料請求）、鑑定人の査定にかかる場合および反対債権の額の不確実な相互計算にかかる場合に限定され、裁判官の義務的裁量に従って決せられる。第二項の文理にかかわらず、一部敗訴者が原告か被告かをとわない。

三 訴訟費用敗訴者の負担の原則には、若干の例外がある[13]。

(1) 請求の即時認諾

被告がその挙動によって訴えの提起を誘発したのではない場合に、被告が即時に請求を認諾したときは、訴訟費用は、原告の負担となる（ド民訴九三条）。被告が訴訟前にも訴訟中にもその挙動で費用支出の原因を与えていないのなら、訴訟費用敗訴者負担の原則の妥当する理由がないからである。請求の認諾は、即時に、従って、原則として第一回口頭弁論期日において、また、書面先行手続では最初の書面で、なされる必要がある。被告がその認諾に基づいて認諾判決（ド民訴三〇七条）を受けることは必ずしも必要でなく、認諾判決のできない夫婦同居請求訴訟や仮差押え・仮処分手続その他、決定手続でも適用がある。起訴を誘発しなかったことは、被告の証明責任に属する。

(2)　手続種類による制限

(a)　訴訟費用は償還されない旨を明文で定めている例がある。たとえば、訴訟費用の算定についての異議審・抗告審の手続費用に関するドイツ裁判所費用法五条四項二文・二五条三項二文がそれであり、理由は、費用に関する手続が新たに費用償還請求権を生むとなると、無限の連鎖となって切りがつかないからである。

(b)　償還義務の発生を制限する明文が置かれている例もある。たとえば、労働裁判所における第一審の判決手続では、勝訴当事者は、時間逸失に対する補償および訴訟代理人または補佐人をつけたことに対する費用の償還を請求する権利がない（ド労働裁判所法一二条a一項一文。なお、同項三文）。これは、労働者が、もし敗訴したら相手方の弁護士費用等まで償還させられることを危惧して、提訴をあきらめることのないように配慮したものである。また、知的所有権訴訟では、訴額がしばしば非常に高額になるうえ両当事者の経済力の較差が甚だしい（たとえば、発明者と多国籍コンツェルン）ので、敗訴当事者の費用償還義務を低減する特則が置かれている（ド不正競争防止法二三条b一項四文、ド特許法一四四条一項三文、ド商標法三一条a一項三文、ド意匠法二六条一項三文）など。(14)

(3)　衡平な裁量による負担

(a)　訴訟終了宣言の場合　ドイツ民事訴訟法は、訴訟終了宣言の制度をもつ。(15)両当事者が争訟の本案の終了（Erledigung der Hauptsache）を宣言したときは、裁判所は、それまでの事実状態および紛争状態を顧慮しつつ衡平な裁量に従って（nach billigem Ermessen）決定で訴訟費用の裁判をする（ド民訴九一条ａ）。ここでは、両当事者の間に正確な勝訴・敗訴の区別はないからである。しかし、裁量といっても、費用法の一般的な基本観念を離れることはできず、従前の訴訟状態を顧慮しなければならないのであるから、そのままいけばいずれの当事者が敗訴に至ったであろうかということをどこまで確実に予測できるかが、基礎となる。

(b) 婚姻訴訟　離婚判決がなされる場合には、離婚事件および付随事件の費用は、原則として相互に消去される（ド民訴九三条ａ一項一文）。これは、夫婦のいずれもが離婚を申し立てることができ訴訟外では離婚できないことを考慮したものである。しかし、この原則に従い費用を相互に負担するのでは、夫婦の一方の生活維持を不相当に害する場合（訴訟費用援助の付与は顧慮しない）、あるいは、付随事件における敗訴との関係から衡平に反すると認められる場合には、裁判所は、衡平な裁量に従って、費用の分担を定めることができる（同項二文。なお、同項三文・二項）。同様の規定は、婚姻の無効・取消しの判決についても置かれている（同条三項。なお、四項）。

(c) 非訟事件　一個の非訟事件に複数の関与者がある場合には、裁判所は、事件の目的に適った解決のために必要であった費用を、それが衡平に合するときは、一人の関与者が全部または一部を償還すべき旨を命じることができる（ド非訟事件手続法一三条ａ一項一文。なお、同項二文）。ここでは、勝敗の区別が決まらない場合がほとんどであり、ここでの裁量は、(a)の場合と異なり、各個の事案の特殊性に対応するのが目的である。

四　敗訴者が原則として負担させられる訴訟費用の内容を、以下に分説する。[16]

(1) 訴訟上の費用償還義務の対象は、「争訟の費用」（ド民訴九一条一項一文）——行政裁判所法では「手続」の費用といい（同法一五四条）、非訟事件手続法では「事件」の費用というが（同法一三条ａ）、民訴法の規定を準用する——であり、当該争訟の追行のための当事者の直接の出費に限ると解されている。実体法上の損害賠償請求権の範囲が因果関係によって限定されるのに対して、ここでは、訴訟費用の概念がまず償還請求権の範囲を限定するのである。それ以上を請求するためには、訴訟上の費用償還義務以外の請求権根拠を必要とする。

訴訟費用となるのは、① 当事者の支払った裁判所費用、② 当事者の支払った、あるいは支払義務を負うている、弁護士費用（後述(3)参照）、および、③ 当事者がすでに支払った「当事者費用」であり、これには、郵便料・電話料・旅費などの現金支出のほか期日遵守のための時間逸失も含まれる。その他、④ 訴訟準備費用も、当該紛争と直接の関係をもち準備の結果が訴訟にも導入されたようなものは、訴訟費用となる。証拠確保のための調査費用、当事者が技術的な専門知識を有しない場合の私鑑定の費用なども、準備費用となりうるが、訴訟に先立つ解約告知や督促状あるいは競業法上の警告などの費用は、一般に準備費用とはならない。⑤ ラント司法行政部が設立もしくは認可した和解所における和解手続の費用も、手数料に限って、明文上訴訟費用としての償還義務の対象とされている（ド民訴九一条三項）。このような各費用の内容について、ここでこれ以上に立ち入る余裕はない。

(2) 償還されなければならないのは、訴訟費用の全部ではなく、その支出が「目的に適った権利追行または権利防御に（どうしても）必要（notwendig）であった」訴訟費用に限られる（ド民訴九一条一項一文）。この必要性は、担当官（司法補助官）がその自由な心証に基づき判定するのであって、格別の規則に拘束されない。

費用が「必要」といえるのは、その行為がなされた時点において一般の物の見方、特に訴訟上の法的交渉の一般の考え方からみて、実際に存した諸事情に従い、支出されるべきであったという場合である。つまり、客観的な基準でみるのであって、主観的な基準ではない。客観的に必要でなかった行為の費用は、当事者が知らなかったとか確知しなかったということがあっても、また、その当事者に過失があろうとなかろうと、償還義務を生じさせることはない。この必要性は、つねに、当該行為のなされた時点に即して判定される。この原則は、権利追行または権利防御の行為が実際の訴訟結果にどんな役割を果たしたかを必要性の要件とすることを許さない。また、費用償還の求められている行為が判決には影響を与えなかったという理由で償還義務が否定されるということもない。償還義務の要件は、たんに、その行為が客観的に判断して訴訟の前進を期待させるものであった、ということなのである。[17]

(3) 弁護士費用[18]

(a) 敗訴当事者は、勝訴当事者の弁護士の手数料および立替金を「つねに」(stets) 償還しなければならない[19](ド民訴九一条二項一文)。「つねに」というのは、弁護士訴訟(ド民訴七八条)に限らず、当事者訴訟(ド民訴七九条)においても償還するということであり、弁護士が補佐人としてついた場合でも償還すべく、また、当事者自身による行為が可能だったかどうか、あるいは、各個の事件において弁護士をつけることが必要であったかどうか(ド民訴七八条二項)を問わない。弁護士のこの特別の地位は弁護士自身のためというよりは、当事者が専門職としての弁護士による代理を受けるという司法の利益のために、与えられているのである。[20]従って、弁護士以外の者が他人の法律事件への関与を許される場合でも、このド民訴九一条二項の規定の類推適用はない。ただし、この規定が、弁護士の行った各個の訴訟行為が目的に適った権利追行・権利防御に属するかどうかを訴訟費用額確定手続において審査・判定することを妨げるものでないことは、いうまでもない。

勝訴当事者の弁護士が他の弁護士等による復代理を受けたり、修習のために司法修習生に期日の代理をさせるようなことがあった場合でも、費用償還義務は排除されない。また、弁護士が自己自身の権利義務につき訴訟当事者となる場合でも、他人の訴訟代理人となった場合と同じく、弁護士としての費用・立替金の償還を敗訴当事者から受けることができる(ド民訴九一条一項四文)。

ドイツ民訴第九一条第二項にいう弁護士は、ドイツの裁判所において所属認可を受けている弁護士に限られる。外国弁護士については、同条第一項の適用があるだけで、二項は適用されないのである。

(b) 弁護士分属制[21]の建て前にもかかわらず、同一の弁護士が異別の裁判所で重畳的に所属認可を受け、あるいは、受任事件が区裁判所から地方裁判所に移送されるような場合があるが、受訴裁判所で所属認可を受けた弁護士が受訴裁判所またはその支部の所在地に住所または事務所を有しないために生じた増加費用は、償還されない

（ド民訴九一条二項二文）。当事者訴訟において、受訴裁判所で所属認可を得ていない弁護士の代理を受けた場合の増加費用についても、同様とする若干の特別規定がある。通常費用のなかでも、受訴裁判所で所属認可を得ておらず、その所在地に住所を有してもいない弁護士の旅費が償還されるかどうかは、その弁護士をつけることが目的に適った権利追行・権利防御に必要であったかどうか（同条一項二文）によって決まる。

最近、特に知的所有権関係の訴訟につき、できるだけ迅速かつ合理的な処理を図り、あるいは格別に適当な裁判官による裁判を受けることができるように、一定範囲の裁判所の管轄区域を通じて特定の裁判所に事件を集中するための措置を法律でラントに授権する広域管轄（Vergrößerung des Gerichtssprengels）が進展しつつあるが、(22)集中された裁判所の所属弁護士をつけなければならないことによる増加費用は、償還されない。

(c)　勝訴当事者が同一の審級につき複数の弁護士を並列的に訴訟代理人あるいは復代理人とした場合、償還義務は、受訴裁判所の所在地に居住する単一の弁護士のために支出されるべき費用の額を限度とする（同条二項三文）。これは第二の弁護士が特定の法領域に専門的に精通している場合でも、同様である。受訴裁判所の所在地に居住しない当事者のために訴訟代理人との連絡に当たる、いわゆる連絡弁護士（Verkehrsanwalt）の費用については、目的に適った権利追行・権利防御の必要性の判断にかかる。また、勝訴当事者の弁護士が交替した場合には、それによって生じた増加費用は、交替がやむをえなかったときに限り、償還される（同項同文）。当初から交替を予見できた場合や途中の交替を避けることが期待可能であった場合であってはならず、普通、弁護士の死亡の場合に交替の必要が認められる。弁護士死亡の場合、ラント司法行政部は、弁護士その他の法曹資格者から残務処理人（Abwickler）を選任できるが（ド弁五五条）、当事者があらたに弁護士を選任することを妨げない。ただ、共同代理人として受任していた場合の主任弁護士の死亡などは、弁護士の共同体内部の問題であり、増加費用の償還は、問題とならない。(23)

五　ドイツにおける訴訟費用援助（Prozesskostenhilfe）については、別の項目が立てられているが、(24)本稿でも、当事者が訴訟費用援助を得ている場合の敗訴当事者の訴訟費用負担にふれておきたい。

(1) 受援当事者が勝訴した場合

(a) 敗訴した相手方当事者が訴訟費用を負担し（ド民訴九一条一項一文）、訴訟費用援助による付添弁護士の手数料および立替金を償還しなければならないが（ド民訴九一条二項一文）、この弁護士の手数料・立替金については、受援当事者の償還請求権は、このような弁護士費用が受援当事者に「生じた」ことを前提とする（ド民訴九一条一項一文）。しかし、一九八〇年以前の救助弁護士制度[25]のもとで弁護士が「差当り無料で」の付添を命ぜられたのと異なり、一九八一年一月一日から施行された訴訟費用援助法[26]による改正後の現行制度では、受援当事者の付添弁護士は、その報酬請求権を受援当事者に対しては行使することができない（ド民訴一二二条一項三文）。したがって、受援当事者の弁護士費用償還請求権は、特に受援当事者自身が弁護士報酬を支払った場合は別として、一般には、成立しないというべく、むしろ、弁護士費用の償還請求権は、付添弁護士が法律上当然に取得し、自己の名において、敗訴した相手方当事者から取り立てるのである（ド民訴一二六条一項）。この場合の弁護士報酬は、一般の受任弁護士の報酬であり、国庫から受ける場合のような減額（後述(c)参照）はない。敗訴当事者としては、受援当事者との間の自己の法的関係に関する抗弁をもって付添弁護士に対抗することができない（同条二項）。

(b) 勝訴した受援当事者に残るのは、いわゆる当事者費用（Parteikosten）、つまり、受援当事者が訴訟の追行のためにした支出の償還を求める請求権であり、「支払の定めのある訴訟費用援助」（ド民訴一二〇条一項）の場合の割賦金は、これに属する。ただし、割賦金の支払が停止になることもある（同条三項）ので、割賦金支払義務の成立では足らず、割賦金の支払があったごとに生ずる当事者費用が確定されることになる。

受援当事者の支払った割賦金がそのまま付添弁護士に帰属するのではなく、それらは国庫に積まれて、割賦金支払の完了したときにはじめて付添弁護士に回付される（ドイツ弁護士手数料法〔ド弁手〕一二四条三項）。したがって、表面上は、敗訴した相手方当事者に対する弁護士費用の償還請求権を付添弁護士と受援当事者の双方が連帯債権者として有するようにみえるが、そうではなく、受援当事者が割賦金を支払えば、その額だけ付添弁護士の償還請求権は減少するのであり、国庫の管理する額がいずれ弁護士に用立てられるわけである。この関係は、敗訴の相手方としては全く見通しがきかないわけであり、困難な問題も生じうる。(27)

(c)　勝訴した受援当事者の付添弁護士は、国庫から、その訴訟費用援助弁護士報酬（ド弁手一二三条）――訴額が一定限度を超える事件では一般の受任弁護士報酬よりも低い(28)――の支払を受けることができる。国庫が支払えば、敗訴した相手方当事者に対する付添弁護士の償還請求権（ド民訴一二六条）は、国庫に移転する（ド弁手一三〇条一項）。敗訴した相手方当事者に対してすでに訴訟費用確定決定がなされていても、国庫からの支払を妨げない。国庫は、移転を受けた償還請求権を裁判手続費用の取立てと同じ方法で取り立てることができる（同条二項、司法徴収法一条一項四号・二項）。

(d)　敗訴した相手方当事者は、訴訟費用援助の結果として、上述のように、三者から償還請求を受ける可能性がある。当事者費用についての受援当事者自身と付添弁護士およびその請求権の移転を受けた国庫の三者である。それらの償還請求権につき、その全部が実現されえない場合には、弁護士の償還請求権が国庫のそれに優先する（ド弁手一三〇条一項二文）。国庫ないし弁護士と当事者の間の関係については、なんらの規定はないが、訴訟費用援助の目的に照らし、当事者の償還請求権が最優先と解される（助言援助法九条三文参照）。

(2)　受援当事者が敗訴した場合

(a)　訴訟費用援助が付与されたことは、勝訴の相手方当事者に対する受援当事者の費用償還義務に影響を及ぼすものではない（ド民訴一二三条）。したがって、敗訴すれば、提訴前よりも経済的に悪い状態に落ち込むことになるわけであり、割賦金の支払の定めのある訴訟費用援助を受けた場合には一層良くない。訴訟費用援助は、「両刃の剣」(29)なのである。

(b) 裁判所費用については、受援当事者は、国庫に対し訴訟費用援助の範囲でのみ支払の義務を負う（ド民訴一二二条一項一号a）。勝訴した相手方当事者が国庫に費用を支払っている場合、勝訴したからとて返却支払はされず（例外、ド裁判所費用法五七条二文）、敗訴した受援当事者に対し直接に償還請求権を行使しなければならない。ただし、ドイツの訴訟費用援助では、支払の定めのない訴訟費用援助の付与は、受援当事者の相手方にも効果が及ぶのであり、相手方も、裁判所費用の支払を「差当り」免除されるから（ド民訴一二二条二項）、負担はそれほど大きいとはいえない。そのまま相手方の勝訴となれば、差当り免除されていた裁判所費用は、もはや相手方から取り立てられないので（ド民訴一二五条二項参照）、たいていは、国庫のツケとして残ることになるわけである。

(c) 勝訴した相手方当事者も訴訟費用援助の付与を受けているという場合においては、その付添弁護士は、一般の受任弁護士報酬につき敗訴した受援当事者に対し費用確定決定をえて取り立てることができるが（ド民訴一二六条）、その弁護士が国庫から訴訟費用援助弁護士報酬（ド弁手一二三条）の支払を受けたため、その報酬請求権が国庫に移転した後は、国庫は、その請求権の行使を制限される。すなわち、支払の定めのない完全な訴訟費用援助の場合には、受援当事者は、弁護士費用を国庫に支払うことを要しないし、支払の定めのある訴訟費用援助の場合には、その割賦金支払の範囲でのみ支払えば足りる。その結果、相手方の弁護士がどちらの道を選ぶかによって、受援当事者の地位に差異を生ずることが指摘されている。(30)

(9) 両者の区別につき、Stein-Jonas-Leipold, a. a. O., vor §91 II 1, III 1; Thomas-Putzo, Zivilprozeßordnung, 15. Aufl. 1987, Vorbem. § 91 IV. Lappe, Justizkostenrecht, 1982, S. 12, 138f. など参照。〔追記。訴訟上の費用償還義務と実体法上の費用償還義務との区別や相互関係等については、Becker-Eberhard, Grundlagen der Kosterstattung bei der Verfolgung zivilrechtlicher Ansprüche, 1985が最も詳細かつ最新の文献であるが、本稿では利用できなかった。残念であるが、他日に補完を期するほかない。〕

(10) Stein-Jonas-Leipold, a. a. O., vor § 91 Rdnr. 6.

(11) Stein-Jonas-Leipold, a. a. O., vor § 91 Rdnr. 7.
(12) Stein-Jonas-Leipold, a. a. O., vor § 91 Rdnr. 3.
(13) 例外の整理につき、Lappe, a. a. O., S. 138f. 参照。
(14) その一端を、中野貞一郎「訴訟物の価額」判例タイムズ七五六号（平成三年）九頁以下に紹介した。
(15) 坂原・前掲・法学研究四九巻二号二六〇頁以下・三号四二五頁以下、同「西ドイツ民訴法九一条ａの両当事者による訴訟終了宣言について」法学研究五〇巻一二号一八〇頁以下に詳しい。
(16) 詳細については、Stein-Jonas-Leipold, a. a. O., § 91 Rdnr. 17ff., 28ff.
(17) Stein-Jonas-Leipold, a. a. O., § 91 Rdnr. 44ff. 多数の具体例を掲げる。
(18) ドイツにおける弁護士報酬制度については、中野貞一郎「ドイツの弁護士制度」三ケ月章ほか各国弁護士制度の研究（有信堂、昭和四〇年）一七七頁以下〔本書一七三頁以下〕に詳しく紹介した。現在でも、基本的には変化がない。
(19) Stein-Jonas-Leipold, a. a. O., § 91 Rdnr. 95ff.
(20) Stein-Jonas-Leipold, a. a. O., § 91 Rdnr. 95
(21) ドイツ弁護士の分属制（Lokalisierung）については、中野・前掲・ドイツの弁護士制度一四七頁以下〔本書一四七頁以下〕に詳しく紹介した。法律事件の広域化・国際化に伴い、分属性に対する批判も高まり、変動の時期に入っているが、いずれ別稿で取り上げたい。現在の問題状況の把握については、差当り、Hartstang, Anwaltsrecht, 1991, S. 357ff. 参照。
(22) Stein-Jonas-Leipold, a. a. O., vor § 12 Rdnr.6. に詳しい。
(23) このあたりの詳細については、Stein-Jonas-Leipold, a. a. O., § 91 Rdnr. 70ff. 103ff. 参照。
(24) 豊田博昭「ドイツ訴訟救助と助言援助の現状」法律扶助協会・リーガル・エイドの基本問題一九九頁以下。
(25) 救助弁護士（Armenrechtsanwalt）については、中野・前掲・ドイツの弁護士制度一七〇頁以下〔本書一六七頁〕を参照されたい。
(26) Gesetz über die Prozeßkostenhilfe v. 30.6.1980. この法律による、ドイツ民事訴訟法の従来の「救貧権」（Armenrecht）の制度から「訴訟費用援助」（Prozeßkostenhilfe）の制度への画期的転換については、小島武司編・各国法律扶助制度の比較研究二三一頁以下（豊田博昭執筆）に極めて詳細な論述がある。
(27) Lappe, Kostenerstattung bei Prozeßkostenhilfe, Der Deutsche Rechtspfleger 1984, S. 129 参照。

(28) ドイツ民事訴訟法成立当初の訴訟救助では、裁判所の付添命令を受けた救助弁護士は、差当り無償で受救当事者の訴訟代理を行わなければならなかった。それは、弁護士強制制度の導入による弁護士の訴訟代理業務の独占に見合う職務とされたためである。一九一九年以後、ちくじの法改正により、救助弁護士は、国庫から法定の報酬を受けるに至り、現在の訴訟費用援助弁護士に及ぶ。しかし、弁護士手数料法の規定により、救助弁護士ないし援助弁護士の国庫から受ける法定報酬は、一定金額以上の訴額の事件については、一般の受任弁護士の法定報酬よりも低い基準に抑えられてきた。現在（一九八六年改正以後）では、訴額五千ドイツマルクまでの事件では、国庫から受ける援助弁護士手数料一単位は、一般の受任弁護士手数料のそれと同額（訴額五千ドイツマルクなら二七九ドイツマルク）であるが、訴額が五千ドイツマルクを超えれば、前者が後者をかなり下回っていく（訴額一万ドイツマルクなら、前者は三九〇ドイツマルク、後者は五三九ドイツマルク）。詳細は、注(24)の豊田論文に譲る。

(29) F.Baur, Zivilprozeßrecth, 5. Aufl. 1985, S. 259. そこでは、次のような例を掲げている。甲は、割賦金支払の定めのある訴訟費用援助を得て乙に対し一万ドイツマルクの支払を求める訴えを提起したが、地裁で甲敗訴の判決が確定したとする。乙（ないしその弁護士）に訴訟受任手数料・弁論手数料・証拠手数料として手数料三単位（五三九ドイツマルクの三倍で一六一七ドイツマルク）と立替金二〇〇ドイツマルクが生じているとすると、敗訴した受援当事者甲は、乙に一八一七ドイツマルクを償還しなければならない。甲がすでに月額一二〇ドイツマルクの割賦金を六回に亘って国庫に支払ったとすると、この合計七二〇ドイツマルクも、戻ってはこない。それどころか、甲は、なお、その後の割賦金をも、彼の手数料債務の完済に至るまで（ただし、最高四八カ月分まで、ド民訴一一四条付表一）支払わなければならないのである（金額は、一九八六年改正に応じて筆者が修正した）。

(30) Lappe, a. a. O., Rechtspfleger 1984, S. 130. 弁護士が国庫から援助弁護士報酬を受けうるかぎり、まず、この道をとるべきで、相手方当事者に対して費用確定決定の申立てをしてきても、権利濫用として却下すべきであろう、と説く。

〈3〉　実体法上の訴訟費用償還義務

一　訴訟費用の償還義務は、訴訟によることもなしにも、成立しうる。訴訟費用の償還が、たとえば、債務不履行（ド民二八六条）、不法行為（ド民八二三条・八二六条）、その他（ド民訴八四〇条二項、ド不正競争防止法一条など）の規定に基づく純私法上の損害賠償請求権の内容をなすことがあるし、扶養義務の内容となることもあり、もちろん、契約によっても（和解契約の内容として、あるいは、委任などの決定効果として）訴訟費用の償還義務が生ずる。いずれも、実体法上の発生要件を具えることが必要であり、普通、義務者側の故意・過失が要求される。償還義務の内容も、実体法の規定するところによる。訴訟上の訴訟費用償還義務に関する諸規定は、原則として、実体法上の費用償還義務には適用されない(31)。

二　訴訟上の費用償還義務の関係

実体法上の費用償還義務が成立するかぎりでは、訴訟における勝敗とは関係がない。ただ、ドイツでは、前述のとおり、弁護士費用も訴訟上の費用償還義務の内容となるので、実体法上の費用償還義務が実際上問題となるのは、特に、訴訟上の費用償還義務が成立に至らなかった場合である。すなわち、たとえば、証拠保全の費用は発生したが訴えの提起には至らなかった場合、あるいは、保全訴訟でその例があるといわれるように、訴訟になっていないながら、なんらかの理由で訴訟費用負担の裁判がなされなかった場合が、それである。しかし、実体法上の費用償還請求権を有するにもかかわらず、訴訟費用の裁判では相手方の訴訟上の費用償還義務が否定され、みずからが費用償還を命ぜられる場合も生じうる。その他、訴えが提訴前の本案終結（ド民訴九一条a）を理由に却下あるいは取り下げられた場合にも、実体法上の費用償還義務は生じうるし、本案の請求が棄却された場合でも、不当提訴を理由とする実体法上の損害賠償としての費用償還請求は排除されない[32]。

実体法上の費用償還義務については、その管轄裁判所への独立の訴えも許されるが、損害賠償請求等の本訴に併合しあるいは反訴として提起することも妨げない。しかし、訴訟上の費用償還義務によってカバーされるため訴訟費用として訴訟費用額確定手続を通して取り立てうる範囲では、実体法上の費用償還義務についての独立の訴えは許されない。法がより簡易・低廉な権利追行方法を認めている以上、より複雑で費用のかかる訴えの方途を排除する趣旨と解すべきだからである。費用額確定手続において、ある行為が必要でなかったとしてその費用額の償還が却けられた場合、実体法上の費用償還請求権が費用額確定手続の裁判対象になっているわけではないので、既判力が及ぶということにはならないのであるが、実体法上の費用償還義務につき訴えを提起しても、必要でなかったとされた費用は、因果関係の及ぶ損害でないとして却けられるのが、普通であろう。逆に、実体法上の費用償還請求権が先に確定判決により否定された場合であれば、同じ費用を訴訟上の費用額確定手続において主張する妨げとはならない。訴訟費用額確定手続は、手続法上の原因によるのであって、実体法上の請求権を判断対象とはしないからである[33]。

(31) Stein-Jonas-Leipold, a. a. O., vor § 91 Rdnr. 14ff., 18.
(32) Stein-Jonas-Leipold, a. a. O., vor § 91 Rdur. 17.
(33) Stein-Jonas-Leipold, a. a. O., vor § 91 Rdnr. 19f.〔なお、前注(9)の追記を参照されたい。〕

7

裁判の合理化

〈1〉 法の合理化と訴訟手続

マックス・ウェーバーは、その「法社会学」のなかで、次のように述べている[1]。

「法および訴訟手続の一般的な発展は、理論的な『発展段階』に分けてみると、『法預言者』によるカリスマ的な法啓示から、法名望家による経験的な法創造と法発見（予防的法創造および先例による法創造）へ、さらに、世俗的命令権と神政的諸権力による法授与へ、そしてさらに、体系的な法定立、および、法教育を受けた者（専門法律家）が文献的かつ形式理論的修習に基づいて専門的に行う『司法』に至る。そのさい、法の形式的性質は、というと、原始的な裁判手続（Rechtsgang）における呪術的に制約された形式主義と啓示的に制約された非合理性との結びついた状態から、時によっては、神政的あるいは家産的に制約された、実質的かつ非形式的な合目的性の迂路を経て、専門的に法律的な、従って論理的な合理性と体系構造がますます増加していく段階へ、そして同時に――さしあたり純外面的に考察すれば――法の論理的醇化と演繹的な厳格さがますます増加し、裁判手続の合理的技術がますます増加していく段階へ、と発展する」。そして、歴史的現実においてこの「発展のさいに著しい差異が生じたのは、主として、次の三点によるものであった（し、また、現によっている）。1　政治的な力関係の相違。2　世俗的権力に対する神政的権力の力関係。3　法形成を左右する法名望家の構造の差異」。（傍点部分は原文ゲシュペルト。以下も同じ）

ここでは、法の合理化過程が、カリスマ的裁判→経験的裁判→カーディ裁判→合理的裁判、という「理想型的発展構成」（idealtypische Entwicklungskonstruktion）とこれに対応する法の合理性の諸段階をもって提示される[2]とともに、歴史的現実がこの発展構成に対して描く偏差の主な要因が簡潔に指摘されている。ここで法の合理化が裁判手続と結びつけられていることをあやしむには当たらない。ウェーバーにあっては、法は、その経験的妥当が強制装置（Zwangsapparat）によって行使される外面的強制による保障――訴訟および強制執行――のシャンスをもった秩序として他の正当な秩序から区別されるのであり、法の形式合理性ということも、端的にいえば、どういう裁判ないし執行が得られるかということを予め予測できることをいうに他ならないからである。とりわけ、近代西洋諸国家における「合理的な法の発展に決定的意義を有するものは、なんといっても、訴訟の合理化（Rationalisierung des Prozesses）であった(3)」。

近代西洋の法にのみ高度の形式的合理性が形成された事情として、ウェーバーは、ディンクゲノッセンシャフト的裁判の伝統的な維持の長さ、合理的な経済体制の担い手としての市民層の実力の増大、ローマ法という形式性において特徴的な法の継受、自然法の影響等を挙げ、経済的諸条件は、総じて、次の方向で作用した、という。すなわち、裁判の機能を予測できるということが、商品市場の利害関係人にとっては、資本主義的な継続的経営のための最も重要な前提条件のひとつであったのである。「市場共同体形成の普遍的支配は、一面において、法が合理的規則に従って予測できる仕方で機能することを要求する。他面において、市場の拡大は、その内面的な帰結によって、ひとつの普遍的な強制機構が、あらゆる特殊な、多くは経済的独占に基づく身分的その他の強制組織の瓦壊をとおして、正当な強制権力を独占し規律するのを助成する(4)」。近代資本主義にとっては、およそ国家活動一般が王朝国家や封建国家にみられるような偶然性・恣意性を脱却し、企業にとって予測可能なものとなることが必要である。裁判についても、それが予め国民一般に公示された制定法または確固たる判例法のもとに、専門的・中立的な官僚によって計画性と安定性をもって行われることを要し、こういう状態を前提として初めて、企業は、資本投下のさい、あるいは取引にさいして、すでに将来のあらゆる事態における法の保障を、信頼をもって資本計算に織りこむことができる。裁判が非合理的にあるいは単なる実質的合理性とともに恣意的に動くならば、継続的な企業活動は困難となり、経営は専ら政治権力への寄生や偶然の投機的利用によって非合理的に行われる他はないであろう。

しかし、社会の現実は、すでにウェーバーが当時すでに洞察していたように[5]、このような近代法の形式的合理性に対する一連の反撥現象を、さまざまの面で生み、それらは時を追って拡大し多様化しつつある。実体法じたいが裁判の実質的合理性を指示する一般条項ないし不確定概念――「信義誠実」、「公序良俗」、「正当事由」など――は、いたるところで、重要な修正・補完機能を果たし、制定法の立法過程で十分に採り上げられなかった社会的弱者の利害に対する顧慮、あるいは、制定法の予想もしなかった新たな類型の紛争の多発が、実質的正義をめざす法の柔軟な解釈・適用と紛争解決手続の多様化を導き、身分事件・家庭事件など非資本主義的な紛争の分野では、訴訟事件の非訟化の動きがあり[6]、その限界が論ぜられる。これらのすべてに立ち入ることはできず、以下には、裁判外の紛争処理と裁判による法形成について一言するに止めたい。

(1) Max Weber, Wirtschaft und Gesellschaft, 4. Aufl. 1956, 2. Halbband S. 504f. 小野木常編訳・ウェーバー・法社会学下三六八頁以下。

(2) 詳細につき、中野「マックス・ウェーバーにおける裁判の法社会学的考察」訴訟関係と訴訟行為二九八頁以下〔本書三一五頁以下〕、同「ウェーバー」矢崎編・現代法思想の潮流一二八頁以下・一三三頁以下参照。なお、ウェーバーの「理想型的発展構成」については、青山・マックス・ウェーバーの社会理論七一頁以下が詳しい。

(3) Max Weber, Wirtschaftsgeschichte, 2. Aufl. 1924, S. 290f. 黒正＝青山訳・ウェーバー・一般社会経済史要論下巻二一八頁。

(4) Weber, Wirtschaft und Gesellschaft, S. 198. 小野木編訳上四九頁。

(5) Vgl. Weber, Wirtschaft und Gesellschaft, S. 503ff., 511ff. 小野木編訳下三六六頁以下・三八六頁以下。

(6) 中野＝松浦＝鈴木編・民事訴訟法講義〔初版〕一五頁以下〔中野〕参照。

〈2〉 裁判外紛争処理の動向

裁判所の裁決による以外の紛争処理――しばしば、「裁判制度に対する代替策」（alternatives to the judicial system）とか、「民事司法の代替策」（Alternativen in der Ziviljustiz）などの表現が用いられる――への動向は、今日、世界的な潮流となりつつあり、「正義へのアクセス運動の第三の波」として高度に現実的な問題となっている。[7]

わが国では、すでに六五年の歴史をもつ調停が「訴訟と互角の独自の価値のある制度」として訴訟と並ぶ重要な機能を果たしてきたが、[8] 近年の著しい現象として、都道府県公害審査会・建設工事紛争審査会・交通事故紛争処理センター等々、多種多様な裁判外の紛争処理機関による斡旋・調停・仲裁・相談その他が多方面に亘って展開されている。[9] ことに、一九七〇年代以降のアメリカ合衆国における裁判外紛争処理の顕著な展開は、[10] 大いにわれわれの注目を惹く。裁判所に付設された第三者機関による調停（mediation, conciliation）のほか、裁判所との協働を果たす近隣ジャスティス・センター（Neighbourhood Justice Center）――各地に散在しその名称もさまざまである――の活動が特筆されるほか、裁判所との関係を切断し近隣社会内での自律的な紛争処理に徹する共同社会委員会（Community Board Program）もある。これらによる裁判外紛争処理の盛行には、その背景として、産業化の進展に伴う共同社会の崩壊および消費者紛争・環境紛争などのいわゆる現代型紛争の多発による、裁判所における事件の山積とその結果としての大幅な訴訟遅延があり、弁護士費用を含む訴訟費用の高騰による裁判利用の困難がある、といわれる。おそらくは同様の事情が、西ドイツにおいても存し、一九八〇年代の初頭から裁判外紛争処理をめぐる論議が沸騰して、「調停オイフォリー」（Schlichtungseuphorie）とよんでいいような現象がみられる。[11] もともと、裁判所の事務処理能力には限界があり、裁判所の負担過重は手続遅延と裁判内容の質的低下を不可避とする反面、裁判所にもちこまれる事件の総てが紛争解決の手段として裁判上の裁決を最も適当とするわけではない。裁判所の過重負担と現代社会における法的紛争の瀰漫のなかで、裁判外紛争処理の拡充・発展に活路を見出そうとするのは、むしろ当然の趨勢でしかなかったといえよう。

裁判外紛争処理が、原則的な紛争解決方式である訴訟との対比[12]において、一連の利点をもつことは疑いの余地がない。費用の低廉、手続の簡易・迅速・非公開・法律にとらわれない具体的事案に即した解決の可能など。これに対し、不利な点もある。応訴・手続関与の非強制、手続救助の欠缺、手続申立てによる時効中断効などの欠如など。とりわけ問題なのは、基本的な手続保障の不確実であろう。紛争処理に当たる機関が真に中立的地位を有するか否かにつき危惧を離れることができないし、解決内容の形成に至る経過において各当事者がその法的主張を十分に提出できるとは限らず、厳格証明がなされるわけでもない。どこまで正義に合する解決に至りうるかは、各個の具体的手続上の多くの不確定要素に依存するといわなければならない。裁判外の紛争処理の利点は否定すべくもないが、これと表裏して危惧される諸点も存する。いずれにせよ、「われわれは、——あらゆる法治国的保障を備えて——慎重に探り求めた、そして結果的にも正当な裁判を生み出す手続であって、しかも同時に低廉で形式に縛られず迅速であるような手続を要求することはできないし、また、われわれは、代替策によって司法の負担軽減を求め、しかも同時に司法への事実上のアクセス障害のすべての減少をわれわれの原則とすることはできない[13]」のである。

問題は、従って、裁判上の紛争処理と裁判外紛争処理との機能配分であり、小島武司教授がかねて唱道される、有機的な統一体としての「正義の総合システム[14]」における各種の裁判外紛争処理制度の位置づけでなければならない。そして、このような総合システムの中核をなすものは、少なくとも取引紛争に関する限りでは、ウェーバーのいう「合理的裁判」、つまり形式的に合理的な裁判でなければならないであろう。当事者間の紛争がどういう経過をたどるにせよ、最終的には中立的な独立の裁判所が過去の裁判の堆積と国家の政策的意思決定をふまえてできている実体法規を規準とした客観的・論理的な判断作用によって法の内容を宣言し、それが強制的な通用力をもつ、ということが近代資本主義にとって最も基本的な要請である。裁判外紛争解決による「正義へのアクセス運動の第三の波」も、この核心を揺り動かし、波のまにまに漂わせることになっては、あらゆる資本計算が成り立たないのである。「代替策」としての各種の裁判外紛争処理制度は、予測可能な「合理的裁判」に対する補充として、この中核の周辺におかれ、正規の司法と不断の交流を果たすことが期待される。(15) 一面では、裁判所が判決理由として示す法的基準や判決の結論そのものが先例として働くことによって、周辺の裁判外紛争処理の内実を規定し統制していく方向の動き（判決の波及効）があり、他面では、逆に、裁判外紛争処理の過程において見出された新たな解決方式やしだいに凝縮する解決規準が裁判所の判決に取り込まれる方向の動き（判決の汲上げ作用）があって、その交流が法の新たな合理化を形成していくのである。

このような、裁判所の合理的裁判と裁判外の紛争処理との協働が正義の実現に向けて健全に営まれるためには、さまざまの条件を必要とする。とくに、次の二つの基本的条件を小島武司教授は挙げているが、(16) 極めて適切と思われ、賛同したい。第一の条件は、裁判へのアクセスの現実的保障と結びついた、紛争処理の各ルートについての当事者の選択の自由である。特定分野（たとえば、交通事故に因る損害賠償）の事件を対象とする裁判外処理制度の成立により、これを利用する実際上の慣行ないし傾向が生じうる。しかし、最後の切札として、つねに裁判所の裁判による強行的紛争解決を求める道が現実に開かれていなければならない。さもないと、なまの力関係を基礎とした、全く法的規準によらない解決が事実上強いられることになって、法定の権利保護を縮減する結果となる。当事者が、裁判所の裁判を求めるのに障害がないのに拘らず、あるいは、他のルートの裁判外紛争処理を選択することもできたのに拘らず、特定の裁判外紛争処理ルートによって紛争解決に達したということじたいが、得られた解決内容の正当性を担保するといえよう。第二の条件として、適切な分布における先例集積が挙げられる。さきに述べた判決の波及効と汲上げ作用が有効適切に働くための前提として、裁判所の判決が、周辺の裁判外紛争処理において当事者が拠るべき規範を模索できる程度に、ひろい範囲にわたり要点・適所をおさえて、すでに相当数の先例が集積されていなければならない。それらの先例は、その理由のなかで宣明される法的規準が明確であり説得力のある論理に与えられ、妥当な結論を示しえているならば、そして、その内容が情報としてひろく伝播され浸透しているならば、同種の事件における後訴裁判所の判決に対してだけでなく、裁判外の紛争処理に影響を与えることができる。それによって、裁判外の紛争処理についても、裁判所による正規の紛争処理との内面的な連関が維持され、それなりに解決内容の予測可能性が確保されるであろう。

（7）とくに、吉村「裁判外紛争処理の動向とその分析」法政研究五一巻三・四号七一一頁以下、棚瀬「裁判外の紛争処理機関」新・実務民事訴訟講座1巻一二三頁以下参照。正義へのアクセスを促進する努力についての「第三の波」としての性格づけは、貧困者のためのリーガル・エイドを「第一の波」とし、拡散した集合利益の代表のための機構の考案を「第二の波」とする。カペレッティ＝ガース・正義へのアクセス（小島訳）二七頁以下・五五頁以下。

（8）小山・民事調停法〔新版〕序二頁、本文八〇頁、佐々木・民事調停の研究九頁以下参照。

（9）萩原「訴訟外の紛争解決制度について」民事訴訟法の争点二一頁以下が、各種制度を列挙し、それらの利用状況と問題点を簡潔にまとめている。

（10）吉村・前掲七一二頁以下に詳しい。

（11）西ドイツでは、連邦司法省が一九八一年秋に民事法の領域における「司法代替策」（Alternative der Justiz）についての協議会を開催し、和解を含めての裁判外処理制度の拡充のための作業を開始したが、その背景には「訴訟洪水」（Prozessflur）とよばれるような訴訟の急激な増加がある。右協議会における諸報告等の資料をまとめて一九八二年に公刊されたものが、Blankenburg=Gottwald=Strempel（Hrg.）, Alternativen in der Ziviljustiz: Berichte, Analysen, Perspektiven, 365 S. であるが、他に、連邦政府出版情報局が一般向けに公刊している「裁判外紛争解決案内」というべき小冊子 „Schlichten ist besser als Richten“ 80 S. があり、極めて懇切な内容で、政府としての力の入れ方が分かる。関連の文献は頗る多数に及ぶ。Vgl. Prütting, Schlichten statt Richten?, JZ 1985 S. 261ff.（右小冊子の現物を池田辰夫助教授から頂いたことに謝意を表する。）

（12）Prütting. a. a. O., S. 266ff. に詳しい。
（13）Prütting. a. a. O., S. 271.
（14）小島「紛争処理制度の全体構造」講座民事訴訟1巻三五九頁以下、同「正義の総合システムを考える」末川追悼・法と権利3一頁以下。なお、萩原・前掲二四頁参照。
（15）訴訟と訴訟外の紛争処理を峻別して、後者を前者の外郭あるいは下位におき、あるいは両者を対置するのが従来の一般的な考え方であるが、最近、これに鋭い批判が加えられている。法規範に即した解決かどうかという解決の実体的内容からは両者を区別できず、事件の解決規範はその事件の手続のなかからつくり出されるのだとして、訴訟方式と訴訟外方式の相互乗り入れを説く見解も出ている。とくに、井上治典「民事訴訟の役割」岩波講座8・紛争一五三頁以下、同「紛争処理機関の多様化のなかでの訴訟の選択」ジュリスト八七五号一〇八頁以下および同所所掲文献参照。根本的な問題提起であり、別にあらためて論評の機会をもちたい。
（16）小島・講座民訴1巻三六九頁以下。田中成明・現代日本法の構図一三六頁以下も、ほぼ同旨を述べる。

〈3〉　裁判による法形成

裁判による法形成が、法の、従ってまた裁判の合理化に重要な役割を果たすことは、[17]いうまでもない。社会・経済的諸条件の変化、新たな紛争類型の多発、一般の法観念の推移などが不断に裁判による法形成を要求する。このテーマについては古くから論ぜられ、最近に至るまで夥しい文献があり、[18]容易に立ち入ることができない。ここでは、手続法の角度からの簡単なコメントを試みるにとどめなければならない。

裁判による法形成という観念には、二つの基本的なジレンマを含む。[19]第一に、裁判は司法であり、既存の法的規準に準拠し、その適用という方式をもって裁判所の法的判断を示すべく、それによってのみ法的正統性をもちうるが、ここでは、同時に、裁判によって新たな法的規準が創造されなければならない。第二に、現在の裁判の制度的枠組は、特定の当事者間の具体的な権利関係をめぐる紛争（「法律上の争訟」裁判所法三条）の個別的解決を目標として構成されており、民事事件ではその解決内容も当事者のイニシアチブに従い、かれらの訴訟上の挙動により定まるのであって、将来に亘って当事者以外の不特定多数人の利害に影響を与える一般的な法的規準を定立するという法形成機能とは、もともと、適合的でないのである。このようなジレンマに対して手続上どのように対応すべきかが問題となる。

右の問題につき充実した論究を展開された田中成明教授による解答[20]は、大要、次のごとくである。第一のジレンマについては、裁判による法形成が問題となるような訴訟の「本領は、当該事件に適用される法的規準が、当事者主義的な訴訟手続の展開のなかで裁判官と両訴訟当事者との協同活動によって具体的に明確にされ確定されるというところにあ」[21]り、既存の法的規準も、法律要件と法律効果とが明確かつ具体的に規定された法準則に限らず、裁判所は、制定法規の総合的・体系的解釈や一般条項・基本権規定等に示される「法原理」「法価値」――その性質上、政治・道徳などの領域における諸々の原理・価値とも交錯し、社会各層の正義・衡平感覚に対して開かれた構造をもつ――の具体的実現に必要な技術的・手続的な法形成を積極的に行うべく、憲法を頂点とする実定法秩序に含まれている法原理・法価値の実現のためにどうしても必要な場合には、制定法の準則に反することも例外的に認められうるし、判例の積み重ねによって新たな法原理・法価値を生み出すことも可能である、とし、「裁判による法形成の個別的正統性は、たんに最終的に既存の法的規準と関連づけて形式的に整合的な理由づけがなされているか否かということだけでなく、このような法的規準の重層的で開かれた構造を活用した法形成過程に訴訟当事者が主体的に参加しうる手続保障が十分になされたか否か、また、その法形成の結果が社会の多くの人びとの正義・衡平感覚によって実質的に正当なものとして受け容れられるか否かにもかかっているのである」[22]、と説く。

また、第二ジレンマにつき、田中成明教授は、裁判による法形成が問題となるような訴訟において、具体的・

個別的な法的争点の判断に一般的政策問題や潜在的利害関係人への配慮が必要であるにも拘らず、当事者主義的訴訟手続のもとでは、裁判による法形成に当たって政策問題を議論・解決するために必要な関連情報を収集すること、とくに潜在的利害関係人の要求・意見をその法形成過程に反映させることに決定的な制約があるため、裁判による法形成が適正に行われうる領域とか程度・態様に自ずと限界が画されていることを認めつつも、裁判所は、判断に必要な立法事実の提出を訴訟当事者だけに委ねず、自身で専門家による証言・鑑定意見などを積極的に利用して、できるだ調査するように努力すべく、また、各種の利益の比較衡量に当たっては、必要な場合には原則として両当事者について同じレベルの利益まで対象を拡げ、公益性・公共性などの社会的利益についても、できるだけ内容を具体的・個別的に明確化して、法廷での両当事者の主張が同じレベルでかみあい共通の基盤に立った弁論活動が展開できるように配慮すべしとする。また、政策問題に関する利益の比較衡量における議論の進め方としては、個人ないし集団の権利の尊重・確保により決定を正当化する原理論法が法的推論の中核となるべく、政策論法は、相互に対立する原理論法のいずれを優先選択するかに当たって間接的に用いられるに止まるべし、と説かれている(23)。

右の所説は、説得力に富み、啓発されるところが頗る大きい。今後なお検討を重ねてゆきたいと思う。手続法的に最も問題となるのは、処分権主義・弁論主義の建前に立つ民事訴訟の当事者支配であり、立法事実収集の能否と限度であろうが(24)、既存の法規の内容が明らかでない場合と同じく(25)、法の継続的形成についても、司法の適切な運営のために裁判所と当事者の協同が必要である(26)。裁判の政策形成機能が注目されるに至った今日(27)、裁判所としては、立法事実の収集のために民事訴訟法上の調査嘱託（民訴二六二条〔現一八六条〕）の制度を活用すべく(28)、立法事実の証明につき、職権をもっても(29)、鑑定（民訴三〇一条以下〔現二一六条以下〕）を命ずることができよう。いずれにせよ、裁判所の違憲立法審査権（憲八一条）が端的に示すとおり、裁判による法形成の許容性は否定できない。むしろ、立法・行政上適法に加えられた市民の自由と権利に対する不当な規制・侵害を抑制・救済する役割、あるいは、政治的・社会経済的な少数者・弱者の正当な主張を汲み上げて実効的に保護する役割を、裁判所の裁判による法形成以外に期待することはできないであろう。「今日では、裁判所をも含めてすべての国家機関が、各々独自の仕方で社会の各層の利害要求を汲みあげ、それらを全体として国家機関相互の抑制・均衡関係によって調整しつつ、一定の公共政策が形成・実施され、それがさらに社会各層の利害要求とのフィードバックのなかで修正を加えられていくというのが、政治過程の現実の動態であり、裁判所も、立法部・行政部などと有機的に関連しつつ、このような公共政策の形成・実施・修正という循環過程において、不可欠の一部門として独自の政策形成機能を果たしているとみられねばならない[30]」との指摘は、的確かつ至当と思われる。現実にも、仮登記担保法の成立に至る経過などのように、行政や立法の対応の立ち遅れ状況のなかで裁判による法形成が顕著な役割を果たした例に事欠かない。しかし、このような現象は、あくまでも、補充的・修正的に止まって、総じて法運営の基底をなす形式的＝合理的な裁判を否定するものではなく、裁判による法形成においても、少なくとも論理的にはその裁判に先行して存在する法的規準の包摂的適用という方式をとらない限り、その裁判は法的に正統なものとしては承認されえないのである。

(17) 最も顕著な例として、代物弁済予約に関する判例の集積による仮登記担保法の形成が挙げられる。

(18) とくに、田中成明「裁判による法形成」新・実務民事訴訟講座1巻四九頁以下、同・裁判をめぐる法と政治一一七頁以下、同・現代法理論一三六頁以下、田中英夫「判例による法形成」法協九四巻六号七五五頁以下、棚瀬「裁判の政策形成機能と紛争処理機能」民商法雑誌七五巻一号五一頁以下、矢崎・法哲学二一〇頁・三二〇頁以下、同・法哲学と法社会学一二六頁以下参照。ドイツの文献は、Prütting, Prozessuale Aspekte richterlicher Rechtsfortbildung Duetschland, in Ritsumeikan Law Review No. 3. p. 79 et seq. に網羅されているが、最近、基本理論および各法領域の裁判による法形成の研究を集めた浩瀚な論文集が出た。Richterliche Rechtsfortbildung. Erscheinungsformen, Auftrag und Grenzen. Festschrift der Juristischen Fakultät zur 600-JahrFeier der Ruprecht-Karls-Universität Heidelberg. 1986がそれである。

(19) 田中(成)・前掲講座1巻五二頁以下。(三つのジレンマが挙げられているが、本稿で二つにまとめさせて頂いた。)

(20)　田中(成)・前掲講座1巻七一頁以下。
(21)　田中(成)・前掲講座1巻七四頁。
(22)　田中(成)・前掲講座1巻七五頁。なお、同・現代法理論二七四頁以下参照。
(23)　田中(成)・前掲講座1巻六〇頁以下、七七頁以下。なお、同・現代法理論三〇九頁以下参照。
(24)　田中(成)・前掲講座1巻七九頁。注(18)所掲のPrütting論文も、この点を強調している。
(25)　個別的な問題のひとつとして、渉外事件訴訟における外国法の証明につき、最近、三ケ月「外国法の適用と裁判所」沢木＝青山編・国際民事訴訟法の理論二三九頁以下、とくに二五三頁以下が、「裁判官は法を知る」(Jura novit curia.) という建前にも拘らず、当事者に外国法の証明を要求する立法例または学説があるのは、裁判法学的に理解すべきで、「一国の司法の無駄のない運営をめざす一つの政策的選択」が背後にあると説いているのは、示唆するところが大きい。ことは、証明の問題に止まらないであろう。
(26)　訴訟における当事者活動の理論的把握は、民事訴訟じたいの目的論・本質論にまで及ぶ大きな論争の渦中にある。本来は、ここでも、いわゆる「手続保障の第三の波」論、あるいは西ドイツにおける、弁論主義に代わる「協働主義」論や甚だ錯雑した展開を示す"Rechtsgespräch"論についての言及が当然に必要であるが、さしあたり、それだけの準備と余裕がなく、今後を期する他はない。前者については、とくに、井上治典「手続保障の第三の波」法学教室二八号四一頁以下・二九号一九頁以下、同「民事訴訟――対論手続としての観点から」長尾＝田中編・現代法哲学3二二七頁以下、吉野「民事訴訟における新当事者主義の抬頭」判例タイムズ五二二号四頁以下など、後二者については、とくに、山本克己「民事訴訟におけるいわゆる"Rechtsgespräch"について(一)～(四)」法学論叢一一九巻一号・三号・五号各一頁以下、一二〇巻一号三二号以下参照。私見の一端は述べたことがある(中野・法学教室二六号一九頁以下)。
(27)　じつは、従来から用いられている「裁判による法形成」あるいは裁判官法 (Richterliche Rechtsfortbildung, Richterrecht, judge-made-law) という表現は、今日では、狭い。問題じたいの身幅に合わなくなってしまっている。ひとつには、裁判官の判決による法形成に当たって果たす当事者の活動が捨象されてしまうし、裁判上の和解や調停による法形成にも対応しきれていないからであり、また、ひとつには、判決だけに止まらず、訴えの提起から手続過程の展開それじたいが公共政策の形成・実施に対して及ぼす影響力――たとえば、大阪空港騒音訴訟の係属中に行政的に実現された航空機夜間発着規制の強化、藤木訴訟係属中の児童扶養手当法一部改正後の成立による障害・老齢福祉年金と児童福祉手当の併給の許容などに著しい――をも共に考察するのに適当でないからである。なお、田中(成)・裁判をめぐる法と政治一一七頁以下、同・現代法理論一四七頁以下、小島編・現代裁判法一五頁以下参照。

(28) わが民訴法二六二条〔現一八六条〕の調査嘱託については、未だに性格が明瞭ではないが、母法たるドイツ民訴法〔現〕二七三条二項二号と対比すれば、裁判所(裁判長でなく)の権限とし、嘱託相手も官庁・公署に止まらず広く公私の団体を含む点で、制度的にも内容が大きく、裁判による法形成の観点から、もっと注目されてよいし、裁判所による活用が望まれる。

(29) 職権鑑定の可否につき、かつての通説であった否定説に対し、肯定説が有力となりつつある。論議の内容は、栂「科学裁判と鑑定」講座民事訴訟5巻二五三頁以下に詳しい。なお、兼子=松浦=新堂=竹下・条解民事訴訟法一〇二二頁以下。

(30) 田中(成)・前掲講座1巻五五頁。

8

科学裁判と鑑定

〈1〉科学鑑定のジレンマ(1)

一　訴訟の争点が高度の科学・技術に関わる場合における鑑定には、ひとつのジレンマがある。「裁判官に専門的知識を要求することができないために鑑定が行われているのに、出てきた鑑定意見を正しく理解し評価するためには、それだけの専門的知識を必要とする」。このジレンマを、どのようにして克服することができるか。

裁判官には、高度の科学・技術に関する専門的な知見はなく、あったとしても「裁判官の私知」として利用は許されず、裁判上の事実認定は、必ず裁判上の証拠によらなければならない。そこで、問題となる事項につき、特別な学識経験を有する専門家にその専門知識なりそれに基づく事実判断について報告させる証拠調べとして、鑑定が行われる。しかし、鑑定人の鑑定意見も、一つの証拠にすぎず、それを事実認定の資料として採用するか、それをどのように評価して事実を認定するかは、裁判所の「自由な心証」によって決められる（自由心証主義）。現在の訴訟では、鑑定人の鑑定意見も、裁判官の「自由な心証」に服するのである。そこで、鑑定人の鑑定意見と裁判所の事実認定との間に不一致が生じうる。

不一致が生ずる原因には、二種がある。一つは、鑑定の不首尾である。鑑定人の選択に不備があり、選任された鑑定人では裁判に必要とされる知見を導入することができなかった場合、鑑定の前提とした事実が訴訟上確定された事実関係と合致せず、その相違点が鑑定の結論を導くのに重要な要素となっている場合、鑑定のために行われた検査や実験の材料・方法・条件が適当でなく、鑑定の結論を当該事件にそのまま適用することができないと考えられる場合などが、これに当たる。他の一つは、科学・技術の専門家による事実判断と裁判所の証拠による事実認定が性質を異にすることによるものである。科学鑑定のジレンマの解消は、主として、このような不一致に対する実際的・理論的な対応にかかっていると考えられる。

二　注目される具体例として、医療過誤訴訟では、専門家の鑑定意見に従って事実認定をした下級審判決を破棄して差し戻す最高裁判所の判決が連続しているのを見る。(2)

①　最高裁判所昭和五〇年一〇月二四日判決、民事判例集二九巻九号一四一七頁（ルンバール事件）昭和三〇年九月、化膿性髄膜炎のため東大病院に入院して治療を受け快方に向かっていた幼児Aがルンバール（腰椎穿刺による髄液採取とペニシリンの髄腔内注入）の施術を受けて間もなく嘔吐・痙攣の発作を起こし、右半身不全麻痺・運動障害等を来たした。その後遺症が続いている。Aを原告として損害賠償請求訴訟が提起され、Aの発作・病変の原因がルンバール施術に基づく脳出血にあるか、それとも化膿性髄膜炎等の再燃にあるかが争点となった。四人の医家の各鑑定意見は、三人までが化膿性髄膜炎の再燃であるとし、一人は脳出血の可能性が最も考えられるとしながらもルンバールが原因となる可能性はほとんどない、としている。第一審判決では、ルンバールにより発作および脳出血が生じたとして因果関係を認めたが医師に過失はなかったとして請求を棄却し、控訴審判決は因果関係が断定できないとして控訴を棄却した。Aの上告に対し、最高裁は、原判決を破棄して、事件を原審に差し戻した。

〔判旨〕「訴訟上の因果関係の立証は、一点の疑義も許されない自然科学的証明ではなく、経験則に照らして全証拠を総合検討し、特定の事実が特定の結果発生を招来した関係を是認しうる高度の蓋然性を証明することであり、その判定は、通常人が疑を差し挟まない程度に真実性の確信を持ちうるものであることを必要とし、かつ、それで足りるものである」。「重篤な化膿性髄膜炎に罹患した三才の幼児が入院治療を受け、その病状が一貫して軽快していた段階において、医師が治療としてルンバールを実施したのち、嘔吐、けいれんの発作等を起こし、これにつづき右半身けいれん性不全麻痺、知能障害及び運動障害等の病変を生じた場合、右発作等が施術後一五分ないし二〇分を経て突然に生じたものであつて、右施術に際しては、もともと血管が脆弱で出血性傾向があり、かつ、泣き叫ぶ右幼児の身体を押えつけ、何度か穿刺をやりなおして右施術まで約三〇分を要し、また、脳の異常部位が左部にあったと判断され、当時化膿性髄膜炎の再燃するような事情も認められなかったなど判示の事実関係のもとでは、他に特段の事情がないかぎり、右ルンバールと右発作等及びこれにつづく病変との因果関係を否定するのは、経験則に反する」。

② 最高裁判所平成九年二月二五日判決、民事判例集五一巻二号五〇二頁（ネオマイゾン事件）患者Aは風邪で開業医に通院し、医師Yが約四週間にわたり多種の薬剤を投与していたところ、Aは顆粒球減少症を発症し、敗血症を併発して死亡した。遺族が損害賠償請求訴訟を提起し、第一審および控訴審では原告が敗訴した。控訴審では、鑑定が行われ、判決は、YがAに顆粒球減少症の副作用のある薬剤を継続的に投与したことなどの事情を踏まえて、鑑定意見に従いAの発症日を四月一三日から一四日朝と認定し、それを前提として、Yが四月一〇日から一三日までに投与したネオマイゾンによる過反応性の中毒性機序によって顆粒球減少症は引き起こされたと認定したうえ、Yには四月五日と一〇日の時点で一般検査義務違反があり、また一二日の時点で問診等の経過観察義務違反があると認めたが、Aの死亡との間の因果関係は否定した。当該検査が行われていても本症を発見していたとは認められず、問診等により発疹を確認していたとしても直ちに本症の発症を予見できず、Aの発症経過がネオマイゾンでは通常起こりえない急性の激症型に近いものであったことからみて経過観察義務違反と死亡との間に相当因果関係は認められない、としたのである。上告審の最高裁は、原判決を破棄して差し戻した。

〔判旨〕（ルンバール事件判決の判旨冒頭とほぼ同文の判示をした後に次のように判示）原審の認定事実――（ⅰ）Yは、本症〔顆粒球減少症〕の副作用を有する多種の薬剤を約四週間にわたりAに投与した、（ⅱ）遅くとも四月一二日にはAに発疹が生じた、（ⅲ）遅くとも同月一四日にはAに本症が発生していたことを裏付ける血液検査の結果がある、（ⅳ）本症の発症に伴い発疹を生ずることがある、（ⅴ）Aに投与された薬剤の相互作用によっても本症が発生しうる、など――によれば、「Aの本症の原因はYがAに投与した薬剤のうちの一つであること又はその複数の相互作用であること及びAは遅くとも発疹が生じた四月一二日には本症を発症していたこと」が、真実の高度の蓋然性をもって証明されたものというべきである。「本件鑑定は、Aの病状のすべてを合理的に説明し得ているものではなく、経験科学に属する医学の分野における一つの仮説を述べたにとどまり、医学研究の見地からはともかく、訴訟上の証明の見地からみれば起因剤及び発症日を認定する際の決定的な証拠資料ということはできない」。そうすると、原審が本件鑑定のみに依拠して、ネオマイゾンが唯一単独の起因剤であり、Aの本症発生日を四月一三日から一四日朝と認定したのは、経験則に違反したものというべきで、これを「前提としてYの四月五日又は一〇日の時点における検査義務違反及び同月一二日の時点における経過観察義務違反とAの本症発症との間には因果関係が認められないとした原審の判断は、是認することができない」。

③ 最高裁判所平成一一年三月二三日判決、判例時報一六七七号五四頁（脳べラ事件）昭和五七年五月、Aは、顔面痙攣を根治するために、国立K大学病院で、神経減圧手術を受けた。手術は、小脳を脳べラで開排して、顕微鏡を使用しながら小脳橋角部に達し、能動脈を顔面神経から剝離するものであったが（午後四時ころ終了）、夜半に至り小脳に生じた血腫のために閉塞性水頭症になり頭蓋内圧が亢進して再度の手術を受けたが、意識を回復することなく、二カ月後に死亡し、遺族が損害賠償請求訴訟を提起した。第一審および控訴審では敗訴し、控訴審判決は、主に鑑定結果に依拠して、手術部位と血腫の位置が異なること、予期しない高血圧性の脳出血が血腫の原因である可能性があることなどから、医師の手技操作と血腫形成との因果関係を否定している。上告審の最高裁は、原判決を破棄して差し戻した。

〔判旨〕 原審が認定したような「Aの健康状態、本件手術の内容と操作部位、本件手術とAの病変との時間的近接性、神経減圧術から起こり得る術後合併症の内容とAの症状、血腫等の病変部位等の諸事実は、通常人をして、本件手術後間もなく発生したAの小脳内出血等は、本件手術中の何らかの操作上の誤りに起因するのではないかとの疑いを強く抱かせるものというべきである」。原審は、このような事実関係を前提としながら、「診療録中に血腫に関する前記記載があるにもかかわらず、これを検討することなく、鑑定人Ｐの鑑定及び同人の証言から直ちに、血腫の位置は小脳正中部及び傍正中部にあるとした原審の認定は、採証法則に反するものといわなければならない」。「他の原因による血腫発生も考えられないではないという極めて低い可能性があることをもって、本件手術の操作上に誤りがあったと推認することはできないとし、Ａに発生した血腫の原因が本件手術にあることを否定した原審の認定判断には、経験則ないし採証法則違背がある」。

④　最高裁判所平成一八年一月二七日判決、判例時報一九二七号五七頁（バンコマイシン事件）脳梗塞の発作で入院した女性Ａ（八一歳）が、病状が安定して移った一般病室にＭＲＳＡ（メチシリン耐性黄色ブドウ球菌）の保菌者がいて感染し、死亡した。遺族が損害賠償請求訴訟を提起し、病院の医師が広域の細菌に抗菌力を有する抗生剤を投与すべきでなかったのに投与してＭＲＳＡ感染症を発生させた「過失」、および、早期にバンコマイシンを投与すべきであったのに投与しなかった「過失」の有無が争点となった。控訴審判決は、鑑定書と私的意見書に依拠して医師の過失を否定し請求を斥けたが、上告審の最高裁は原判決を破棄して差し戻した。

〔判旨〕　入院患者がＭＲＳＡに感染した後に死亡した場合につき、鑑定書には、担当医師が広域抗生剤を投与し早期に抗生剤バンコマイシンを投与しなかったことは当時の医療水準に適うものではないという趣旨の指摘をするものと理解できる記載があることがうかがわれ、意見書は、担当医師が早期にバンコマイシンを投与しなかったことについて当時の医療水準に適うものであるという趣旨を指摘するものであるか否かが明らかでないなど判示の事情の下において、前記の鑑定書や私的意見書に基づいて、担当医師が早期にバンコマイシンを投与しなかったことに過失があるとはいえないとした原審の判断には、経験則又は採証法則に反する違法がある。

三　以上に掲げた最高裁判例は、①〜④のいずれにおいても、原審における鑑定の実施ないし鑑定意見の評価において不備・欠陥があり、それを、科学・技術の観点からではなく裁判上の事実認定として、その事件限りで手続的に是正したものと理解することができる。

(a) ルンバール事件の最高裁判決では、判旨の冒頭において、訴訟上の証明が一点の疑義も許されない自然科学的証明でなく、いわゆる歴史的証明であり、通常人が疑いを差し挟まない程度の高度の蓋然性を証明すれば足りると判示しており、この判示は、その後の裁判例でも、しばしば引用されている。

しかし、訴訟上の証明がこの程度の高度の蓋然性を証明すれば足りるというのは、学説・判例ともに異論なく普遍的に認められている基本的事理であって、格別に揚言する意味はなく、原審の東京高裁も、当然、これに則って事実を認定していよう。最高裁の右判示も、単に心証度の差異をいうにとどまるとは考えられない。

最高裁は上告裁判所であり、上告審は法律審であって、「原判決において適法に確定した事実は、上告裁判所を拘束する」(民事訴訟法三二一条一項)。上告審は、原判決に法令違反があったかどうかを審査する審級であり、原審の事実認定の当否を審査することはできず、事実認定は、事実審裁判所の専権に属する。ただ、原審の事実認定が経験則に違反している場合には、経験則違反は法律の定めた自由心証主義(前述1)の違反として原判決を破棄する理由となる。ルンバール事件の最高裁判決も、経験則違反のルートによって原判決を破棄している。しかし、最高裁により原審が違反したとされる経験則なるものの内容は、一向に明確でない。判文からは、「病状が一貫して軽快しつつある段階において患者に医師が医療措置を施したあと、まもなく患者が嘔吐・痙攣等の発作を起こし半身不全麻痺・知能障害・運動障害等の病変を生ずるに至った事実があり、医師の施術に不手際などもあったときは、普通、施術と病変の間に因果関係がある」という経験則があると最高裁は考えているようにとれる。もしそうだとすれば、ルンバール施術と脳出血の因果関係という高度に専門的な知見を要する事実を、専門知識をもたない最高裁が、専門家の鑑定意見によることなく、常識的な一般経験則を適用することによって自ら認定し、原審の否定した因果関係を肯定したことにならないか。最高裁が、自ら因果関係を認定して破棄差戻しをした以上、差戻審では、そこでも再び因果関係を否定する二つの新たな鑑定結果が出たにもかかわらず、ルン裁判所は、破棄判決の拘束力(民事訴訟法三二五条三項)を受けて因果関係肯定の判決をするほかなかった。ルンバール事件最高裁判決は、事実認定についての事実審裁判所の専権を冒したということになるのではないか。このような疑問に答えるのが、さきに見た判旨の冒頭における判示である。最高裁としては、訴訟上の証明は自然科学的証明と異なるのだという。立証事項が自然科学上の判断を必要とする事項であり、専門家による鑑定意見が訴訟に顕出されていても、裁判所としては、必ずしもそれをそのまま受容しなければならないわけではなく、「経験則に照らして全証拠を総合検討し」、高度の蓋然性をもって証明された事実を認定すればよい、としたのである（この点については、後述四参照）。

ルンバール事件の提訴（昭和三三年）から最高裁の破棄差戻判決まで一七年に及ぶ手続経過には、手続処理上のいくつかの問題点が指摘される[3]。とくに、被告が東大病院であったということもあって鑑定人の選定じたいに多大の困難があり、多くの時間を要したこと、選定された鑑定人が要証事項の判断に適切であったかどうかにつき疑問がないわけではなかったこと、鑑定人が鑑定の前提とした事実と裁判所の認定した事実との間に不一致があったこと、第一審における四人の鑑定人の鑑定意見がルンバール施術と脳出血との因果関係を否定する結論は同じでも理由はそれぞれ異なっていたにも拘わらず、一人の鑑定人しか尋問されることはなく、十分な究明に至っていなかったことなど。このような手続処理が裁判の結末に大きく影響した可能性を否定することはできない。結局、最高裁としては、このような鑑定の結果を他の証拠上確定される事実関係と対照し総合して、専門科学・技術上の判断とは異なる裁判上の事実認定のあり方を、事案の妥当な解決のため、率直に判示したものと解される。

(b) ネオマイゾン事件では、最高裁判決は、原審が鑑定における科学的・医学的立場からの分析結果に従い、鑑定以外の証拠により認定できる諸事実との不適合にかかわらず鑑定結果に沿って裁判上の事実認定を行ったことを、精細な論証によって非難した。原審判決が科学鑑定を、裁判上の事実認定において他の証拠により成立する歴史的証明をくつがえすに足りる科学的証明力のある証拠としたのを、経験則違背としたのである。

ここでも、最高裁の判示は、具体的事案の経過に即して展開されており、原審判決が違背したとされる「経験則」じたいの内容は、明らかでないし、一般化できるかたちで表現されていない。しかし、直接の問題は、鑑定事項の構成なり鑑定意見の理解にあった。原審判決がネオマイゾンを起因剤と認定したことについても、鑑定の結論は「ネオマイゾンが最も疑われるが確証がない」とするものであり、投与された複数薬剤の相乗作用についても否定せず、「医学的に具体的に証明されていない」としていたにすぎない。発症日についての鑑定意見についても理解が分かれた。裁判所が鑑定を命ずるさいに鑑定の基礎となる事実関係を十分に開示し、訴訟で必要とされている鑑定事項の内容を明確にしていたならば、あるいは、不明確な鑑定意見に対する補足的な措置がとられていれば、問題は生じなかったのではないだろうか。

(c)　③の脳ベラ事件においても、原審判決が依拠したP鑑定人の鑑定は、破棄差戻しをした最高裁判決の判示するところでは、「診療録中の記載内容等からうかがわれる事実に符合していない」、「わずか一頁に結論のみ記載したもので、その内容は極めて乏しいもの」であり、「客観的資料を精査した上での鑑定かどうか疑いがもたれないではない」ものであった。また、④のバンコマイシン事件においても、最高裁は、医師側の過失を否定する原審判決が依拠した「鑑定書及び私的意見書」のうち、鑑定書には、医師らが早期に「バンコマイシンを投与しなかったことが、当時の医療水準にかなうものではないという趣旨の指摘をするものと理解できる記載もあることがうかがわれる」し、「多種類の抗生剤を投与したことについて鑑定意見の記載がないのは、この点について鑑定事項とされなかったためであることがうかがわれる」ほか、私的意見書については、「その内容について相手方当事者の尋問にさらされていないことを考慮すると、安易に同意見書の結論を採用することは相当でない」と判示している。③と④は、いずれも、事実認定における経験則違反というよりも、原審判決の事実認定の基礎となった鑑定自体（私的意見書の利用まで含めて）の不備というか、その貧弱・脆弱な内容が問題であったといわなければならない。

四　これらの最高裁判例①〜④の当否は、学説上、従来からの論点である「経験則と自由心証」の枠のなかで今後も検討されていくであろう。しかし、さきにも見てきたように、これらの裁判例は、科学裁判における科学・技術の専門家の事実判断と証拠による裁判所の事実認定が明確に区別されていく経過を如実に示すと共に、それぞれが多分に事例救済的な考慮を含み、各事案において鑑定意見と裁判所の事実認定の不一致が生じた経過には、それぞれなりに、当時の鑑定の制度なり手続運用に存する不備・欠陥が窺われる。以下に見るような最近の立法なり手続改革の進展（後述二、三）によって科学鑑定のジレンマにも解消が図られていくならば、具体的事例についてこれらの最高裁判例が形成した指導的価値は、やがて低減することになろう。

（1）　一九八〇年代に入る前後から民事訴訟事件の急激な増加とともに、裁判に高度の専門的知見を要する事件の手続処理が問題となり、一九八三年にドイツのヴュルツブルクで開かれた訴訟法国際会議でもテーマとして取り上げられた。そこでの総括報告として、Fritz Nicklisch, Der technische Sachverständige im Prozess, in W. J. Habscheid (Herausg.), Effektiver Rechtsschutz und verfassungsmässige Ordnung. 1983, S. 291-344. なお、当時の問題状況につき、中野貞一郎編・科学裁判と鑑定（一九八八年・日本評論社）所収の諸篇を参照。

本稿で「科学裁判」とか「科学鑑定」というのは、厳密な用語ではない。医療過誤・建築関係・知的財産権・薬害・公害等の紛争におけるような、高度の科学的・技術的知見による判断を要する事項についての裁判なり鑑定を漠然と指し、一般の通常事件の裁判なり鑑定と区別する趣旨である。

（2）　以下に掲げる四件の最高裁判例についての参考文献のうち、若干を挙げておく。中野貞一郎「科学鑑定の評価」中野編・科学裁判と鑑定（注1）二七頁以下、萩沢清彦「医療過誤訴訟の一事例」中野編・科学裁判と鑑定（注1）六一頁以下、木川統一郎＝生田美弥子「民事鑑定と上告審の審理範囲」木川統一郎編著・民事鑑定の研究（二〇〇三年・判例タイムズ社）六三九頁以下、野山宏・最高裁判所判例解説（ネオマイゾン事件）・法曹時報五一巻一一号二七四五頁以下、西岡重靖「医療関係訴訟における鑑定等の証拠評価について」判例タイムズ一二五四号二九頁、笠井正俊「医療関係民事訴訟における事実的因果関係の認定と鑑定」法学論叢一五四巻四＝五＝六号四二八頁以下、溜前将之＝萩原孝基＝坂庭正将「医療と法の最先端を考える」ジュリスト一三三〇号七五頁以下。

（3） 萩沢・前掲注（2）に詳しい。

〈2〉 専門訴訟における専門家（4）

最近、著しい増加・拡大を続けている「専門訴訟」（医療過誤訴訟・建築関係訴訟・知的財産権関係訴訟等）では、専門家の関与は、必須である。裁判官や弁護士にとっては、専門的な知識がないと事件の内容や争点を正確に把握すること自体が難しく、専門家の協力なしに適切な解決に導こうとすれば長期化してしまう訴訟が多い。専門訴訟の審理を充実したものとし迅速化を図るためには、手続の全体について、より広く専門家の関与が必要とされる。

一 鑑定人については、専門訴訟の増加とともに裁判所と鑑定人との協働の必要が痛感されるようになった。専門領域の拡大・分化に対応して、各個の事案における証明事項に適合する鑑定人を確保し、裁判所が鑑定人の提示する専門知識を正確に理解し適用して事実認定を行ううえに必要な手続を整備する努力が行われつつある（後述三）。

わが法の母法であるドイツ民事訴訟法では、一九九〇年の改正（Vereinfachungsnovelle）により、明文をもって鑑定人に対する裁判所の指導義務を定めた。鑑定人がどのような事実を基礎にどの範囲で証明事項を解明すべきか、鑑定人はどの程度で当事者と連絡がとれるかなどを裁判所が定めるものとすると同時に（同法四〇四条a）、鑑定人についても、付託事項が自己の専門領域内かどうかなどを検討する義務のほか、付託の内容や範囲に疑問を有する場合には裁判所による解明を求めるなど、裁判所への適時の指摘・連絡の義務を定め、裁判所は鑑定人にその義務を指摘しなければならないものと定めている（同法四〇七条a）（5）。また、アメリカのように、訴訟手続を基本的に対立当事者に委ね（アドヴァーサリー・システム）、各当事者がそれぞれに専門家を撰んで証人とし、その専門的な知見に基づく証言によって立証を進め、事実判断を陪審に委ねるところでも、最近では、科学的事項についての専門家証言は、裁判官による「陪審の事実認定に供されるべきかどうかのスクリーニング」を経て初めて陪審の事実認定の資料とされるべきだとする連邦最高裁の判断があり、連邦証拠規則七〇二条の定める裁判所任命の専門家証人等の制度の活用が唱えられるに至った。(6) 専門訴訟とともに鑑定人の性格も変わりつつあるといえよう。

二　専門訴訟における専門家の関与は、証拠調べの段階に至って初めて鑑定人として手続に登場するというのでは足らず、もっと早い段階からその必要がある。この必要に応えるものが、平成一五年の民事訴訟法改正により設けられた専門委員の制度（民事訴訟法九二条の二～九二条の七、民事訴訟規則三四条の二～三四条の一〇）である。

裁判所は、専門訴訟の開始後、争点整理あるいは進行協議期日、証拠調べまたは和解の各手続において、あらかじめ最高裁判所が専門家の中から任命した専門委員の関与を求め、当事者が提出した主張・証拠等について専門委員からその知見に基づく説明を聴くことができる。専門委員は、鑑定人と異なり、証拠方法ではない。専門委員は、裁判所や当事者が事案の内容や争点の所在を理解するのを助けるために関与するのであり、専門委員の説明や発問は、証拠にならず、証拠調べの手続での専門的知見の獲得には、鑑定による必要がある。

三　知的財産権訴訟については、平成一五年の民事訴訟法改正によって東京地裁と大阪地裁への管轄集中が図られたのに続いて、平成一六年には東京高裁に知的財産権高等裁判所が設けられ、それぞれに、知的財産権に精通した裁判官および技術等の専門家である裁判所調査官（裁判所法五七条）が配置されている。裁判所調査官は、裁判官の命を受けて、事件の審理および裁判に関して必要な調査をする。知的財産権関係の裁判所調査官は、特許庁審判官等の経験者や弁理士から構成されており、裁判官に専門的知見を提供することができるのである。しかし、技術の進歩のスピードが速く、専門分野の細分化も著しいため、ここでも専門委員の活用が行われている。

四　医療過誤・建築関係・知的財産権等の紛争にあっても、調停が利用される比率は非常に高い。訴えが提起されて訴訟になっている場合でも、受訴裁判所は、適当であると認めるときは、職権で事件を調停に付することができる（民事調停法二〇条）。民事調停委員には、法曹有資格者調停委員、一般調停委員のほか、専門家調停委員が選任されており、調停を担当する裁判官が調停委員会の構成員として専門的知見を有する調停委員を指名すれば、その委員の専門的知見を活用することができる。調停が成立すれば、訴訟は訴えの取下げがあったものとして終了する。調停が不成立となった場合には、訴訟の手続に戻るが、調停に専門家が関与した経過は訴訟手続にも反映し、専門家調停委員の意見を参考とした主張・立証が展開されることにもなる。

（4）　民事訴訟における専門家の地位と手続規律について、ドイツ法・フランス法・アメリカ法に亘って比較法的に検討した精細な研究として、杉山悦子・民事訴訟と専門家（二〇〇七年・有斐閣）が注目される。なお、現職裁判官がドイツおよびフランスにおける専門訴訟の実情を調査し、わが国における専門訴訟の運営上の改善策を提示した司法研修所編・専門的な知見を必要とする民事訴訟の運営（二〇〇〇年・法曹会）がある。

（5）　木川編著・民事鑑定の研究注（2）四三一頁以下に詳しい。

（6）　杉山・民事訴訟と専門家注（4）二四一頁以下および渡辺千原・後掲注（8）民商法雑誌一一六巻三号三八一頁以下に詳しい。

〈3〉　鑑定手続の改革

一　専門訴訟の実際では、裁判所が鑑定人を指定しようとしても、候補者の選択困難や受諾拒絶のため手続が遅延を重ねることが多い。

この事態を打開するため、平成一三年六月、最高裁判所に医事関係訴訟委員会および建築関係委員会が設置され、鑑定等をめぐる裁判実務のいわば「後方支援」に当たることになった。医療事故訴訟であれば、受訴裁判所は、係属する事件の係争事項に適切な鑑定人を選任することが困難な場合には、最高裁判所の医事関係訴訟委員会（医学者・医師・弁護士・元裁判官・一般有識者一三名により構成）に申し出て鑑定人候補者の推薦依頼を求め、同委員会が学会（日本医学会・日本循環器学会・日本脳神経外科学会等々）のいずれかを選んで鑑定人候補者の推薦の協力を依頼し、学会からの鑑定人候補者の推薦を待って、鑑定人候補者を選定して受訴裁判所に提示し、受訴裁判所は、それを参考として鑑定人を選任することができるのである。現在ではまだ、受訴裁判所が自らの努力で鑑定人候補者を見つけることができなかった事案等に限定されているが、最高裁にこのようなシステムが設けられたことの意義は大きい。近時、東京・大阪・名古屋・千葉・神戸その他、各地の裁判所においては、地元の大学病院・病院・研究機関等と協力して「地域ネットワーク」を形成し、鑑定人候補者を確保するためのルートの確保に努力している。

二　鑑定人に提示する鑑定事項の確定は、鑑定の結果を決定的に左右し、不明瞭・不適切な鑑定事項は鑑定作業を徒に阻害する。専門訴訟では、裁判所が当事者双方と十分に協議したうえで鑑定事項を定める必要があり、鑑定人を選任して鑑定資料等を送付し検討させた後にその意見も聴いて鑑定事項を修正・補充することも行われ、適正な鑑定事項を決めるために専門委員の説明を受けることもできるようになった。

三　鑑定人の意見陳述は、従来、民事訴訟法が鑑定手続についても証人尋問の規定を準用していたため、鑑定人が口頭で意見を述べる場合には、いわゆる交互尋問により一問一答の方式で行われ、鑑定人は質問に対して応答するというかたちで意見を述べなければならず、鑑定人としては鑑定事項について十分に自己の意見を述べることができずに終わることも多く、敵対的な質問や非礼な術策に悩まされることも少なくなかった。平成一五年の民事訴訟法改正によって、裁判所の判断に必要な専門的知見を補うという鑑定手続の性質に適合するように鑑定人の陳述方式を改め、鑑定人質問の手続が定められた。鑑定人質問は、鑑定人陳述の一環として位置づけられ、裁判長からの質問によって始まる質問順序を法定したほか（民事訴訟法二一五条・二一五条の二）、民事訴訟規則は質問についての細目の規定を整備した（民事訴訟規則一三二条〜一三二条の四）。

四　鑑定の一般的方式としては、一名の鑑定人を指定し、書面による回答を求め、必要があれば鑑定人質問を行う。このような単独鑑定に対し、最近の実務では、複数の鑑定人がそれぞれ別個独立に鑑定を行い（複数鑑定）、あるいは、複数の鑑定人が共同して鑑定を行う（共同鑑定）のが見られるようになった。鑑定事項が複数の専門分野に跨る場合に専門分野を異にする複数の鑑定人による鑑定が必要となるのは当然であるが、最近の専門訴訟、とくに医療事故訴訟においては、被告側が医療関係者でもあり、単独鑑定の方式では適切な鑑定人が得られず訴訟が遅延する等の事情から、複数の鑑定人を指定して同一の鑑定事項につき同じ鑑定資料によって鑑定させる方式が行われるようになった(7)。

新たな方式のなかで注目されるものに、カンファレンス鑑定がある。裁判所の指定した複数の鑑定人（三名程度）が公開の法廷などに集まり、口頭で鑑定意見を述べ、引き続いて鑑定人質問に応えるという方式であり、必要に応じて鑑定人相互間でも討論がなされ、訴訟当事者からの質問にも答える。法廷における鑑定人の口頭陳述には、電話会議システム・テレビ会議システムを利用することもできる（民事訴訟法二一五条の三）。あらかじめ期日前には意見書による準備もされるが、カンファレンス自体は公開の場所において行われるので、手続に透明性があり、臨床医らが実際の医療現場で常時行っているカンファレンスとも通じるものがあって鑑定応諾を得やすく、口頭の説明により鑑定意見の正確な認識と理解が得られるという大きな利点がある。鑑定内容全体の統一性・整合性が確保できるか、あるいは鑑定人の間で責任が分散する結果になるのではないか、などの疑念もあるが、鑑定意見の不統一が残るのであれば、それは裁判所の証拠評価に委ねられる問題といえよう。

（7）　新たな鑑定方式の試みをめぐって実務からの報告が多く続いている。東京地方裁判所医療訴訟対策委員会「東京地方裁判所医療集中部における鑑定の実情とその検証」判例時報一九六三号三頁以下・一九六四号三頁以下、大阪地方裁判所専門訴訟事件検討委員会「大阪地方裁判所医事事件集中部発足五年を振り返って」判例タイムズ一二一八号五九頁以下など参照。

〈4〉 裁判上の事実認定における「科学」と「証明」

裁判上の事実認定は、従来、裁判実務のなかに隠れていて、その本質が学問上の研究対象として論議されることは、ほとんどなかった。いま、この状況は変わりつつある。[8]

裁判上の事実認定を訴訟外の実体的真実を発見しあるいは発見しようとする過程であるとする見解は、現在でも根強く、真実発見が民事訴訟の理念として掲げられる。しかし、民事訴訟では、当事者間に争いのない事実は審理の対象から外され（裁判上の自白）、争いのある事実についても当事者の提出した主張と証拠によって事実認定を行うのであり、当事者が口頭弁論において主張しなかった事実や当事者の申し出ない証拠を職権で調べて判決の基礎とすることはできない（弁論主義）。実体的真実の発見を理念とするにしても、訴訟の手続においてどのような事実をどのような仕方で主張・立証するかは、基本的に訴訟当事者に委ねられている。このような建前がとられている結果として当然勝つべき当事者が負けたり、負けて然るべき当事者が勝ったりすることがないように、裁判所がバックアップする手立て（釈明義務）も設けられてはいるが、当事者に主張・立証の補正や補充を促すにとどまり、当事者のイニシアティブを侵すことはない。民事訴訟における実体的真実の追求は、このような制度的枠組みのなかで、法律と規則が定めている手続に従って行われなければならないのである。

科学裁判における裁判所と訴訟当事者の協同も、民事訴訟の制度的な枠組みを変えることまではできない。問題は、その運用においてどこまで科学裁判の特質に対応できるかにある。

科学の専門領域に属する事項について鑑定意見を求められる専門家としては、それぞれの専門領域において経験的に確立された知見に基づいて判断するのが当然であり、まだ十分に検証されず一般の承認も受けていないような命題を適用して判断した結果を確言的に提示することは避け、与えられた鑑定資料だけを前提とした判断結果を報告するにとどめざるをえない。種々の仮説を立てて異なる方法論に基づき検証を重ねていくような自然科学的証明が「一点の疑義も許されない」もの（前述の最高裁判例①・②）であるとは思えないが、自然科学は、時間をかけてもさらに検証を重ね、学界で一般の承認が得られる確実な認識に達しようとする。これに対して、訴訟では、目前にある当事者間の紛争に対して、いま直ちに最終的な解決を与えなければならないのである。[9] 医療過誤訴訟において原告が主張している医療行為と損害発生との因果関係なり医師側の過失につき、「その可能性はあるが確実ではない」とする専門家の鑑定意見が提出された場合、裁判所としては、その不確実性がそれぞれの専門領域において除去されるまでいつまでも待つことはできず、その鑑定意見をそのまま受容して事実認定を行わなければならないとすれば、つねに「原告の請求を棄却する」との判決とならざるをえない。不法行為による損害賠償請求の要件事実としての因果関係や過失は、請求権の存在を主張する原告の「証明責任」（立証責任）に属するからである。その事件が最上級審に達するなどして判決が確定すれば「既判力」が生じて、事後にその鑑定意見が間違っていたことが分かっても、裁判のやり直しはできない。同様の事態は、裁判所が適切な鑑定人の選択を誤った場合、あるいは、鑑定事項が適切でなかった場合、不十分・不適当な鑑定資料を与えて鑑定させた場合などにも起こりうる。しかし、事実認定は裁判所の責任で行なわれるのである。科学裁判における鑑定の評価には、科学的な視点にとどまらず、その訴訟において裁判所と当事者によって形成されてきた手続結果の全体との関連も考慮される必要がある。科学裁判における鑑定の結果を直ちにそのまま証明責任の分配に結びつけるような事実認定がされるとすれば、大いに疑問といわなければならない。

（8）　事実認定をめぐる理論状況につき、田中成明「裁判の正統性」講座民事訴訟①民事紛争と訴訟（一九八四年・弘文堂）九六頁以下、井上治典・民事手続論（一九九三年・有斐閣）一二頁以下、西野喜一「裁判の過程」（一九九五年・判例タイム

ズ社）一二六頁以下、伊藤滋夫・事実認定の基礎（一九九六年・有斐閣）、渡辺千原「事実認定における『科学』」民商法雑誌一一六巻三号三五九頁以下・四＝五号六八九頁以下、加藤新太郎「民事事実認定の基本構造」民事司法の法理と政策上巻三〇五頁以下（二〇〇八年・商事法務）、など参照。

（9）渡辺千原・前掲注（8）民商法雑誌一一六巻四＝五号六八九頁以下、とくに七〇六頁以下に的確な分析があり、示唆に富む。

9

民事裁判の動向

――新しい世紀に向けて――

〈1〉はじめに

いまから二〇年も前になるが、アメリカのアール・ジョンソン・ジュニアという教授が「未来の司法制度——二一世紀のための四つのシナリオ——」という論文[1]を書いた。その四つのシナリオというのは、大略、こうである。

第一のシナリオは、「完璧な裁判所」である。全国的に統一された正規の裁判所で、すべての市民が無料で、弁護士の代理や助言を含む完全なリーガル・サービスを受けることができ、手続は最新のＩＴを駆使し、どこの裁判所でも全国の事件を迅速に処理する、というのである。

第二のシナリオは、「ＡＤＲのフル活用」である。そこでは、裁判外の紛争処理機関の設営と活用を最大限まで拡大していく。専門法曹に片寄らない、地域に密着した、強制を最小限に抑え、事案の具体的な多様性に応じた紛争処理を広汎に徹底して実施する。裁判所は、もはや私的な事件には関わりをもたず、クラス・アクションやテスト訴訟など政策形成に関わる役割だけをもつことになる、というのである。

第三のシナリオは、「システム分析アプローチ」である。システム分析というのは、新しいシステムを設計するために、現在のシステムを分析し、問題の最適解決のための方法・手順を決定することをいう。たとえば、事故による損害について、「過失のある加害者が賠償責任を負う」という現行のシステムでは、事故の原因はどうか、だれが加害者か、過失はあったかというような点をめぐって紛争が生じ、その解明を要するし、加害者に賠償の資力があるかどうかによって現実の結果が異るなどの問題がある。いっそ、裁判やＡＤＲなどに頼るのをやめたらどうか。被害者の申告に基づき、高度にコンピュータ化された情報処理システムを通じて、一定の基準に従い被害者に所得税を振り替えて損害を補償することにすればよい、というのである。

第四のシナリオは、「小さな裁判所」である。訴訟過多、司法システムの使いすぎという二〇世紀的風潮を大きく転換し、徹底した減税、司法予算のドラスティックな削減、裁判官の大幅な減員、訴訟救助の廃絶、クラス・アクションの禁止等によって、最低水準の司法システムに抑える、というものである。

もちろん、この四つのシナリオにはそれぞれに長短得失があって、どれをとればいいというものではない。いわば一連の理念型にとどまる。しかし、このような割切りによって司法の全体を眺めてみることも、ときには必要なのではないかと思う。

近時の民事訴訟改革についていわゆる「手続保障の第三の波」の旗手となったマウロ・カペレッティにも、「憲法化、国際化および社会化は、新しい正義（裁判）像の三つの側面である」という大胆な割切りがあった。(2)

まもなく新しい世紀を迎えようとする現在、日本の司法は大きく変わろうとしている。日本の国家体制では、もともと、司法はあまり尊重されず、むしろ貶黜されてきた傾きがある。これまでに司法制度の改革が盛んに論議されたことがないわけではないが、多くは法曹内部の要求から出たものにとどまっていた。それが、最近では、どうか。有力政党や財界からの強い提言が契機となって政府が積極的に司法制度改革の検討に乗り出し、弁護士会は挙げて司法制度改革に取り組み、広い範囲を巻き込んで多くの論議が展開されており、急速になんらかの大きな改革が実行されそうな形勢である。

本稿は、たいそうな羊頭を掲げてしまったが、このような改革論議へ直接に参加しようとするものではなく、それだけの準備もない。ただ、諸家の論議を横から見ていて、将来の日本の司法の理念像が必ずしも明確に見えてこないもどかしさがある。この国の司法がこの先どうなっていくのかということを大まかな切り口で考え、随想的に綴ってみたいと思う。

(1) 加藤新太郎判事による翻訳（マウロ・カペレッティ編・小島＝谷口編訳・正義へのアクセスと福祉国家二二七頁以下）および論評（加藤新太郎「二一世紀の司法――四つのシナリオ――判例時報一二一六号七頁以下・一二一七号一一頁以下）が

ある。本稿での紹介は、これらに負う。

（2）マウロ・カペレッティ（小島武司＝大村雅彦訳）・手続保障の比較法的研究民事訴訟法における改革の動向（一九八二年）七一頁以下。

〈2〉司法機能の醇化と拡大

（1）大きな司法と小さな司法

平成一一年六月、内閣に司法制度改革審議会が設置された。審議会は、「二十一世紀の我が国社会において司法が果たすべき役割を明らかにし、国民がより利用しやすい司法制度の実現、国民の司法制度への関与、法曹の在り方とその機能の充実強化その他の司法制度の改革と基盤の整備に関し必要な基本的な施策について調査審議する」（設置法二条一項）。翌月より、審議会は、一二年を目処に充実した調査と論議を重ねつつある。これに関連して、弁護士会、裁判所、大学などから多くの意見が表明され、司法改革をめぐる最近の議論は、これまでになかったほどの緊迫をみせながら盛り上がっている。(3)

最近の司法改革論は、滔々として「大きな司法」を目指している。わが国の司法は、本来司法の機能すべきところであるのに司法が仕事をしていない分野が余りにも多い「二割司法」だと批判され、明治以来の「小さな司法」との訣別が叫ばれている。

平成二年の日米構造協議に端を発したわが国の規制緩和は、それまでの個別分野での貿易摩擦解消のための努力とは全くスケールの異る、経済社会の抜本的な構造改革に向って進む。国際的に、あるいはさらにグローバルに開かれた、自己責任原則と市場原理に立つ自由で公正な経済社会をめざして、あらゆる面で大幅な規制緩和が行われ、行政による事前規制型の社会から事後調整型の社会に転換しつつある。規制のない競争社会において各人が公正なルールのもとに自己責任によって自由に選択し行動することになれば、紛争の解決は、司法の場で事後的に調整せざるをえない。そのために、法曹人口の大幅増員が求められているのである。ちくじ改訂を重ねている政府の「規制緩和推進三か年計画」の最新版（二〇〇〇年三月）でも、「法曹人口の大幅増員については、司法制度改革審議会の検討結果をも踏まえて、適切かつ迅速に実現を図る」としており、差当り司法試験合格者のなお一層の増加が見込まれる。

この情勢のもとで、従来の日本の大学における法学教育が理論と実務を峻別し専ら理論教育を行い法曹養成という目標をことさらに疎外してきたことに対しても、厳しい批判と反省が出ている。そこから、法曹養成に特化した法科大学院（ロースクール）とその教育を踏まえた新司法試験という、この国でついさきごろまで全く見たことも聞いたこともなかった構想が現われ、それがしだいに実現への歩みを見せてくるに伴い、法学部を有する全国の大学は、いま、大揺れに揺れている。

冷静な批判的意見がないではない。最近の改革の動きを喜びながらも三〇年前の「臨時司法制度調査会」の失敗を繰り返すことがないようにとの危惧も表明され、[4]また、次のような注目すべき見解が出ている。[5]「改革を強調するあまり、今の日本の司法制度を『小さな司法』として無力視する風潮には賛成できない。少なくとも戦後の日本の司法は大きな働きをし、国民から高い信頼をえてきていて、決して小さくはない」。「法の支配は社会の土台である。しかし、司法は社会の表舞台に出なくてよい。政治、経済、文化等の諸活動の基盤を支える縁の下の力持ちでよい。司法が大きくなりすぎる社会は、幸せな社会でも、正しい社会でもないのではないか」というのである。最近の司法改革論議の沸騰、一部に見られる浮き足立った動きに対する、まさに「頂門の一針」といってよい。

しかし、今後の動向として、「大きな司法」への改革の歩みを止めることはできないだろう。

たしかに、われわれが公正・廉直をもって鳴る、国民から高く信頼された裁判所をもっていることは、世界に誇るに足る。しかし、裁判所のなかで立派な司法が行われているということと、裁判所のなかに入れないで紛争の非法的な処理や諦めをやむなくされている大勢の国民がいるということは、全く別問題である。裁判所の予算が国家予算全体の〇・四パーセントにも達しないままに推移している事実については、種々の理解がありうるが、司法の機能の弱小を窺わせるに十分である。なによりも、明治二三年の近代司法制度の出発当初から現在に至るまで、裁判官の実数が僅かしか増えていないという事実に至っては、その後、一一〇年に亘る間の日本における国民総人口や法人の膨大な増加、産業・貿易・交通等の巨大な発展、国民の権利意識の上昇・拡大などを考えると、どうみても、甚だしい不合理としかいいようがない。それがどこにどれだけの歪みを齎らし、どれだけの犠牲と被害を強いているかを考えなければならない。司法制度の理念としては、「小さい司法」は、決して悪いことではなく、げんに、「数が少なく、より良い裁判官を」というのは、ドイツの大司法改革の基本理念でもあった。しかし、司法が小さすぎて、必要な機能を十分に果せないというのは、絶対に悪であり、それを打破していかなければならない。

しかし、裁判官の大幅の増員が早急に実現されえないことは確かである。また、大幅に増員しさえすればよいというものではない。弁護士任官は、いずれにせよ、量的に多くを期待することはできず、法科大学院における実務教育の確保と充実を実現するには、かなり長期に亘る多大の困難が予想される。「一つの裁判制度というものは、長い眼でみれば、そこで働く法曹の平均的資質と絶対量の相乗積以上によいものではありえない」(6)。たとい、法科大学院プラス新司法試験によって大量の新法曹が送り込まれたとしても、それらの新法曹の資質しだいでは日本の裁判制度は今より悪いものになることもありうるのである。

不審にたえないのは、現在の司法改革論議が裁判所の内部機構の再編成に及んでいない点である。最も手近な改革が問題となっていない。

裁判官と裁判所書記官との現在の権限分配を修正し、前者の権限を後者に委譲する司法補助官の制度は、いわゆる「司法小改革」の中心として、七〇年も前からドイツやオーストリーで著大な実績を積み重ねてきている。(7) 日本でも、民事執行法の制定（昭和五四年）、民事保全法の制定（平成元年）、さらに新民事訴訟法の制定と歩を重ねて、裁判所書記官の権限拡大が行われ良好な実績を収めてきたが、(8) いまこそ、さらに裁判官と裁判所書記官の職能分配を見直し、司法補助官制度を正面から認めるべきである。「大きな司法」への歩みは、現在のままの裁判所機構の拡大でなく、司法が大きくなるための内部機構の再編成を伴うものでなければならないと思う。

いずれにせよ、司法改革は、いまや必至の情勢となった。しかし、「小さな司法」に訣別して「二割司法」が「五割司法」あるいは「十割司法」となった暁にどのような状態になるのか。その目標となる理念像の輪郭が明確に示されないままに改革が進行しようとしているようにみえる。危惧の念を禁じえないゆえんである。

(2)　裁判と時間——裁判の世界にもＩＴ革命は起きるか——

現代の取引社会を疾駆する時間の流れを眼下に、裁判所のなかでは、時計がゆったりと時を刻んできた。

わが国の民事訴訟は、明治民訴法（明治二三年法律二九号）の施行された当初から訴訟遅延の弊に苦しんできた。大正民訴法（大正一五年法律六一号）に至って訴訟運営上の裁判所の権限を著しく強化し、期日・期間についての当事者支配を排し、口頭弁論の準備制度を設け、時機に遅れた攻撃防御方法の却下などを定めたが、訴訟手続の渋滞は解消せず、戦後においても、訴訟促進のための多くの努力に拘らず、事態は改善されなかったのである。

しかし、昭和六〇年代の前半から、裁判所では、実務改革の気運が大きく盛り上がり、新たな審理方式の実践が着々と試行され、弁論兼和解や新様式判決は急速に全国に普及していった。これが、新民事訴訟法（平成八年法律一〇九号）の基礎となっている。新法では、集中審理主義を採って、裁判所が積極的に争点整理を行ったうえで集中証拠調べをして判決に及ぶという審理方式を固め、従来の随時提出主義を適時提出主義に改めるなどの改革をした。それを受けて新民事訴訟規則（平成八年最裁規五号）も、訴状記載の補正促進、進行参考事項の聴取、期日外釈明のための処置を、裁判長が裁判所書記官に命じて行わせることができる旨の明文規定をおくなどの改正を行った。こうして、平成一〇年一月から施行された新民訴法は、良好な実績を示しつつある。地方裁判所の民事第一審通常訴訟の既済事件の平均審理期間は、昭和五三年には一三・九月であったものが、昭和六三年には一一・九月、平成一一年には九・二月と、着実に短縮されてきている。これまでの取引社会の時間と裁判所の時間との時差は、縮小しつつあるといえるかもしれない。

しかし、最近に至って、日本だけでなく世界規模で、取引社会の時間が急速に進み出した。いわゆるIT（情報技術）革命である。

新民訴法は、OA機器の導入による手続の効率化を図り、争点整理手続における電話会議システムの利用（民訴一七〇条三項・一七六条三項）、遠隔地に居住する証人の尋問等のためのテレビ会議システムの利用（民訴二〇四条）、調書の記載に代わる録音テープ等への記録（民訴規六八条・七六条）、督促手続の電子情報処理（民訴三九七条、民訴規二四〇条）などを導入した。それらの利用効果を疑うわけではない。しかし、このような手段だけでは、どうにも高度情報社会の要請に応えることができない時代にきているようである。

「インターネットの年は犬の年（ドッグ・イヤー）」、インターネットの世界では「七年分の出来事が一年で起きる」といわれる。取引社会においてITの導入・普及によるビジネス・プロセスの変革があり、業務の効率化・迅速化が進んでいけば、民事裁判の処理もこれに対応してゆかないと、裁判制度が社会からとり残されてしまう。すでに、最高裁は平成一一年度中に民事裁判事務処理のシステム化の開発作業に着手したようであり、一部の地方裁判所では実際に運用テストが行われつつある。(9) 裁判官のパソコンと裁判所書記官のパソコンをLAN回線で接続し、電子文書化された事件情報を活用して、無駄な事務を削減し審理の充実を図り、民事裁判の「生産性の向上」をめざす、というのである。

社会における時間変革は、裁判所における時間をも変えずにはいない。民事裁判における事件処理のIT化には、種々の困難や障害があるだろうが、その進展は必然的であって、それを押し止めることはできない。ただ、ＩＴは、あくまでも事件処理を支援するための道具にすぎず、適正な裁判をするための努力の必要性には何ら変わりがあるはずもないことを、念のため付言しておこう。

(3)　裁判手続の多様化

カラマンドレーイの名著「訴訟と民主主義」では、次のようにいう。「法典のなかに書かれている訴訟なるものは空虚なモデル」にすぎず、「このモデルは、現実に移しかえられるにさいしては、そこに流し込まれる実体が異なるに応じて、様々な姿を呈する」。「同一のモデルから、同一の国家の中でも各裁判区域ごとに、非常に多様な型の訴訟手続が現われ、どれも同じ訴訟法規の忠実な実現であると言い張ったところで、母を同じくする子供たちほどには似てはいないのである」、と（小島武司＝森征一訳一三頁）。

新民事訴訟法および新民事訴訟規則が実務で行われてきた手続方式を多く取り込んだこと、また、必ずしも手続法の一般的要請である画一的処理に固執せず、争点整理手続のメニューのように、それぞれの事案に応じた手続モードの選択あるいは切換えを少なからず認めていることは、その顕著な特色のひとつである[10]。これは、明文とならなかった、それ以外の実務方式を認めないという趣旨でなく、むしろ、事案の特質に応じて、あるいは、裁判所の存する地域の特性などに応じて、特殊な実務方式が具体的に形成されることを許容し、慫慂するものとみなければならない。

知的財産権訴訟は、国際化した紛争や最先端技術に関わる極めて専門性の高い事件が多く、グローバル・スタンダードに基づいた迅速な解決を図る必要がある。東京地裁および大阪地裁には専門部がおかれ、この種の事件の処理に精通した裁判官が、技術専門家である裁判所調査官のサポートを受けて裁判に当たってきた。新民事訴訟法は特許権等に関する訴訟につき東京地裁および大阪地裁の競合管轄を認めたため（民訴六条）、全国からこの種の事件が集中しているという。医療過誤訴訟についても、現在充実した迅速な審理の実現をめざして実務上の改善努力が展開されつつある。[11] そのほか、建築関係訴訟や労働関係訴訟など専門的知見を要する事件について、これらに適切に対応するための方途が検討されている。これらの領域において裁判所に専門部あるいは集中部が設けられ、新たな手続方式が開発され、その運用が成果を収めて拡大していくことが大いに期待される。それらは、やがて、一般の訴訟の運営にも強い影響と刺激を与えるに違いない。

(4)　ADRの展開と限界

いわゆる裁判外紛争処理（Alternative Dispute Resolution ＝ADR）は、ますます拡大充実していくであろう。[12]わが国では、すでに六〇年の歴史をもつ調停の制度があり、その利用度はきわめて高い。調停は、訴訟と並んで、国の紛争解決機能を分担しているといってよい。また、裁判所の外の解決機関による紛争処理への動向は、一九七〇年代以降の消費者紛争・環境紛争等の多発による裁判所の過重負担等を背景に世界の諸国においてますます強まっている。わが国でも、都道府県公害審査会・建築工事紛争審査会・消費生活センター・交通事故紛争処理センター・仲裁センター等々、多種多様な裁判に代わる紛争処理機関による斡旋・調停・仲裁・相談等が多方面に亘って行われている。これらのＡＤＲが、費用の低廉、手続の簡易・迅速、具体的事案に即した解決の可能など、多くの長所をもつことは疑いを容れる余地がなく、今後も、充実・発展を続けるに違いない。

しかし、機能的な限界はある。ＡＤＲは、相手方の手続関与を強制することができず、当事者に対する手続保障が確実でなく、解決内容の予測可能性を欠くなどの決定的な短所をもつことを否定できないのである。

当事者間の紛争がどういう経過をたどるにせよ、最終的には中立的な独立の裁判所が実体法規を基準とする客観的・合理的な判断作用によって法を宣言し、強制できるということが、近代社会にとって最も基本的な要請である。この中核が不定のまま流動することになっては、法的安定性は失われよう。ＡＤＲは、この中核の周辺にあって、正規の司法と不断の交流を図るべきものであり、訴訟による紛争解決の正常な機能が必須の前提となる。[13]ＡＤＲは、決して裁判に「代替」するものではなく、ＡＤＲの展開と盛行は、訴訟改革の必要を些かも減殺あるいは阻却するものではない。

裁判所の門は、大きく開かれていなければならない。まだまだ、種々のバリアーが存在する。その排除・克服がなされていくであろう。

(5)　民事裁判と憲法

日本国憲法は、「何人も、裁判所において裁判を受ける権利を奪われない」と定めている(憲法三二条)。しかし、裁判所は「一切の法律上の争訟を裁判」すると定めた裁判所三条に依拠し、しばしば、具体的事件につき、それらが事件性あるいは法律性を欠くため「法律上の争訟」に当たらないとして訴えを却下すべきものとし、自らの司法審査権の限界を画する態度をとってきた。しかし、それぞれの裁判例において「法律上の争訟」に当たるかどうかを決する実質的な基準は、決して明確ではない。また、最高裁も、「法律上の争訟」の観念だけでつねに司法審判権の限界を画しうるとは考えておらず、あるときは「統治行為」論、あるときは「部分社会」の論理などによって事件を裁判所の審判権の外におく。しかし、「裁判を受ける権利」は、たんに基本権のひとつであるだけでなく、法の支配を実現するための不可欠の手段として、「基本権を確保するための基本権」なのである。裁判所による司法審判権の自制は、憲法の枠内で、「裁判を受ける権利」と他の憲法価値(「信教の自由」(憲法二〇条)、「学問の自由」(憲法二三条)、「教育を受ける権利」(憲法二六条一項)など)の間での衡量・調整によって行われるべきであり、その衡量・調整の基準が裁判例の堆積によって明確となっていくことが望まれる。[14]

また、憲法上の裁判公開原則は、緊急に見直され、修正される必要がある。法律による公開制限が認められていないため、企業秘密を含む知的財産権の侵害にたいする差止請求訴訟や個人のプライバシーに関わる訴訟が裁判所の門の外に押し出されているのである。

日本国憲法は、司法の原則として、「裁判の対審および判決は、公開法廷でこれを行ふ」ものとし、対審公開の例外を「裁判所が、裁判官の全員一致で、公の秩序又は善良の風俗を害する虞があると決した場合」に限って認めている（憲法八二条）。このような厳格な公開原則を、憲法で規定し、しかも法律による公開制限を全く認めていないのは、今日の世界では稀有の例に属する。[15]そのため、変化する時代の要請に応える柔軟性を欠き、公開法廷での裁判に適合しない事件の処理に苦しむ結果となった。民事事件では、裁判の公開を強行しなければならない絶対的な理由はなく、かえって、裁判の公開によって当事者のプライバシーの権利が侵害され、あるいは企業秘密が秘密性を失うことになるため、裁判上の救済を受けられない場合も少なくないのである。

すでに、一九六六年一二月一六日に国連総会で採択された国際人権規約は、民事上の権利義務の争いについて「公平な裁判所による公正な公開審理」を保障すると同時に、「当事者の私生活の利益のため必要な場合において又はその公開が司法の利益を害することとなる特別な状況において裁判所が真に必要があると認める限度で、裁判の全部又は一部を公開しないことができる」（B規約一四条一項）と定めている。わが国もこの国際人権規約を批准しているのであるから、少なくともこの趣旨を取り入れた解釈・運用を行う義務があり、いずれは、対応の立法措置がとられることになるであろう。

（3）最近の司法改革論議に関する文献は、枚挙にいとまがない。法律時報増刊「シリーズ司法改革Ⅰ」（二〇〇〇年四月）、月刊司法改革（一九九九年一〇月創刊）のほか、注目される特集として、自由と正義一九九六年四月号「規制緩和と司法を考える」、月刊 Keidanren 一九九八年一一月号「はじめての司法改革」、ジュリスト一一六八号「法曹養成と大学教育」（一九九九年一二月）、ジュリスト一一七〇号「司法制度改革の展望」（二〇〇〇年一月）、自由と正義二〇〇〇年一月号「法曹一元」、学術の動向二〇〇〇年五月号「司法改革の課題と展望」、法学セミナー二〇〇〇年七月号「司法改革とロー・スクール構想」、法律のひろば二〇〇〇年九月号「司法制度改革」などがある。

（4）三ケ月章「司法制度改革の新たな始動への期待」月刊 Keidanren 一一九八年一一月号二七頁。

（5）田尾桃二「懲罰的損害賠償をめぐって」法の支配一一三号四頁。

（6）三ケ月章「法の客体的側面と主体的側面」民事訴訟法研究四巻一頁以下、二五頁。

（7）中野貞一郎「司法改革の軌跡」三ケ月章先生古稀記念・民事手続法学の革新上巻一五頁以下参照。

（8） 中野・解説民事訴訟法一三頁以下参照。

（9） たとえば、新民訴法施行当時に出た林道晴「新しい民事訴訟手続と情報通信機器の利用」自由と正義一九九八年二月号一三四頁以下と、最近に出た吉川慎一＝星野充広「情報技術（IT）革命時代の民事裁判実務」判例タイムズ一〇二九号五六頁以下とを読み比べてみると、この短期間の技術的訴訟改革の速さを如実にみる思いがする。

（10） 中野・解説新民事訴訟法一五頁以下参照。

（11） 訴訟審理に専門家の関与を確保するための諸方策について、林道晴＝安浪亮介「民事司法の在り方について」法律のひろば二〇〇〇年九月号三〇頁以下、加藤新太郎＝畔柳達雄＝前田順司＝春日偉知郎＝山本和彦（座談会）「民事訴訟における専門的知見の導入」判例タイムズ一〇一〇号四頁以下参照。なお、医療過誤訴訟における現在の実務努力につき、中田昭孝ほか（シンポジウム）「医療事故訴訟の審理について」判例タイムズ一〇三二号四頁以下、山下寛ほか「医療過誤訴訟の審理の在り方について」同四四頁以下など参照。山本和彦「紛争処理の迅速化と費用の適正化」ジュリスト一一七〇号一〇八頁以下は、紛争類型に応じた多様な審理形態（マルチトラック）の構想を提示する。

（12） 裁判外紛争処理（ADR）をめぐる文献は、多数に上るが、小島武司＝伊藤眞編・裁判外紛争処理法（平成一〇年）が最も要を尽くしている。法比較については石川明＝三上威彦編・比較　裁判外紛争解決制度（平成九年）がある。最近の問題状況につき、山本和彦「裁判外紛争処理制度（ADR）」法律のひろば二〇〇〇年九月号参照。

（13） 正義の総合システムにおける裁判外紛争処理の位置付けの詳細および関係文献については、小島武司・裁判外紛争処理と法の支配一頁以下参照。

（14） 中野「司法審判権の限界の確定基準」民商法雑誌一〇三巻一号一頁以下、同・民事訴訟法の論点I一頁以下参照。

（15） 世界の主要国では、一八三一年以来の公開規定をもつベルギー憲法（旧九六条、新一四八条）を別として、ただ日本国憲法（八二条）および大韓民国憲法（一〇九条）だけである。公開原則の史的研究として、鈴木重勝「わが国における裁判公開原則の成立過程」早稲田法学五七巻三号八三頁以下が詳しい。

〈3〉 民事裁判の国際化

(1) 大競争時代の到来

二一世紀の民事裁判は、否応なしに紛争の国際化、グローバル化への対応を強く迫られることになる[16]。人びとの生活や経済活動が、その所属する個々の国家の領域を超えて地球規模で営まれるようになった現在では、民事紛争も国境を超え、民事裁判の国際化ないしグローバル化がますます進展してゆくことは、当然である。人びとの生活や経済活動が、都市の内部にとどまっていたときには、都市の裁判所が都市の法に従って裁判すれば足りたし、領邦の内部にとどまっていたときには、領邦の裁判所が領邦の法に従って裁判した。いま、国家の裁判所が国家の法に従って裁判するのは、人びとの生活や経済活動が概ね一国内で行われることが多いところから、歴史的に形成されたものであり、法の強制も専ら国家の権力に依存している。現在のこの仕組みは、人びとの生活や経済活動が国境を超えてグローバルに営まれるようになればなるほど、それらをめぐる紛争と裁判が噛み合わず、困惑の度を加えないわけにはゆかない。

「資本」が「国」を選ぶ時代となり、「事件」が「国」を選ぶ。紛争が国境を超えて発生するだけでなく、紛争処理のスピード・コスト・実効性の差異によっては内国の事件も国境を越えていく。国際裁判管轄を緩やかに認める米国の裁判所への志向が著しい。

法曹の活動も、グローバル化する。外国弁護士による法律事務の取扱いは、外国法事務弁護士法（昭和六一年法律六六号）の施行後も我が国の規制緩和の重要項目のひとつとなってきたが、なお拡大の要望が強い[17]。曲折を経ながら、弁護士資格の国際的な相互承認に向うのであろうか。

(2)　手続法の統一と調整

「国別の訴訟法学の時代は、すでに終わりを告げた。国を超えた新たな継受の時代が訴訟にも及んでいる」（シュテュルナー）。

ＥＵの域内では、すでに「ヨーロッパ民事訴訟法」がある。といっても、形式上は未だ加盟国間の条約にすぎず、規整内容も民事・商事の財産権上の事件についての国際裁判管轄と外国判決の承認・執行に限られている。しかし、この条約上の諸規定は、統一的な国際民事訴訟法として、そのまま、それぞれの加盟国において適用される。その範囲では、加盟諸国の国際民事訴訟法の抵触という問題を直接の国際的規整により解消したのであって、条約の解釈権限はＥＣ裁判所にある。今日では、この条約の規定を「ヨーロッパ民事訴訟法」とよぶことに異論をみない。そして、現在、ＥＣ委員会が設けた、加盟諸国からの専門家を集めたワーキング・グループがヨーロッパ民事訴訟法のモデル法作成作業を行っている。その作業では、ドイツ法系の訴訟理論（たとえば訴訟物論）は力がなく、ロマン法および英米法の観念が基礎となっているといわれる。モデル法は、加盟諸国の裁判所構成には変更を加えないが、加盟諸国の国民に対して共通の実効的な権利保護を与えるモデル手続法を提示して、加盟諸国の固有法の検討・補充・修正に供し、ゆくゆくは、統一的なヨーロッパ手続法と、純国内的な手続だけについての固有法との併存に進もうとしている。

また、アメリカ法律協会（American Law Institute）のプロジェクトの一つとして、「国を超えた民事訴訟のルール」の策定が進められている。その作業を推進してきたジェフリー・ハザード（ペンシルヴァニア大学）とミケーレ・タルッフォ（パヴィア大学）の手に成る国を超えた民事訴訟規則の試案が、世界各国の学者や実務家に提示され、見直しを重ねつつある。

しかし、手続法の統一あるいはハーモナイゼイションには、なお多くの障害があり、限界がある。それは、根本的には、共通の裁判機構の欠如と、それぞれの国家あるいは地域における文化的差異に基づく。たとい、手続法の統一なりハーモナイゼイションがどれほど進展しても、共通の裁判機構が存在しないかぎり実効は確保できず、また、法を求めるひとびとの行動や法の運用の基礎にあるものが、それぞれの国家あるいは地域において、社会・経済的諸条件や歴史あるいは国民性・民族性などによって異るかぎり、手続の相違は必然であり、必要でもあろう。げんに、日本の法律文化を支える言語が完全に「書き言葉」であって「話し言葉」でないということは、手続方式を根柢において制約している。[18] 総じて、渉外的民事訴訟に古くから「手続は法廷地法による」との原則が行われるゆえんである。

(3) 仲裁制度の雪解け

どこかの国の裁判所が裁判するという現在の必然を避けようとすれば、仲裁という方式が浮かび上がってくる。国際連合の国際商取引委員会（ＵＮＣＩＴＲＡＬ）が一九八五年に採択した国際商事仲裁に関するモデル法は、一種の世界的な基本草案ないし共通基準として、すでに多数の国で自国の仲裁法のなかに取り込まれるなど、広汎な影響を及ぼしている。統一的な国際仲裁のルールの必要性が世界的な規模できわめて切実に感じられるようになってきたという事態なしには、このような流れを説明することはできない。わが国の仲裁法は、一八九〇年の民事訴訟法典（明治二三年法律二九号）第八編として制定されていらい全く改正されていない「化石」法律であり、その改正は焦眉の急を告げている。改正作業は、すでに成案の確定に近づきつつあるという。その内容は、いずれにせよＵＮＣＩＴＲＡＬモデル法への大きな接近を果たすに違いない。

日本の仲裁制度は、ようやく「冬の季節」から「雪解けの季節」を越え、仲裁法学は、いまや大きく開花の時を迎えている。[19] 近い将来に新法の成立・施行を見てわが国の仲裁法が面目を一新するであろうことは、確実と思われる。

しかし、それによってわが国の仲裁が活況を呈するに至るかどうかは、全く別問題であり、周辺の事情からの制約も強い。

仲裁は、格別に国際商取引紛争への適合性をもつ。国際裁判管轄権の問題が生ずることはなく、紛争事項についての専門家なり適任者を仲裁人に選ぶことができ、手続も柔軟かつ非公開で企業秘密の保護も可能だからである。しかし、仲裁手続を行うには、あらかじめ当事者間の合意（仲裁契約）を必要とし、強制的に仲裁に引き込むことはできない。仲裁人の選定は、必ずしも簡単でなく、仲裁判断も、その基準が明確であるとは限らず、仲裁判断は一審限りで不服申立てができないという大きな難点もある。もともと、わが国では、国民の間に国家の裁判所なり裁判官に対する強い信頼があり、実績の薄い仲裁に向うことを躊躇させている。この傾向は、今後も急速に改まるとは考えられないが、改善のためのあらゆる努力が望まれる。

(16)　池田辰夫「国際化のなかの司法インフラの構図――大競争時代と国際ハーモナイゼイション」ジュリスト一一七〇号一〇四頁以下が現在の問題を広く的確に指摘している。なお、以下の記述につき、中野「民事訴訟法学者とこれからの世界」民事訴訟雑誌四五号五九頁以下、高桑昭「国際商取引と紛争解決方法、適用法、法律家」法学論叢一四六巻五・六号一頁以下、川村明「WTO体制下における弁護士業の法的枠組」自由と正義一九九六年四月号一六頁以下、小原望「法律業務の国際的競争と弁護士の法律事務独占」自由と正義二〇〇〇年八月号一四頁以下など参照。

(17)　小島武司「外国弁護士受入れに関する規制緩和」ジュリスト一〇八二号一三五頁以下および同所所掲文献参照。

(18)　倉田卓次・続々裁判官の書斎一三四頁以下参照。

(19)　仲裁法学の飛躍的な進展を示す最近の成果として、仲裁研究会編・仲裁法の立法的研究（平成五年）、松浦馨＝青山善充編・現代仲裁法の論点（平成一〇年）および小島武司・仲裁法（平成一二年）がある。

〈4〉　裁判の社会化

(1)　訴訟は、ひとつの福祉制度でもあり、「近代国家は、訴訟をもはや技術的問題とみてはならないだけでなく、かえって、訴訟を国家の社会政策プログラムのなかに組み込まなければならない」（フランツ・クライン）。しかし、このような作業が、現在、どこまで達成されているだろうか。

わが国の民事裁判は、国民の社会生活のなかで未だ一般的な紛争解決手段とは受け取られていない。民事訴訟を国民に利用しやすいものとするために新民事訴訟法が設けた少額訴訟制度（民訴三六八条—三八一条）は、平成一〇年一月に発足して以来、利用件数は順調に伸び、将来における充実・発展が期待されるが、[20]現在のところ、その適用範囲は、訴額三〇万円以下の金銭支払請求に限られ、しかも、財産開示や少額執行の制度を欠いているところから、必ずしも実効を確保できていない。

しかし、最近に至って、大いに注目されるべき重要な前進が始まった。ひとつは、民事法律扶助法の成立と施行であり、他のひとつは、権利保護保険の導入である。

(2)　民事法律扶助の展開

社会生活を営むうえに紛争は避けられないが、紛争を解決する裁判を受けるためには、現実に費用を要するから、これを支弁するに十分な経済的手段をもたない者に対する支援措置が用意されなければならず、あるいは、費用の負担が問題とならない簡易な手続を整備しなければならない。それは、憲法によって保障された「裁判を受ける権利」（憲法三二条）あるいは「法の下の平等」（憲法一四条）の要請するところである。この要請に応えるものが、民事訴訟法上の訴訟救助の制度であり、また、法律扶助事業であるが、わが国では、前者は甚だ不備で、後者は甚だ貧弱である。

しかし、法律扶助については、最近、大きな転換期を迎えることになった。平成一二年四月二一日に民事法律扶助法（平成一二年法律第五五号）が成立し、一〇月一日から施行されている。

なによりも注目されるのは、民事法律扶助事業についての国の責務が宣明されたことである。

わが国の法律扶助事業[21]は、戦後占領下の昭和二七年に日本弁護士連合会が中心となって設立した財団法人法律扶助協会によって実施されてきた。当初から資金規模が貧弱で、国から法律扶助協会に交付されるようになった補助金の額も、活動の基礎を支えるには遥かに遠いままに推移してきたが、ようやく平成に入って年々かなりの増額をみ、平成一二年度に至って、大幅に拡充された。法律扶助の先進諸国に比べれば、まだまだ大きな懸隔はあるものの、資金の拡充とともに扶助決定件数も著しく増加しつつある。このような最近の展開は、十分な資力を有しない者のための「裁判を受ける権利」の実効的保障を図ることが国の責任であることの認識を基礎とするものにほかならない。民事法律扶助法では、これを、「国は、民事法律扶助事業の適正な運営を確保し、その健全な発展を図るため、民事法律扶助事業の統一的な運営体制の整備及び全国的に均質な遂行のために必要な措置を講ずるよう努めるとともに、その周知のために必要な措置を講ずるものとする」と明規しており（同法三条一項）、今後の法律扶助の発展に強固な基礎を与えた意義は大きい。同時に、民事法律扶助法は、日本弁護士連合会および弁護士会が「民事法律扶助事業の適正な運営の確保及び健全な発展のために必要な支援をするよう努めるものとする」とともに、弁護士が「民事法律扶助事業の実施のために必要な協力をするよう努めるものとする」と定めて、運営上のバックアップを弁護士側に求めている(22)。

扶助の対象となるのは、裁判所における民事事件等において「自己の権利を実現するための準備及び追行に必要な費用を支払う資力がない国民」や「その支払により生活に著しい支障を生ずる国民」等であり（同法二条柱書）、具体的には、全世帯の下からおおむね二割の所得層がこれらに当たると解説されている。扶助事業の業務内容は、民事の裁判援助と法律相談が中心であるが、裁判援助の内容をなすのは、民事裁判等手続の準備および追行（先行の和解交渉を含みうる）のため代理人に支払うべき報酬等の立替えをすることである（同条一号〜四号）。

この民事法律扶助法の施行によって、わが国の法律扶助は、格段に大きな発展を遂げるであろうし、その発展の継続を切に期待する。

ただ、次のような点が問題として残されていることを指摘しておきたい。

第一は、民事法律扶助法の訴訟扶助と民事訴訟法上の訴訟救助との連絡がない、という点である。民事訴訟法に訴訟救助の制度（民訴八二条～八六条）がありながら、救助の内容は主として印紙代・手数料の支払猶予に尽き、救助弁護士付添命令の権限を含まないため、狭い範囲でしか利用されず、その運用も厳しくて、社会的な要求に応えていない(23)。しかし、訴訟救助にあっては、裁判所に対する申立てに基づいて救助決定を受けることができ、救助拒絶に対して不服申立てもできるという手続保障を具えている。それを十分に機能させないままで放置してよいのであろうか。民事法律扶助は、国が行うのでなく、法務大臣が指定し国が監督する指定法人が行うのであり（同法五条～七条）、法律扶助を受けうるかどうかは全く指定法人の運営のあり方にかかる。民事法律扶助法上の救助を受ける地位は、受救権として構成されていないのであり、訴訟救助との制度上・運用上の接続が必要と考える。

第二は、民事法律扶助法においても、訴訟扶助の内容は、従来と同じく、扶助による立替金の全額償還原則を維持している、という点である。

訴訟に要する費用の大部分を実際に占めるものは、弁護士報酬であり、民事法律扶助法によりその立替えを受けうることは、無資産者にとって提訴の障害を除くことになる。しかし、弁護士報酬は、勝訴したときに相手方から償還してもらえる法定の訴訟費用には入っていないので、訴訟の勝敗に関わらず扶助による弁護士報酬立替金をいずれは必ず償還しなければならないということが、やはり、無資産者にとって提訴の障害となる。といって、償還制をやめて給付制をとれば、勝訴した被扶助者の弁護士報酬を敗訴者でなく納税者が負担する結果ともなりかねない。とくに、勝訴が経済的利益の取得に連ならない種類の訴訟については、格別の考慮を必要としよう。差し当たっては、償還猶予・償還免除の制度（民事法律扶助法七条二項、同施行規則四条八号）が指定法人によって適切に運用されることを期待するほかはないが、将来的には、訴訟費用制度を改めて弁護士費用の一部（たとえば着手金）を敗訴者に負担させるとともに、民事法律扶助についても、給付制を基本としながら被扶助者の資力の程度に応じて負担金を課し、賦払いを認めるというような方向に進むのではないかと考えられる[24]。

(3)　権利保護保険の導入

権利保護保険の導入は、わが国では、ながい間、懸案となってきたが、ついに、二〇〇〇年一〇月一日から損害保険会社と弁護士会の提携による権利保護保険制度（「リーガル・アクセス・システム」）が発足する運びとなった。

権利保護保険[25]は、「訴訟費用保険」と呼ばれることもあり、その方がわかりやすいが、正確ではない。要するに、市民があらかじめ保険料とか共済掛金というかたちで低廉な拠出を負担しておくことによって、実際に法的紛争に巻き込まれたときに、不測の経済的負担なしに弁護士の法的サービスが受けられる保険・共済制度の総称であり、訴訟になるかどうかを問わない。

法律扶助制度が所得の低い市民層の権利保護費用負担を軽減するのを主眼としているのに対し、権利保護保険は、むしろ、中間程度の所得層の権利保護を支援しようとする制度である。

権利保護保険は、ドイツやアメリカにおいてさかんに利用されているが、内容的には種々のタイプがある。こんど発足する日本のリーガル・アクセス・システムは、損害保険会社が販売する保険商品としての権利保護保険に弁護士会の提供する弁護士紹介制度を結びつけた点に特色がある。

発売される予定の保険は、商品によって内容に差異があるようだが、いずれも市民生活上の事故を対象とする損保型・特約型商品であり、具体的には、交通事故・医療事故・PL事故・学校事故のほか一定範囲の犯罪等の被害者を予定している。保険金によって填補されるのは、弁護士に対する法律相談料、損害賠償請求を依頼した場合の弁護士報酬（着手金・報酬金・手数料等）、訴訟手数料・調停手数料等である。

保険の仕組みは、こうである。権利保護保険に加入していた被保険者が事故の被害者となって損害賠償請求のために弁護士への法律相談・事件依頼を希望する場合には、損害保険会社に申告し、損害保険会社はそれを弁護士会に取り次ぎ、弁護士会は、担当弁護士を選任し、担当弁護士が被保険者に連絡して法律相談を実施し、必要ならば事件を受任する。被保険者は、担当弁護士に法律相談料・弁護士報酬等を支払い、その領収書等の写しを添えて損害保険会社に保険金を請求し、損害保険会社は、各弁護士会の報酬規程を尊重して保険金を支払う。保険料は、年間数千円程度と予想され、保険金の支払限度額は商品によって異なるかたちとなる。

このリーガル・アクセス・システムは、まだ小規模な範囲にとどまっているが、軌道に乗れば、権利保護保険の対象は、市民生活上の事故から企業の業務上発生した事故等にも拡大され、また、事故の被害者のための保険だけでなく加害者のための保険等としても機能するようになるだろう。

法律扶助の低迷からの転換が権利保護保険の出発を導いたように、法律扶助活動が活性化すれば、それに呼応して権利保護保険も普及していくものと思われる[26]。国民の生活における権利保護保険の着実な定着・発展を期待したい。

(20) 最高裁判所事務総局民事局「平成一〇年度民事事件の概況」法曹時報五一巻一一号二六六七頁以下、東京簡裁少額訴訟手続等研究委員会「東京簡裁における少額訴訟事件の概況」判例タイムズ九八三号四頁以下、菊地信男「好スタートを切った少額訴訟」法の支配一一五号一五頁以下、原克也＝竹内康人「少額訴訟利用のすすめ」ジュリスト一一七二号一五六頁以下など参照。なお、少額訴訟の問題点の指摘（文献リストを含む）として、池田辰夫「日本版『少額訴訟』は失敗するか」自由と正義一九九八年五月号二四頁以下を注目される。

(21) わが国の法律扶助の歴史と現状および外国の法律扶助制度については、財団法人法律扶助協会編・法律扶助の歴史と展望（一九八二年）、同・世界の法律扶助（一九九一）、小島武司編・各国法律扶助制度の比較研究（一九八三年）、竹林節治「わが国の法律扶助制度の現状と改革」法の支配一一三号二〇頁以下（一九九九年）、月刊司法改革六号の特集「民事法律扶助の未来」、法律のひろば二〇〇〇年八月号の特集「民事法律扶助への期待」など参照。国の補助金の額は、昭和三九年度に五〇〇〇万円に増額された後、漸増に推移したが、平成六年度に二億円を超え、平成一一年度には九億四〇〇〇万円に達し、平成一二年度には二二億に近づいている。

(22) 民事法律扶助法および同法施行規則については、大寄淳・ジュリスト一一八五号三九頁以下、中井隆司・NBL六九三号六頁以下・六九四号三六頁以下参照。

(23) 精緻な現状分析として、畔柳達雄「民事訴訟法に定める『訴訟上ノ救助』について」リーガル・エイドの基本問題二七一頁以下がある。

(24) 豊田博昭「ドイツ訴訟救助と助言援助の現状」法律扶助協会・リーガル・エイドの基本問題一九九頁以下、長谷部由起子「法律扶助」ジュリスト一一七〇号八二頁以下、山本和彦「民事法律扶助法の評価と今後の課題」法律のひろば二〇〇〇年八月号四五頁以下など参照。

(25) 権利保護保険の歴史・法的性質・問題点等については、プェニクストルフ(西嶋梅治訳)「訴訟費用保険」法政大学現代法研究所編・法律扶助・訴訟費用保険一二五頁以下(一九七九年)が最も詳しい。わが国への導入の動きが始まった当初の事情については、波多野二三彦「権利保護保険」判例タイムズ七六〇号三頁以下、平成一二年一〇月からのリーガル・アクセス・システムの出発については、秋山清人「動き出す弁護士会の権利保護保険制度」自由と正義二〇〇〇年九月号八二頁以下参照。

(26) ドイツおよび英国は、法律扶助につき、いずれも要件を備えた申請に対しては国が予算の制限なしに必要なだけの資金を支出する建前をとっており、また、弁護士費用の敗訴者負担の原則をとっている点でも共通でありながら、ドイツでの権利保護保険の盛況(権利保護保険を専門に扱う会社が三〇社以上あり、権利保護保険の総売上高はヨーロッパ随一とされ、加入は全世帯の約五〇パーセントに及ぶという)に対して、英国では、権利保護保険の歴史も浅く、市場が小さい。比較法的考察として、長谷部・前掲注(24)八二頁以下参照。国情による差異を示すものとして注目される。

10

マックス・ウェーバーにおける裁判の法社会学的考察

〈1〉 裁判の合理化

一　裁判もまた、ひとつの社会現象である。その性質なり構造は、おおくの社会的諸要因によって直接または間接に規定され、逆に、裁判の態様なり機能が他の社会現象に対し積極的あるいは消極的に影響する。政治・経済・宗教・教育等、おおくの社会現象との関連において裁判の社会学的考察が可能でもあり、必要となることがあろうが、裁判と最も密接に連関するものが法であることは、いうまでもない。マックス・ウェーバーの大著「経済と社会」、とくに、その「法社会学」(1)を読むとき、ひとは、そこに、裁判なり訴訟についての記述が、いたるところで、しきりに現われてくることに驚かないわけにはゆかないであろう。裁判は、ひとりのワキ役として登場しているのでありながら、その役割の重要性は、ある場合には、法の社会学的考察はそのまま裁判の社会学的考察ではないのか、といった感じさえ持たせる。事実、多彩かつ広汎にわたるウェーバーの社会理論のなかにあっても、「近代西洋においてのみ合理的資本主義が存在するのはなぜであるか」という問いが、つねに軸として働いているといわれるが、彼が近代資本主義の根本的な特徴を「資本計算の最高度の形式的合理性」に把え、これと「適合的連関」に立つ客観的諸条件を確定しようとするとき、この角度からする法の社会学的考察にあっては、裁判の形式的合理性（予測可能性）の問題が大きな比重をもって必然的に浮び上ってこないわけにはゆかない(2)。ウェーバーの「経済史」のなかにも、近代資本主義がただ合理的国家においてのみ成長しうること、そして、合理的国家は専門的官僚と合理的な法を基礎として成り立つものであることが主張されるとともに、「合理的な法の発展に決定的意義を有するものは、なんといっても、訴訟手続の合理化である」と述べている部分(3)がある。「法社会学」における、裁判ないし訴訟についての記述は、ひとつのまとまった体系をなして展開されているわけでなく、多分に散発的であり不統一もみられるが、それらの多様な個々の記述を「裁判の合理化」という一本の基線に結びつけて眺めることができるであろう。その手がかりを我々に与えてくれるのは、「法社会学」のなかのつぎの部分である。(4)

「法および訴訟手続（Rechtsgang）の一般的な発展は、理論的な『発展段階』に分けてみると、法預言者によるカリスマ的な法啓示から、法名望家による経験的な法創造と法発見（予防的法創造および先例による法創造）へ、さらに、世俗的命令権と神政的諸権力による法授与（Rechtsoktroyierung）へ、そして、さらに、法教育を受けた者（専門法律家）による、体系的な法定立と文献による形式論理的な修習に基づいてなされる、専門的『司法』（Rechtspflege）へむかう。そのさい、法の形式的性質は、というと、原始的な訴訟における呪術的に制約された形式主義と啓示的に制約された非合理性との結びついた状態から、時によっては、神政的あるいは家産的に制約された、実質的かつ非形式的な合目的性の迂路を経て、専門的に法律的な、従って論理的な合理性と体系構造（Systematik）がますます増加してゆく段階へ、そして同時に、――さしあたり、純外面的に考察すれば――法の論理的醇化と演繹的な厳格さがますます増加し、訴訟手続の合理的技術がますます増加してゆく段階へ、と発展する。」このように理論的に構成される合理性の諸段階が、歴史的現実にあっては、どこにおいても合理性の度合いの序列そのままに継起するというわけでもなく、また、西洋においてさえ、この段階の全てがあらゆるところで存在したというわけではなく、現在だけについてみても、この段階の全てが存在するわけではないこと、また、法の合理化がどのような態様、程度において行われるかという原因には、歴史上、いろいろの種類のものがあったこと、これら全ては、ここでは、一般的な発展傾向の確定だけが問題なので、ことさらに無視される。」発展のさいに著しい差異が生じたのは、主として、つぎの三点によるものであった（し、また、よるものである）。(1)政治的力関係の相違、(2)世俗的権力に対する神政的権力の力関係、(3)法形式を左右する法名望家の構造の差異。」

この短かい文章のなかに、裁判の合理化という問題に対するウェーバーの解答は、その要点を尽しているように思われる。三段に区切ってみたが、まず、第一段では、カリスマ的裁判→経験的裁判→カーディ裁判→合理的裁判、という一般的な発展傾向が提示される。ついで、第二段の説明によって、この発展傾向が、具体的・歴史的な現実を示すものでなく、現実の歴史的経過に対する因果帰属を妥当に行うための「発見手段的価値」をもつひとつの仮説、すなわち、彼のいう「理想型的発展構成」[5]（idealtypische Entwicklungskonstruktion）のひとつにほかならないことがわかる。さいごに、第三段では、このような一般的な発展傾向に対し多様な偏差を描きながら具体的に展開する現実の法ないし裁判について、その展開方向を決定する社会的要因の主たるものが指摘されているのである。

二　ウェーバーの社会理論のひとつの重要な特色が、その類型学的方法、なかでも、理想型（Idealtypus）によるそれにあることは[6]、周知のとおりであるが、裁判についても、この方法がとられることは、右に引用した文章から明瞭である。現実の歴史的実在としての裁判制度は、その実質において、まさに千差万別であろうが、これを、いくつかの傾向の多様な結合としてとらえることによって、その学問的取扱が可能となるであろう。裁判制度のもちうるある傾向だけが純粋にかつ極端に実現されたすがたを仮想的・観念的に構成することによって、裁判の理想型がえられる。そういう裁判の理想型として、ウェーバーは、二群の理想型をかかげる。第一群では、純粋に法発見の合理性という観点、しかもこの観点だけからみた場合に考えることの可能なあらゆる法発見の型が網羅的に列挙せられ[7][8]、第二群では、多分に歴史的実在としての裁判制度に合せて裁断された個性的・複合的な理想型が示されている[9]。

第一群の理想型

(1)　非合理的法発見[10]

(i)　形式的に非合理的な法発見。「法発見の諸問題の規整について、悟性的（verstandesmässig）にコントロールできる手段以外のもの（神託など）が用いられる場合」である。

(ii) 実質的に非合理的な法発見。「裁判にあたって基準となるものが、倫理的評価であれ、感情的評価であれ、あるいは政治的評価であれ、とにかく、個々の場合のまったく具体的な評価であって、一般的な規範ではない、という場合」である。

(2) 合理的法発見

(i) 形式的に合理的な法発見。「もっぱら一義的かつ一般的な要件事実メルクマール（Tatbestandsmerkmal）だけが訴訟上斟酌される場合」である。これには、(イ) 法的に重要なメルクマールが、一定の式語、署名、象徴的行為の履践といった、外形的な、五官の作用でとらえられる性格をもつ場合、すなわち、もっとも厳格な種類の法形式主義が行われる場合、(ロ) 法的に重要なメルクマールが論理的解釈によって演繹せられ、これに従い、確定した法概念がはなはだ抽象的な規則の形で形成され、適用される場合、がある。

(ii) 実質的に合理的な法発見。「法問題の判断については、抽象的な解釈の論理的一般化とはちがった性質の威厳をもつ規範、つまり、倫理的命令、功利的その他の合目的性規則または政治原理が判断を左右すべきものとされる」場合である。

第二群の理想型(11)

(1) カリスマ的裁判（charismatische Justiz）

「まず第一に神聖とされる伝統と結びつくが、伝統に基づいて一義的に判断できない事件を、法預言を通じてのカリスマ的法啓示（Rechtsoffenbarung）によって裁決する場合」である。法啓示の方法は、神託・預言・神判など多様でありうるが、呪術に支配された形式性と啓示に支配された非合理性との結合に特質がある。

(2) カーディ裁判（Kadi-Justiz）

「伝統に基づいて一義的に判断できない事件を、非形式的に、具体的な、倫理的その他の実際的価値判断に従って裁決する場合」である。およそ合理的な「判決理由」というものをもたない。そして、具体的な価値判断という性格から、いかなる伝統でも破る、というところまで達することも可能である。

(3) 経験的裁判(empirische Justiz)

「伝統に基づいて一義的に判断できない事件を、形式的に、といっても合理的な概念のもとに従属させることによってではなく、『類推』を援用し、また、具体的な『先例』に依拠しこれを解釈することによって、裁決する場合」である。その純粋な型にあっては、合理的な「判決理由」をもたないが、経験的裁判がひとつの技術学にまで洗錬され合理化されることがある。

(4) 合理的裁判(rationale Rechtsfindung, rationale Justiz)

裁判が「『制定法』(Gesetze)を基礎とし、概念的に体系づけられた合理的な法を実現する法の宣言(Rechtsprechung)」である場合である。司法の官僚制化(Bürokratisierung der Rechtspflege)、合理的に教育された専門法律家の進出があってはじめて、その基盤が与えられるのを通例とする。

以上のような理想型を手段として、特定の具体的裁判制度の特徴づけが可能となる。人間の個体があらかじめ与えられた尺度に従い身長・体重・胸囲等の一定数値の複合として表示されうるように、現実の裁判制度の個性も、一定の理想型に対する、ある方向、ある程度における偏差をふくむものとして、あるいは、若干の類型の一定態様の組合せとして、把握することができる。共和政期ローマの裁判制度が、合理的裁判・経験的裁判・カーディ裁判の各要素の独特の混合形態を示し、(12) 近代ドイツの裁判と英米の裁判は、それぞれ、合理的裁判を代表しつつも、両者ともカーディ裁判の行われる部面をふくむ、(13) とされるごときが、その例である。しかし、理想型によるこのような体徴測定は、ウェーバーにおいては、かならずしも、第一次的な意味を与えられておらず、むしろ、この静的な作業を補助として、さきにもふれたような理想型的発展構成を確定し、裁判の合理化の道筋とその社会的諸条件を明らかにする、という動的な作業に力点がおかれているのである。

（1） Max Weber, Wirtschaft und Gesellschaft, 3. Aufl. 1947,（4. Aufl. 1956.）II. Teil, Kapitel VII, Rechtssoziologie（Wirtschaft und Recht）S. 387-S. 513.（本稿では、3. Aufl. を使用した。なお、以下には、W u. G. として引用する。）小野木常編訳・ウェーバー・法社会学五一頁以下。

（2） 川村「マックス・ウェーバーの『法』社会学序論――『法』社会学におけるウェーバーの主題の探求――」法社会学5号三頁以下、二五頁以下、青山・マックス・ウェーバーの社会理論七頁、一三五頁など参照。

（3） Max Weber, Wirtschaftsgeschichte. Abriss der universalen Sozial- und Wirtschaftsgeschichte, 1924, 黒正・青山訳・一般社会経済史要論、下巻二一六頁以下。

（4） W. u. G. S. 504f.

（5） ウェーバーの「理想型的発展（図式の）構成」については、青山・マックス・ウェーバーの社会理論七一頁以下参照。

（6） ウェーバーの類型学的方法につき、富永・立野訳・ウェーバー・社会科学方法論、とくに七二頁以下参照。なお、青山・前掲四二頁以下に詳細な解説がある。

（7） ウェーバーの理想型における、要素型ないし要素的純型とよぶべきものと、個性的理想型との区別について、青山・前掲一〇一頁参照。

（8） 第一群の理想型は、前註(7)における要素的純型に、第二群の理想型は、個性的理想型に属するものと推測する。第一群について、ウェーバーは、Rechtsfindung といい、第二群については、Justiz と Rechtsfindung を混用しているが、両者、および、さらには、Rechtspflege は、どのように区別されるのか、また、つねに、明確に使い分けられているのか、疑問がある。ウェーバーは、公的な「管理」（Verwaltung）を法創造（Rechtsschöpfung）、法発見（Rechtsfindung）および統治（Regierung）にわかち、法発見については、つぎのようにいう。「法発見というと、われわれは、定立された諸規範ならびに個々の『法規』を具体的な『事実』に適用し、それらを以上の諸規範、法規のもとに『包摂する』場合のことを考える。けっして、法史のすべての時代がそう考えたのではない。裁判（Rechtspflege）がすべて事件ごとに決定する自由な『管理』であるところでは、どこでも、法創造と法発見は区別されないままであった。」（W. u. G. S. 394.）一般的には、Rechtsfindung は Justiz または Rechtspflege のなかにふくまれる純然たる裁判作用そのものと観念すべきものであろうか。Rechtspflege も、かならずしも近代的な意味における「司法」をいうとはかぎらない。

（9） W. u. G. S. 396f.

（10）なお、ここで基準とされる「合理性」の意味につき、簡単に、整理しておこう。法発見の形式的合理性（formale Rationalität）とは、法発見について「技術的にどの程度まで計算（予測、Berechnung）が可能であるか、また、実際にどの程度まで計算を利用しているかの程度」（経済行為の形式的合理性についての定義——W. u. G. S. 44——の転用）をいい、その実資的合理性（materielle Rationalität）とは、一定の価値理念的観念のもとに結果を評価的に判断する場合における、ある価値基準の実現の程度をいう。なお、青山・前掲一三〇頁以下参照。

（11）W. u. G. S. 504, 662f.

（12）ウェーバーは、つぎのように説明する。すなわち、審判人の選任じたい、および、当初は「行き当たりばったり」に与えられた法務官の事実訴権（actiones in factum）は、カーディ裁判の要素をふくみ、また、当時の予防法学（Kautelarjurisprudenz）およびそこから生じた一切のものは、経験的性格を有するが、同時に、法務官の告示の方式が法概念を指向するものであったことにたすけられて、方式書による審判人に対する技術的な訴訟指示が、のちに国家制度の官僚制化をまって完成されたローマ法の合理性をみちびく法思考の合理化を準備した点において、合理的要素もみられる、とする。W. u. G. S. 663.

（13）ドイツについては陪審裁判、イギリスにおいては治安判事の裁判が挙げられる。W. u. G. S. 663. なお、カーディ裁判の例としては、ほかに、Kadi（イスラム世界の裁判官で、とくに、宗法事件を管轄する）の裁判、アテナイの直接民主制における人民裁判、革命裁判所の裁判、専制君主の閣内司法、家産君主の裁判などが挙げられる。W. u. G. S. 158, 470f., 477.

〈2〉 原生的紛争解決の非合理性

一　裁判の合理化をみてゆく場合、まず、その展開の基点における状態を確定しなければならない。法制史家は、最古の法と呪術的—宗教的諸観念との密接な連関こそ、古法を理解するための鍵である、と述べている。(1) このことは、裁判に関して明瞭にあらわれる。ウェーバーも、法の啓示ないし法の預言の支配は、おそらくは、まったく普遍的な現象であった、とし[2]、「非合理的法発見は、法発見一般の始源的（ursprünglich）な態様であり、ローマ法の適用領域外においては[3]、過去のすべてを、一部は全面的に、一部は少くともその端緒において、支配してきた[4]」、という歴史的考察にもとづいて、裁判の理想型的発展系列の基点を、カリスマ的裁判におくのである。すなわち、人間生活における紛争の解決が無制約的な自力救済に委ねられた状態を脱して裁判としてのなんらかのはっきりした形態をとる場合、そこに、まず、現われてくる紛争解決形態は、純然たるカリスマ的裁判であり、「法の啓示という呪術的手段によってなされる裁判」こそ、原生的（urwüchsig）な裁判形態である[5]。

というわけで、原生的な裁判は、「法の啓示」というかたちをとるのであろうか。ウェーバーによれば、こうである[6]。

もともと、「法」という性質をもち「法強制」によって保障されるような行為規則を人間がひとつの「規範」（Norm）として意図的につくることができるのだ、という考えは、どこにおいても、完全に欠けていたのであり、裁判も、一定の規則の「適用」として行われるわけでは全くないのである。ある行為に対して「妥当」し裁判を「拘束」するような規範がある、という観念が、事実上、懐かれている場合でも、その規範というのは、当初は、人間の定めたものとも、人間の定めうるものとも、考えられてはいなかった。そういう規範が存在しえたのは、聖なる「伝統」（Tradition）としてであるか、さもなければ、「カリスマ的に啓示されたもの」であるか、どちらかにかぎられていたし、「伝統」もまた、その解釈は結局のところカリスマ的に啓示されるほかはなかったのである。

二 従って、法の啓示による原生的裁判には、つぎの二つの態様が区別される[7]。

(1) 啓示が伝統の解釈という形であらわれる場合

一定のしきたり（Gepflogenheit）そのものが絶対に神聖なものとされ、これにそむくと邪悪な呪術なり霊たちの不穏あるいは神々の怒りを招くというところから、ある規範の「正統な」(legitim)な存在が観念される場合、そういう規範は、「伝統」として、少くとも理論上は、変更できないものとされるから、裁判にあたっても、この伝統に属する規範を認識し、正確に解釈しなければならない。しかも、人間が規範をつくる、ということは、当時は、全く承認されていないのだから、こういう規範の解釈という仕事も、呪術的な諸力についての専門的知識をもち、超感覚的な諸力との交渉に関する技術的なきまりに通じている人々、通じていなければならないと考えられた人々、つまり、長老、呪術者、祭司たちによって、行われるほかはなかった。

(2) 啓示によってあらたに規範が成立する場合

伝統が存在するにかかわらず、あらたな規範が与えられ、成立することもあったが、その場合でも、その手段となったのは、やはり、つねにカリスマ的啓示であった。この場合にも、(i) 個々の具体的な事件においてなにが正しいか、という個別的な判断だけが啓示される場合と、(ii) 将来、おなじような事件のすべてについてどうでなければならないか、という一般的な規範までも啓示される場合、とがあったが、後者は、もちろん、例外である。こういう形式の法啓示こそ、伝統の安定性を変革してゆく原生的な要素であり、あらゆる法制度の母である。あらたな規範の啓示は、外部的諸条件に変化がなくても、しばしば、行われたが、経済的諸条件その他の生活条件に変動があったためにそれまで規整されていなかったあらたな問題、あらたな紛争が生じて、あらたな規範が要求された場合には、さまざまの呪術的手段をとおして、呪術者、祭司、預言者らが、技術的にあらたな規範をつくり出してゆくのが、ふつうであったのである。

もっとも、伝統の解釈(1)の場合)からあらたな規範の啓示(2)の場合)への過程は、程度の差にすぎず、その境界は、明確でないことは、付言するまでもないであろう。既存の伝統の解釈といったところで、実際、長老や祭司のもっている知識で間に合わなければカリスマ的啓示という同じ道があっただけだからである。また、紛争の対象が、具体的な事実の存否である場合にも、事実の確認のために他のなんらかの方法なり手続があったわけではないから、やはり、カリスマ的啓示という同じ方法に落ちつかないわけにはゆかなかったのである。

三　原生的紛争解決の特質は、一言にしていえば、「手続そのものの形式的な性格と裁判方法の全く非合理的な性格との対応」にある。(8)

(1)　呪術が紛争解決に重要な役割を果すところでは、その結果として、つねに、すべての原始的訴訟手続に特有の、厳重に形式的な性格が出てくる。なぜなら、問いかけが形式の点で正確になされたときにだけ、正しい応答が与えられると信じられていたからである。法か不法か、と問うにあたって、いかなる呪術的手段に対して、どんな形式でも、問いさえすれば正しい答がえられる、というものでなく、問題の種類・内容に応じて、それぞれ、特殊な手段が用いられなければならぬ、と考えられたところから、あらゆる原生的裁判を通じて認められる、ひとつの原則が生れてくる。つまり、「なんらかの訴訟行為を成立せしめる儀式的な方式を当事者が口頭で履践する場合に、ほんの少しでもまちがえると、それだけで、その当事者は、当の法的手段を失い、場合によっては、訴訟全体を失う結果をきたす」という原則である。(9)(10)(11)とりわけ、訴訟における法形式主義の発端となったのは、形式的に束縛された証拠法であった。そこでの証拠は、事実上の主張の当否について裁判官の確信を生ぜしめることが問題なのではなく、「いずれの側の当事者が、いかなる方式で、呪術的な力に対し、自己の権利について問いかけをなしうるか、またなすべきか」ということだけが問題なのである。(12)

(2)　手続の形式的性格に対応して、裁判方法の全く非合理的な性格が生ずる。(13)法の啓示による裁判では、裁判にもちいられたなんらかの格率が個々の事件を超えて意義をもつ、といったことは、全然、ないのであって、一般的な法規範の適用ということがないのはもちろん、ある格率が意識された場合にも、それによって判決がなされたからといって、それが直ちに将来の判決について基準を与える規範として取り扱われるわけでもない。とくに、神判あるいは神託が用いられるところでは、裁判の規則性は、規則の適用という意味においても、また、規則の創造という意味においても、全く存在しないのは、当然であるが、裁判がカリスマ的資格を認められる賢者や伝統にあかるい長老によって行われる場合でも、その判決理由は、「これまで、いつも、こうしてきた」というか、「神は、このたび、こうせよと命じたもうた」というか、そのいずれかを出ないのである。要するに、きわめて厳格な伝統の規範が一般的に承認を受けている場合を別として、およそ、裁判によって「法」が実現されるのだといってみても、その「法」たるや、まったく浮動的であり、どうにでも変容してゆく性質をもっている。ここでは、「具体的な裁判の、論理的に合理的なあらゆる理由づけが、欠けているのである。」

四　右に特徴づけたような原生的紛争解決形態が、現実に、いかなる範囲にどういう態様において行われたか、また、行われているか、ということは、法史学あるいは比較法学の成果にまたなければならない。ただ、一般的に注意しなければならない点は、始源的な社会における紛争解決の二元性である。近代社会にみられる程度に国家権力が確立される以前においては、当然に、国家内部の部分社会における自律的な統制力が承認されなければならなかったが、その範囲での紛争解決は、法発見でなく、むしろ、行政的に処理されるのであり、呪術的に制約された形式性・非合理性は、そこではみられないのである。すなわち、ウェーバーは、つぎのように述べている。

「一方では、家長が家共同体の内部で原則として全く無制限な管理を行いながら、他方、ジッペ間では、仲裁手続が贖罪契約・証拠契約を基礎として行われる、という、両者の併存状態もまた、本来的である。後者の場合にかぎって、請求従って権利が論ぜられ、判決がなされる。後者の場合にだけ、確固たる形式、期限、証拠規則、要するに法的な取扱の端緒が存する。家父がその権力の範囲で行う手続は、そういうものを全く知らない。……古代ローマの司法も、まだ、家の戸口で絶対的に停止した。[14]」「始源的な事態の明確性とそこからの発展の直線性は、ジッペ団体相互間とジッペ団体内部における法的関係の二元性（Dualismus der Rechtsbeziehung）と交錯する。ジッペ仲間相互間では、復讐も、従って法的紛争もなく、ただ、ジッペの長老による解決と、反抗に対するボイコットとが存在しただけである。ここでは、手続のあらゆる呪術的な法形式が欠けている。ジッペ内部の紛争解決は、ひとつの行政事件であった。法発見と、これに結びついた強制によって保障された請求という意味での、訴訟手続や権利は、同一政治団体に属する異別のジッペ団体およびその所属員間でのみ存在したにすぎない。」(15)

そして、この家内部、ジッペ団体内部の行政的な紛争解決形態が、やがて、一部では、政治団体の訴訟手続とその法発見にも、受け継がれてゆくのである。(16)

(1)　Vgl. Mitteis H., Deutsche Rechtsgeschichte, 1952, S. 8.（世良晃志郎訳・ドイツ法制史概説、一八頁）
(2)　W. u. G. S. 408f., 477.（ウエーバーによれば、神託を受けることによって紛争を裁判することは、ほかの部面では著しく合理化されている政治的・社会的な状態のもとにおいても、大量に証明されており、エジプトやバビロン、ギリシヤにおいてそうであったし、イスラエルの法預言者も同じ機能を果した。またアフリカでは、呪物祭司（Fetischpriester）の権力が宗教的な呪術訴訟や審判を基礎として現在まで維持されている。）なお、小野清一郎訳・コーラー著・法の一般的な歴史三一頁、九九頁以下参照。
(3)　古代ローマの裁判について、ウェーバーは、「裁判に対する神官の関与が始源的にはいかなる程度まで他の法預言に類似した方法で規律されていたかは確実ではない」（W. u. G. S. 409）といい、また、別のところで、つぎのように述べている。ローマでは、当初の法発展を左右したところの、契約当事者や政務官その他に対する顧問活動は、当初は、神官の手中に存したから、神官のこの影響のもとに、裁判が、十二表法の法典編纂にかかわらず、宗教的に拘束された非合理的性格をとることは、容易であったかも知れない。しかし、……初期ローマ法のすぐれて分析的な性格（とくに、「訴訟上の問題提起および同時に法律行為の方式の、論理的に最も単純な事実への分解」）は、まさに、ローマ民族の宗教の内部における儀式的な義務の原生的な取扱にぴったり一致するものであった。ローマの宗教の特性、とくに、多数の神々の間で、概念的・抽象的に、全く分析的に、その役割を分けるということが、宗教的な問題を著しい程度で合理的・法的にとり扱うやり方をつくり出したのである、と。W. u. G. S. 463f.
(4)　W. u. G. S. 395.
(5)　W. u. G. S. 401.
(6)　W. u. G. S. 402f.
(7)　W. u. G. 402f.

（8） W. u. G. S. 403.

（9） 別のところで、ウェーバーが訴訟における「言語形式主義」（Wortformalismus）というのも、同一のことを指称するものであろう。たとえば、W. u. G. S. 241. 中世ゲルマンおよび古代ローマにおける、訴訟行為に対する厳格な方式の支配につき、Engelmann, Geschichte des Civilprozesses, I, Der mittelalterlich-deutsche Prozess, 1890, §§53, 54; II, Der römische Civilprozess, 1891, §§23, 25, 71.（小野木常・中野貞一郎編訳・民事訴訟法概史（以下、「エンゲルマン・民訴概史」と略称する）六九頁以下、一二九頁以下。）

（10） 中世初期のゲルマンの訴訟における厳格な方式の支配につき、ミッタイスも、ウェーバーと同じく、宗教的な契機を強調し、つぎのようにいう。「形式主義は、手続を当事者が支配するという事実のなかにすでにその根拠を有しているが、しかし、それは、さらにふかく、宗教的動機に根ざしていた。現に訴訟全体が一種の神判という形で現われ得た。したがって、すべて形式に対する違反は、宗教的行為の効験をなくし、これを無効とするものであり、かくして、敗訴の結果をもたらす」と。Mitteis, a. a. O. S. 25.（世良訳、五五頁）これに対し、エンゲルマンは、方式強制の根拠は、当時の訴訟法がおかれていた発展段階と自由人の独立性という民族精神にある、という。その意味は、こうである。つまり、(1)方式の支配は、当然、個々の事件の特殊性を無視することになるが、当時は、取引関係がきわめて簡単であり、重要な法的行為は裁判所を構成する部落員全体または立合証人の前でなされ、民事上の請求権は数も少く、法律要件も単純であった。(2)方式強制は、当事者をして、その熱情を抑制し、事態を静観的に審査させ、その陳述内容を慎重に考慮させるために有効であった。(3)裁判官といっても、当時は、経験なり判断力ないし教養の点で裁判を受ける側の当事者と格別差がなかったから、裁判官が事実関係の特殊性に無制限に深入りし早急に衡平の観点に走ることは警戒され、むしろ、自由な民族構成員の全体が民族確信に基づいて定める法律要件にあたるものが具体的事件において存在するかどうかの判断は、やはり一般の判断が基準と考える方式の遵守を通じて、その一般性を確保しなければならないものとされた。(4)裁判官に強制権限がなかったため、方式の支配が、事実上、訴訟における強制方法として作用することが必要であった、というのである。Engelmann, a. a. O., I, §54.（「エンゲルマン・民訴概史」六九頁以下）

（11） 訴訟における方式の支配は、訴訟が、それじたい、贖罪契約に基づくものとして最も古い「法律行為」であったことから、一般の私的な法律行為についても、呪術的に効果のある方式に少しでも違背すれば無効、とする原理を導いたし、また、訴訟における代弁人（Fürsprecher）の制度の発生原因となった。W. u. G. S. 403, 456.

(12) 従って、原始的な法強制は、それが厳格に形式的に、かつ、首尾一貫して発展してきたところでは、「条件附証明判決」、つまり、証明について決定するとともに、証明の成否を条件とする給付命令をもふくむ判決にゆきつく。W. u. G. S. 404. 中世ゲルマンの訴訟における証明につき、Vgl. Engelmann, a. a. O., I, §46.（「エンゲルマン・民訴概史」五三頁以下）Mitteis, a. a. O., S. 26f.（世良訳、五七頁以下）

(13) W. u. G. S. 401, 403.

(14) W. u. G. S. 389f.

(15) W. u. G. S. 420. なお、W. u. G. S. 432.

(16) W. u. G. S. 420. なお、後述三三〇頁、三三八頁以下参照。

〈3〉 裁判合理化の展開

一　原生的紛争解決が以上のような性格をもつ以上、それを基点として展開される裁判の合理化は、呪術からの解放の過程でなければならない。しかし、裁判が神託の授与者、神判の主宰者としての祭司の手を脱して世俗化したのちも、カリスマ的法発見の特性は、ひきつづき、ながく維持され、その名残は、数多くの制度において、純合理的な法定立と法適用の時代にまでおよんだのであり、現在でも、完全に払拭されたわけではない(1)。合理化の展開は、さまざまの社会的諸要因に制約されて、無限の多様性を示すものであり、その差異を導びく基本的なものは、ウェーバーによれば、政治的力関係の相違、世俗的権力に対する神政的権力の力関係、法形成を左右する法名誉層の構造の差異、の三に求められる(2)。

二　原生的紛争解決のカリスマ的性格を排除し、法を呪術的に保障された伝統から解放しようとする力のなかで、もっとも強力であったのは、戦争による変革であり、戦争または戦争に対する備えを機縁として、「法発見と法創造は、内部および外部の敵に対する安全というやむをえない必要にせまられて、より合理的に形成される傾向を示す。とくに、訴訟手続の種々の可能な担い手も、それぞれ、新しい関係を取得する。(3)」そのさい、三つの態様が区別される。(4)

(1)「君主およびその官僚の命令権、あるいは、法の職務上の保護者としての祭司の権力が、自己の全能のために、一方において、法の知識の独立したカリスマ的な担い手たちを排除し、他方において、ディンク団体またはその代表者たちの関与を排除するのに成功した」場合。ここでは、法形成は、はやくから、神政的＝家産的性格をとる。(5)

(2)「政治的に非常に強力となったディンク団体が、法発見の官職的およびカリスマ的な担い手のすべてを、みずからの手で完全に押しのけ、これにとって代って自分自身が法定立、およびとりわけ法発見の唯一かつ至高の担い手となる」場合。(6)発展の経過は異なるが、ここでも、法形成に対する形式上の結果は、(1)の場合に近似する。

(3)「法仲間団体（Gemeinde der Rechtsgenossen）が法発見に関与するのではあるが、法発見を主権的に支配するのではなく、法知識のカリスマ的あるいは職務上の担い手の判決提案（Urteilsvorschlag）だけを承認するか拒否するかでき、従ってまた、とくに、判決非難（Urteilsschelte）のような特別の手段によって影響を与えることができる、という状態」が成立する場合。ディンクゲノッセンシャフト法的発見あるいはディンクゲノッセンシャフト的裁判（dinggenossenschaftliche Rechtsfindung od. Justiz）とウェーバーがよぶのは、この状態であり、彼が西洋における法の合理化の態様を決定した特殊事情を列挙するに当って、まず指摘したのも、ディンクゲノッセンシャフト的裁判の完全な発展であった。(7)

ディンクゲノッセンシャフト的裁判は、「法カリスマの権威とディンク団体・防衛団体の承認（Ratifikation）との間の（さまざまの態様において可能な）権力分配」(8)である。すなわち、分配される権力の一方の担い手は、法カリスマの権威であり、「法を教示することができるのは、官憲そのものではなく、自己のカリスマによって資格づけられた者にかぎるという原則」[9]が支配する。裁判官（Richter）は、たんに、訴訟指揮と裁判所における秩序維持に任ずるにすぎず、法発見にあたるのは判決発見人（Urteiler）である。[10]それは、当初は、もっぱら呪術的に資格づけられ、個々の事件について呼び出されたカリスマ的法判告者であったのが、のちには、選挙または任命による公的機関と化していった（「法預言者制度の国家化」）のであるが、それらの者がどうして法を提示できるのか、という根拠については、これを公的機関としての地位ないし職権に帰することなく、依然としてそれらの者のもつカリスマ的な資格を絶対視する傾向が存続した。権力分配のもう一方の担い手は、ディンク団体の承認である。ゲルマンの裁判では、法名誉層に属しない法共団体の構成員が立会人（Umstand）として参加し、判決発見人の発見した法の宣言を立会人が喝采によって承認することが、判決の成立のために必要とせられ、しかも、原則として、各構成員が判決非難[11]（Urteilsschelte）をなす権力をもつ。このような、共同体構成員が裁判に直接に関与することは、なにか原生的現象のように考える必要はなく、むしろ、戦争に関連する特別の軍事的発展の結果なのである。つまり、内・外部の敵に対する安全確保のため、構成員間の紛争解決手続の合理化を、団体自身の手続関与によって実現しようとしたのであった。だから、ゲルマン諸部族のなかでも、比較的定住していた部族では、カリスマ的法判告者が絶対的な力をながく維持したのに対し、戦争しながら移動していった部族、とくにフランクとランゴバルド、にあっては、法の定立と判決に団体が積極的に関与しようとする傾向がつよまったのである。[12]

三　他面において、裁判の呪術からの解放の過程は、同時に、法規範の固定への経過とあいともなう。そして、この面から、裁判の形式的合理性が芽生えてゆく。さきにもみたとおり、法の啓示による原生的紛争解決にあっては、およそ、規範一般の観念がなく、その裁判における法は、きわめて浮動的な実質を有するが、やがて、法規範の形式的固定をみるにいたる。その機縁をなすものが、三つある。ひとつは、慣習であり、他のひとつは、裁判の先例、さいごに、法授与（Rechtsoktroyierung）である。

（1）一定の慣習が拘束的なものと感じられ、超個人的に普及していることが知られるにつれて、慣習は、了解に基づくものとして高められ、他の人々も意味を理解してこれに対応するであろうという意識的な期待に支えられるようになり、やがて、強制装置による保障を受ける。[13] 当初は、ある共同社会行為が利害関係人によって法強制のシャンスに全く無関係に新しく方向づけられ、模倣と選択によって普及してゆくことが多く、この場合、了解を基礎とする秩序は、政治団体の法強制に関係なく実現するのであり、各当事者にとっては、他の当事者の側の利益または忠実および習律による圧迫だけで充分な保障がえられたのである。ただ、財貨の取引市場における契約は、裁判所における法強制のシャンスを適確に予測してなされることが多く、そのさいには、職業的な助言者たちの予防法学的な活動が、とくに契約範型の作成を通じて、大きな意味をもった。[14] いずれにしても、ある型の了解、合理的な合意が普及すると、ふつう、強制装置としても、実際上、これを無視することが困難である。しかも、裁判によって、了解または合意に基づいて事実上妥当している秩序が承認され、強制の保障が与えられたとなると、そこに、それ以上の積極的な結果がでてくる。その保障は、具体的な事件において具体的な理由に基づいて与えられたものであるにかかわらず、事情によっては、そのことから、ある一般的な規範が経験的に妥当し、法となることがあるのである。これを、つぎに述べよう。

（2）どんな形においてにもせよ、裁判に、その始源的な非合理的・神託的性格がよわまるにつれ、つねに現われてくるのは、裁判の規範化、先例の権威という現象である。エールリッヒも、[15]「裁判規範の恒常性の法律」（Gesetz der Stetigkeit der Entscheidungsnormen）が具体的裁判規範から個々の紛争に対する裁判のための規範という始源的形態をはぎとり、これを一般的な法規に転化させる契機となることを論じているが、ウェーバーも、「裁判がなんらかの論議の対象になったり合理的な理由が求められまた前提されるや否や、ある程度、規範の固定（Stabilität）と定型化（Stereotypierung）が生ずることは、避けられない」とし、それも当然の事理だとして，つぎのとおり説明している(16)。

「一定の格率が裁判規範として役立ったことをいったん意識し、かつ、認識することができた裁判官の立場からすると、その事件には強制の保障を選んでおきながら、同種の他の事件にこれを拒否することは、明らかに、全く困難であるし、往々にして、ほとんど不可能である。また、そうしたならば、偏見をもっているという疑惑は、まず、のがれられないであろう。彼につづく他の裁判官にしても同様であり、さらに、伝統が牢固として生活を支配していればいるほど、ますます、そうである。というのは、まさにその場合には、下された判決がどのように成立したかはともかくとし、判決が、すべて、それだけが正当な、従って継続的に正当な伝統から流れ出たものとして、つまり、その表現としてかあるいはその一部として、現われるのは当然であり、かくて、それは、すくなくとも継続的な妥当を僭称するひとつの範型となるからである。」

(3)　以上のほかに、紛争解決に対して拘束力をもつ法規範が、自主的な授与（Oktroyierung）によって成立させられることも、はやくから存した。すでに、原生的紛争解決についても、さきにみたように、とくに経済上その他の生活条件の変更に対応し、呪術者や祭司が呪術的なあらゆる手段を用いて技術的に新たな規範を創ることがあったのだが、これが、やがて、「合意され、授与された規定（Satzung）による法創造」へ発展するのである(17)。こういう合意の担い手は、当初はジッペの首長なり地方の首領であり、村落やジッペのほかに、より大きな団体がより広い地域を支配している場合、この団体内部の事件は、右のような権力者たちの会合で規制されるのをつねとする。すなわち、権力者たちの会合(18)には、伝統の解釈についての高度の権威がみとめられるが、そのさい、当初は、原則として、カリスマ的に資格づけられた呪術者たちが感得した新たな原則の啓示を会合に提示し、構成員たちは、カリスマ的な資格を承認するところから、この啓示を自己の団体に伝える、というふうになされた。やがて、法定立の世俗化がすすめられると、啓示は事実上排除されるか、合意の事後的な合法化のためだけに利用されるにすぎないものとなり、ついには、もともと啓示によらなければできなかったはずの法創造が、ひろい範囲にわたって、会合に加わった権力者たちの単純な合意に委ねられる結果となる。しかし、裁判官によって「適用」されるべき規則としての「制定法」(Gesetz)という観念が確立されるまでには、なお、一般に、長い年月を必要とした。こういう制定法の観念は、ローマ法に起源を有し、もともと、軍事的に条件づけられ政務官の命令権に基づくものであるが(議決法 lex rogata)、従前の法をも排除する新たな法規の定立としてはもちろん、過去に定立された法の単なる修正という、中世前期的な、とくにイギリスの、制定法概念でも、決して、早くからでき上ったものではない[19]。一般的には、法創造と法発見のカリスマ的時代の名残は、数多くの制度において、長くみられたのであり、とくに、西欧におけるディンクゲノッセンシャフト的裁判の維持において、しかりである。

四　ゲルマンの防衛団体におけるディンクゲノッセンシャフト的裁判は、中世の西洋を通じて、裁判権を有するにいたった各種の団体に受け継がれ、さまざまの態様においてではあるが、ながく維持された[20]。領主は、いつも、軍事的な問題にわずらわされていたし、自己に従属する合理的な管理装置を用いて臣下を治めるということも少なかったため、いきおい、臣下の自由意思を頼りにし、自己の請求権や自己に従属する者の反対請求権の保護にあたっても、つねに、臣下の協力を恃みとした、ということが、その理由である。しかし、その間において、ディンクゲノッセンシャフト的裁判は、漸次、古代の民衆裁判においてみられたような、形式主義と非合理性を失わしめられてゆく。その原動力となるものが、ふたつある。ひとつは、君主や官僚の命令権であり、他は、組織をそなえるにいたった祭司権力である。

これらの権力の影響は、支配の性格によってさまざまであるが、一般的にいうと、「支配装置が『官僚』によって媒介される合理的な装置であればあるほど、それだけ、その影響も、裁判に、内容的にも形式的にも(種々の意味において)合理的な性格を与え、非合理的な訴訟手段を排除し、実体法を体系化すること、つまり、なんらかの合理化をなすことに向けられた[21]。」そのさい、合理化の方向は、まれに、「形式的合理性」を追うこともないではなかったが、それは、権力が自身の合理的管理の利益のために合理化の方向をとる場合(例、法王の教会統治）か、権力が法および訴訟の合理的性格に強い関心をもつ優勢な法利害関係人（例、ローマ・中世末期・近世における市民階級）と結びついた場合か、のいずれかに限られ、むしろ、一般的には、「実質的合理性」が指向される。それは何故か。さきにもみたとおり、法発見のカリスマ的性格には手続の形式主義的性格が対応するのであり、とくに、厳格な形式的に拘束された証拠法は、超自然的な諸力に頼って実質的に正当な裁判を得ようとしたものであったが、こういう非合理な方法に対する信仰が消え去ったとき、手続は、当事者の利益紛争としての性格を露わに示し、形式主義的な裁判形態は実質的正義の理想をそこなう結果となることが、露わに認識されるにいたる。神政制であれ家父長制であれ、とにかくイデオロギー的に実質的正義に関心をもつあらゆる権力は、裁判が宗教的倫理あるいは政治的理由に基づく実質的要請に反する結果をうむことを断乎として拒否しなければならない。さもなければ権威者たちの恩恵なり権力に対する個々人の依存度を弱めることになろうからである。[22] 従って、これらの権力に役立つのは、形式主義的な裁判ではなく、むしろ、カーディ裁判なのである。もっとも、神政的裁判においても、命令権に基づく訴訟にあっても、主観的には、法は従前から同じように妥当し一義的な解釈と個々の事件への適用が必要なだけだ、という観念は、終始、冒されることはなかった。しかし、実際上、神政的な権力あるいは命令権の担い手たちは、かれらによって神聖視され絶対的拘束力を承認せざるをえない規範を除いては、いかなる形式的限界にも拘束されることを欲しない。神政的裁判の本質は、具体的な衡平の見地が支配的である点に存し、その見地のもつ非形式的・反形式的な傾向は、ただ、明示的に確定された神聖な法に制限をみいだすにすぎないし、家産的＝権威的な裁判も、それが伝統の拘束に服しなければならない場合でさえ、裁判の弾力性の方が常により大きいため、本質的に、より自由であったのである。[23]

当初のディンクゲノッセンシャフト的裁判の形式主義および非合理主義の排除にあたって神政的権力が果した役割を示す顕著な例は、カノン法の訴訟手続の影響である。非合理的な啓示方法が消滅したとき、しばしば、宗教上の伝統だけが神聖なものとして存続せしめられ、この伝統に属する規範が高度に定型化（Stereotypierung）

し、祭司たちによって宗教法の体系にまで醇化せられたが、[24]とくに、カノン法は、あらゆる神聖法のうちで、最もおおく厳密に形式的な法学的技術に方向づけられていた。西洋のキリスト教会は、その組織に特有の合理的・官僚的・職務的な、その役職者の性格に影響されて、他の宗教団体とは比較にならぬほど強度に、法規則の合理的定立によって法を創造していったのである。[25]しかし、世俗の事件に対する影響は、実体法的には、あまり問題にならない。ローマ法が形式的に非常な完全さに達して世界法となっていたし、市民層の経済的利益や法実務家の階級的利益も、カノン法の世俗事件への適用を排除する方向に働いたからである。カノン法が世俗の裁判に対して影響をおよぼしたのは、個々の制度は別として、主に訴訟手続の領域であった。[26]」カトリック教会内部の神政的裁判にあっては、事実認定や贖罪を当事者に委ねることはできず、あくまで、実体的真実をもとめたから、世俗の訴訟における形式主義的な証拠法を非とし、合理的ではあるが実質的な職権主義の方法を発展させる結果となった。とくに、その手続がうみ出した職権的尋問手続[27]（Inquisitionsprozess）は、ひろく、世俗の裁判に継受されていったのである。

ディンクゲノッセンシャフト的裁判の当初の形式主義および非合理主義に干渉を加える第二の権威的な力は、君主・政務官および官僚の命令権であるが、民事の領域において命令権が裁判に干渉するのは、秩序や安全が直接に問題となる刑事裁判の場合と異なり、かなり後になってからであり、その干渉には、しかたの点でも多様なものがあった。結果からみて、つぎの二つの場合に分れる。

(1)　命令権によって普通法から独立した君主の法・政務官の法が生ぜしめられた場合。[28]その顕著な例は、ローマの法務官法（ius honorarium）やイギリスのリットおよびエクイティである。これらは、裁判事務を委ねられた官僚がその裁判権をもって創造したものであるが、共通している点は、こういう新しい法創造が、合理的に経済活動をいとなむゆえに訴訟の合理的形成を求める市民層の要求と結びついていたことである。取引が定型化し、その頻度が増大するにつれて、市民層は、裁判の恒常性、予測可能性を要求し、これに関連して、呪術と結びついていた形式主義の除去がつよく期待される。ローマの法律訴訟におけるような言語形式主義からの解放、方式書訴訟の誕生は、右の要求にかなうものであったし、イギリスにおける、ふるい召喚形式からの解放、当事者尋問の許容、陪審、調書の証拠力、非合理的証拠方法とくに決闘の排除も、国王裁判所の主要な魅力となったのであり、また、ルイ九世やヘンリー二世らによって、比較的に合理的な証拠手続がつくり上げられ[29]、かくて、ディンクゲノッセンシャフト的・呪術的な形式主義の残滓が一般的に洗い流されていったのである。

(2)　君主の命令が普通法と同じ意味において妥当し、それによって既存の法が改変される場合[30]。(1)の場合は、命令権が裁判と競合する場合であり、原則として、命令権自身は裁判の正統性に手をふれえず、裁判の一般的な基礎をそのまま受けとらなければならない場合であった点で、この(2)の場合と区別される。従って、(2)の場合は、(1)の場合にくらべて、命令権の力が強化されていることを示すものといえるが、その程度はきわめて多様であり、フランクの部族法典附加勅令（capitula legibus addenda）のように名誉層の同意を得て規定が発布される場合[31]から、東洋の家産君主におけるような、事実上全く絶対的な、現行法についての支配にいたるまで、多数の中間的な形態がある。ここでは、典型的なものとして、家産君主の法創造ないし裁判をみることにしよう。

五　家産君主のもとでも、伝統はひろい範囲で尊重されるのだが、家産君主の法創造は、多くは、ディンクゲノッセンシャフト的裁判の排除にむかう傾向をもち、ディンクゲノッセンシャフト的裁判の全面的排除に成功すればするほど、ますます自由な動きを示し、法に特殊な性質を与える。この性質は、家産君主の権力の政治的存立条件がさまざまであることに対応して、非常に異なる二種の性格をもちうるのであり、これに従って、ウェーバーは、家産君主の裁判に二種の形態を区別する。家産君主の裁判の「身分的態様」と「家長的態様」（„ständische“ od. „patriarchale“ Art der patrimonialfürstlichen Rechtspflege）というのが、それである[32]。

(1)　家産君主が自己に属するあらゆる権力のなかからなにかを割いて、他の者（官僚・臣民・外国商人、個人・団体）に対し、自己の保障のもとに権利（特権）を授けることによって法創造を行うときには、家産君主の裁判は、このような権利の認定という方法でおこなわれる。これが、家産君主の裁判の「身分的態様」である。ここでは、法秩序は、純然たる一連の特権という性格をとり、法と権利、規範と請求権はひとつとなる。法秩序は、厳格に形式的ではあるが、全く具体的であり、この意味において非合理的である。ここでは、経験的な法解釈が発展しうるだけである。また、あらゆる行政が特権の確定・協商という性格をもち、行政は、形式上、裁判のかたちをとる。

(2) 君主が、自己または自己の裁判を拘束するような請求権をなにびとにも授けず、完全に自由な裁量に従って臨機応変に命令を与えるにとどまるとか、あるいは、自己の官僚に対する一般的な指令をふくむ規則を与えるというかたちで法創造がなされる場合には、裁判は、父が子の願望をかなえてやるのと同じようになされ、個々の法利害関係人が自己のために特定内容の裁判を受けるシャンスは、「権利」ではなくて、せいぜい、規則の「反射」にすぎず、その意味で、全く保障されていない。これが、家産君主の裁判の「家長的態様」である。家長的裁判は、紛争解決にあたって、客観的に正当な、衡平の要求を充分にみたす結果――実質的合理性――を求めて努力する。そのために、権利の形式的保障も、「弁論主義」も否定される。ここでは、身分的態様における家産君主の裁判とは逆に、あらゆる裁判が行政の特質を帯びるにいたる。すなわち、君主の行政官吏が同時に裁判官であり、君主自身も恣意的に裁判に関与し(「閣内司法」)、自由な裁量に従い、衡平とか合目的性あるいは政治上の観点に立って裁判する。権利が承認されるといっても、そのことじたい、ひとつの恩恵、特権として行われるにすぎない。また、真実の探知のために、呪術的手続やその非合理的な形式、証拠法が排除される。一言にしていえば、家長的裁判の理想像は、カーディ裁判であり、あらゆる家産君主の裁判は、カーディ裁判の道をすすもうとする傾向をもつ(33)。

このふたつの態様は、現実の家産君主の裁判のもちうる傾向のそれぞれを拡大して作られた理想型と考えることができよう。ウェーバー自身も、つぎのように述べている(34)。

「通常、家産君主の裁判においては、身分的構成部分と家長的構成部分との相互の結合およびそれらとディンクゲノッセンシャフトの形式的な訴訟手続との結合が支配する。この両構成部分のいずれが、いかなる程度において優位を占めるかは、全く本質的に政治的な事情および力関係によって条件づけられている。西洋では、これらのほか、王に判決者としての地位を原則として与えなかったディンクゲノッセンシャフト的裁判の（同様に始源的には政治的に条件づけられていた）伝統もまた、裁判の「身分的」形式の優勢をもたらすのに重要な意義をもっていた。」

六　さきにもみたとおり、裁判の合理化の具体的展開における多様な差異をみちびく基本的な要因のひとつとして、ウェーバーは、法形成を左右する法名望家の構造の差異を重視しているので、この点にもふれておかなければならない。[35]

ウェーバーによれば、「既知の裁判基準の全体としての、形式的になんらかの仕方で発達せしめられた法というものは、およそ、教育を受けた、法に明るい者（Rechtskundiger）のつよい協力がなければ、決して、また、どこにおいても、存在することはなかった」と、法の特殊＝法学的な「性質がどんな方向に発展するかを条件づけるものは、直接には、いわば、『法学内部の』（innerjuristisch）、いいかえると、法形成のあり方に職業的に（berufsmässig）影響を与えうる地位にある一定範囲の人々の特性であり、一般的な、経済的・社会的諸条件は、間接的にのみ条件づけるものなのである。そして、すべてに先きだつものは、法教育（Rechtslehre）のあり方、すなわち、ここでは、法実務家の教育のあり方である。」[36]そして、こういう、法の特殊＝法学的性質は、ただちに、その法に関連する裁判の特質でもある。立ち入った検討が必要であろうが、ここでは、とくに、ウェーバーが重点をおくところに従って、法教育のあり方によって方向づけられる法名望家の特性が裁判の合理化にいかなる影響を与えるか、という点だけをみるにとどめたい。

ウェーバーによれば、法の専門的な教育には、二つの異った態様がある。ひとつは、実務家による経験的法教育（empirische Rechtslehre）であり、他は、特別の法学校において法を合理的、体系的に取り扱う理論的教育すなわち合理的法教育（rationale Rechtslehre）である。(37)

(1) 経験的法教育のかなり純粋な型を示しているのは、イギリスの、弁護士によるツンフト的な法教育である。(38)弁護士の養成教育が弁護士のツンフト内部において実施されたということが、イギリスの法ないし裁判の経験的性格をきづき上げるうえに大きな役割をつとめた。とくに、弁護士が法律職の独占に成功し、大学の講義と競りあう必要がなくなってからは、法曹学院（inns of court）の教育は、全く「実務的＝経験的」なものとなり、工業上のツンフトにおけると同様、専門的知識の細目ばかりを追うようになる。こういう法教育が、先例や類推と結びついた法の取扱を生ぜしめたのは当然である。弁護士の小手さきの細かい技術がやたらに多くなると、それだけでも、法素材の全体を体系的にみとおすことができなくなるし、法実務そのものも、ひたすら、実際に役立つ契約と訴の範型――それらは、定型的にくりかえされる利害関係人の個別的な必要によって方向づけられている――をつくることに専念する。新しい事件がおこると、訴訟上の擬制やこれに類似する実務上の操作をもって、既知の範型のどれかに押しこもうとする。法実務に内在する発展契機からは、体系的な法は生じない。法実務において概念構成がなされるといっても、それらの概念は、ありふれた身近な事実へ方向づけられており、三段論法にあたって規範として適用できるような一般的概念ではなかった。法実務および法教育の純粋に経験的な運営は、つねに、個別から個別を推論するだけで、個々の裁判をそこから演繹できるような一般的な命題を引き出そうとはしない。それでいて、法が形式を変えずにどうにか経済上の変化に耐えてゆけたのは、利害関係人の実際的な必要によって要求された契約と訴の範型が、案外、弾力性に富んでいたからにすぎない。他面において、弁護士が法教育の担い手であり、法実務につく許可をツンフト的に独占するところでは、弁護士は、その手数料利益との関連において、従来のまま経験的な方法で法を運用することができるよう、法が立法あるいは理論によって合理化されるのを妨げようとする。(39)(40)訴訟手続の変革なり、契約や訴の範型の創造が弁護士に一任されている状態への干渉は、弁護士の手数料利益を害するおそれがある。だから、弁護士が法教育を担当するにあたっても、合理的な法教育や法理論がそこから生れることは、決してないのである。

(2)　合理的法教育の最も純粋な型を示すのは、いうまでもなく、近代的な、大学の法学教育である。(41)ドイツでは、主としてローマ法の影響のもとに代弁人と弁護士との区別が早くから生じたが、そのさい、大学におけるローマ法の教育を受けたかどうかだけで、高級な法実務家になれるかどうかがきまったのであり、(42)弁護士の強力なツンフトは、司法の分散のため、全く成立しえなかった。このように、大学教育を受けた者しか法実務につくことを認められないところでは、当然に、大学教育が法教育を独占することになる。もっとも、今日では、大学の法教育は、その後の実務修習によって補充されるのを常とするが、法思考の基礎をなす諸概念そのものが、すでに大学教育によって、全く形式的かつ合理的に、論理的解釈によって形成されており、また、相互に明確に限界づけられた抽象的規範に組み上げられている。だから、純論理的な要求をもつ法理論とこれに支配された法実務が、その実力をもって、利害関係人の実際上の必要――それが、普通なら、法形成のための推進力となるはずなのだが――を、ひろい範囲で排除してしまうことになるのである。(43)

（1）　W. u. G. S. 407ff.

（2）　前述三一八頁参照。

（3）　W. u. G. S. 410. 戦争の影響は、つぎの三点から生じてくる。(1)統率者の命令権は非常時局に対応できるよう非常に広汎な内容をもち、平時なら公示された規範によって規制されるような諸関係の秩序をも、みずから作ってゆく。(2)領将および軍隊は、捕虜、戦利品とくに征服地の処分によって権利や規則をつくる結果をみちびくし、規律の違反や内部的な不和に対しては、全体の安全のために、領将に平時の裁判官よりはるかに大きな権限が与えられる。(3)戦争のもたらす経済関係・社会関係の変動によって、それまでの仕来りが永久に妥当するものでも神聖なものでもないことが、だれの目にも明瞭となる。

（4）　W. u. G. S. 411f.

W. u. G. S. 409f.

（5）　後述三三八頁以下参照。
（6）　ギリシヤの直接民主制のもとにおける民衆裁判（ヘリアィア裁判所）が例として挙げられる。そこでは、実質的正義に従って裁判した、というものの、実は、涙と追従と、煽動的な罵詈雑言と機智に従う裁判であった、とされる。W. u. G. S. 158; Weber, Wirtschaftsgeschichte, 黒正・青山訳、下巻二一七頁参照。
（7）　W. u. G. S. 505.
（8）　W. u. G. S. 412. ディンクゲノッセンシャフト的裁判が、このような厳密な意味では、けっして普遍的に認められる現象でなかったことは、ウェーバーも否定しないが、ゲルマンの防衛団体には、その代表的形態がみられ、ローマの防衛団体においても、つよく合理的に修正された形においてではあるが実現されている、とする。そのさい、権力分配は、ゲルマンでは、裁判官と判決発見人の間で、また、ローマでは、政務官と審判人の間でみられるが、さらに、ゲルマンでは判決発見人の判決提案にはディンク団体の構成員である立会人の賛同が必要であり、賛同が与えられる前なら、なにびとでも判決非難をなしえたのに対し、ローマでは、国民は、政務官のした重刑判決の恩恵的破棄を求める請願だけをなしえたにすぎず、反面、他の政務官の介入権による救済の余地があった。こういう差異は、ウェーバーによれば、両者における軍事規律の発達の程度からきている。ゲルマンでは、軍事規律が概して未発達であったことに対応して、法発見のカリスマがカリスマの職業的担い手に専有されなかったから、判決非難がひろく認められたのである。W. u. G. S. 410f.
（9）　W. u. G. S. 408.
（10）　裁判官と判決発見人の権力分配（その内容につき、なお、Engelmann, I, § 55.「エンゲルマン・民訴概史」七三頁以下参照）は、ゲルマンの裁判制度の基本的特色であり、おどろくほど長い間にわたって維持された。デーリングによると、裁判官が判決についての評決権をもつに至ったのは、一般的には一八世紀になってからである。Vgl. Döring, Geschichte der deutschen Rechtspflege seit 1500, 1953, S. 35ff.
（11）　判決非難につき、Vgl. Engelmann, I, § 56.（「エンゲルマン・民訴概史」七七頁以下）、Schultze, Privatrecht und Prozess, I, 1883, S. 145ff.
（12）　W. u. G. S. 410.
（13）　W. u. G. S. 398.
（14）　ウェーバーは、予防法学者たち（Kautelarjuristen）による「法の考案」（Rechtserfindung）を慣習および先例と竝列して新たな法規則形成の独立の要因とみている。W. u. G. S. 400, 402. なお、予防法学（者）については、Cf. Schulz, History of roman legal science. 1953, pp. 19ff. 40ff. 111ff.

(15) Ehrlich, Grundlegung der Soziologie des Rechts, S. 106ff.

(16) W. u. G. S. 401. 例として、イギリスのコモンローのほか　裁判からの法の新たな形成への中間段階を典型的に示すものとして、ゲルマンの Weistum が挙げられる。W. u. G. S. 402, 406f.

(17) W. u. G. S. 406.

(18) タキトゥス、ゲルマーニア第一一章は、つぎのように報告している。「小事には長老たちが、大事には邦民全体がこれにたずさわる。しかし、その決定権が人民にある如き問題も、あらかじめ長老達の手許で精査せられるというふうにしてである。」（田中・泉井訳、三七頁）なお、Vgl. Mitteis, Deutsche Rechtsgeschichte, S. 16.（世良訳、三七頁以下）

(19) W. u. G. 407.

(20) W. u. G. S. 453. 訴訟がディンクゲノッセンシャフト的裁判のかたちをとったことの影響は、つぎの二点にいちぢるしい。(1)法および法発見の形式〔主義〕的性格が維持された。W. u. G. S. 411f. ここでは、裁判は、法に明るい者の啓示によってうみ出されるからである。法の適用を受ける人々の好みや感情は直接には法の内容に反映せず、すべての法が形式上「法曹法」である。ただ、すべての真のカリスマがそうであるように、法知識のカリスマを有する者も、説得力によって自己を確証しなければならない点で、法共同体構成員の衡平感情や日常経験も間接的に力をおよぼすことになるから、すべての法は、同時に、実際上、民衆法という性格をおびる。(2)ゲノッセンシャフト的・身分的な自治の発展が非常に促進された。W. u. G. S. 407, 453f. ディンクゲノッセンシャフト的裁判の実際上の帰結として、政治的首長や荘園領主が判決を自らまたはその配下に発見させることはできず、個々の法領域の利害関係人自身が裁判による権利義務の確定に協力することになる。たとえば、従属農民（Grundholden）、荘園隷属民（Hofhörigen）、家人（Dienstmannen）らは、かれらの経済的・人的な従属関係から生ずる権利義務に関して、また、封臣（Vasallen）や都市の市民たちは、かれらの契約上あるいは政治上の従属関係から生ずる権利義務に関して、その裁判による確定に関与する。そこから、この制度は、自治的な法形成およびケルパーシャフトおよびゲノッセンシャフトの組織の強力な保障となったのであり、同時に、個々の利害関係人圏における事実上の自治の成立とあいまって、西欧の団体法および資本主義的合同企業形態の発展を可能ならしめた。支配的・政治的・経済的な団体の内部におけるこういう経過が、おのずから、非支配的な自由な社団的統一体についても、ゲノッセンシャフト的な自治を維持するシャンスをたかめる結果となったのである。イギリスにおけるように、強力な家産的権力を有する王の裁判がグラーフシャフトや地方団体のディンクゲノッセンシャフト的裁判を圧迫したところでは、ゲノッセンシャフトの法も自治特権も発展しなかったし、ドイツにおいても、荘園領主が管理機構を整備して、共同体構成員の協力なしに裁判が行われるようになると、そこでは、たちまち、ゲノッセンシャフトの法じたいが、急速な後退をみせたのである。

(21) W. u. G. S. 468.

(22) W. u. G. S. 469f.

(23) W. u. G. S. 471. フランス時代にキリスト教会と王権が訴訟法の古代ゲルマン的基礎を変革していった事情につき、Vgl. Mitteis, Deutsche Rechtsgeschichte, S. 46, 61, 64f.（世良訳、一〇二頁、一三四頁、一四〇頁以下）

(24) 宗教法が世俗の事件においていかなる役割を果すかは、宗教法と世俗法の関係いかんによってきわめて多種多様である。とくに、両者がそれぞれ独立した存在をもつか、未分離のまま、宗教的・儀式的な要求と法的要求との特殊＝神政的混淆を存続せしめるかによって異なるし、また、宗教法の支配の、各法領域への浸透度によっても違ってくる。また、宗教法と世俗法が分離するかどうかは、当の宗教の内面的特性、法・国家と宗教との関係、政治権力に対する祭司層の勢力的地位、あるいは、政治権力の構造のいかんによる。W. u. G. S. 468f., 472ff.

(25) W. u. G. S. 480.

(26) W. u. G. S. 481. ウェーバーは、「経済史」のなかでも、訴訟手続の合理化に力があった三要素として、弁護士制度の成立、市民階級の要求とともに、カノン法を挙げている。黒正・青山訳、下巻、二一九頁。

(27) 職権的尋問手続（inquisitio）は、はじめ、カロリンガー朝の国王裁判所において認められ、人民裁判所の一方的・形式的な証人手続に代えて、裁判官が証人を宣誓させ、選択し、尋問した。この手続は、とくに、実体的真実を追求することによって国庫の請求権を「訴訟の危険」から守るという目的に役立てられたのであり、この手続を求める権利は、国王と、とくにこの権利を与えられた者（教会・修道院）が有していた。この手続は、その後、大陸では、わずかに痕跡をとどめるだけにおとろえ、のちにあらためてカノン法から継受されたのである。Vgl. Mitteis, Deutsche Rechtsgeschichte, S. 71.（世良訳、一五五頁）

(28) W. u. G. S. 483f.

(29) ルイ九世（聖ルイ）の訴訟改革については、かつてはルイ九世（1226—1270）の発布した法典と考えられた——実はその官僚であった無名の個人により一二七〇年よりすこし前に編纂されたもの——Etablissement de Saint Louis なる法源があり、アンジュー、メイン、オルレアンの慣習法と若干の王の立法を集め、その全体をローマ＝カノン法によって補修している。国王裁判所の訴訟手続だけについてであるが、証拠法の改革、とくに合理的証拠方法の導入が著しい。Cf. Engelmann and others, A history of continental civil procedure,（translated by Millar）, 1928, pp. 647, 649ff. ヘンリー二世（1154—1189）は、王会（curia regis）に五名の裁判官を常置し、人民相互間の訴訟の増大に対処した。なお、彼の設けた財務府（Exchequer）も、当初、純然たる財務官庁であったが、しだいに、財務関係の事件につき、さらに、一般の民事訴訟にまで、その裁判権を拡張することに成功し、エリザベス女王の時代には、第一審コモンロー裁判所としての地位を確立した。

（30）W. u. G. S. 485f.

（31）Vgl. Mitteis. Deutsche Rechtsgeschichte, S. 60.（世良訳、一三二頁）

（32）W. u. G. S. 485ff.

（32）ウェーバーによれば、このような家長的態様における裁判は、きわめて多様な文化段階において見出されるが、それらは、主として政治的事情によるものであり、経済的に条件づけられているのではない。ローマの事実訴権、イギリスにおける国王のリットおよびエクイティ、フランスにおけるルイ九世の訴訟改革、神政的性格を有しない場合のオリエントの裁判、インドの裁判などが、家長的態様を示す例として挙げられる。W. u. G. S. 486.

（34）W. u. G. S. 487.

（35）ウェーバーにおける名誉層（Honoratioren）の概念につき、W. u. G. S. 170. これによると、名望家とは、かれらの経済的状態によって、ひとつの団体で、報酬を受けることなく、あるいは名目的報酬または名誉的報酬をうけるだけで指導または管理の仕事を継続的・兼業的におこないうる状態にあり、かつ、高い社会的評価を享受し、その結果、形式的な直接民主制にあっては、さしあたり、成員の信頼によって自発的に、しかし、ついには伝統的に、官職を占有するシャンスをもつようなひとびとである。法の知識ないし技術のゆえに高い社会的評価をうける名望家が法名望家（Rechtshonoratioren）であろう。「法名望家を構成する者は、裁判の官職上の担い手のほか、法判告者（Gesetzessprecher）、常置的判決発見人（Rachimburgen）、参審員（Schöpfen）ときには祭司であり、要するに、裁判をとりあつかう法実務家（Rechtspraktiker）の層である」「そして、裁判が経験と、そして最後には専門的な知識とをますます要求するようになってゆくにつれて、法利害関係人の私的な代弁人および代理人（Fürsprecher u. Advocaten）がこれに加わり、「法の考案」によって法形成に対ししばしば非常に大きな影響を与える法実務家のもうひとつの層をかたちづくる。財貨の取引およびこれに関係する法利害関係人の重要性がたかまるにつれて、法学的な専門知識に対する需要がますます増大し、ここに、職業的弁護士が生まれる。」W. u. G. S. 412. なお、W. u. G. S. 609, 674.

(36) W. u. G. S. 412.

(37) W. u. G. S. 456.

(38) イギリスにおける弁護士身分の成立・特質、法曹学院における講義、および、これらの特殊性のもたらす影響に関し、W. u. G. S. 456ff.

(39) イギリスにおける民事訴訟の手続は、当初、すべて裁判所の慣行によって定められ、立法も、慣行の宣言としか考えられなかった。また、手続の極端な形式化と複雑化に対する反発として手続改革の運動が一八、一九世紀に展開されたが、一八三三年の民事訴訟法以後、国会は、裁判所の規則制定権に対する譲歩をますます大幅に示し、一八七五年に施行された裁判所法（Supreme Court of Judicature Act）では、国会は、今後、手続の分野から一切手をひき、一定期間内の拒否権だけを留保して、すべて裁判所の規則に一任するという思いきった措置がとられ、現在では、若干の裁判官と弁護士によって構成される規則委員会が手続の改正を決する権限を掌握している。小野木常「最高裁判所の規則制定権」訴訟法の諸問題一四頁以下、末延三次・英米法の研究、下五一二頁以下、早川武夫・裁判所規則制定権の歴史一〇頁以下参照。しかも、右の委員会を構成する裁判官と弁護士は、イギリスでは、前者がもっぱら後者のなかから選ばれる点で、「おなじ封鎖的法律家身分のふたつの機能形式にすぎない」（W. u. G. S. 457.）ことをも合せ考えるべきである。

(40) ウェーバーは、弁護士の手数料利益が法の合理化を抑えるという傾向がイギリスの法制度のあらゆる側面にひろく重大な結果をもたらしている、という。その例として、土地登記簿、従って抵当権に基づく合理的信用制度の不存在が弁護士による所有権原の調査の必要とその手数料利益に基づくものであること、それが、さらに、土地占有の配分なり賃貸借設定方法などにふかく影響していることを説明する。W. u. G. S. 458. なお、W. u. G. S. 696.

(41) W. u. G. S. 458. なお、合理的法教育の特殊な型は、祭司の養成所あるいはこれに附属する法学校における神政的な法教育である。ただし、合理的といっても、それは、法教育が、聖典または伝統によって固定された神聖法から出発するため、利害関係人の実際的需要から遊離した純理論的なカズイスティークが偏好される点、および、伝統によって形式主義的に拘束されざるをえない点からくるのであり、合理的な法の体系をつくるという意味ではない。W. u. G. S. 459ff.

(42) ドイツ全体にわたって弁護士資格がもっぱら国家試験によって取得されるようになったのは、一八七八年であり、それまでは、地域により、裁判所により、また、弁護士の種類(Prokurator, Advocat)に応じてさまざまであった。程度の差の多様な試験のほか、売買や門地による資格取得も行われ、当初は、大学における学位があれば、試験なしに資格が与えられたが、後には、試験を要求することが多くなった。その詳細につき、Vgl. Döring, Geschichte der deutschen Rechtspflege seit 1500, S. 123ff.

(43) なお、ウェーバーは、とくに、ローマにおける法名望家のあり方が裁判に対しておよぼした影響を詳細に論じ(W. u. G. S. 462ff.)、また、ローマ帝国の没落後、イタリアでながく支配的な地位を占めた特殊な法名望家としての公証人(Notare)、さらに、中世のドイツおよび北部フランスで参審員または官吏として活躍し、「法書」をうみ出した法名望家について、その特質と役割を論じているが(W. u. G. S. 461f.)、ここでは、省略せざるをえない。

〈4〉 近代民事裁判の合理性

一 裁判が以上にみたような諸契機から多様な意味と程度における合理化の過程を展開するものとして、それでは、近代国家における民事裁判は、いかなる態様の合理性をもつものとして特徴づけられるべきであろうか。われわれの関心は、まさに、この点に向けられている。もちろん、千差万別の政治的・経済的・文化的諸条件のもとに立つ歴史的存在としての各国の裁判制度について、それぞれの特質を確定することが目的ではない。また、それは、ウェーバーの「法社会学」における主題をなすものでもない。ただ、しばしばいわれるように、「近代西洋においてのみ合理的資本主義が存在するのはなぜであるか」ということがウェーバーの最大の関心事であったとするならば[1]、ここでも、彼の中心的課題は、それじたいひとつの理想型であるところの「近代資本主義」と「適合的連関」に立つものは、いかなる性質を有する裁判形態であるか、ということでなければならない。「法社会学」の記述をとおして、彼は、この問題に対する彼の解答を示している。一言にしていうならば、それは、予測可能な裁判であり、裁判の形式的合理性である。

ウェーバーによれば、一般に、法による保障は、ひろい範囲で経済的利益に奉仕するものであり、法技術的、政治的要素によって条件づけられた法の特質が経済の形成につよく作用するのではあるが、逆に、法に対する純粋に経済的な影響は、すべて、具体的に制約されており、一般的な法則をそこに見出すことができないのが普通である。(2) もともと、経済的諸関係が根本的に変化しても、法秩序は、事情によっては、なんらの変化をもうけずに存続してゆくことが可能であるし、純粋に理論的にみた場合、法を国家がその強制装置の発動——裁判、執行——によって保障するということが、基本的経済現象にとって不可欠である、というわけでもない。(3) ただ、ひとつだけ、そこに明瞭に指摘することのできる方向がある。それは、資本主義的な継続的経営が法ないし裁判の形式的合理性を要求する、という点である。とくに、ウェーバーにあっては、近代資本主義の最も特徴的な性格は、資本計算の最高度の形式的合理性にもとめられる。従って、近代資本主義にとっては、およそ国家活動一般が王朝国家や封建国家にみられるような偶然性・恣意性を脱却し、企業にとってあらかじめ計算しうる（berechenbar）ものとなることが、最も重要である。裁判についても、それが、国民一般に公示された制定法または確固たる判例法のもとに、専門的かつ無私的な官僚によって、計画性と安定性をもって行われることが必要であり、そういう状態を前提としてはじめて、企業は、将来のあらゆる事態における法の保障を、信頼をもってその資本計算におりこむことができる。ことに、長期的・計画的な固定資本の投下も、これによってはじめて可能となる。もし、裁判が非合理的にあるいは単なる実質的合理性とともに恣意的に動くならば、継続的な企業活動は困難となり、営利は、もっぱら、政治権力への寄生や偶然の投機的利用のごときによって非合理的に行われるほかはないのである。(4)

「市場共同体形成（Marktvergesellschaftung）の普遍的支配は、一面において、法が合理的規則に従って予測

（計算）できるしかたで機能することを要求する。そして、他面において、市場の拡大は、その内面的な帰結によって、ひとつの普遍的な強制機構が、あらゆる特殊な、おおくは経済的独占に基づく、身分的その他の強制組織の瓦壊をとおして、『正統な』（legitim）強制権力を独占し規律するのを、助成するのである。[5]」

現実に、西洋近世における資本主義の展開過程においても、商品市場の利害関係人にとっては、法が形式的に合理化、体系化せられ、どういう契約をした場合にどういう裁判がなされ、いかなるかたちで法的救済が与えられるか、ということを、あらかじめ確実にみこむことができるようになることが継続的経営の最も重要な前提要件のひとつをなしたのであり、市民層は、こういう法、こういう裁判を確保しようとして努力したのである。経済事情が、西洋の法の特殊＝近代的な特徴を形成するうえに働いたのは、概して、この方向においてであった。[6]ただ、その場合、経済的事情が単独で決定的役割を果した、というのでは決してない。とくに、資本主義そのものには、近代の大陸西欧におけるようなかたちの、合理的・体系的な制定法を前提とする、「合理的裁判」の理想型に最も接近する裁判形態を助成する法定的契機をふくんでいないことを注意する必要があろう。[7]その証拠に、イギリスと大陸西欧とでは、資本主義の発展は、本質的に均等なものがあったにもかかわらず、両者における法ないし裁判の特性における顕著な差異は解消しなかった。イギリスの裁判の、先例に拘束された強度に経験的な性格は、資本主義の発展によって除かれはしなかったし、資本主義経済のもつ諸契機から、法ないし裁判の構造を大陸と同じ状態に改めてゆこうという、明白な傾向も、まったくみられなかったからである。

二　要するに、近代資本主義にとって必要であったのは、法ないし裁判の形式的合理性、つまり予測（計算）可能性（Berechenbarkeit）だけであった。イギリスにおいては、その予測可能性は、主として、先例の拘束性によって与えられ、大陸西欧においては、主として、体系的な制定法規の拘束性によって与えられた点に相違があるにすぎない。イギリスにおいては、法の形成は、事実上、ツンフトをなす弁護士層の手中にあり、かれらがその顧客である資本主義的利害関係人に奉仕して取引形式を考案し、これを維持しようとするのであり、先例という予測可能な定型に拘束される裁判官じたいも弁護士のなかから選ばれる反面、裁判所のロンドン集中による経費高のために、無資産者にとっては事実上裁判拒絶にちかい状態にあったことが、そこでの資本主義の発展に役立ったのであるが、大陸西欧においては、合理的・体系的な法と官僚制を前提として、あらゆる具体的な事実に対し、欠缺のない体系をなして存在する抽象的法命題を「適用」し、論理的に裁判がひき出されることによって、資本主義の発展に必要な裁判の形式的合理性が確保されたのである[8]。その経過については、すでに述べたことのほか、なお、つぎの諸点を補説しなければならない。

(1) 家産君主の裁判は、もともと、カーディ裁判におもむく傾向が強いのであるが、西洋においては、形式的合理的な諸要素が右の傾向をおさえて前面化した[9]。それは、場合によっては、家産君主の管理じたいの内面的必要から、君主が「規律」をもって身分的な特権や司法・行政一般の強度の身分的性格を排除しようとしたために生ずることもあったが、むしろ、逆に、被支配者の権利の保障のために君主の家長的な恣意を制限しようという動きのなかに、形式合理的要素の前進がおおくみられる。王に判決者としての地位を与えず、法の適用を受ける利害関係人層の関与のもとに裁判がなされるディンクゲノッセンシャフト的裁判の伝統が、右の動きを可能ならしめたのであるが、とくに、市民層は、非合理的な行政上の恣意や具体的な特権に妨げられずに契約の法的拘束を確実に保障してくれる予測可能な法をつよく要求するのに対し、君主も、自己の財政上・政治上の勢力野心から、経済的に実力を有する市民層を助成し自己の側にひきつけておこうとする。ここに、君主の関心と市民層の関心とが結びついて法の形式的合理化＝体系化のきわめて重要な推進力となった原因がある。実際、法に体系を与えたのは、主として、君主の法典編纂であり、それ以外には、教育的＝文献的労作とくに法書があるだけである。君主の官僚こそ、法典編纂を体系づけた本来の者である。もっとも、君主やその官僚の恣意に依存しない権利の保障が官僚制の固有の発展傾向に属するわけではない。また、そういう権利保障が、つねに無条件で資本主義の利益の方向にはたらくのではなく、かえって、政治的・独占的に方向づけられた資本主義は、初期の重商主義的資本主義をもふくめて、家長的な君主権力を創造し維持して、君主の特権を自己の支えとして利用することもあるのである。しかし、一般に、命令権の支配が強力かつ永続的になればなるほど、それだけ、法の統一、体系化への傾向が強まって、法典編纂に向わせる。君主は、秩序を欲する。君主は、自己の国の統一性と封鎖性を欲するし、法の統一によって官僚を自己の支配する全領域で自由に利用でき、官僚もまた、自己の出身地の法しか知らないということによってその地域にしばられることはなくなり、立身の機会も拡大されるから、法の「一目瞭然性」(Übersichtlichkeit) を作ろうとして努力する。このような、君主の財政上・管理技術上の関心と、法を一目瞭然たらしめようとする官僚層の関心が、法発見の確実性、予測可能な法をえようとする市民の営利上の関心とともに、それぞれの立場から協働して、法典編纂の担い手となった、というのが通常である。[10]

しかし、法典編纂は、一般に、既存の法の統一、総括として現われるのであり、真に新しいものをわずかしか作らない。とくに、近世における中欧・西欧における法典編纂は、ローマ法・カノン法の普遍的な妥当を前提としてなされたのである。そして、「法思考、かつまた現行実体法の変革にとっては、いかなる法典編纂も、ローマ法の継受に比肩しうべくもない。[11]」

(2)　ローマ法継受は、いうまでもなく、西欧近代法の合理化の方向を決定した、きわめて重要なファクターであるが、裁判との関連において、つぎの二点を注意しなければならない。

(i)　ローマ法の勝利を支えたものは、その実体的内容ではなくて形式的性質である。ローマ法の継受が立法によってではなしに、司法的過程において、とくに司法実務への専門法律家 (Doktoren) の漸進的関与を通じて実現されていったことは、[12]周知のとおりであるが、ウェーバーによれば、このような専門法律家の前面化を生ぜしめたものは、いずれにしても、「法運営の即物的な (sachlich) 必要、とりわけ、こみいった事実関係を法学的に一義的な問題提起にし上げることのできる、専門修習によって得られた能力、および、まったく一般的に云って、訴訟手続 (Prozessverfahren) の合理化の必要」であった。[13]つまり、事件のあらゆる具体性・特殊性にかかわらず、そのなかから法律上問題となる点がただちに拾い上げられ、ローマ法上の抽象的規範にこれをあてはめることによって、明確な判断がひき出される、しかも、その判断は、同種の事件に関するかぎり、どこの裁判所でも同一である、という法実務が、当時の市場規模の拡大、商品取引の増加にともなう、市民層の切実な必要に応えたのであるが、市民層の利害は、この範囲では、市民層以外の私的な法利害関係人の利害や、法実務家の運営上の利害とも一致したのである。これに反し、ローマ法の実体的内容そのものについては、市民層は、全く関心をもたなかった。かれらにとっては従前からの固有法の方にローマ法よりずっと都合のよいものがあったからである。ただ、ローマ法の形式的性質だけが、ローマ法の勝利を決定づけたのであり、法律家が官僚として形式主義的な修習を命ぜられた事情ともあいまって、西洋の家産君主の裁判が実質的合理性を追うのを妨げ、西洋の裁判に法的に形式的な性格の規準を保持させたのである。(14)

(ii) 同時に、ローマ法継受にさいして、法制度の抽象化が、高度に押し進められ、法思考の形式論理的側面が極端に強調されてくる。継受されるためには、ローマの法制度は、国民的制約のあらゆる残滓をおとして、論理的に抽象的なものの領域へと昇華しなければならなかった。ローマの法律家が、主として各個の事件における顧問実務をとおして、作り上げた法命題が具体的な事件との関連から切りはなされて、抽象化・原理化され、いまや、それらの原理から演繹的に推論がなされるにいたる。そのために、ローマの法律家に欠けていた純粋に体系的な概念（例、「法律行為」、「意思表示」）が補充されるとともに、こういう推論ができない場合について、法律家が思考できないものは法的にも存在しないのだ、という命題が、いまや、現実に実際的意味をもって現われてくる。同時に、法を、それじたいとして論理的に矛盾・欠缺なく完結している、その適用だけが問題であるところの、規範複合体と考える、今日の支配的見解が、法思考にとって決定的となったのである。(15) こういう特殊な態様の「法の論理化」（Logisierung des Rechts）を生ぜしめたものは、文献的教養に支えられた法専門家の内面的な思考の要求にほかならず、予測可能な法を求める市民層の要求が、この点にまで、決定的に関与したわけではないことを注意しなければならない。かえって、純論理的な法学的理論構成の結末は、取引上の利害関係人の期待にしばしば背離し、その点で、しばしば非難される「生活からの疎隔」(Lebensfremdheit) を露呈したのである。

(3)　ローマ法継受による、このような法思考の形式化にはじめて対抗したのは、啓蒙的専制主義のもとにおける家産制的実質的合理主義であり[16]、その顕著な体系的表現がプロイセンの一般ラント法典（一七九四年）にみられるが、おおくの面で結局においてローマ法の概念や方法論に拘束されざるをえなかった反面、教訓的・倫理的な規定や、形式法学的概念から出発していない体系化のため、かえって、規定の適用範囲と法制度の内容を不明瞭ならしめ、ひいては、歴史法学の方法によってローマ法なりゲルマン法も当初の純粋なかたちで復元しようとする動きを生ぜしめた。その結果、「パンデクテンの現代的適用」(Usus modernus Pandectarum) は、学問的・歴史的に不純なものとして排撃され、ローマ法は近代取引に対する適応性を失わしめられたのであるが、その反面、ローマ法に由来しない制度の厳密に形式的・法学的な純化も、ゲルマニステンによっては達成されなかった。こうして、ドイツでは、市民層のさしせまった一義的な経済的必要が主役を演じた商法・手形法の分野において連邦の統一商法典（一八六九年）、統一手形条例（一八四八年）が編纂された[17]のを例外とし、一般的には、後にドイツ帝国の成立をみるにいたるまで、統一的法典の編纂に対する準備のないままで推移したのである。

(4)　イギリスの法は法律家の実務の所産であるが、東欧・中欧の法典編纂の大部分は、理論的・学術的な法律家の教養の所産である普通ローマ法をば基礎としている。これらに対し、フランス民法典は、ウェーバーによって、まさに合理的な立法の所産として特徴づけられる[18]のであり、このフランス民法典こそ、全西欧および南欧の民法典に対し、それらがほとんどフランス民法典の模倣にすぎないほどの影響を与え、また、ひろく世界的にその後の法典編纂に重要な影響を及ぼしたものであることは、周知のとおりである。フランス民法典がこのように「第三の世界法」といわれるまでになったのは、その規定が現実にもちまたはもっているようにみえる非常な明晰さと簡潔な分りよさ、という形式的な性質によるところが大きい。フランス民法典の諸規定は、その簡潔な表現のために、実際上、はなはだ柔軟に作用したのであるが、それにもかかわらず、それらのおおくは、「法規則」ではなしに「法命題」という性質をもち、法思考は、この法命題をまさにひとつの「命題」として受けとって、これを実際の問題に適用してゆこうとする傾向をもったのである。ここに、特種な態様の合理主義の表現がみられる。ここでは、立法者は、あらゆる過去の見解から離れて純粋に合理的に法を創定しようとしたと考えられたのであり、法の正当性は、一定の公理（例、法の下の平等、個人所有権の絶対、契約の自由）が法規の内容について示す要請に反しない、という点から導かれるのである。

(5) フランス民法典についてそうであったように、一定の原理の超実定法的な正当性なり拘束力についての確信が、立法者、法実務家、法利害関係人の行動について現実の影響を与える、という現象は、歴史上、しばしばみられ、とくに近世初頭においてそうであるが、こういう原理の内容は、ふつう、「自然法」とよばれる。自然法のドグマは、法創造に対しても、また、法発見に対しても、程度の差はあれ、著しい影響をおよぼしたのであり、ウェーバーは、西洋における法ないし裁判の発展の特殊性を決定した顕著な事情のひとつとして、西洋だけが自然法を知っていた、という事情を挙げている(19)。そして、自然法の影響として、まず形式的には、それが抽象的な法への傾向をたかめ、一般的に法思考における論理の力を増大させたことが挙げられるが、実質的にも、多様ではあるがつねに重要な影響を与えてきた。市民革命前における合理的近代国家の官僚による法典編纂も、すでに、自然法のドグマによって実質的につよく彩られているのであるが、とりわけ、革命期に市民階級の勢力下で実行された法典編纂にさいして、政治的支配権力に対する個人とその権利圏の「形式的自然法」的な保障が強調せられ、かつ、たかめられたことを特筆しなければならない。

三　ところで、以上のようにして形成された近代民事裁判の形式的合理性は、つぎに述べる二つの面から修正されてゆくことを注意しなければならない。ウェーバーが、「合理的かつ体系的な法創造を基礎として成立した特殊＝近代的な西洋的裁判の基本的な形式的特質は、まさに最近の法発展の結果、決して一義的でない」と述べているのも、それを指している。[20]

(1) 第一に法の分散性がますます促進される傾向が生じていることである。[21] もちろん、中世的な法の分散性やこれにともなう特殊の裁判手続と裁判籍はなくなったが、新たに、職業の分化と、煩瑣な通常訴訟手続におけるよりも、もっと具体的事件に適合し、もっと迅速な裁判がほしいという利害関係人の願望に基づいて、商法や商事裁判所・為替訴訟・手形訴訟といった特別法なり特別裁判所・特別訴訟手続を生ずるにいたっている。これは、裁判の具体的妥当性と迅速性の上昇に対する願望によって支えられているかぎりでは、実質的利害よりする法の形式性の緩和の傾向として、(2)に属する諸現象と軌を一にする。

(2) 第二は、「近代の法発展における反形式的傾向」としてウェーバーが一括する一連の現象である。

(i) 自由心証主義による、証拠法の形式的拘束性の排除。[22] 呪術に支配された証拠手続の形式主義を打破したのは、すでにみたように、実体的真実を追求する神政的あるいは家産的権力であったが、現代において自由心証主義の範囲と限界を規制しているのは、なによりもまず、取引上の利害であり、経済的要素である、裁判官の一定の事実認定を法によって規制された一定の証拠の提出にかからせる場合（法定証拠主義）、そのために、取引にさいして証拠の確保と保存につとめなければならないこととの対比において、自由心証主義の妥当範囲が取引上の利害に従って決定されることになる。逆に、手続上、自由心証主義がとられることによって、手続法以外の分野でも、形式法学的な思考の支配が解消されてゆく。つぎの(ii)は、その例である。

(ii) 心情倫理の面からする実体法の〔実質的〕合理化[23]（gesinnungsethische Rationalisierung）。取引の安全がとくに要求される範囲では、法は、あくまでも、厳格に形式主義的であり、なによりも法が一義的であることに執着する。しかし、法思考の論理的醇化がすすむにつれて、形式的なメルクマールを固執しないで、法律効果を非形式的な要件事実に結びつける場合が生じてくる。法律行為の解釈について「内心の意思」が問題とせられ、また、当事者が「善意」であったか「悪意」であったかによって異なる法律効果が生ずる。しかも、商品取引の大部分は、技術的に分化をとげた取引にあっても、相手方が充分に実質的に誠実な態度をとってくれるという信頼のうえにのみ可能である。だから、取引の重要性がたかまるにつれて、もともと不完全にしか形式的に定めることができない相手方の態度を法実務によって保障してもらおうという要請がたかまる。「信義誠実」とか「善良な取引慣習」といった倫理的カテゴリーによって心情倫理の面から、法が合理化されるのは、そのためである。これは、実質的にみれば、利害関係人たちの平均的なみかたを、かれらが当然の権利として平均的に期待できる規範的基準として認めることであり、裁判も、それゆえにこれを規範的基準として受けいれるわけである。もっとも、この受容には、限度がある。法利害関係人の期待は、経済的な、あるいは実利的・実践的な意味に即して方向づけられているが、これは、法の論理からすれば、非合理的なものであり、法律家の思考じたいに内在する形式的性格、いっさいの形式的法思考一般の論理的な固有法則性のゆえに、右の期待は、裁判において、決して、つねに完全に実現されるものではないのである。

(iii) 階級問題に関連する実質的正義の要求。[24] 近代の階級問題のめざめとともに、法に対する実質的要求が、一方では労働者階級の陣営から、他方では「人間としての尊厳」のうえに社会法をうちたてようとする法イデオローグの立場から、形式的合法性に代る実質的正義の要求となって現われる。「とりわけ、無産者大衆にとっては、『ブルジョワ的』利害が要求するような形式的な『法の平等』や『予測可能』な法発見や行政は、なんの役にもたたない。法や行政は、いうまでもなく、有産者との間の経済生活および社会生活上のシャンスの均衡化に役だつものでなければならない。しかし、法や行政がこういう機能を営みうるのは、いうまでもなく、それらが、広汎にわたって、内容的に『倫理的な』、従って非形式的な(『カーディ』的)性格をとる場合にかぎられる。[25]」

(iv) 法実務家の、イデオロギー的に理由づけられた権力要求。[26] 法の合理化をになってきた法曹自身のなかに、法の合理化に対する特殊な反発傾向が現われている。法典編纂が普遍化し、法の形式的合理性が高度の段階に達すると、法実務家の創造的な活動の余地は、それだけ狭まってこざるをえないが、かれら自身にとっては、上から一定の費用をそえて原因事実を投げこめば下から理由のついた判決がでてくるというような法の自動販売機という地位は、ますます耐えがたいものと感ぜられるようになる。そこで、かれらは、少くとも法律が沈黙している場合について、裁判官のために「創造的な」法活動を要求する。また、「自由法」論が抬頭して、こういう法律の沈黙は事実の非合理性に対しあらゆる法律の原則的な運命であること、従って、単なる解釈の適用はおおくの場合みせかけにすぎず、裁判は形式的な規範に従ってではなく具体的に価値衡量に従って行われるし、行われざるをえないのだ、ということを証明しようと企てる。それどころか、さらに、およそ法発見は、原則として、一般的な規範の「適用」ではなく、むしろ、「法命題」は具体的な裁判から抽象された第二次的な法素材にすぎず、むしろ、具体的な裁判こそ、「現行」法の本来の座にあるものだ、とする主張（エールリッヒ）さえ、現われている。

ウェーバーは、法ないし裁判の形式的合理性に反発する右のような諸傾向[27]に対する実質的な批判を展開していない。ただ、これらの諸傾向の影響のもとに法および法実務がいかなる形をとるにしても、あらゆる場合を通じて、技術的・経済的発展の結果として、法の専門化と、法を合理的な、いつでも合目的的に改造できる技術的装置とみる見方の増大とが、法の不可避の運命であることを冷静に指摘するにとどめている[28]。

（1）青山・マックスウェーバーの社会理論七頁、一三五頁参照。
（2）法と経済の一般的関係についてのウェーバーの見解は、W. u. G. S. 383ff. に要約的に示されている。
（3）W. u. G. S. 383ff., 395.
（4）青山、前掲、一四三頁以下参照。
（5）W. u. G. S. 385.
（6）W. u. G. S. 505.
（7）W. u. G. S. 511.
（8）ウェーバーによれば、大陸法とアングロサクソン法の差異をみちびく原因は、一般的支配の構造の差異とその結果たる社会的名誉の分配のしかたの差異、とくに、法律家層の地位と生活条件によって内部的に決定された諸事情、政治的発展の差異に帰せられる。W. u. G. S. 509. なお、イギリスにおける弁護士、とくに、その経験的法教育とその影響につき、前述三二五頁以下参照。

(9) W. u. G. S. 478ff.

(10) もっとも、法典編纂は、市民層以外の政治的被支配層の要求に基づき、また、君主以外の支配的権力によって行われる場合があり、また、法生活が自覚的に変改されたために必要となることもある(W. u. G. S. 488f.)。

(11) W. u. G. S. 491.

(12) その事情の詳細につき、久保正幡「ゲルマン法史上におけるローマ法継受」西洋法制史研究三五五頁以下、とくに、三七九頁以下参照。

(13) W. u. G. S. 491.

(14) 三戸寿教授も、ドイツにおけるローマ＝カノン民事訴訟法の継受が、領国経済とくに商業資本の成立にともなう生活諸関係の変質にさいし、そこから生じた訴訟法の領域における、司法組織が一元化、手続の合理性・客観性・簡易迅速性を求める要請に対し、従来の手続法が充分かつ早急にこたえることができなかった、という状態を基礎とするものであることを詳論されている(三戸・近代法成立史序説、一五七頁以下参照)。

(15) W. u. G. S. 492f.

(16) W. u. G. S. 493ff.

(17) 烏賀陽然良・独逸商法Ⅰ(現代外国法典叢書)一一頁以下、大森忠夫・独逸商法Ⅳ(現代外国法典叢書)一頁以下参照。

(18) W. u. G. S. 496.

(19) W. u. G. S. 497ff., 505.

(20) W. u. G. S. 503.

(21) W. u. G. S. 503f.

(22) W. u. G. S. 505.

(23) W. u. G. S. 505f., 512.

(24) W. u. G. S. 507.

（25）　W. u. G. S. 664.
（26）　W. u. G. S. 507.
（27）　本文にあげた諸点のほか、ウェーバーは、素人の、自分たちにも理解できる裁判を求める要求が形式的な法合理主義をよわめるひとつの契機となっていることを挙げ、陪審その他の形式による素人の裁判関与を論じている。（W. u. G. S. 511f.）。
（28）　W. u. G. S. 513.

〈著者紹介〉

中野貞一郎（なかの　ていいちろう）

1925年6月24日生まれ

東京大学法学部卒業　　司法修習生（5期）

大阪大学法学部教授のほか司法試験委員・法制審議会委員などを歴任

現　在　日本学士院会員，大阪大学名誉教授，弁護士

〔主要著書〕

訴訟関係と訴訟行為（弘文堂，1961年）

強制執行・破産の研究（有斐閣，1971年）

判例問題研究　強制執行法（有斐閣，1975年）

過失の推認〔増補版〕（弘文堂，1987年）

民事手続の現在問題（判例タイムズ社，1989年）

民事訴訟法の論点Ⅰ・Ⅱ（判例タイムズ社，1994年・2001年）

解説新民事訴訟法（有斐閣，1997年）

民事執行法〔増補新訂6版〕（青林書院，2010年）

民事裁判入門〔第3版補訂版〕（有斐閣，2012年）

民事執行・保全入門〔補訂版〕（有斐閣，2013年）

新民事訴訟法講義〔第3版〕（共編，有斐閣，2013年）

民事裁判小論集

2013(平成25)年6月24日　第1版第1刷発行

8596：P370　¥8600E-012-045-020

著　者　中野　貞一郎

発行者　今井　貴　稲葉文子

発行所　株式会社　信山社

〒113-0033　東京都文京区本郷6-2-9-102

Tel 03-3818-1019　Fax 03-3818-0344

henshu@shinzansha.co.jp

笠間才木支店　〒309-1611　茨城県笠間市笠間515－3

笠間来栖支店　〒309-1625　茨城県笠間市来栖2345－1

Tel 0296-71-0215　Fax 0296-72-5410

出版契約2013-8596-3-01011　Printed in Japan

印刷・製本／亜細亜印刷・牧製本

ISBN978-4-7972-8596-3 C3032　分類327.200-a013 民訴法